"十四五"职业教育国家规划教材

北京高等教育精品教材

新编21世纪高等职业教育精品教材 ● 工商管理类

+ BUSINESS
ADMINISTRATION

微观经济学：
原理、案例与应用
（第四版）

主　编 ● 陈建萍　张文瑞

中国人民大学出版社
·北京·

前　言

自古以来，人类社会就为经济问题所困扰，而人类经济问题的根源在于资源的有限性，所以，如何合理地配置和充分地利用有限的资源，就成为人类社会永恒的问题。经济学正是为研究解决这些问题而产生的，是最古老的艺术、最新颖的科学，被誉为社会科学"王冠上的明珠"。进入 21 世纪，世界在注视中国。经过 40 多年的改革开放，中国特色社会主义市场经济体制正在逐步建立和完善，中国特色社会主义已经进入新时代。在这个新时代，我们的奋斗目标是：凝聚中国力量，为中国人民谋幸福，为中华民族谋复兴。但是，要完成这一历史使命绝非易事，需要我们每一个人都能更好地掌握、理解和运用市场经济运行规则。党的二十大报告明确提出：要"坚持社会主义市场经济改革方向""构建高水平社会主义市场经济体制……充分发挥市场在资源配置中的决定性作用"。因此，学习经济学的基本知识成为时代对我们的必然要求。

经济学根据其研究内容可以分为研究资源配置的微观经济学与研究资源利用的宏观经济学。其中，"微观经济学"是经济学中比较难学的一门课程，它阐述了经济学的基本概念、原理及思维方式，是学习其他经济学课程的基础。

目前已经出版的微观经济学教材非常多，相比国内现有的微观经济学教材，本教材在内容及编写体例上具有以下特点：

第一，在结构的安排上，本教材更强调各章之间的经济理论及其内容的联系性和完整性。如一般的微观经济学教材往往将生产理论的内容安排为两章，分别阐述生产过程中的物质技术关系和经济关系。本教材却将其安排为三章，在分别阐述生产过程中的物质技术关系和经济关系之后，又安排了一章的内容阐述物质技术关系和经济关系的结合。

第二，在内容的阐述上，本教材更注重在传授经济学知识的同时，培养学生的经济分析技能，用经济理论来分析、解释经济现实。每一章的开篇都设计了相关经济案例，提出相应的经济问题，由此引出本章的基本内容，并在最后根据本章所介绍的经济学理论对开篇的经济问题进行简单的分析；为了使读者更好地理解相关经济学理论与方法，每一章中还设计了"新闻分析""案例评析""资料链接"三个栏目。其中，"新闻分析"

提供了近几年国内媒体的经济新闻报道，并用经济学思想及理论解释当前社会所面临的经济问题；"案例评析"强调经济理论及经济分析方法在现实生产与生活决策中的应用；"资料链接"则强调经济学知识的扩展。每一章之后还安排有"案例研究"栏目，精心选取与本章内容相关的经济案例，并设计了一些分析题，引导学生更深入地思考所学的经济学基本理论与方法。

第三，力求将经济学知识及分析方法从不同视角进行进一步延伸。本教材充分利用现代信息技术，以网络资源（二维码）的形式设置了与每一章内容相关的"理论应用"栏目，主要是为学生介绍国内外经济学学者针对如何将经济学理论应用于实际所写的文章。这些文章简明易懂，具有一定的代表性和权威性，学生可以通过这些文章了解与本章内容相关的最新观点或不同观点，由此扩展学生的经济学知识及思维领域。

第四，通过不同类型的练习题给予学生在经济学知识的学习、复习及考试上更多的帮助。在每一章的"复习与思考"栏目中，汇集了与本章知识点相关的各类习题，包括名词解释、选择题、问答题和计算题。这些不同类型的习题练习，可以使学生更好地理解和掌握本章的知识要点，同时也能在一定程度上减轻授课教师的复习辅导工作量。另外，本教材附赠的教学资源中，提供了与本教材相配套的PPT、制作精良的授课视频及"复习与思考"栏目中选择题、问答题、计算题的参考答案，以方便教师教学。

本教材适用于普通高等院校、高等职业院校、成人高等院校相关专业经济学课程的教学，也可作为企业培训及自学者学习用书。

本教材自2006年出版以来，得到了众多高等院校师生的大力支持，为此曾在2012年和2019年进行了两次修订。为了保证本教材的先进性，紧跟时代的脚步，我们再次对教材进行修订。此次修订进一步完善了各章的内容，对各章的"经济问题""案例评析""新闻分析""案例研究"和"理论应用"等栏目中涉及的部分案例进行了更换或更新。在更换的案例中，我们关注到了当今时代发生的重要经济变革，如腾讯微信的扩张、中国制造的崛起、中国新能源的发展、中国家电行业的品牌提升、中国网络平台的急剧发展、中国电信行业的发展历程、中国医药市场的反垄断管制等。此次修订压缩了教材的部分内容，删除了原教材的第12章和第6章的第3节，将删除章节中的核心内容补充到其他相关章节中，由此保证教材体系架构的完整性和科学性。此次修订由陈建萍、张文瑞主持，参加修订的人员还有杨勇、尹颖汤、吴贤龙等，在此向他们表示衷心的感谢！

本教材为北京科技大学校级"十三五"规划教材，并得到了北京科技大学教材建设基金的资助。本教材于2011年被评为"北京高等教育精品教材"、2023年被评为"十四五"职业教育国家规划教材。本教材配套的授课视频制作得到了北京市教委"高校信息化服务平台和在线资源开发建设"项目经费的资助。在本教材的编写过程中，参考了大量的相关专著和文献，在此谨向这些作者、译者表示衷心的感谢。本教材此次修订得到了中国人民大学出版社的大力支持和帮助，在此也表示深深的谢意。

编者

课前说明

教材使用说明

目　　录

第 1 章
绪　论

经济学的定义

◎ 经济问题

微信支付改变了什么?

　　如今,微信已经广泛深入人们的生活之中。截至 2023 年底,微信月活账户数达 13.43 亿,同比增长 2%。人们使用微信的时长在稳步增长,由此带动整个平台的生态活力持续释放,视频号、小程序、小游戏、搜一搜等微信平台上的新老产品竞露"新芽"。微信几乎覆盖了全中国的人口,稳居"国民第一社交 App"的位置。腾讯公司表示,微信用户的参与度得益于视频号、小程序和朋友圈用户使用时长的增长而健康增长。各类商家对视频号广告需求旺盛,2023 年视频号广告贡献新增收入最为显著,并仍保持快速发展势头。视频号电商交易数据方面也呈现快速增长。2023 年视频号直播带货成交总额(GMV)达到了 2022 年的 3 倍,供给数量增长 300%,订单数量增长 244%。

　　2016 年 8 月,微信与支付宝同获香港首批支付牌照。2017 年 5 月 4 日,微信支付宣布携手 CITCON 正式进军美国。在微信支付正式进军美国后,通过微信支付,在美国的衣、食、住、行均可直接用人民币结算。微信支付简化了购物方式、方便了消费者，消费者只需要用手机或平板电脑就可随时随地挑选和购买商品，再用微信支付完成几个简单操作，就可以完成交易。截至 2024 年第一季度，微信用户覆盖 200 多个国家、超过 20 种语言，微信跨境支付支持 64 个国家（地区）合规接入。Brand Finance 发布 2024 年度全球 500 强品牌榜单，微信以 94 的 BSI 评分成为 2024 年全球最强品牌，以 418 亿美元的品牌价值位列全球第 34 位。

经济学是研究资源配置和利用的科学，市场经济主要依靠市场交换来解决最基本的经济问题：生产什么？如何生产？为谁生产？然而，微信及微信支付的出现，使有形的市场消失，那么，经济学理论是否需要随之改变？

资料来源：腾讯 2023 年 Q4 毛利大增 25% 微信生态"新芽"频出贡献高质量收入 [EB/OL]. (2024 - 03 - 20) [2024 - 10 - 20]. https：//tech. ifeng. com/c/8Y6sr7mmgm2；海是天的倒影. 微信用户超 13 亿 腾讯发布 2023 年第二季度报告 [EB/OL]. (2023 - 08 - 17) [2024 - 10 - 20]. https：// news. zol. com. cn/828/8289868. html；2024 年 Brand Finance 全球 500 强榜单发布：微信荣登全球最强品牌，以 418 亿美元的品牌价值，位列全球第 34 [EB/OL]. (2024 - 07 - 09) [2024 - 10 - 20]. https：//finance. ifeng. com/c/8WQ7YLP2CyA. 有改编.

自古以来，人类社会就为经济问题所困扰。从古代的抢夺奴隶战争和农民起义，到现代社会的石油危机、贫富差距、国际冲突、通货膨胀、债务危机等，都是社会经济问题的直接表现形式，或与经济问题密切相关。透过这些纷杂的现象可以看出，人类经济问题的根源在于资源的有限性。一方面，相对于人类的无穷欲望而言，大自然赋予我们的资源太少了，因此我们必须在多种欲望之间做出选择；另一方面，有限的资源得不到充分利用，因此人类还应致力于资源的充分利用。所以，如何合理地配置和充分地利用有限的资源，就成为人类社会永恒的问题，经济学正是为研究解决这些问题而产生的。经济学是最古老的艺术、最新颖的科学，被誉为社会科学"王冠上的明珠"。

人们因为不同的原因而研究经济学。有些人研究经济学是为了解决实际问题。例如，经济学家阿尔弗雷德·马歇尔（Alfred Marshall）非常关心贫困问题，他认为这是许多社会问题的根源，希望通过研究经济学能使自己更好地理解导致贫困的原因，并找到消除贫困的途径。

有些人研究经济学是为了学习某些改变世界的思想。经济学家约翰·梅纳德·凯恩斯（John Maynard Keynes）认为："经济学家和政治哲学家的思想不管是对是错，其影响都比人们通常所想象的大得多。事实上，统治世界的不是别的。掌权的人，即使他们认为自己不受知识分子的影响，也常常是一些已故经济学家（思想上）的奴隶。"

我们为什么要学习经济学？也许稍加思索，你就会给出一连串的理由：

为更富裕而学。作为消费者，你要在众多的消费组合中做出选择；要生活得更富裕，就要争取更多的收入；如何使用你自己现有的资源（如劳动能力、专有技术或储蓄）去挣更多的钱；等等。这些问题显然与经济学密切相关。如果你想要成为投资人、股票（债券）经纪人、推销员、财务分析员或企业的管理者，经济学就显得更重要了。

为更聪明而学。生活在现代社会里，你每天都面对大量问题，通货膨胀、失业、改革政策出台、自由贸易与贸易保护，等等。你需要对这些问题发表自己的看法，或者对这些问题做出反应。经济学虽然不能使你成为天才，但肯定会使你变得更聪明。

为更好地理解世界而学。你每天都会通过新闻传媒接触到大量经济问题，如果你缺乏经济学知识，就很难深入理解这些经济问题。掌握了经济学知识，你对这些问题就会有更深的理解，就会从新闻报道里获得更多的信息，生活会更充实。

除了上面的理由，单单因为有趣，经济学也是值得一学的。随着本教材一章章内容的展开，生动的画面将展现在你眼前，你将会惊奇地发现，经济学研究的是一个迷人的领域。本章先介绍经济学的研究对象，再说明经济制度与资源配置的关系，最后阐述微观经济学与宏观经济学的区别。

1.1 经济学的研究对象

经济学是从人类的生产、生活实践中产生的，我们不妨以一个假想的例子来展开讨论。

1.1.1 生产可能性边界

假定在太平洋一个遥远的孤岛上居住着一个原始部落，这个部落的人依靠鱼和土豆两种食物生活。在现有既定的社会资源下，如果只捕鱼，最大限度可生产250吨；如果只种植土豆，则最多可生产300吨。这当然是两种极端的情况。这个部落也可以用一部分资源（如劳动力和劳动工具等）捕鱼，用剩余部分资源种植土豆。因此，在两个极端之间还存在各种可能的生产组合，如220吨鱼和100吨土豆，其他类似的组合见表1-1。

表1-1 生产可能性边界

生产组合	鱼产量（吨）	土豆产量（吨）
1	250	0
2	220	100
3	170	180
4	100	240
5	0	300

表1-1中的生产组合1和组合5是两种极端情况，即只生产一种产品——鱼或土豆。组合2、组合3、组合4是鱼和土豆产量的不同的搭配。如果以纵坐标表示鱼的产量，用横坐标表示土豆的产量，在坐标图上用 A、B、C、D、E 5个点表示这5种组合，并用圆滑曲线把5个点连起来，便得到一条平滑曲线（见图1-1），这条曲线就是生产可能性曲线。生产可能性曲线是指在资源既定的条件下所能达到的两种产品最大产量的组合的轨迹。

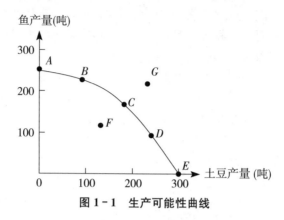

图 1-1　生产可能性曲线

在这条曲线上，我们可以看出：第一，在现有资源下我们所能获得的最大产量，如在 B 点，要想捕鱼 220 吨，土豆的产量就不会多于 100 吨；相反，要想种植土豆 100 吨，鱼的产量也不会多于 220 吨。第二，要想获得更多的土豆，只能减少鱼的产量，如从 B 到 C，土豆由 100 吨增加到 180 吨，鱼则必须由 220 吨减少到 170 吨；同样，要想获得更多的鱼，则必须减少土豆的产量。

由于组合 1 至组合 5 是在现有资源条件下，这个原始部落所能实现的最大产量的组合，因此生产可能性曲线是该社会最大产量曲线。只要资源状况未变，实现更大产量的组合（如图 1-1 中 G 点）是不可能的。当然，图中的 F 点是可以实现的，但没有达到最大产量，鱼和土豆的产量都可以有所增加，这说明现有资源没能得到充分利用。

生产可能性曲线向我们提出了一系列问题：

第一，为什么该部落所能生产的鱼和土豆是个有限数？

第二，该部落在鱼和土豆的多种生产组合中选择哪一种？

第三，为什么有时产量只能达到 F 点？

第四，怎样才能实现更高的产量（G 点）？

以上这些问题实际上是该部落的资源配置和利用问题。经济学就是针对这样一些问题展开研究的。

1.1.2　资源的稀缺性

上面讲的那个部落为什么不能生产更多的鱼和土豆？或者我们的社会为什么不能生产更多的面包、汽车、别墅？因为生产这些产品需要社会资源，而资源是有限的。

生产产品所需的各种资源，也称作生产要素，包括土地、劳动等自然资源和资本、技术等人造资源。我们都知道，这些资源对人类社会而言永远是有限的，经济学把资源的这种有限性称作资源的稀缺性。

首先，资源具有绝对稀缺性，即无论何时何地资源都是有限的。从人类历史来看，无论是贫穷的原始部落还是现代的"丰裕社会"，资源的稀缺性问题一直困扰着人类社会；从当今世界的不同地区看，无论是经济落后的非洲还是先进发达的欧美，人们都在为争夺稀缺的资源而斗争。据预测，用不了几十年，世界上的石油资源将被耗尽，石油危机已向人类敲响了警钟。各国政府均致力于吸引更多的外来资本，以便改善本国的投资环境。这些现象正是资源稀缺性的表现。

其次，资源具有相对稀缺性，即相对于人类无穷的欲望而言资源总是不足的。上述海岛上原始部落的人们也许需要更多的鱼和土豆，当对鱼和土豆的需求基本满足后，他们会希望食物更丰盛一些，希望有能蔽体并保暖的衣服，有一个能挡风避雨的住所……也许最后他们会过上同现代人一样的生活：丰衣足食，居住宽敞，以汽车代步，使用全套的家用电器，子女可以接受很好的教育，等等。但他们的欲望会就此停止吗？不，他们的需求会上升到更高的层次，如需要摩托、游艇、豪华别墅、更多的信息来源、接受更高水平的教育，等等。人类的欲望是无限的。然而，能用于生产人类所需的物质和精神产品的资源却是有限的，有限的资源相对于无限的欲望总是稀缺的。

面对资源的稀缺与人类无限欲望之间的矛盾，党的二十大报告中提出了中国的新发展理念：必须牢固树立和践行绿水青山就是金山银山的理念，站在人与自然和谐共生的高度谋划发展。

> **小思考**
>
> 什么是资源的稀缺性？可以找出我们这个社会不稀缺的资源吗？你认为当今社会最稀缺的资源是什么？

1.1.3　选择与资源配置

既然资源是稀缺的，人类社会就必须进行选择，即在各种可能的产品组合中做出选择，而任何选择，都会涉及权衡取舍，因而也都是有成本的，这个成本在经济学中被称为机会成本（Opportunity Cost）。所谓机会成本，是指做选择时，所放弃的最有价值的商品和服务的价格（有关机会成本的内容在本教材的第 5 章还会有更详细的说明）。对于海岛上原始部落的人们而言，他们至少面临三个问题：鱼和土豆以什么样的比例组合生产？用什么样的生产方式生产鱼和土豆？生产的鱼和土豆在各个家庭或部落成员间怎样分配？对上述三个问题的选择，就是人类社会对如何利用既定资源生产经济物品所做的选择，这种选择称为资源配置。

现代社会由于仍然面临资源的稀缺性，因而也就必须面对资源配置问题，即必须回答类似于上面提到的三个问题：生产什么？怎样生产？为谁生产？

生产什么　即对在既定资源条件下生产什么产品的选择。按照前面的例子，就是对生产鱼和土豆比例的选择。由于用同样的资源可以生产不同的产品，如一公顷土地，可以在上面建商场、宾馆，也可以建娱乐场、游泳池，也能种植玉米、棉花、苹果树，当然还能挖塘蓄水养鱼虾。选择了一种用途，该土地就不能再用于其他用途，因此人类需要为既定资源的用途做出选择。

怎样生产　即关于生产既定产品用什么样的生产方式，或用什么样的资源比例进行生产的选择。海岛上原始部落的人们需要为生产一定数量的鱼在用手、用渔叉或是用渔网之间做出选择。生产同样的产品，一种资源多用一些，另一种资源就可少用些，即资源之间在一定范围内可相互替代。如生产一定量玉米，多用些化肥、农药，可减少劳动

5

的时间，就是粗放经营；相反，增加劳动时间，精耕细作，少用些农药、化肥，也可达到相同的产量，即集约经营。再有，制作服装，在流水线上加工，用劳动力少，用资本（机器设备）多；用手工一针针地缝，用劳动力多，但用资本少。前一种方式称作资本密集型生产，后一种方式称作劳动密集型生产。不同的生产方式生产的效果是不一样的，因此人类社会需要做出选择。

为谁生产 即关于生产出来的产品在各个社会成员间如何分配的选择。如海岛上原始部落生产的鱼和土豆要按一定的规则在各部落成员间进行分配。

稀缺性是人类社会随时随地都面临的永恒的问题，所以，关于生产什么、怎样生产、为谁生产的选择，是人类社会要解决的基本问题。这也是经济学要解决的基本问题。

📊 小思考

什么是经济学要解决的三个基本问题？以海尔为例，想一想如果海尔解决了这三个问题，它的资源配置问题是否就解决了？

经济学既然产生于资源的稀缺性，那么它首先就应研究由稀缺性所引起的资源配置问题。正是在这个意义上，许多经济学家把经济学定义为"研究稀缺资源配置的科学"。

1.1.4 资源利用

既然资源是稀缺的，人类社会就应当充分利用现有资源生产更多的经济物品。然而，人类社会往往处于稀缺的资源得不到充分利用的矛盾境地。英国著名经济学家琼·罗宾逊（John Robinson）针对 20 世纪 30 年代的经济大危机不无讽刺地说：当经济学家们把经济学定义为研究稀缺资源在各种可供选择的用途之间进行分配的科学时，"英国有三百万工人失业，而美国的国民生产总值的统计数字则下降到原来水平的一半"。所谓隐性失业，也就是说，虽有工作，但对社会却没有贡献。

在上述情况中，由于稀缺的资源没有得到充分利用，因此社会产品达不到图 1-1 中的生产可能性曲线的边界，而只能处于边界内的某一点（如 F）上。资源的稀缺性给人类社会带来的另一个问题是：如何利用既定的稀缺资源生产出更多的产品，即资源利用问题。具体包括：

充分就业 即土地、劳动、资本等各种社会资源都能得到最充分的利用，没有闲置和浪费。资源在使用中称作就业，在闲置中就是失业。

经济增长与周期 海岛上的原始部落如何生产更多的鱼和土豆，即如何使产量达到图 1-1 中的 G 点，这就涉及使生产可能性曲线向外推移的问题，也就是经济增长问题。同时，在生产可能性曲线不断向外推移时，产量却有时高有时低，不能总保持在生产可能性曲线的边界上，这就发生了经济周期性波动，因此经济学应研究如何在促进经济增长的同时又能避免或减缓经济的周期性波动。

通货膨胀 现代社会是以货币为交换媒介的经济社会，甚至有人把现代经济称为货币经济。然而自纸币或信用货币应用以来，货币贬值或通货膨胀就一直对充分就业、经济增长与周期产生着重要影响，因此通货膨胀也成了经济学研究的重要领域。

由以上可以看出，资源的稀缺性不仅引起了资源配置问题，而且引起了资源利用问题。因此，也有许多经济学家把经济学定义为"研究稀缺资源配置和利用的科学"。

1.2 资源配置方式

如上节所述，资源配置是一个社会关于生产什么、怎样生产、为谁生产三个基本经济问题的选择。不同的社会可能会采取不同的方式解决这三个问题。我们想象一下，海岛上的原始部落可能会依靠传统或习惯来解决资源配置问题。他们根据饮食习惯决定鱼和土豆的生产比例，饮食习惯变了，他们就会改变鱼和土豆的生产比例。为了生产一定比例的鱼和土豆，他们会根据以往的经验在捕鱼和种植土豆之间分派劳动力，男人可能去捕鱼，女人去种植土豆。由于产品不丰富，只能勉强生存，因此他们只能平均地分享劳动果实。通过上面的过程，原始部落习惯成自然地解决了资源配置问题。

然而，现代经济社会要复杂得多，难以想象依靠习惯能有效地解决资源配置问题，我们必须使用更先进的手段才能解决好这个问题。当今社会配置资源的手段主要有两种：计划经济制度和市场经济制度。

1.2.1 计划经济制度

计划经济制度曾经在中国、苏联、东欧各国等作为资源配置的主要手段，并且取得了巨大成功，对于这些国家迅速医治战争创伤、建立比较完整的工业体系、促进本国经济的发展发挥了重要作用。同时，计划经济制度中某些有益的东西也为市场经济国家所重视和吸收。

尽管随着经济结构的复杂化和经济利益的多元化，计划经济制度越来越显示出其固有的弊端，然而，分析计划经济制度对于两种经济制度的对比以及深刻理解中国经济体制改革仍是很有意义的。

1.2.1.1 计划经济制度框架

图 1-2 是简单计划经济制度框架。

这里之所以称它为简单框架，是基于下面的简化：

（1）完全不考虑市场的作用，即认为不存在市场，因此也可称作"纯粹"计划经济模型。实际上纯粹的计划经济是不存在的，在任何一个计划经济国家的任何一个时期，市场都在或强或弱、或明或暗地发挥着作用。

（2）将个人只作为劳动者进行研究，忽视了其作为消费者的一面。

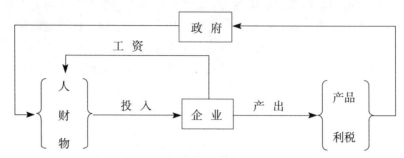

图 1-2　简单计划经济制度框架

（3）将企业投入按原来习惯的说法分为人、财、物，土地因免费使用而忽略不计。

在这种简化下，企业所需投入的人、财、物全部来源于政府，所生产的产品和创造的利税（当然包括亏损）全部上缴政府。这样政府的主要经济职能就包括：制订生产要素分配计划（即劳动力、设备、物资、资金供应计划），以向各企业配置所需资源；制订产品收购、分配计划，以决定产品消费；向企业收取利税，以支付政府支出或弥补一些企业的亏损。企业的主要职能就是按照政府生产要素分配计划配置的人、财、物，生产政府指定数量和品种的产品。政府和企业的关系正像一些经济学家所比喻的那样：全国作为一个大企业，政府是这个大企业的总调度，而企业只是这个大企业的一个车间，要在总调度的安排下进行生产。

1.2.1.2　计划经济制度与资源配置

计划经济制度是如何解决资源配置问题的呢？即是如何回答生产什么、怎样生产和为谁生产这三个基本问题的呢？

前两个问题可以在简单计划经济制度框架中直接找到答案。政府给企业下达的产品生产计划决定生产什么，企业处于被动执行状态；政府的生产要素分配计划决定企业生产方式的选择。

回答为谁生产这个问题要稍微复杂一些。在计划经济制度下，人们直接掌握的唯一生产要素是劳动，因此按劳分配是唯一的分配形式。政府把人们的劳动按工种、职业、熟练程度等进行分类分级，并规定相应的工资报酬，因此每个人所处的工资级别也就决定了他在社会产品中所享有的份额。

通过上面的简单分析可以看出：

第一，计划经济制度配置资源的主体是政府，即政府的产品生产计划决定了生产什么，生产要素分配计划决定了怎样生产，劳动力分级及工资计划决定了为谁生产。在这里，政府处于主导地位，企业和个人处于从属和被动的地位。当然企业和个人不是完全被动的，他们可以通过反映意见向上级表达自己的愿望。

第二，计划经济制度配置资源的依据是计划。计划经济国家都拥有庞大的计划部门来制订各种计划，如物资分配计划，大、中专学生分配计划，招工计划，投资计划，产品生产计划，工资计划，等等，这个庞大的计划体系像建筑用的施工图，是决定生产什么、怎样生产、为谁生产的依据。

第三，计划经济制度配置资源的方向是纵向的、一次性的。在计划经济制度下，生产要素的流动是自上而下的，一种要素一旦配置给某企业，即使是不合理的，但由于这种要素是免费的，企业也不愿让它再流走，因此要素在企业之间的横向流动只能是偶尔的，从而表现出资源配置一次性的特征。

第四，计划经济制度配置资源的效果是低效、扭曲的。由于配置资源的依据是政府计划，而随着经济结构的复杂化，政府要想获得全部信息是不可能的，因此主观的计划脱离经济的客观实际就是难免的。更为可怕的是，资源配置一旦出现错误，由于企业"网积"人、财、物所造成的资源配置一次性的特点，被错误配置的资源重新得到正确配置几乎是不可能的。

总之，在计划经济制度下，政府几乎负责经济活动的一切方面。这三大问题几乎都是由政府来作答。计划经济的管理机构通过一个高度复杂的官僚体系发布命令，告诉人们生产什么、用什么方式生产，以及为谁生产。

1.2.2 市场经济制度

市场经济制度是当今社会又一流行的资源配置方式。它早于计划经济制度而产生，在几百年的人类经济史中，伴随着危机、失业、通货膨胀甚至滞胀并存等痛苦和灾难，取得了辉煌的成果。

1.2.2.1 简单市场经济制度框架

图1－3是简单（或称纯粹）市场经济制度框架。这里之所以称它为简单框架，是基于这样的简化：不考虑政府在经济中的作用（实际上，各国政府在其市场经济中正在发挥着越来越大的作用）。

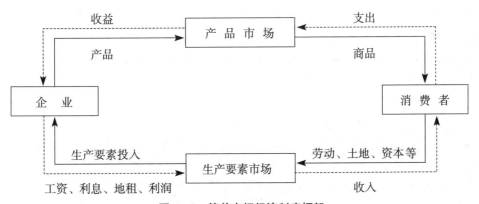

图1－3 简单市场经济制度框架

在这种简单市场经济制度框架中，企业在生产要素市场上取得所需的由消费者（包括个人、家庭或其他企业）提供的生产要素，并为此而支付报酬（包括工资、利息、地租、利润），然后把各要素转化为消费者所需的商品，在产品市场上以一定的价格出售；消费者通过在要素市场上出售生产要素而获得收入，并用所得收入到产品市场上购买自己所需的商品。在这里，产品市场是连接企业和消费者的桥梁，而生产要素和产品的市场价格成为要素及商品生产、流通的关键。在图1－3中，内圈实线为实物流循环，外圈虚线为资金流循环。

1.2.2.2　市场经济制度与资源配置

市场经济制度是如何解决生产什么、怎样生产、为谁生产三个资源配置的基本问题的呢？早在1776年，亚当·斯密（Adam Smith）就在其经典著作《国富论》中对此做出了回答，提出了由一只"看不见的手"来决定生产什么、怎样生产和为谁生产。

生产什么取决于消费者的货币"选票"，即消费者的购买决策。企业是以营利为目的的，只有生产那些在市场上能以不低于成本的价格卖得出去的产品，企业才能继续生存和发展。为了盈利，企业的做法是：价格高的产品多生产，价格低的产品少生产，放弃价格太低的产品，而将资源转移到价格更高的产品的生产上去。因此，消费者在市场上的出价决定了生产什么。

怎样生产取决于不同生产者之间的竞争。为了应对价格竞争和获得最大利润，生产者唯一的办法是采取效率更高的生产方法，多投入相对价格低的生产要素，少投入相对价格高的生产要素，用最便宜的生产方法取代昂贵的生产方法，以便把成本压缩到最低。因此，价格是选择适宜技术的依据。

为谁生产取决于生产要素的分配和价格。在市场经济制度中，分配是按照每个人拥有的生产要素及其要素价格进行的，个人拥有的生产要素价格高，就可以获得较高收入，最终就能够购买质高、价高的商品，相反则只能获得较低收入，只能购买价格低廉的商品。而生产要素价格的高低是由要素市场的供求所决定的。在要素市场上，如果某要素供不应求（如目前我国资金较为紧缺），则该要素的价格就高；如果某要素供过于求（如目前我国农民工劳动力供给充足），则该要素的价格就低。

📊 小思考

有人将市场经济制度形象地比喻为"胡萝卜加大棒"制度，那么，在市场经济环境中，"胡萝卜"与"大棒"分别指的是什么？

通过上面的简单分析可以看出：

第一，市场经济制度配置资源的主体是企业和消费者，消费者的消费决策和企业的投入、产出决策决定了生产什么、怎样生产和为谁生产等问题。

第二，市场经济制度配置资源的依据是价格。消费者根据商品价格信号进行消费决策，根据要素价格决定要素投向；企业根据商品价格决定生产什么，根据要素价格决定怎样生产、为谁生产。因此，所有资源配置决策均以价格为依据。

第三，市场经济制度配置资源的方向是横向的、动态的。生产要素的流动是在企业与企业、企业与消费者之间横向进行的，一种要素一旦配置错误，可以重新在企业之间流动，实现再配置，从而表现出动态性的特征。

第四，市场经济制度配置资源的结果是高效的、优化的。尽管企业和消费者也难以掌握全部信息，错误配置资源的问题也时有发生，甚至导致经济波动，但相比较而言，众多的企业和消费者群体比单个政府部门能掌握更多信息，尤其重要的是，市场经济资源动态配置的特点为纠正资源配置错误创造了较大空间。

总之，在市场经济中，消费者和生产者的行为要受价格的支配，生产什么、如何生产和为谁生产都由价格决定。价格像一只看不见的手，调节着整个社会的经济活动，通过价格的调节，社会资源的配置实现了最优化。当然，我们必须看到，由于信息不完全，市场经济可能伴随着周期性的经济危机；同时，资源再配置必然伴随着社会资源的巨大浪费。

1.2.3 计划经济与市场经济的制度比较

综上所述，计划经济与市场经济的区别主要表现在三个基本经济问题上：第一，决策机制不同。在市场经济条件下，选择的决策由参与经济的千千万万的消费者和企业分散地独立做出；在计划经济条件下，选择的决策由至高无上的中央计划机构集中做出。第二，协调机制不同。在市场经济条件下，由价格来协调千百万人的决策，使这些决策一致；计划经济是个金字塔式的等级体系，用自上而下的命令来贯彻决策，保证决策的协调。第三，激励机制不同。市场经济的激励以个人物质利益为中心，强调"小河有水大河满"；计划经济的激励以集体主义精神为中心，强调"大河无水小河干"。

经济学家从经济效率、经济增长和收入分配来比较这两种经济体制。应该说，这两种经济制度各有利弊。从20世纪总体经济状况来看，市场经济优于计划经济。可以说，经济上成功的国家都采取了市场经济制度，而采取计划经济的国家自20世纪80年代之后纷纷转向实行市场经济。但是市场经济也并非完美无缺，它还需要政府用各种干预手段来纠正市场经济的种种缺陷。经济学家把这种以市场调节为基础、有政府适当干预的经济制度称为混合经济。

我国自1979年开始进行市场经济改革，走出了一条中国特色的社会主义发展之路，实现了从高度集中的计划经济体制到充满活力的社会主义市场经济体制的历史性转变，仅仅30余年中国的经济总量就跃居世界第二，成为世界第二大经济体。我国市场经济改革取得的辉煌成就及成功经验必将为经济学理论的发展创新提供一种新的模式。总之，无论是计划机制还是市场机制，都是配置社会资源的手段或方式，因此我们社会主义国家也可以采用市场机制的方式来配置资源，党的二十大报告中就明确提出，要"充分发挥市场在资源配置中的决定性作用"。同样的道理，市场经济国家也同样可以采用计划的手段来配置资源。

1.2.4 帕累托改进

经济学的主旨是实现社会资源的有效配置，进而实现社会效率最大化。经典的微观经济理论告诉我们，市场机制这只"看不见的手"，可以使资源配置达到最优状态。但是，随着市场经济从古典自由竞争向现代市场经济的发展，在现实中的许多情况下，市场不能很好地运作，即存在单纯依靠市场机制难以做到资源有效配置的情形，这就是市场失灵。

资源配置是否合理，如何确定所有可能的资源配置中哪个是最优资源配置？经济学家往往用帕累托改进来进行判定。帕累托改进是以意大利经济学家维尔弗里多·帕累托（Vilfredo Pareto）的名字命名的，因为他是第一个系统地研究经济效率问题的人。

所谓帕累托改进（Pareto Improvement），是指既定的资源配置状态的改变使得至少有一个人的状况变好，而没有使任何人的状况变坏。在市场经济中，每天都会发生无数次的帕累托改进。比如，你支付 100 元买了一件衬衣，那么这件衬衣的价值肯定超过 100 元，否则你不会购买它。因此，购买衬衣后你的状况会变得更好。店主认为 100 元的价值高于这件衬衣的价值，否则他也不会卖给你。因此，店主的状况也变得更好。实际上，每一次交易都是一个帕累托改进。

利用帕累托改进，可以来判定资源是否处于最优配置状态，即对于某种既定的资源配置状态，如果所有的帕累托改进均不存在，即在该状态上，任意改变都不可能使至少有一个人的状况变好而又不使任何人的状况变坏，则称这种资源配置状态为帕累托最优状态。换言之，如果对于某种既定的资源配置状态，还存在帕累托改进，即在该状态上，还存在某种改变可以使至少一个人的状况变好而不使任何人的状况变坏，则这种状态就不是帕累托最优状态。

帕累托最优状态又称经济效率（Economic Efficiency）。满足帕累托最优状态就是具有经济效率的；反之，就是缺乏经济效率的。由此可见，经济效率只有在每一个可能的帕累托改进都发掘以后才能够实现。例如，在电视机市场上，无论怎么寻找，都不能找出价格、产出水平或其他某种变化可以使某些生产者或消费者的状况变好而又不损害任何人，那么，就可以说电视机市场有经济效率。如果产品在消费者之间的分配已经达到这样一种状态，即任何重新分配都会至少降低一个消费者的满足水平，那么，这种状态就是最优的或最有效率的。如果生产要素在厂商之间的配置已经达到这样一种状态，即任何重新配置都会至少降低一个厂商的产量，那么，这种状态就是最优的或最有效率的。

当然，没有一个经济能够实现所有的帕累托最优，因此，也就意味着没有一个社会能够实现完全的经济效率，没有一种经济制度是完美的。但是，社会的目标是发掘所有的帕累托改进，从而努力接近经济效率。

1.3　微观经济学与宏观经济学

经济学的研究领域广泛，可按研究问题的内容、领域、方法等进行分类。最常见的分类是分为研究资源配置的微观经济学与研究资源利用的宏观经济学。本教材虽然仅介绍微观经济学的基本原理，但为了使学习者能从整体上把握经济学的基本体系，在本节中还将对宏观经济学的研究对象及其内容进行概括介绍。

1.3.1 微观经济学

微观经济学（Microeconomics，"micro"来自希腊语，其含义是"小"）是研究单个经济单位（包括企业、家庭、消费者、市场等）的经济行为以及它们之间的相互影响，并由此说明市场经济如何解决资源配置问题。

微观经济学对单个经济单位的研究，是通过三个层次进行的。第一个层次是分析单个消费者（或家庭）和单个生产者的经济行为，即分析单个消费者（或家庭）如何进行最优的消费决策以获得最大效用，单个生产者如何进行最优的生产决策以获得最大利润。第二个层次是分析单个市场均衡价格的决定。这种单个市场均衡价格是作为单个市场中所有消费者和生产者最优经济行为的共同作用的结果而出现的。第三个层次是分析所有的单个市场均衡价格的同时决定。这种决定是作为所有单个市场相互作用的结果而出现的。

微观经济学的内容主要包括价格理论、需求理论、生产理论、厂商均衡理论、分配理论等。微观经济学的中心理论是价格理论。如上节所述，价格是市场经济制度中经济主体配置资源的依据，价格像一只看不见的手，调节着整个社会的经济活动，通过价格的作用，社会资源实现了优化配置。可以说，整个微观经济学以价格理论为中心，围绕价格如何被决定及如何影响资源配置而展开，因此有人干脆把微观经济学称作"价格理论"。微观经济学的中心理论实际上是解释英国古典经济学家亚当·斯密的"看不见的手"这一原理。亚当·斯密认为，每个人都在追求自己的个人利益，但在这样做的同时，由于一只看不见的手的指引，结果是增进了社会利益。"看不见的手"就是价格。

微观经济学主要采取个量分析方法，通过对单个消费者（或家庭）、单个生产者、单个市场的考察，对微观经济活动进行研究。

微观经济理论的构建是以一系列的假设条件为前提的。在微观经济分析中，经济学家根据所研究问题和所建立的模型的不同需要，采用不同的假设条件。在诸多假设条件中，有三个最基本的假设条件，即完全理性、完全信息和市场出清。

完全理性 即假定各经济主体（企业、个人）都是完全理智的，他们都以利己为目的，力图以最小的代价去追逐和获得自身最大的经济利益。正如亚当·斯密在《国富论》中所述："我们的晚餐并非来自屠宰商、酿酒师和面包师的恩惠，而是来自他们对自身利益的关切。"该假设也称为"经济人"假设。经济人是不懈地追求自身最大满足程度的理性人。显然，经济人是自利的，但自利不等于自私。

完全信息 即假定各经济主体都能迅速而免费地获得各种信息，并根据这些信息及时调整自己的行为，以便实现利益最大化目标。由于各主体信息完备，因此他们能确切地知道自己行为的后果，从而处于无风险的境地。例如，每个消费者都能充分地了解每一种产品的性能和特点，准确地判断一定的产品组合给自己带来的消费满足程度，掌握产品价格在不同时期的变化，等等，从而能够做出最优的消费决策以获得最大效用。

市场出清 即假定市场价格自由而迅速地上下变动，足以对供求变化做出及时反应，从而导致供需总是相等的状态。具体来讲，即商品价格自由而及时地波动使该商品供需平衡，利率（资本价格）自由而及时地上下波动使资本供需平衡。在这种均衡状态下，不存在资源的闲置和浪费，资源的充分利用问题已得到了解决。

只要上述三个假设条件成立，市场经济就会成为最美妙的经济制度。但是，只要稍微有些生活常识，我们就会认识到这三个假设的不可靠。人是不完全理性的，做出错误决定的情况时有发生；信息是不完全的，尤其是关于未来经济的变化，经济学家们也只是一知半解；市场出清是相对的，而商品的过剩或不足却是绝对的。这就向传统的经济学提出了挑战。

资料链接

亚当·斯密

亚当·斯密是经济学的主要创立者。他于1723年出生于苏格兰，青年时就读于牛津大学，1751—1764年担任格斯哥大学哲学教授，在此期间发表了他的第一部著作《道德情操论》，确立了他在学术界的地位。他的名声主要来源于他在1776年发表的著作《国家财富的性质和原因的研究》（简称《国富论》）。

斯密驳斥了重商学说片面强调国家贮备大量金币的错误。他反对重农主义者"土地是价值的主要来源"的观点，提出了劳动的重要性。斯密重点强调劳动分工会引起生产的大量增长，抨击了阻碍工业发展的一整套腐朽的、武断的政治限制。

《国富论》认为，看起来似乎杂乱无章的自由市场实际上是个自行调整机制，自动倾向于生产社会最迫切需要的货品种类及其数量。例如，如果某种产品供不应求，导致价格上升，生产商获得较高的利润，由于利润高，其他生产商就会进入这一市场。生产增加会缓和原来的供应短缺，而且随着各个生产商之间的竞争，供应增长会使商品的价格降到"自然价格"即生产成本。谁都不是有目的地通过消除短缺来帮助社会，但是问题却解决了。用斯密的话来说，每个人"只想得到自己的利益"，但是又好像"被一只无形的手牵着去实现一种他根本无意要实现的目的……他们促进社会的利益，其效果往往比他们真正想要实现的还要好"。

但是如果自由竞争受到阻碍，那只"无形的手"就不会把工作做得恰到好处。因而斯密相信自由贸易，反对高关税，反对政府对商业和自由市场的干涉。他声称这样的干涉几乎总要降低经济效率，最终使公众付出较高的代价。斯密虽然没有发明"放任政策"这个术语，但是他为建立这个概念所做的工作比其他任何人都多。

李嘉图和卡尔·马克思都坚持认为人口负担会阻碍工资高出维持生计的水平，但是斯密指出在增加生产的情况下工资就会增长。事实已经十分清楚地表明斯密在这一点上是正确的。

除了斯密观点的正确性及对后来理论家的影响之外，他对立法和政府政策也有很大影响。斯密的自由贸易观点在整个19世纪对政府政策都有决定性的影响。事实上，他对这些政策的影响今天的人们仍能感觉出来。

资料来源：陈恩，王蕾. 西方经济学解析：微观部分 [M]. 北京：高等教育出版社，2004：12-13.

1.3.2　宏观经济学

宏观经济学（Macroeconomics，"macro"来自希腊语，其含义是"大"）研究的是国民经济有关总量的决定及其变化，以此来说明市场经济如何实现资源的充分利用。宏观经济学的研究对象是国民经济整体。如果把微观经济学研究的对象比喻为一棵棵的树木，那么宏观经济学研究的对象就是由这些树木组成的森林。

宏观经济学解决的是资源利用问题。微观经济学中市场出清的假设把资源的充分利用看作既定的前提，由此来研究资源配置。而宏观经济学则把资源的最优配置作为既定前提，由此来研究现有资源未能得到充分利用的原因，达到充分利用的途径，以及如何获得更多的社会资源以实现经济增长。

宏观经济学包括国民收入决定理论、经济周期理论、经济增长理论、失业与通货膨胀理论、宏观财政与货币政策等内容。宏观经济学的中心理论是国民收入决定理论。微观经济学研究单个商品数量和价格的决定，宏观经济学研究全部商品数量和价格决定，这个数量就是国民收入，因此其中心理论是国民收入决定理论。

宏观经济学的研究方法是总量分析。微观经济学研究的单项数量指标有两类，即数量和价格；宏观经济学研究能反映整个经济运行情况的经济变量，也可分为两类：一类是总量指标，是个量的总和，如国民收入是全部商品市场价值之和，总投资是各企业投资之和，总储蓄是所有个人储蓄之和，还有总消费、货币供应量等总量指标；另一类是平均量指标，是个量的平均数，如反映各种商品平均价格的价格水平。在这些指标中，国民收入和价格水平是最重要的。

宏观经济学作为一个独立的理论经济学分支开始于 1936 年凯恩斯的《就业、利息和货币通论》一书的出版。凯恩斯主义的宏观经济学认为，当由消费、投资、政府购买和净出口所形成的对产品的总需求小于社会对产品的总供给时，就会导致生产下降，失业增加，反之，就会出现通货膨胀。因此，政府要采取一定的经济政策来减少失业，稳定物价，促进经济增长。

资料链接 --

凯恩斯

约翰·梅纳德·凯恩斯生于 1883 年，其父是剑桥大学的一位经济学教授，其母是一位牧师的女儿，也是剑桥大学的首批女毕业生之一。凯恩斯的夫人是一位俄罗斯芭蕾舞演员。10 岁时，凯恩斯就掌握了代数和几何知识；14 岁时，他获得了到伊顿公学读书的奖学金。此后，他赢得了涉及多个学科的 60 多项奖学金。1902 年，凯恩斯获得了在剑桥大学的国王学院学习数学的一项开放奖学金。指引凯恩斯走上成功道路的是剑桥大学的阿尔弗雷德·马歇尔教授。1903 年，马歇尔作为英国学院派经济学的创始人，设立了关于这一主题的一门学位课程。在攻读研究生学位时，凯恩斯转而研修经济学，成为马歇尔的学生，他迅速显示出了在经济理论方面的天赋。然而，他对被困在剑桥大学感到厌倦，于是在没有修完这门课程之前就离开了，到伦敦当了一名公务员。这是他一生中所受过的唯一的正式的经济学教育。

在政府的印度事务部工作了 2 年后，1908 年，25 岁的凯恩斯重返剑桥大学当了一名讲师。到第一次世界大战爆发的时候，凯恩斯已成为一位颇有影响的经济思想家，不久，他应聘到财政部工作。当时根据《凡尔赛公约》，获胜的同盟国要求德国支付的赔款用今天的货币计算高得惊人，达 2 000 亿英镑，另外同盟国还对德国工业施加了限制。凯恩斯于 1919 年 5 月对一位朋友说："这项和约令人愤慨和难以接受，它只会带来不幸。"由于不堪忍受这种状况，他于一个月以后辞去了在财政部的职务，从而获得了公开发表自己的忧虑的自由。他的意见于当年 12 月发表在《和平的经济后果》一书中。他认为这一赔款既不会得到全部的支付，也不会使和平得到保障。这一看法在以后被证明是十分有先见之明的。许多历史学家都认为第一次世界大战后的经济混乱为纳粹的崛起播下了种子。

20 世纪 30 年代初的经济大萧条使得政治家和传统经济学家忙于寻求解释和补救方法。1936 年，凯恩斯在其著作《就业、利息和货币通论》中发表了他对这场危机的看法和解决方法。该书标志着他与前 150 年的自由放任经济思想的彻底决裂。凯恩斯认为在经济萧条期间采取不干预的做法是不明智的。一旦收入和就业率开始下降，人们就会动用自己的储蓄，而银行会试图通过提高利率来减缓这一过程。这样一来，就使得用于工商业扩展的贷款价格更为高昂，使工商活动减速，从而扼杀了增加收入和提高就业水平的手段。凯恩斯说，这一僵局只能通过政府的直接干预来打破。他所主张采取的措施包括减少税收和下调利率以刺激投资，以及实施公共工程计划以增加就业。这些举措都是自由放任思想的倡导者们所诅咒的，使凯恩斯的建议获得支持的是美国当局。当时，新当选的美国总统罗斯福通过实行干预主义的"新政"使美国摆脱了经济萧条。

第二次世界大战爆发后，凯恩斯被召回担任英国财政部的顾问。1944 年，盟国再次打败了德国和轴心国，战争给所有各方造成的经济上的损失也再次成为天文数字。但是这次就不会有一战后那种灾难性的赔偿要求了。凯恩斯率领英国代表团出席了 1944 年 7 月在美国新罕布什尔州举行的具有历史意义的布雷顿森林货币问题会议。在那里，凯恩斯成了建立国际货币基金组织和世界银行的主要推动力量。这两个组织的创建使国际金融体系恢复了稳定，使被战争摧毁的国家获得了贷款。

第二次世界大战后，各国政府纷纷依据凯恩斯的经济哲学采用"干预主义"政策来指导经济。凯恩斯主义经济学成了此后 30 年占主导地位的经济哲学。但是到了 20 世纪 70 年代，凯恩斯主义经济学开始受到许多批评。右翼批评者说它无异于马克思主义，它的政策使得国家的死亡之手扼杀了资本主义的自由经营。较为严重的问题是，70 年代出现了凯恩斯主义经济学所无能为力的一种经济现象："滞胀"——高失业率和高通胀率的混合。

显然，没有任何单一的经济学派能够提供所有的答案。尽管如此，我们当中的大多数人都有时间、金钱和自由来考虑凯恩斯主义政策的利弊，这一事实本身也说明了这种政策的成功和其设计师的卓越才华。

宏观经济学的基本假设主要是市场失灵和政府能调节经济。

（1）市场失灵。市场经济发挥作用是建立在前述完全理性、完全信息、市场出清三个基本假设基础上的。然而，市场主体的不完全理性、信息的不完全性及商品的短缺或过剩，使市场经济的效率大打折扣。不仅如此，市场经济并不能自动实现资源的最优配置和充分就业；相反，经济停滞、失业、通货膨胀常常伴随市场经济而生。因此，只靠市场机制实现不了我们的经济目标。

（2）政府调节。人类不只是尊重市场机制的作用，而且还能在了解、遵守市场经济基本规律的前提下对经济进行调节。因此，在市场失灵的情况下，政府作为市场的替代物，可以采取适当的政策和手段调节经济。尽管经济学家对政府调节经济的手段、目标及有效性还有很大争议，但各国政府调节经济的作用显然在不断加强。

▍本章小结

本章阐述了经济学的研究对象即稀缺资源的配置和利用，提出了经济学研究要解决的三个基本问题即生产什么、如何生产和为谁生产，比较分析了计划经济制度和市场经济制度这两种资源配置方式的特点及原理，并分别论述了微观经济学与宏观经济学的研究对象、内容和假设条件。

▍经济问题分析

以互联网为核心的信息技术的出现，引发了微信及微信支付广泛深入我们的生产与生活之中。它改变了企业生产什么、生产方式和生产地点的选择，改变了企业的经营方式，改变了人们的购物方式，改变了商品和服务由厂商转移到消费者的渠道。虽然它使许多的有形市场消失，但同时创造了一种新市场，使世界各地的人们不需要集聚在一起就可以交换商品和服务。由于互联网及微信平台使消费者和厂商具有更加完全的信息，从而使经济学的核心问题得到更有效解决，且成本更低。世界各地的市场可以同时联系在一起，创造了一个全球性市场。现在，任何买主都可以找到某种商品售价最低的厂商，而任何卖主也都可以找到某种商品售价最高的场所。互联网改变了中间商的性质，许多中间商通过互联网建立专业平台，为消费者提供更好的服务和合意的产品。因此，微信及微信支付将使经济学的核心问题得到更好的解决，提高市场配置资源的效率。

▍复习与思考

一、名词解释

生产可能性曲线 稀缺性 机会成本 资源配置 计划经济 市场经济 经济人 完全信息 市场出清 帕累托改进

二、选择题

1. 人们在经济资源的配置和利用中要进行选择的根本原因在于（   ）。

A. 产品效用的不同　　　　　　　B. 人们的主观偏好不同

C. 经济资源的稀缺性　　　　　　D. 经济资源用途的不同

2. 在资源不变的情况下，如果原有的技术水平提高了，生产可能性曲线的位置将会（　　　）。

　A. 向左移动　　　　　　　　　　B. 向右移动

　C. 不发生任何改变　　　　　　　D. 不能确定

3. "资源是稀缺的"指（　　　）。

　A. 世界上大多数人生活在贫困中

　B. 相对于资源的需求而言，资源总是不足的

　C. 资源必须保留给下一代

　D. 世界上的资源最终将因生产更多的物品和劳务而耗尽

4. 在市场经济条件下，配置资源的核心要素是（　　　）。

　A. 生产者　　　　B. 消费者　　　　C. 信息　　　　D. 价格

5. 生产可能性曲线以内的任何一点表示（　　　）。

　A. 可以利用的资源稀缺　　　　　B. 资源没有得到充分利用

　C. 资源得到了充分利用　　　　　D. 资源的配置最为合理

三、问答题

1. 经济学要研究的三个基本问题是什么？

2. 简述计划经济和市场经济配置资源的方式。

3. 举出三个你在生活中面临重要权衡取舍的例子。

案例研究

干预还是放开

鱼精蛋白，全称硫酸鱼精蛋白注射液，是开展心脏外科手术等必须备用的药品，用于治疗因注射肝素过量所引起的出血。因目前临床上尚无其他药物可以替代，有业内人士甚至用"一针一命"来形容该药。

2011 年，从北京到广东，从四川到浙江，全国多个地区出现鱼精蛋白紧缺、心脏外科手术被迫暂停的情况。此前毫不引人注意的这种每支售价仅几元的心脏手术独门止血药一下子声名远扬。

鱼精蛋白断货危机打开了一扇窗：独门止血药原来可以便宜到每支仅几元钱。在普通百姓的认知里，重要的药一般都很贵。

鱼精蛋白为何会全国性断货？尽管有药企表示是因为"受工业污染、原材料数量及质量出现下降"，但无论是医院还是药企都承认，该药价格过于低廉，药企生产积极性受挫是主要原因。一些医药代表表示，鱼精蛋白断货或许是因为企业与主管部门的博弈：鱼精蛋白是政府指导价，政府定价过低，生产企业便以此"逼宫"相关部门为鼓励企业生产而提高药品价格。鱼精蛋白断货让老百姓深切地感受到，新医改强调公益性回归，仅仅把目光盯在医院身上还远远不够。

新医改强调公益性回归，无论是卫生行政部门还是普通百姓，其着眼点往往落在医院身上，其实药企的责任也不容忽视。如果不能保证廉价药物的充分供应，不能从根本

上解决廉价药品的生产和使用问题，医改公益性回归的困局就难以彻底破解。

时隔5年之后的2016年，山东、安徽、河南等省份以及广州、海口、昆明、南京等多地又一次出现鱼精蛋白短缺甚至断供的情况。浙大一院心外科主任倪某表示，大部分心脏病患者并非需要马上手术治疗，可以通过保守的药物治疗控制病情，但对一些患者来说，延迟手术则会影响到病情发展。

相关企业负责人表示，如果只考虑利润，企业生产鱼精蛋白非常不值。一是鱼精蛋白主要用于心脏手术，临床需求量恒定在全国每年120万支左右，企业生产并不饱和，有时候可能是一个月生产几批后就要停工半年；二是鱼精蛋白是非终端灭菌的无菌产品，生产工艺比较复杂，每生产一批就必须严格清场；三是运输冷藏要求越来越高。"就这个产品来说，企业生产得越多亏本就越多。"

据了解，近年来，由于原料、人工、水电等生产要素价格上涨，加上需要冷藏运输等，鱼精蛋白的生产成本是"翻着跟头往上涨"，而此前国家发改委对鱼精蛋白的最高限价是9元多，2011年为缓解供应不足才将其价格上调为11元，但这个价格远不能弥补企业亏损。

上海第一生化相关人士也表示，企业如果只生产鱼精蛋白，肯定是要亏本，要搭配生产其他效益好的药才能收支平衡。

资料来源：陈方. 利润要了廉价"救命药"的命［J］. 发展，2011（11）：22；胡芳. 鱼精蛋白再现缺货：确保"救命药"可及性需多方努力［EB/OL］.（2016-05-25）［2024-10-20］. https：// www.cnpharm.com/c/2016-05-25/617472.shtml. 有改编.

基于以上案例资料，请回答：
（1）你认为政府干预是会改善经济结果还是会恶化经济结果？
（2）请举出其他事例印证你的观点。

理论应用

"买路钱"的联想

第 2 章
需求与供给

如同过山车般的羊肉市场价格

从 2001 年到 2013 年，我国羊肉市场的价格持续上涨了 13 年。其中，2007—2013 年羊肉价格上涨的势头较猛，根据我国农业部门的相关数据，当时的羊肉价格从 2007 年的 18.63 元/千克大幅上涨到 2013 年的 61.88 元/千克，上涨幅度约 232%，年平均上涨幅度高达 33.2%。由此，羊肉成了这一时期价格上涨最快的消费食品之一。然而，2014 年至 2015 年，羊肉价格却猛然下跌，2015 年羊肉平均批发价格为 37.85 元/千克，疫情肆虐和国家大量进口羊肉的举措使得羊肉价格陷入低谷，给养羊业带来了巨大的冲击。在接下来的 2015 年至 2017 年，羊肉价格逐渐恢复。这一阶段，养羊业仿佛在经历了一场漫长的寒冬后开始感受到春日的暖阳。

2017 年至 2021 年，羊肉价格再次急速上涨，并在 2021 年达到了顶峰。2020 年我国羊肉平均市场价达 80.58 元/千克，2021 年甚至达到 86.28 元/千克。此时的羊肉价格如同盛夏的烈日，炽热而耀眼。这个时期，养羊业成为投资的热门领域，吸引了大量外来资本的涌入。然而，2021 年至 2024 年，羊肉价格再次崩盘，呈现断崖式下跌。2024 年 5 月，羊肉价格回落到了 60.11 元/千克，许多养殖户在这场风波中黯然退场，屠企也开始宰杀大母羊以应对市场的变化。这一阶段，养羊业仿佛又经历了一场暴风雨，无数人在这场风波中迷失了方向。

羊肉价格为什么会剧烈波动？

资料来源：常情，王士权，乔娟．2014—2015 年我国羊肉价格下跌原因及其影响分析 [J]．现代畜牧兽医，2015（9）：50 - 55；谢艺观．价格创近 5 年同期最低 牛羊肉为何便宜了？ [EB/OL]．（2024 - 06 - 04）[2024 - 10 - 20]．https：//baijiahao．baidu．com/s？id=18009050469898817218&wfr=spider&for=pc．有改编．

2.1　需　求

本节将从消费者的角度分析消费者的经济决策行为，主要内容包括影响需求的因素、需求曲线及需求弹性等。

需求理论

2.1.1　需求概述

2.1.1.1　需求的定义及条件

需求（Demand）是指在某一特定时期内，在每一价格水平上，消费者愿意且能够购买的商品和劳务的数量。

作为需求，必须满足两个条件，一是购买的欲望，二是购买的能力。当我们走进琳琅满目的商店时，购物欲望油然而生。对于大多数消费者来说，虽然想买的商品很多，但只能有节制地挑选商品，因为购买能力有限。现实生活中也存在这样一类消费者，他们有能力购买，但不想买，即没有购买的欲望，因为想买的东西都已经拥有了。所以，要使需求有效，这两个条件缺一不可。

2.1.1.2　影响需求的因素

影响消费者购买商品的因素很多，如价格、收入、相关商品的价格、偏好、预期、广告宣传、消费信贷利息率等。

（1）价格。在一般情况下，当某一商品的价格上升时，消费者的购买量减少了，即需求量降低了；反之，当某一商品的价格下降时，该商品变得便宜了，消费者的需求量就会增加。现实生活中，绝大多数商品的需求量与价格是呈反方向变动的，但也有极少数商品例外，如吉芬物品。19 世纪时，爱尔兰发生了一次大灾荒，土豆是当时的主食，当土豆的价格上升时，土豆的需求量不是减少，反而增加。经济学家吉芬（Giffen）首先发现了这一现象，因此，在经济学中一般把价格上升而需求量也增加的低档生活必需品统称为吉芬物品（Giffen Goods）。

（2）收入。当消费者收入增加时，对某种商品的需求也将随之上升；当收入减少时，对某种物品的需求也将随之下降。当然，也有一些商品例外，当消费者收入降低时，对某种物品的消费反而增加了。我们把随消费者收入增加引起需求上升的商品称为正常物品，收入增加引起需求下降的商品称为低档物品。

（3）相关商品的价格。相关商品包括替代品和互补品两类。替代品是指相互替代的商品，如苹果与葡萄；互补品是指相互补充的商品，如汽车与汽油。在一般情况下，一种商品价格的上升会引起其替代商品的需求增加，其互补商品的需求减少。例如，当矿泉水的价格上升，而可乐的价格保持不变时，人们会减少对矿泉水的消费，增加对可乐的消费；当汽车价格上涨时，汽车的需求量就会减少，对汽油的需求也会相应下降。

（4）偏好。如果消费者偏好某种商品，就会增加消费，此商品的需求就会增加；如果消费者厌恶某种商品，就会减少消费，此商品的需求就会减少。

（5）预期。如果人们预期某商品将要涨价，该商品的需求就会上升；如果人们预期某商品将要降价，该商品的需求就会减少。例如，人们预期电视机的价格将要上涨，那么打算买电视机的人们就会现在消费，因此电视机的当前需求就会增加；人们预期电视机的价格将要下降，那么打算买电视机的人们会等到以后降价时再消费，因此电视机的当前需求将会减少。

（6）广告宣传。正面的广告宣传，会使某种商品的需求增加，因此，厂商愿意在广告上投入巨额资金。负面的广告宣传，会使某种商品的需求减少。例如，前几年，某食品厂被曝用陈馅做汤圆，结果对该厂生产的汤圆的需求急剧减少，最后该厂只好宣布破产。

（7）消费信贷利息率。很多消费者用分期付款的方式购买住房和汽车，这涉及消费信贷利息率。当消费信贷利息率上升时，意味着同样的贷款金额要负担更多的利息，消费者就会少贷款，从而对某种商品的需求就会相应减少。当消费信贷利息率下降时，意味着同样的贷款金额要负担的利息减少了，消费者就会多贷款，从而对某种商品的需求就会相应增加。因此，消费信贷利息率与需求之间是负相关关系。

除以上列举的因素以外，还有许多其他因素会影响需求，如人口的数量、国家的经济政策，等等。

2.1.1.3　需求函数

需求函数是指需求（量）与影响需求的因素之间建立的函数关系。用公式表示为：

$$Q_d = f(P, Y, P_s, P_c, I, \alpha) \qquad (2-1)$$

式中：　Q_d——需求（量）；

　　　　P——某种商品的价格；

　　　　Y——收入；

　　　　P_s——某种商品的替代品价格；

　　　　P_c——某种商品的互补品价格；

　　　　I——消费信贷利息率；

　　　　α——其他因素。

在这里，为了简化分析，主要研究需求量和价格之间的关系，此时，假设其他条件（或因素）保持不变，需求函数可以表示为：

$$Q_d = f(P)$$

2.1.2　需求表与需求曲线

需求表与需求曲线反映的是某种商品的价格和需求量之间的关系。下面以外套这种商品为例，分析价格与需求量之间的关系。

表 2-1 为某种外套的需求表。

表 2-1 某种外套的需求表

价格(元)	需求量(件)
200	1
160	2
120	3
80	4
40	5

表 2-1 表明，在较高的价格上，需求量较少；在较低的价格上，需求量较多。即随着价格的下降，需求量逐渐增多；随着价格的上升，需求量逐渐下降。需求量与价格是反方向变动的关系。

图 2-1 是根据表 2-1 制作而成的。横坐标表示外套的需求量，纵坐标表示外套的价格，D 表示需求曲线。需求曲线向右下方倾斜，它表明需求量与价格是负相关关系。价格高，需求量少，如 A 点；价格低，需求量多，如 B 点。由图 2-1 可以看出，在一般情况下，由于需求量与价格呈反方向变动，所以需求曲线是一条向右下方倾斜的曲线。图 2-1 中的需求曲线是直线，通常的需求曲线形状如图 2-2 所示。

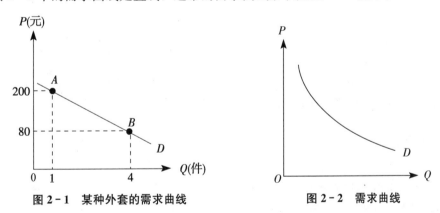

图 2-1 某种外套的需求曲线　　　　　图 2-2 需求曲线

从需求表和需求曲线中可以看出，某种商品的需求量与其价格是呈反方向变动的，这种现象被称为需求定理，或称为需求规律。所谓需求定理，是指在其他条件不变的情况下，某商品的需求量与价格呈反方向变动，即需求量随着商品价格的上升而下降，随着商品价格的下降而上升。

2.1.3 需求量的变动与需求的变动

在经济分析中，要特别注意区别需求量的变动和需求的变动。这两者的区别在于引起这两种变动的因素不同，并且对需求曲线产生的影响也不同。

需求量的变动是指在其他条件不变的情况下，由于商品价格变动所引起的该商品的需求数量的变动。需求量的变动表现为商品的价格和数量组合点沿着同一条既定的需求曲线运动。如图 2-3 中，当商品价格由 P_1 上升到 P_2，需求量从 Q_1 减少到 Q_2，价格与需求量的组合点由 B 点向上运动到 A 点；而当商品价格由 P_2 下降到 P_1，需求量从 Q_2 增加到 Q_1，价格与需求量的组合点沿着需求曲线 D 由 A 点向下运动到 B 点。由此可见，需求量的变动不会使需求曲线出现移动。

需求的变动是指在某商品价格不变的条件下，由于其他因素变动所引起的该商品的需求数量的变动。假定某个医学专家宣布一项新的研究成果：经常吃苹果的人更健康，也更长寿。这个信息对苹果市场有什么影响呢？这将改变人们的偏好并增加对苹果的需求。这样即使苹果的价格不变，消费者也会消费更多的苹果，苹果的需求曲线向右移动。需求的变动会造成需求曲线的移动。在图 2-4 中，原有的需求曲线为 D_0，商品价格不变，为 P_0，如果这时价格以外的其他因素发生变化，如消费者收入增加，这会引起需求增加，则需求曲线向右平移为 D_1，此时市场的需求量由 Q_0 增加到 Q_1；反之，如消费者收入减少，这会引起需求减少，则需求曲线向左平移为 D_2，此时市场的需求量由 Q_0 减少到 Q_2。显然，需求的变动会引起需求曲线的位置移动，这也表示整个需求情况发生了变化。

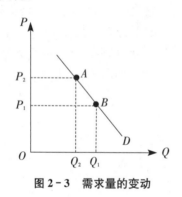

图 2-3 需求量的变动

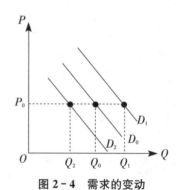

图 2-4 需求的变动

案例评析

如何控烟？

据报道，2023 年，我国烟民人数超 3.5 亿人，被动吸烟人口高达 7.4 亿。二手烟、三手烟是最常见的被动吸烟方式。我国每年约有 260 万人因烟草使用而死亡，其中包括 22 万吸烟者和 40 万二手烟受害者。根据世界卫生组织发布的《2000—2030 年全球烟草使用流行趋势报告》，2022 年，全球约有 12.45 亿成年烟草使用者。全球每年因吸烟及二手烟暴露死亡的人数达 800 万，全球每 4 秒就有 1 人死于与吸烟相关的疾病。其中超过 700 万人死于直接吸烟，120 万非吸烟者因接触二手烟而死亡。中国政府每年为治疗与烟草有关的疾病要花掉 65 亿美元，政府从烟草销售中获得的税款有多达 1/4 用于治疗这些疾病。

那么，应该如何从需求端来控烟呢？

我们可以从需求量的变动和需求的变动上寻找出路。从需求量的变动来看，政府可以采取提高香烟价格和烟草税收的办法来减少香烟消费量；从需求的变动来看，可以采取的措施有：禁止烟草广告、烟草促销和烟草厂商的赞助活动；禁止在公共场所吸烟；规定香烟盒上必须标明警示信息；禁止向未成年人售烟；加强吸烟危害健康的知识普及教育等。

资料来源：孙放.戒烟护肺，势在必行 [EB/OL].(2024-04-28)[2024-10-20]. https：//mp.weixin.qq.com/s?_biz=MzIxMjU1MDY2Ng==&mid=2247485955&idx=1&sn=0b1baf04d2fb8ff43f4f12ef6a0429d8；刘彬.WHO：2025 年吸烟人数将降至 12 亿 [EB/OL].(2024-01-19)[2024-10-19]. https：//baijiahao.baidu.com/s?id=1788471225580495695&wfr=spider&for=pc；为了自己和家人的健康 戒烟从现在开始 [EB/OL].(2024-05-31)[2024-10-20]. https：//baijiahao.baidu.com/s?id=1800533092073774523&wfr=spider&for=pc.有改编.

2.1.4 需求弹性

在经济学中，弹性是指在经济变量之间存在函数关系时，因变量对自变量变化的反应程度。弹性分为需求弹性和供给弹性，在本节我们介绍需求弹性，供给弹性将在下节介绍。

需求弹性是指影响需求(量)的某个因素发生变化时，需求(量)会如何变化，变化幅度是多少，即一种商品需求(量)对其影响因素变动的反应程度。由于影响需求的因素有很多，因此需求弹性也有很多种，常见的需求弹性有三类——需求价格弹性、需求交叉价格弹性和需求收入弹性。

2.1.4.1 需求价格弹性

需求价格弹性是指一种商品需求量变动对其价格变动的反应程度，一般用需求价格弹性系数来表示需求价格弹性的大小。需求价格弹性系数是需求量变动的百分比与价格变动的百分比的比值，其计算公式为：

$$E_d=-\frac{\frac{\Delta Q}{Q}}{\frac{\Delta P}{P}}=-\frac{\Delta Q}{\Delta P}\cdot\frac{P}{Q} \tag{2-2}$$

式中： E_d——需求价格弹性系数；

Q——某种商品变化前的需求量；

ΔQ——某种商品需求量的变动量；

P——某种商品变化前的价格；

ΔP——某种商品价格的变动量。

在一般情况下，由于一种商品的需求量与其价格负相关，所以需求量变动的比率和价格变动的比率总是相反的符号，因此需求价格弹性系数一般都为负值。但在实际运用中，为了方便起见，需求价格弹性系数都取绝对值。在本教材中我们遵循这个一般的做法，在需求价格弹性系数的计算公式中加上负号，以使需求价格弹性系数取正值。这样，需求价格弹性越大，意味着需求量对价格越敏感。

在上面的公式中，Q 和 P 的值分别是变化前的商品需求量和商品价格，该公式为计算需求价格弹性的一般公式。除此之外，计算需求价格弹性的公式还可以分为弧弹性和点弹性的计算公式。

弧弹性是对以上需求价格弹性计算公式中的 Q 与 P 取其需求量和价格变化前后的

平均值，因此弧弹性也称为平均弹性，其计算公式为：

$$E_d = -\frac{\dfrac{\Delta Q}{(Q_1+Q_2)/2}}{\dfrac{\Delta P}{(P_1+P_2)/2}} = -\frac{\Delta Q}{\Delta P} \cdot \frac{P_1+P_2}{Q_1+Q_2} \qquad (2-3)$$

式中：　P_1——某种商品变化前的价格；

　　　　P_2——某种商品变化后的价格；

　　　　Q_1——某种商品变化前的需求量；

　　　　Q_2——某种商品变化后的需求量。

点弹性表示的是需求曲线上某一点的弹性，其计算公式为：

$$E_d = \lim_{\Delta P \to 0} -\frac{\Delta Q}{\Delta P} \cdot \frac{P}{Q} = -\frac{\mathrm{d}Q}{\mathrm{d}P} \cdot \frac{P}{Q} \qquad (2-4)$$

从点弹性的计算公式可以看出，要计算商品的点弹性，其前提是必须已知该商品的需求函数。

在实际中，计算需求价格弹性用其一般公式即可。

例如，假定某商品的价格下降了 10%，而其需求量增加了 5%，则需求价格弹性系数为：

$$E_d = -\frac{5\%}{-10\%} = 0.5$$

在这个例子中，需求价格弹性系数是 0.5，说明该商品的价格变化 1%，需求量就会变化 0.5%，即反映了需求量变动的比例是价格变动比例的一半。

2.1.4.1.1　需求价格弹性类型

根据需求量对价格变动的反应程度不同，可将需求价格弹性分为以下五种类型：

（1）富有弹性。当某种商品的需求量变动比率大于价格的变动比率时，即 $E_d > 1$ 时，则该商品的需求就是富有弹性的。富有弹性商品的需求曲线一般比较平缓（见图 2-5）。一般而言，奢侈品是富有弹性的商品。

（2）缺乏弹性。当某种商品的需求量变动比率小于价格的变动比率时，即 $E_d < 1$ 时，该商品的需求就是缺乏弹性的。缺乏弹性商品的需求曲线一般比较陡峭（见图 2-6）。一般而言，生活必需品是缺乏弹性的商品。

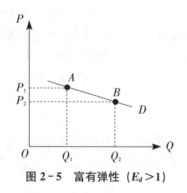

图 2-5　富有弹性（$E_d > 1$）

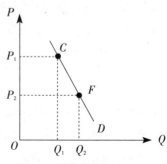

图 2-6　缺乏弹性（$E_d < 1$）

（3）单位弹性。当某种商品的需求量变动比率等于价格的变动比率时，即 $E_d = 1$

时，该商品的需求就是单位弹性的。单位弹性商品的需求曲线表示出需求量和价格的变动率正好相等（见图 2-7）。单位弹性商品是介于奢侈品和必需品之间的商品，该商品在日常生活中较少见。

（4）无限弹性。当某种商品的价格为既定时，需求量是无限的，即微小的价格变动，会引起无限大的需求量的变动，$E_d \rightarrow \infty$ 时，该商品的需求就为无限弹性，也称为完全弹性。在这种情况下，需求曲线是水平的（见图 2-8），反映了价格极小变动会引起需求量极大变动。很少有商品具有这种特性，但历史上的确发生了这样的事件：由于某种原因，豪华游艇的价格上升了一些，其需求量立刻变为零，此时的豪华游艇是完全弹性的商品。

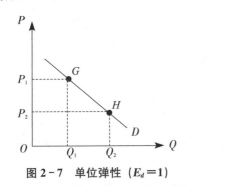
图 2-7　单位弹性（$E_d = 1$）

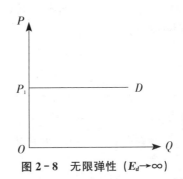
图 2-8　无限弹性（$E_d \rightarrow \infty$）

（5）完全无弹性。无论某种商品的价格变化比率多么大，消费者对该商品的反应是购买量不变，需求量既不增加也不减少，即 $E_d = 0$，在这种情况下，需求曲线是垂直的（见图 2-9），反映了价格的变动不会带来需求量的任何变动。很少有商品具有这种特性，不过，生活中也确实存在这样的商品。如对于"铁杆"球迷来说，足球门票就是毫无弹性的，无论价格多贵，"铁杆"球迷都会购买。

以上划分需求价格弹性类型的方法适用于一切弹性类型的划分。

在此需要注意的是，图 2-5、图 2-6 和图 2-7 中的需求曲线仅表示出商品需求价格弹性大小的大致趋向，并不是绝对的，因为决定需求价格弹性系数大小的并不仅仅是需求曲线的斜率（$\dfrac{\Delta Q}{\Delta P}$），还有变动前的价格和需求量。

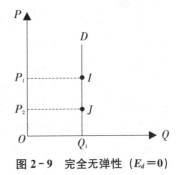
图 2-9　完全无弹性（$E_d = 0$）

2.1.4.1.2　影响需求价格弹性的因素

商品的需求价格弹性并非一成不变，随着某些因素的改变，商品的需求价格弹性也会发生相应的变化。影响需求价格弹性的因素主要有：时间、商品的可替代性和商品在人们日常生活中的重要性等。

（1）时间。如果某种商品涨价，在短期内，消费者很难寻找到合适的替代品，所以该商品的需求很难对价格的上涨做出反应；而在较长的时期里，消费者有充裕的时间、精力去寻找并适应替代品，于是可以减少对该商品的需求。因此，商品的长期需求价格弹性大于短期需求价格弹性。

（2）商品的可替代性。某种商品的替代品越多，该商品的需求价格弹性越大；某种商品的替代品越少，该商品的需求价格弹性越小。例如，苹果的需求价格弹性较大，因为苹果价格上升了，人们可以买梨、橘子、香蕉等代替它。食用油几乎没有替代品，因此，食用油的需求价格弹性很小。

（3）商品在人们日常生活中的重要性。商品在消费者生活中越重要，则该商品的需求价格弹性越小，如必需品在人们的日常生活中占据重要地位，无论商品价格升降与否，对此类商品的需求波动幅度都不大，因此，必需品是缺乏弹性的商品。如果商品在消费者生活中不太重要，则该商品的需求价格弹性较大，如奢侈品在人们日常生活中的作用不太大，奢侈品价格的升降，对该类商品的需求波动幅度影响很大，因此，奢侈品是富有弹性的商品。

除以上因素以外，还有许多因素会影响商品的需求价格弹性，如消费者的收入，即使是同一种商品，对不同收入的消费者而言，需求价格弹性系数是不同的。

> **小思考**
>
> 对同一种商品，是收入高的消费者还是收入低的消费者需求价格弹性更大？请举例说明你的结论。

2.1.4.1.3 需求价格弹性与厂商销售收入

为什么有些商品可以通过提高价格来增加销售收入，而有些商品价格上涨了，销售收入反而下降？有些商品无论价格如何变动，销售收入始终保持不变，而另一些商品的价格哪怕只上涨一点点，厂商收益立刻为零？以上问题的答案涉及商品的需求价格弹性。

（1）$E_d > 1$。

在图 2-5 中，当价格从 P_1 下降到 P_2，需求量从 Q_1 上升到 Q_2，厂商的销售收入从矩形面积 $P_1 A Q_1 O$ 变为矩形面积 $P_2 B Q_2 O$，显然，矩形面积 $P_1 A Q_1 O$ 小于矩形面积 $P_2 B Q_2 O$。因此，当需求价格弹性为富有弹性时，降价可使厂商的销售收入增加，而涨价会使厂商的销售收入减少。

【例 2-1】在闷热的夏天，空调的价格由 2 000 元降至 1 500 元，空调数量由 1 000 台上升为 3 000 台，问：空调的需求价格弹性是多少？厂商销售收入如何？如果厂商提高空调价格，空调价格由 2 000 元升至 2 500 元，空调数量由 1 000 台减至 200 台，问：空调的需求价格弹性是多少？厂商销售收入如何？

解：（1）降价时：

$$\frac{\Delta Q}{Q} = \frac{3\ 000 - 1\ 000}{\frac{3\ 000 + 1\ 000}{2}} = 1$$

$$\frac{\Delta P}{P} = \frac{1\ 500 - 2\ 000}{\frac{2\ 000 + 1\ 500}{2}} = -\frac{2}{7}$$

$$E_d = -\frac{\dfrac{\Delta Q}{Q}}{\dfrac{\Delta P}{P}} = 3.5$$

厂商销售收入从 200 万元（2 000 元/台×1 000 台）增至 450 万元（1 500 元/台× 3 000 台）。

（2）涨价时：

$$\frac{\Delta Q}{Q} = \frac{200 - 1\ 000}{\dfrac{1\ 000 + 200}{2}} = -\frac{4}{3}$$

$$\frac{\Delta P}{P} = \frac{2\ 500 - 2\ 000}{\dfrac{2\ 500 + 2\ 000}{2}} = \frac{2}{9}$$

$$E_d = -\frac{\dfrac{\Delta Q}{Q}}{\dfrac{\Delta P}{P}} = 6$$

厂商销售收入从 200 万元减至 50 万元（2 500 元/台×200 台）。

例 2-1 说明，当某种商品的需求价格弹性较大时，降价使销售收入增加，涨价反而使销售收入减少。

（2）$E_d < 1$。

在图 2-6 中，当价格从 P_1 下降到 P_2，需求量从 Q_1 上升到 Q_2，厂商的销售收入从矩形面积 P_1CQ_1O 变为矩形面积 P_2FQ_2O，显然，矩形面积 P_1CQ_1O 大于矩形面积 P_2FQ_2O。因此，当需求价格弹性为缺乏弹性时，降价使厂商的销售收入减少，而涨价可使厂商的销售收入增加。

【例 2-2】在某农产品丰收时，价格由 3 元/千克下降为 1 元/千克，对其需求量从 1 000 万千克上升为 2 000 万千克。问：该农产品的需求价格弹性是多少？农场主的销售收入如何？如果该农产品歉收，该农产品价格由 3 元/千克上升为 5 元/千克，对其需求量从 1 000 万千克降至 800 万千克。问：该农产品的需求价格弹性是多少？农场主的销售收入如何？

解：（1）该农产品丰收时：

$$\frac{\Delta Q}{Q} = \frac{2\ 000 - 1\ 000}{\dfrac{2\ 000 + 1\ 000}{2}} = \frac{2}{3}$$

$$\frac{\Delta P}{P} = \frac{1 - 3}{\dfrac{3 + 1}{2}} = -1$$

$$E_d = -\frac{\dfrac{\Delta Q}{Q}}{\dfrac{\Delta P}{P}} = \frac{2}{3}$$

农场主销售收入从 3 000 万元（3 元/千克×1 000 万千克）减至 2 000 万元（1 元/千

克×2 000万千克）。

（2）该农产品歉收时：

$$\frac{\Delta Q}{Q} = \frac{800 - 1\,000}{\frac{1\,000 + 800}{2}} = -\frac{2}{9}$$

$$\frac{\Delta P}{P} = \frac{5 - 3}{\frac{5 + 3}{2}} = \frac{1}{2}$$

$$E_d = -\frac{\frac{\Delta Q}{Q}}{\frac{\Delta P}{P}} = \frac{4}{9}$$

农场主销售收入从3 000万元增至4 000万元（5元/千克×800万千克）。

例2-2说明，当某种商品的需求价格弹性缺乏时，降价使销售收入减少，涨价使销售收入增加。

（3）$E_d = 1$。

在图2-7中，当价格从P_1下降到P_2，需求量从Q_1上升到Q_2，厂商的销售收入从矩形面积P_1GQ_1O变为矩形面积P_2HQ_2O，显然，矩形面积P_1GQ_1O等于矩形面积P_2HQ_2O。因此，当需求价格弹性为单位弹性时，无论是涨价还是降价，厂商的销售收入一直保持不变。

（4）$E_d \to \infty$。

在图2-8中，当价格为P_1时，消费者对这一商品的需求量是无穷的，收入可以无限增加，因此，厂商不会降价销售。但如果厂商提高该商品的价格，即使只上涨很微小的数量，该商品便无人问津，厂商销售收入减少为零。

（5）$E_d = 0$。

在图2-9中，当价格从P_1下降到P_2，需求量恒为Q_1，厂商的销售收入从矩形面积P_1IQ_1O变为矩形面积P_2JQ_1O，显然，矩形面积P_1IQ_1O大于矩形面积P_2JQ_1O。因此，当需求价格弹性为完全无弹性时，降价使厂商的销售收入减少，收益减少量为价格差额与不变的需求量之积。而涨价可使厂商的销售收入增加，收益增加量为价格差额与不变的需求量之积。

根据以上的分析，可将商品的需求价格弹性与厂商销售收入之间的关系总结一下，如表2-2所示。

表2-2　需求价格弹性与厂商销售收入的关系

价格	弹性				
	$E_d > 1$	$E_d < 1$	$E_d = 1$	$E_d = 0$	$E_d \to \infty$
降价	增加	减少	不变	收入减少量为价格差额与不变的需求量之积	在既定价格下，收入可以无限增加，厂商不会降价

续表

价格	弹性				
	$E_d > 1$	$E_d < 1$	$E_d = 1$	$E_d = 0$	$E_d \to \infty$
涨价	减少	增加	不变	收入增加量为价格差额与不变的需求量之积	收入减少为零

新闻分析

湖南凤凰古城收费事件

　　凤凰古城始建于明嘉靖三十五年（1556 年），至今已有四百多年历史。历史上的凤凰古城美名远扬，有"中国最美丽小城"之誉。2013 年 4 月 10 日，凤凰县政府宣布湖南凤凰古城开始实施围城售票，游客需要购买 148 元门票才能进入古城。也就是说，从 2013 年 4 月 10 日起，凤凰古城取消了免费入城的惯例，每一位进入湖南凤凰古城风景名胜区的游客，无论是否参观古城内的景点，都将收取 148 元门票费，这一政策引起了当地居民和游客的普遍质疑。收费入城政策实施后引发多方关注，4 月 11 日，凤凰古城实行"一票制"第二天，大批商户和当地居民因不满"一票制"政策关门歇业，同时聚集在古城北门码头附近，政府为此出动大批警力在现场维持秩序。2016 年 3 月初，"围城收费协议"三年即将期满，800 多家商户和居民写联名信，要求取消现行验票入城政策。2016 年 3 月 30 日，凤凰县政府在新闻发布会上正式公布："从 4 月 10 日起，暂停凤凰古城围城设卡收费验票，但保留古城区景点的设卡收费验票。"这意味着凤凰古城实施 3 年的入城收费政策取消，今后进入凤凰古城的游客将不需要再购买 148 元的门票。为何凤凰古城的收费政策会引起古城商户的极力反对，为何凤凰县政府最终取消了收费政策？

　　分析：旅游景区的需求价格弹性较大，特别是凤凰古城地理位置偏远，到凤凰古城旅游的游客除了旅行社组织的定点游客外，大多数是喜爱凤凰古城的散客，其中大部分散客来源于凤凰古城的周边地区，在免费政策下，周边地区游客时常会来凤凰古城度周末。古城商户的目标顾客包含了这些旅游散客。这部分目标顾客对凤凰古城的需求价格弹性很大，凤凰古城收费入城且票价不菲，使这部分旅游散客短期滞留古城的成本极大上升，因而收费政策实施以后，凤凰古城游客人数骤减，当地个体商户的经营受到很大冲击。凤凰古城商户及居民大量的、多次的上访，让凤凰县委、县政府感到"民意不可违"。在 2016 年年初凤凰县政府曾在网上发起了一次民意调查，有 76% 的参与者对"围城设卡验票"政策投了反对票。最终凤凰县政府顺应民意取消了收费政策。自从 2016 年 4 月 10 日暂停收取进入古城的门票后，凤凰古城的旅游人数开始出现增长的势头。凤凰县文旅局统计数据显示，2016 年 4 月 10 日—26 日，凤凰古城共计接待游客 73.29 万人次，旅游收入 5.43 亿元；2016 年"五一"小长假期间，凤凰古城共接待游客 22.88 万人次，实现旅游收入

1.63 亿元，同比分别增长 17.51％和 14.79％。2023 年，凤凰古城实现的旅游收入为 172.61 亿元，全年接待游客人次、实现旅游收入同比分别增长 73.41％、70.54％。这一数据反映了凤凰古城在 2023 年旅游业的发展状况，显示了其作为知名旅游景点的吸引力与影响力。这些年我国许多旅游景区一味地提高门票价格，实际上如果景区的目标顾客的需求价格弹性较大的话，降低价格反而能够增加景区的收入。

2.1.4.2 需求交叉价格弹性

需求交叉价格弹性是指一种商品的需求量的变动对于它的相关商品的价格变动的反应程度。该弹性衡量的是一种商品的价格变动对另一种商品需求的影响，其弹性系数是某商品的需求量变动的百分比与其相关商品的价格变动的百分比的比值，其中相关商品包括替代品和互补品两种。

需求交叉价格弹性系数的计算公式为：

$$E_c = \frac{\frac{\Delta Q_Y}{Q_Y}}{\frac{\Delta P_X}{P_X}} = \frac{\Delta Q_Y}{\Delta P_X} \cdot \frac{P_X}{Q_Y} \quad\quad (2-5)$$

式中：　　E_c——需求交叉价格弹性系数；

P_X——X 商品的价格；

ΔP_X——X 商品价格的变动量；

Q_Y——Y 商品的需求量；

ΔQ_Y——Y 商品需求量的变动量；

$\dfrac{\Delta P_X}{P_X}$——X 商品价格变动百分比；

$\dfrac{\Delta Q_Y}{Q_Y}$——Y 商品需求量变动百分比。

当两种商品互为替代品时，需求交叉价格弹性系数为正数。例如，葵花子与西瓜子互为替代品，当葵花子的价格上升了 8％时，西瓜子的需求增加了 4％，则西瓜子的需求交叉价格弹性系数为：

$$E_c = \frac{4\%}{8\%} = 0.5 > 0$$

当两种商品为互补品时，需求交叉价格弹性系数为负数。例如，手机与手机充电器是互补品，当手机的价格下降了 3％时，手机充电器的需求增加了 6％，则手机充电器的需求价格交叉弹性系数为：

$$E_c = \frac{6\%}{-3\%} = -2 < 0$$

当两种商品之间不存在相关关系时，需求交叉价格弹性系数为零，此时意味着其中任何一种商品的需求量都不会对另一种商品的价格变动做出反应。

由此可见，可以通过需求交叉价格弹性系数的符号来判断两种商品之间的相关关系。

2.1.4.3　需求收入弹性

需求收入弹性是指一种商品需求量的变动对收入变动的反应程度。其弹性系数是某商品需求量变动百分比与收入变动百分比的比值。计算公式为：

$$E_M = \frac{\frac{\Delta Q}{Q}}{\frac{\Delta M}{M}} = \frac{\Delta Q}{\Delta M} \cdot \frac{M}{Q} \tag{2-6}$$

式中：　E_M——需求收入弹性系数；

　　　　M——某个消费者的收入；

　　　　ΔM——某个消费者的收入变动量；

　　　　Q——某商品的需求量；

　　　　ΔQ——某商品需求量的变动量；

　　　　$\dfrac{\Delta M}{M}$——消费者收入变动百分比；

　　　　$\dfrac{\Delta Q}{Q}$——某种商品的需求量变动百分比。

当某种商品是正常物品时，商品的需求随收入的增加而增加，需求的收入弹性系数为正数。例如，某消费者收入增加了 9%，其对牛肉的需求增加了 18%，则牛肉的需求收入弹性系数为：

$$E_M = \frac{18\%}{9\%} = 2 > 0$$

当某种商品是低档物品时，商品的需求随收入的减少而增加，需求收入弹性系数为负数。例如，某消费者本月收入减少了 5%，他对白菜的需求上升了 20%，则白菜的需求收入弹性系数为：

$$E_M = \frac{20\%}{-5\%} = -4 < 0$$

在需求收入弹性的基础上，如果具体地研究消费者的收入量的变动和用于购买食物的支出量的变动之间的关系，就可以得到食物支出的收入弹性。恩格尔定律指出：一个家庭或一个国家食物支出在收入中所占的比例随着收入的增加而减少。恩格尔定律的公式为：

$$食物支出的收入弹性系数 = \frac{食物支出变动的百分比}{收入变动的百分比} \tag{2-7}$$

可以用收入弹性概念来表述恩格尔定律：对于一个家庭或国家而言，越富裕，则食物支出的收入弹性就越小；反之，则越大。

恩格尔系数是根据恩格尔定律得出的比例数，是表示一个国家生活水平高低或富裕程度的一个指标。恩格尔系数的计算公式为：

$$恩格尔系数 = \frac{食物支出的金额}{总支出（或总收入）金额} \tag{2-8}$$

我国在 20 世纪 80 年代初城镇居民恩格尔系数为 56.7%，到 2018 年全国居民恩格尔系数降低为 28.4%，由此可见，随着我国经济改革的不断深入，人民的生活水平在不断提高。当然，恩格尔系数是表示一个国家生活水平高低的其中一个指标，另外一个表示国家生活水平状况的指标是基尼系数（相关内容将在第 11 章介绍）。

资料链接 ··

恩格尔系数

19 世纪中叶，德国统计学家、时任普鲁士统计局局长的恩斯特·恩格尔（Ernst Engel，1821 年—1896 年）对 153 户比利时家庭的家庭预算和支出进行分析后发现，随着收入的增加，或者伴随人们富裕程度的上升，其家庭用于购买生活必需品的开支占总支出的比重会下降，用于非必需品方面的支出占总支出的比重会上升。在生活必需品中，食品占据了较大比例。他特别指出："越是贫穷的家庭，其消费支出中食品开支所占的比重就越大。"由此，人们把家庭食品开支在消费支出中的比重称为"恩格尔系数"，把"越是贫穷的家庭，其消费支出中食品开支所占的比重就越大"的表述称为"恩格尔定律"。

国际上常常用恩格尔系数来衡量一个国家或地区人民生活水平的状况。20 世纪 70 年代中期，联合国粮农组织提出了以恩格尔系数来判定一个国家或地区生活发展的一般标准：恩格尔系数在 59% 以上为贫困，50%～59% 为温饱，40%～50% 为小康，30%～40% 为富裕，低于 30% 为最富裕。

资料来源：斯凯恩，韩晓龙. 最受欢迎的哈佛经济课［M］. 上海：立信会计出版社，2014：217.

除了以上所介绍的需求弹性以外，在具体的经济分析中，还可以根据实际问题的不同需要，设计不同的需求弹性。例如，一个国家要分析其能源消耗与国民收入增长之间的弹性关系，由此可以预测未来对能源的需求；再如，一个企业经常要分析广告投入与其商品需求量之间的弹性关系，由此确定企业广告的最佳投放量。因此，学习弹性理论，应该充分理解弹性理论是进行经济分析的工具。

2.2 供 给

本节从生产者的角度讨论影响供给的因素、供给曲线、供给弹性等问题。

2.2.1 供给概述

2.2.1.1 供给定义

供给（Supply）是指在某一特定时期内，在每一价格水平上，生产者愿意而且能够生产的商品与劳务的数量。要实现有效供给，生产者必须同时满足两个条件：一是要有生产的意愿；二是要有生产的能力。如果仅有生产的能力而没有生产的意愿，或者只有生产的意愿而无生产的能力，供给都不可能实现。

2.2.1.2　影响供给的因素

影响供给的主要因素包括价格、成本、技术水平、相关商品价格、预期价格、销售动机等。

（1）价格。在一般情况下，当商品价格上升时，生产者就会增加生产量，以获得更多的利润；当商品价格下降时，生产者就会减少生产量，以使损失最小化。因此，价格与供给量之间的关系是正相关的，即价格高，供给量就增加，价格低，供给量就减少。

（2）成本。当生产商品的投入品价格上升，即生产成本增加时，意味着生产者获取利润的空间缩小了，生产者会减少生产该商品，从而使供给下降。反之，当生产商品的投入品价格下降，即生产成本降低时，意味着生产者获取利润的空间扩大了，生产者会增加产量，从而使供给上升。因此，成本与供给之间是负相关关系。

（3）技术水平。技术进步一般会使供给增加，这是因为技术进步会导致许多生产要素成本下降，例如，原先需要雇用 10 个工人进行生产，由于技术改进，现在只需要雇用 3 个工人就能完成任务，工资成本减少了 70%，这样企业愿意生产更多的商品，以获取更多的利润。

（4）相关商品价格。在一种商品的价格不变，而其相关商品的价格发生变化时，该商品的供给量会发生变化。一般情况下，当一种商品的价格提高，其互补品的供给就会增加；相反，当一种商品的价格降低，其互补品的供给就会减少。当一种商品的价格提高，其替代品的供给就会减少；相反，当一种商品的价格降低，其替代品的供给就会增加。例如某厂商是一家咖啡生产经营者，当茶叶的价格上升时，该厂商就会减少咖啡的生产，因为与涨价的茶叶相比，生产咖啡的利润较小，因此该厂商可能会将更多的资源投入茶叶的经营。

（5）预期价格。当某厂商生产的商品行情看涨时，厂商会把本该投入市场的商品储存一部分，以便在价格上升时再抛售，此时市场上的供给会减少；当预期该商品的价格下降时，厂商会把生产与储存的商品全部投放市场，此时供给会增加。因此，预期价格与供给呈反向变动关系。

（6）销售动机。一般来说，厂商的销售动机是获得利润的最大化。但有时厂商为了赢得声誉、树立品牌形象等，愿意放弃一部分利润。例如，某厂商生产一批新产品，为了打开销路，迅速占领市场，会以较低的价格进行销售。但从长远来看，该厂商只是暂时少获取一些利润。因为低价出售，可以扩大新产品的市场影响力，提高厂商的知名度，只要新产品的质量好，就会带来更多的回头客和新顾客。这样随着销售的增加，厂商可以得到更多利润。

除以上所列举的因素外，还有许多因素会影响供给，如国家的税收和投资政策，国家如果实施减税和鼓励投资的优惠政策，就会刺激供给。

2.2.1.3　供给函数

供给函数是指供给量与影响供给的因素之间所建立的函数关系。用公式表示为：

$$Q_s = f(P,\ C,\ T,\ P_s,\ P_c,\ P_e,\ R,\ \beta) \tag{2-9}$$

式中： Q_s——供给量；

$\quad\quad\quad P$——某种商品的价格；

$\quad\quad\quad C$——生产成本；

$\quad\quad\quad T$——技术水平；

$\quad\quad\quad P_s$——替代商品的价格；

$\quad\quad\quad P_c$——互补商品的价格；

$\quad\quad\quad P_e$——预期价格；

$\quad\quad\quad R$——销售动机；

$\quad\quad\quad \beta$——其他因素。

如果只考虑供给量与价格之间的关系，可以假定其他因素保持不变，此时供给函数可简化为：

$$Q_s = f(P)$$

2.2.2 供给表与供给曲线

供给表与供给曲线反映的是某种商品的价格与供给量之间的关系。下面以毛巾这种商品为例，分析价格与供给量之间的关系。

某种毛巾的供给表见表 2-3。

表 2-3 某种毛巾的供给表

价格(元)	供给量(万条)	价格(元)	供给量(万条)
6	10	12	40
8	20	14	50
10	30		

表 2-3 表明：当价格较高时，供给量也较多，当价格较低时，供给量也较少。如毛巾价格为 14 元时，供给量为 50 万条；价格为 6 元时，供给量为 10 万条。因此，价格与供给量是正相关关系，即价格高，供给量就多；价格低，供给量就少。

图 2-10 是根据表 2-3 制作的。横坐标 Q 是毛巾的供给量，纵坐标 P 是毛巾的价格，图中向右上方倾斜的线条就是供给曲线 S。供给曲线表明价格和供给量呈同方向变动，也就是说，供给量随着价格的上涨而增加（如从 B 点到 A 点），随着价格的下降而减少（如从 A 点到 B 点）。图 2-10 中的供给曲线为直线，通常的供给曲线形状如图 2-11 所示。

从供给表和供给曲线可以看出，某种商品的供给量与其价格是呈同方向变动的，这种现象被称为供给定理，或称为供给规律。所谓供给定理，是指在其他条件不变的情况下，某商品的供给量与其价格呈同方向变动，即供给量随着商品本身价格的上升而增加，随着商品本身价格的下降而减少。

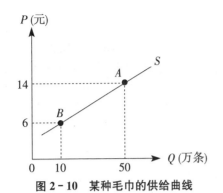

图 2-10　某种毛巾的供给曲线

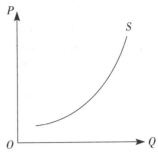

图 2-11　通常的供给曲线形状

2.2.3　供给量的变动与供给的变动

在进行供给分析时，要注意区别供给的变动和供给量的变动。这两者的区别在于引起这两种变动的因素不同，并且对供给曲线产生的影响也不同。

供给量的变动是指在其他条件不变的情况下，由于商品价格变动所引起的该商品的供给数量的变动。供给量的变动表现为商品的价格和数量组合点沿着同一条既定的供给曲线运动。如图 2-12 中，当商品价格由 P_1 下降到 P_2 时，供给量从 Q_1 减少到 Q_2，价格与供给量的组合点沿着供给曲线 S 由 A 点向下运动到 B 点；而当商品价格由 P_2 上升到 P_1 时，供给量从 Q_2 增加到 Q_1，价格与供给量的组合点沿着供给曲线 S 由 B 点向上运动到 A 点。由此可见，供给量的变动不会使供给曲线出现移动。

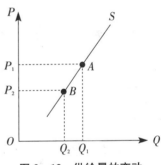

图 2-12　供给量的变动

供给的变动是指在某商品价格不变的条件下，由于其他因素变动所引起的该商品的供给数量的变动。假设苹果的征税率下降，这会使种植苹果更有利可图，在任何一种既定价格水平上，生产者都愿意生产更多的苹果，这就增加了苹果的供给。因此，苹果的供给曲线会向右移动。可见，供给的变动会造成供给曲线的移动。在图 2-13 中，原有的供给曲线为 S_0，商品价格不变，为 P_0，如果这时除价格以外的其他因素发生变化，如技术进步导致生产成本下降，这时厂商的利润随生产成本的下降而增加，这会促使厂商增加供给，则供给曲线向右平移为 S_1，此时市场的供给量由 Q_0 增加到 Q_1；如果由于原材料价格上涨等原因导致生产成本提高，这时厂商的利润随生产成本的提高而减少，这会促使厂商减少供给，则供给曲线向左平移为 S_2，此时市场的供给量由 Q_0 减少到 Q_2。显然，供给的变动会引起供给曲线的位置发生移动，供给曲线右移表示供给增加，供给曲线左移表示供给减少。

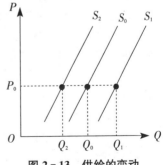

图 2-13　供给的变动

2.2.4 供给价格弹性

供给弹性包括供给价格弹性、供给交叉弹性等，在此仅介绍供给价格弹性。在实际的应用中，供给价格弹性通常被简称为供给弹性。供给价格弹性是指一种商品供给量的变动对价格变动的反应程度，其大小用供给价格弹性系数来表示，供给价格弹性系数是供给量变动百分比与价格变动百分比的比值，其计算公式为：

$$E_s = \frac{\dfrac{\Delta Q}{Q}}{\dfrac{\Delta P}{P}} = \frac{\Delta Q}{\Delta P} \cdot \frac{P}{Q} \qquad\qquad (2-10)$$

式中：　E_s——供给价格弹性系数；

　　　　P——某商品的价格；

　　　　ΔP——某商品价格的变化量；

　　　　Q——某商品的供给量；

　　　　ΔQ——某商品供给量的变化量；

　　　　$\dfrac{\Delta P}{P}$——某商品价格变动的百分比；

　　　　$\dfrac{\Delta Q}{Q}$——某商品供给量变动的百分比。

例如，如果某商品价格下降了 20%，供给量减少了 15%，则该商品的供给价格弹性系数为：

$$E_s = \frac{15\%}{20\%} = 0.75$$

这表明该商品的价格下降 1%，其供给量就会减少 0.75%。

在一般情况下，商品的供给量与商品的价格是同方向变动的，这样供给量的变动量和价格的变动量的符号相同，因此，供给价格弹性系数一般都为正值。

2.2.4.1 供给价格弹性的类型

与需求价格弹性一样，供给价格弹性也可以分为五种类型：富有弹性、缺乏弹性、单位弹性、无限弹性和完全无弹性。

（1）$E_s > 1$，即 $\dfrac{\Delta Q}{Q} > \dfrac{\Delta P}{P}$，它表示某种商品供给是富有弹性的。也就是说，当某种商品价格下降（上升）时，厂商供给量减少（增加）更多，供给量的变化比率大于价格的变化比率。此时，如果供给曲线是线性的，则供给曲线的特征表现为其延长线会与价格轴（纵轴）相交（见图 2-14）。

例如，鲜桂圆由 10 元/千克升至 16 元/千克，于是许多果农纷纷种植桂圆，产量由 10 000 千克猛增至 26 000 千克。桂圆价格变化百分比为 46%，供给量变化的百分比为 89%，说明桂圆的供给是富有弹性的。

（2）$E_s < 1$，即 $\dfrac{\Delta Q}{Q} < \dfrac{\Delta P}{P}$，它表示某种商品的供给是缺乏弹性的。也就是说，当某种商品价格下降（上升）时，厂商供给量减少（增加）较少，供给量的变化比率小于价

格的变化比率。此时，如果供给曲线是线性的，则供给曲线的特征表现为其延长线会与
供给量轴（横轴）相交（见图 2-15）。

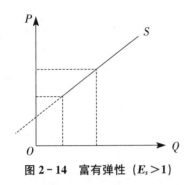
图 2-14　富有弹性（$E_s>1$）

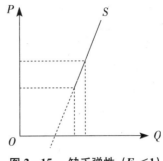
图 2-15　缺乏弹性（$E_s<1$）

例如，大米的价格由 1.2 元/千克升至 1.6 元/千克，供给量由 1.2 万千克增至 1.3
万千克。大米的价格变化百分比为 29%，供给量变化百分比为 8%，说明大米的供给是
缺乏弹性的。

（3）$E_s=1$，即 $\dfrac{\Delta Q}{Q}=\dfrac{\Delta P}{P}$，它表示某种商品的供给
具有单位弹性。也就是说，当某种商品价格下降（上
升）时，厂商供给量相应同比例减少（增加），供给量
的变化比率等于价格变化比率。此时，如果供给曲线是
线性的，则供给曲线的特征表现为其延长线会通过坐标
原点（见图 2-16）。

（4）$E_s\rightarrow\infty$，它表示某种商品的供给具有无限弹
性。也就是说，当某种商品价格微小波动时，会引起厂
商供给量无限大的变化，从而 $E_s\rightarrow\infty$。此时，供给曲
线是一条水平线（见图 2-17）。

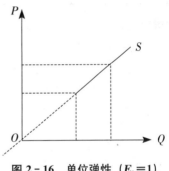
图 2-16　单位弹性（$E_s=1$）

（5）$E_s=0$，它表示某种商品的供给完全无弹性。也就是说，某种商品的价格无论
如何变动，厂商供给量始终不变。此时，供给曲线是一条垂直线（见图 2-18），如已故
著名画家的作品就是完全无弹性的商品。

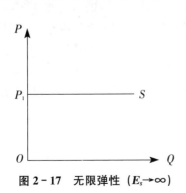
图 2-17　无限弹性（$E_s\rightarrow\infty$）

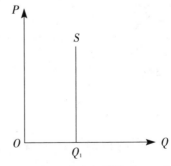
图 2-18　完全无弹性（$E_s=0$）

2.2.4.2 影响供给价格弹性的因素

影响供给价格弹性的因素主要有时间、商品的特性和生产周期等。

（1）时间。当商品的价格变动时，厂商对产量的调整需要一定的时间。在短期内，厂商很难根据市场需求量来调整产量；在长期内，所有的资源都是可以变动的，厂商可以根据市场需求量来调整产量。因此，短期的供给缺乏弹性，而长期的供给是富有弹性的，即随着时间的延长，商品的供给价格弹性将逐渐增大。

（2）商品的特性。商品特性不同，供给价格弹性也不同。如土地，一般来说，无论价格如何变化，土地的供给量始终保持不变，因此土地的供给价格弹性为零。

（3）生产周期。对生产周期长的商品，厂商无法根据市场需求量及时调整产量；而对生产周期短的商品，厂商能比较容易地根据市场需求量来调整产量。因此，生产周期长的商品，其供给缺乏价格弹性；生产周期短的商品，其供给富有价格弹性。

另外，调整供给的难易程度也会影响到商品的供给价格弹性。一般来说，供给越难调整的商品，其供给价格弹性越小；反之，供给越容易调整的商品，其供给价格弹性越大。

> **📊 小思考**
>
> 请根据调整供给难易程度因素对供给价格弹性的影响，比较工业与农业、重工业与轻工业、劳动密集型产业与技术密集型产业的供给价格弹性的大小。

2.3 均衡价格理论

均衡价格
理论及其应用

在市场经济中，资源配置是通过价格的调整来实现的，然而，市场中的价格是如何形成的呢？它又是如何调整资源配置的呢？前两节分别讨论了供给与需求的一些基本知识，本节将把供给与需求结合起来，分析市场价格即均衡价格的形成及变动，并用均衡价格理论去解释日常生活中的经济现象。均衡价格理论是微观经济学的核心理论之一。

2.3.1 均衡价格及其形成

2.3.1.1 均衡价格的定义

表2-4是某种椅子的供求表，该表反映椅子在不同的价格下的供给量和需求量。

从该表中可以看出，除价格为 22 元时外，在其他价格上，供给量与需求量都不相等。供给量随着价格的升降而增减，如价格由 8 元上升到 29 元时，供给量也由 1 000 把增至 7 000 把；需求量随着价格的升降而增减，如价格由 8 元上升到 29 元时，需求量由 7 000 把减至 4 000 把。只有当价格为 22 元时，供给量与需求量相等，都为 5 000 把。我们把供给量与需求量相等时的数量称为均衡数量，供给量与需求量相等时的价格称为均衡价格，即均衡数量相对应的价格。

表 2 - 4　某种椅子的供求表

价格（元）	供给量（把）	需求量（把）
8	1 000	7 000
15	3 000	6 000
22	5 000	5 000
29	7 000	4 000
36	9 000	3 000

图 2 - 19 是根据表 2 - 4 制成的。由于在一般情况下，供给量与价格是正相关关系，因此，供给曲线 S 向右上方倾斜；需求量与价格是负相关关系，因此，需求曲线 D 向右下方倾斜。供给曲线与需求曲线相交于一点 E，E 点为均衡点。均衡点 E 对应的价格是均衡价格 22 元，对应的数量是均衡数量 5 000 把。

根据以上的说明，我们可以给均衡价格下这样一个定义：均衡价格是指一种商品需求量与供给量相等时的价格。在均衡价格上，供给量与需求量相等，整个市场既没有短缺也没有过剩，市场处于出清状态。

2.3.1.2　均衡价格的形成

上例中的均衡价格 22 元究竟是如何形成的呢？下面我们依然用表 2 - 4、图 2 - 19 中的数据来说明市场中均衡价格的形成过程。

当市场价格低于均衡价格 22 元时，如价格为 15 元时，市场上椅子供给量为 3 000 把（A 点），需求量

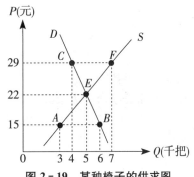

图 2 - 19　某种椅子的供求图

为 6 000 把（B 点），需求量大于供给量，说明椅子短缺，短缺量为从 A 点到 B 点的距离。这样，必然有些需要椅子的消费者买不到椅子，因此，有些消费者愿意以高于 15 元的价格来购买椅子，由此导致市场价格逐渐上升。当价格上升到均衡价格 22 元时，供求平衡，再也没有消费者愿意以更高的价格来购买椅子了。

当市场价格高于均衡价格 22 元时，如价格为 29 元时，市场上椅子供给量为 7 000 把（F 点），需求量为 4 000 把（C 点），供给量大于需求量，说明椅子过剩，过剩量为从 C 点到 F 点的距离。这样，有些生产椅子的厂商的产品出现过剩，厂商为了售出剩余产品，往往会降低椅子价格，如此，其他的厂商为了在竞争中获胜，也会降低价格。最终椅子的价格降至均衡价格 22 元，在这个价格上，所有厂商的椅子都能售出，厂商

再不会降低价格来销售其产品。

由以上过程可见，均衡价格是由市场中的供求自发调节而形成的，并没有其他外力的作用。也就是说，当市场价格低于均衡价格时，供给量少，需求量多，商品供不应求，由此导致市场价格上扬；当市场价格高于均衡价格时，供给量多，需求量少，商品供过于求，由此导致市场价格下降。最终通过供求的自发调节，市场在均衡价格上达到暂时的稳定。

在此，还需要注意的是，均衡价格的形成过程也是社会资源调整、配置的过程。因为当市场价格上升时，厂商感觉利润在增加，因此会投入更多的资源，由此导致资源进入；而当市场价格下降时，厂商认为利润下降，有些厂商会退出生产，由此导致资源的退出。最终在均衡价格上，资源在各行业、各产品中的配置达到均衡。

📊 **小思考**

什么是均衡价格？为什么说均衡价格的形成过程就是资源的配置过程？以海尔家电商品为例来说明你的结论。

2.3.2　需求与供给变动对均衡价格的影响

均衡价格形成后并非永远保持不变。这是因为均衡价格是由市场供求所决定的，如果市场的供求发生变化，均衡价格就会改变，此时，在供求的调整作用下，会形成新的均衡价格。

2.3.2.1　需求变动对均衡价格的影响

为了使问题的分析更加简便，在此我们假定市场中的供给不变，仅需求变动。需求的变动会导致需求曲线的移动，需求曲线左移表示需求减少，需求曲线右移表示需求增加。下面分别研究需求减少和需求增加对均衡价格的影响。

在图 2-20 中，供给曲线为 S，原有需求曲线为 D_0，原有的均衡点为 E_0，均衡价格为 P_0，均衡数量为 Q_0。

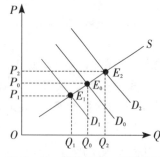

图 2-20　供给不变、需求变动

当需求减少，需求曲线左移，即由 D_0 移动到 D_1，D_1 与不变的供给曲线 S 相交于新的均衡点 E_1，该均衡点所对应的新的均衡价格和均衡数量分别为 P_1 与 Q_1，与原来的均衡价格 P_0 和均衡数量 Q_0 相比，均衡价格和均衡数量都下降了。

当需求增加，需求曲线右移，即由 D_0 移动到 D_2，D_2 与不变的供给曲线 S 相交于新的均衡点 E_2，新的均衡价格和均衡数量分别为 P_2 与 Q_2，与原来的均衡价格 P_0 和均衡数量 Q_0 相比，均衡价格和均衡数量都上升了。

根据以上分析可以得出的结论是：需求变动引起均衡价格与均衡数量同方向变动。

2.3.2.2 供给变动对均衡价格的影响

现在假定需求不变，仅供给变动，供给的变动会导致供给曲线的移动，供给曲线左移表示供给减少，供给曲线右移表示供给增加。下面分别研究供给减少和供给增加对均衡价格的影响。

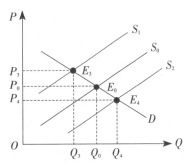

图 2-21 需求不变、供给变动

在图 2-21 中，需求曲线为 D，原有供给曲线为 S_0，原有的均衡点为 E_0，均衡价格为 P_0，均衡数量为 Q_0。

当供给减少，供给曲线左移，即由 S_0 移动到 S_1，S_1 与不变的需求曲线 D 相交于新的均衡点 E_3，此时新的均衡价格和均衡数量分别为 P_3 与 Q_3，与原来的均衡价格 P_0 和均衡数量 Q_0 相比，均衡价格上升，均衡数量下降。

当供给增加，供给曲线右移，即由 S_0 移动到 S_2，S_2 与不变的需求曲线 D 相交于新的均衡点 E_4，此时新的均衡价格和均衡数量分别为 P_4 与 Q_4，与原来的均衡价格 P_0 和均衡数量 Q_0 相比，均衡价格下降，均衡数量上升。

根据以上分析可以得出的结论是：供给变动引起均衡价格反方向变动，引起均衡数量同方向变动。

需求与供给变动对均衡价格与均衡数量的影响可归纳如下（见表 2-5）。

表 2-5 需求与供给变动对均衡价格与均衡数量的影响

指标	供给不变		需求不变	
	需求减少，需求曲线左移	需求增加，需求曲线右移	供给减少，供给曲线左移	供给增加，供给曲线右移
均衡价格	下降	上升	上升	下降
均衡数量	减少	增加	减少	增加

从表 2-5 中可以看出，需求变动引起均衡价格与均衡数量同方向变动；供给变动引起均衡价格反方向变动，引起均衡数量同方向变动。这两个结论在微观经济学中被称为供求定理。

新闻分析

荔枝减产，价格反而一蹶不振？

2024 年 5 月 19 日，《中国新闻周刊》报道：2024 年荔枝小年已成定局，业界专家表示全国荔枝将减产 45%，广东荔枝将减产 50%。2024 年荔枝产量大减，业界专家纷纷指出气候影响是关键。2023 年暖冬后，2024 年开春又逢大雨，广东地区荔枝遭受重创，大批果树未能撑过收获季，令果农苦不堪言。

因此业界预估，2024 年荔枝产量如此有限，市场价格势必将飙升。然而荔枝上市时其价格走势却出人意料，并未展现涨价势头，反而走上了大降价的道路，让吃货们欣喜不已。2024 年跳水最厉害的荔枝品种就是"妃子笑"，批发价是 85 元/8 斤，折合下来一斤也就 10 块钱出头，相比 4 月底刚上市时 30 多元一斤的价格，已经跌去了三分之二。此外，往年有"荔枝界爱马仕"之称的"荔枝王"，2024 年也走下神坛，价格亲民了不少。记者注意到，2023 年同期售价高达 70 元一斤的"荔枝王"，2024 年有的摊位仅卖 30 元一斤。进入 6 月，随着全国多个产区的荔枝集中上市，荔枝价格普遍下调。荔枝减产背景下荔枝价格却大幅下滑，其中究竟隐藏了什么秘密？

分析：2024 年气候异常导致荔枝减产，理论上供给减少，供给曲线左移会导致荔枝价格上涨。然而，实际情况并不完全如此，主要是如下几个原因造成的：第一，替代品的存在。市场上有其他水果可供选择，且这些水果并未减产，有的甚至丰收。同期其他高端水果如榴梿因为供给增加，2024 年的市场价格较往年呈现出下降状况。在其他高端水果价格走低的现状之下，迫使荔枝价格下降。第二，非必需品。荔枝虽受欢迎，但并非生活必需品，需求价格弹性较大。如果价格过高，消费者可能会选择放弃购买，从而抑制了价格的上涨。第三，市场结构和预期。在荔枝刚上市时，因预期产量减少，产地收购价暴涨。但随着实际供应量的集中上市，市场调整了预期，价格迅速下跌。果农和批发商担心高价会导致销售不畅，甚至导致库存积压。因此，他们选择降价销售以保证销量和现金流。面对荔枝集中上市，商家和种植户选择降价销售，以避免库存积压和损失。虽然荔枝整体产量减少，但集中上市时的供过于求现象仍会导致价格下跌。

资料来源：老赵日常趣谈.荔枝价格暴跌"妃子笑"成了"妃子哭"，大量上市从 70 元跌破到 10 元一斤 [EB/OL]. (2024 - 05 - 30) [2024 - 10 - 30]. https://www.sohu.com/a/782518808_121733061；正观新闻.10 块 3 斤！荔枝减产，价格反而一蹶不振？ [EB/OL]. (2024 - 06 - 04) [2024 - 06 - 04]. https://baijiahao.baidu.com/s?id=18009286982816991143&wfr=spider&for=pc. 有改编.

2.3.3　供求曲线的应用

在此，我们将根据均衡价格理论，对日常生活中所遇到的经济问题进行相关的经济分析，对这些问题给出经济学的答案。

2.3.3.1　对"谷贱伤农"的探究

大家可能还记得叶圣陶先生写的《多收了三五斗》一文，该文描写了农民在丰收后心情喜悦，本以为会卖一个好的价钱，日子将过得比以前好，但没想到收成多了，收入反而下降了。这就是中国的一句俗语"谷贱伤农"。在丰收年份，为什么农民的收入反而减少了呢？

我们运用供求曲线来分析一下原因。如图 2-22 所示，稻谷丰收使市场的稻谷供给增加，因此，供给曲线向右移动，即由 S_0 移动到 S_1，形成新的均衡点 E_1，新的均衡价格与均衡数量为 P_1 和 Q_1，与最初的均衡价格 P_0 和均衡数量 Q_0 相比，均衡数量增加，均衡价格下降。由于粮食是生活必需品，其需求价格弹性小于 1，需求曲线较为陡峭，致使均衡价格下降的比率远大于需求量增加的比率，因此均衡价格下降导致农民收入减少的幅度远大于需求量增加而给农民带来的收入增加的幅度，所以，最终的结果是农民收入绝对减少，农民的收入由矩形面积 $P_0E_0Q_0O$ 减少为矩形面积 $P_1E_1Q_1O$。

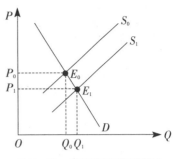

图 2-22 谷贱伤农的供求图

2.3.3.2 价格上限

价格上限（Price Ceiling）也称限制价格，是指出售某种商品的法定最高价格，销售该商品的价格只能等于或低于规定的价格，如果高于该价格，将受到处罚。这是政府为维护消费者的利益而制定的价格限制政策。在市场经济环境下，有时在特殊的年代（如战争时期），为了保障国民的基本生活，政府为了限制某些生活必需品的价格上涨，会采用价格上限政策。下面以租金管制政策为例来说明政府实施价格上限政策所带来的结果。

租金管制是对房屋租金实行管理与控制。政府实施租金管制是为照顾那些低收入又无房的住户。政府的本意是善良的，但好的初衷也会带来恶果。

如图 2-23 所示，如果没有租金管制，让市场自由决定房屋租金的高低，则均衡价格为 P_0，有 Q_0 数量的房屋出租。现在政府实行租金管制，管制的房屋租金比均衡价格低，如管制价格为 P_1。在此价格下，供给量为 Q_1（A 点对应的数量），需求量为 Q_2（B 点对应的数量），供给量小于需求量，差额为 Q_2-Q_1，即线段 AB 之间的距离，说明房屋数量存在短缺，短缺量为线段 AB 的长度。出现这种房屋供给量少、需求量多的情况

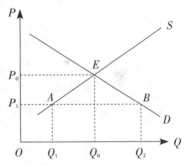

图 2-23 租金管制的供求图

的原因，可从供求双方来分析。从供给方的角度看，由于房屋租金下降，房东不愿意建新房，也不乐意将房屋出租，因此，房屋供给量减少了；从需求方的角度看，由于房屋租金下降，原先与父母合住或与同学、同事、朋友合租的人，有一部分会离开父母、同学等，单独出来租房，因此，房屋的需求量增加了。以上这些因素都导致房屋数量的短缺。

由以上租金管制的例子可以看出，政府通过非市场的手段实施价格上限政策，其积极作用是可以保障国民的基本生活，维持社会稳定。但与此同时也会带来负面的效果：第一，市场上会出现供不应求，造成短缺；第二，为了抑制需求，使价格上限得以维持，政府往往必须配套实施配给制，即实施票证供应，由此又会带来一系列社会问题，如"走后门"、黑市交易等。

北京市 2024 年公租房政策

根据北京市住房和城乡建设委员会文件，北京市新的公租房政策具体如下：

北京公租房申请条件（符合以下条件之一即可）：（1）廉租住房、经济适用住房、限价商品住房轮候家庭。（2）北京城镇户籍，家庭人均住房使用面积 15 平方米（含）以下；3 口及以下家庭年收入 10 万元（含）以下、4 口及以上家庭年收入 13 万元（含）以下。（3）外省市来京连续稳定工作一定年限，具有完全民事行为能力，家庭收入符合上述规定标准，能够提供同期暂住证明、缴纳住房公积金证明或社会保险证明，本人及家庭成员在本市均无住房的人员。

公租房租金补贴对象：北京城六区超出廉租住房保障条件的城镇户籍家庭承租公租房并同时具备以下四项条件：申请当月前 12 个月家庭人均月收入不高于 2 400 元。除承租公租房外，无其他住房或虽有其他住房但已腾退。3 人及以下家庭总资产净值 57 万元及以下；4 人及以上家庭总资产净值 76 万元及以下。所承租的公租房须通过市、区住房保障管理部门公开配租方式获得。

北京公租房租金补贴标准：除怀柔、平谷、密云、延庆外，其他各区县实行统一的分档补贴比例，具体如下：（1）民政部门认定的城市最低生活保障家庭、分散供养的特困人员承租公租房的，补贴比例为 95%；（2）民政部门认定的城市低收入家庭承租公租房的，补贴比例为 90%；（3）人均月收入 1 200 元及以下的家庭承租公租房的，补贴比例为 70%；（4）人均月收入 1 200 元（不含）至 1 600 元（含）之间的家庭承租公租房的，补贴比例为 50%；（5）人均月收入在 1 600 元（不含）至 2 000 元（含）之间的家庭承租公租房的，补贴比例为 25%；（6）人均月收入在 2 000 元（不含）至 2 400 元（含）之间的家庭承租公租房的，补贴比例为 10%。公租家庭补贴建筑面积最高上限为 60 平方米。

分析： 我们通过图 2-24 来对公租房政策的实施效果进行分析。实施公租房政策，其主要目的是改善低收入人群的居住环境，要达到该目的，可以采用价格上限的办法，如我国计划经济时期所采取的低租金制度，但该办法会带来住房短缺，我国在计划经济时期长期没有解决老百姓的住房问题，原因就在于此。然而，实施商品房制度，北京目前的高房价使低收入人群无力购房。对这些家庭实施住房租金补贴，就可以提高其购（租）房能力。如根据以上北京市公租房补贴标准，按照北京市海淀区 2023 年某批次公租房标准作为例子，租金价格为每月 32 元/平方米至 63 元/平方米，一个收入最低家庭月租金补贴最高可能达 3 762 元。这样使整个社会的购（租）房需求曲线由 D_0 右移为 D_1。与此同时，北京市给予建造

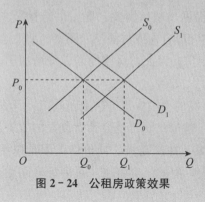

图 2-24　公租房政策效果

廉租住房、经济适用住房、限价商品房者以一定的补贴（如对公租房建设期间用地及公租房建成后占地免征城镇土地使用税；鼓励利用现状建筑改建保障性租赁住房，对转换为建设保障性租赁住房的土地，给予土地出让价款的优惠等方面的优惠政策），这样就有效保证了公租房供应的持续增长，使住房供给曲线由 S_0 右移为 S_1。需求与供给曲线的共同移动，使远低于市场价的公租房租金价格得以维持，并且住房的均衡数量由 Q_0 增加为 Q_1，房地产市场规模扩张。很显然，这样的住房政策要优于过去的价格上限即低租金制度。

2.3.3.3　价格下限

价格下限（Price Floor）也称支持价格，是指出售某种商品的法定最低价格，销售该商品的价格只能等于或高于规定的价格，如果低于该价格，将受到处罚。这是政府为维护商品的供给者的利益而制定的政策措施。

许多国家对农产品往往会采取价格下限政策，这是因为如果让市场来决定农产品价格，可能会导致农产品价格太低，由此打击农民的生产积极性，从而影响国家的经济之本。下面就以农产品的价格下限政策为例，来说明政府采取价格下限政策的结果。

在图 2-25 中，农产品由市场供求自发形成的均衡价格为 P_0，均衡数量为 Q_0。如果农产品生产成本高于 P_0，农民生产农产品就会亏本，从而导致很多农民离开土地，进城务工。但农业是一个国家的基础产业，没有农业生产，其他产业就无从谈起。因此，政府为

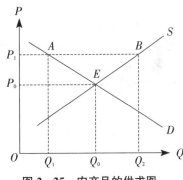

图 2-25　农产品的供求图

稳定农业生产，对农产品实行价格支持政策，即规定农产品价格下限。例如，价格下限为 P_1，该价格大于市场均衡价格 P_0，此时，需求量为 Q_1（A 点对应的数量），供给量为 Q_2（B 点对应的数量），供给量大于需求量，存在农产品的过剩，过剩量为线段 AB 的长度。为了维持这个价格下限，过剩的农产品由政府购买。当发生自然灾害，出现供给量小于需求量的情况时，政府会把购买的农产品投放于市场，以防止农产品的价格因需求大于供给而上升，从而影响到普通百姓的生活水平。

资料链接

美国的农产品价格支持政策

美国的农业保护程度比较高，农产品价格支持政策也比较完善。具体包括：（1）制订农产品计划。美国政府每年根据下一年度市场对玉米、棉花、大米、小麦等主要农产品的需要制订农产品计划，农民自愿同政府签订合同，根据政府计划要求停耕、休耕、转耕一定比例的耕地，使其国内农产品供给保持一定水平。参加计划的农民除了取得停耕补贴外，还可以获得无追索贷款。政府事先根据农产品的生产成本和合理收益制定出每单位农产品的支持价格，在农产品收获后 5 个月内，如果市场价格低于支持价格，生产者可以将农产品按支持价格抵押给农产品信贷公司，而不用归还市场价格与支持价格

之间的差额；如果市场价格高于支持价格，生产者可以自己在市场上出售产品，然后偿还从农产品信贷公司取得的贷款本息。这样，支持价格就为农产品生产设置了一个最低保护价，从而消除了农民因市场变化而可能遭受的收入风险。（2）制订农产品储备计划。为减少收获季节农产品的上市量，减缓农产品价格的季节波动，美国政府建立了农产品储备计划。政府专门成立农产品信贷公司，当市场价格低于目标价格时，它就从农产品计划参加者那里收购农产品，以提高市场价格；当市场农产品供不应求时，它就抛售农产品以平抑市场价格。除了农产品信贷公司的正常储备业务外，政府通过付给农民一定的储存费用，让农民自己储备，并预先规定农产品投放市场的"目标"价格水平。

资料来源：张存彦，刘宇鹏. 农业支持与保护的国际比较［J］. 农业经济，2003（1）：44-45.

由以上分析可见，政府采取价格下限政策，其积极作用是保护了某些行业生产者的利益，促进了所支持行业的生产与发展。但其消极影响是政府的财政支出增加，使政府背上沉重的包袱。另外，由于过剩产品要由政府收购，而政府解决过剩的主要方法之一就是扩大出口，这往往会引起国际贸易摩擦。如美国与日本、韩国为大米市场而产生的贸易争端，由此导致最后日本和韩国被迫向美国开放大米市场，就属于这种情况。

🎬 案例评析

最低工资制度能保护劳动者的利益吗？

目前，许多国家都有最低工资法，我国根据劳动和社会保障部（现人力资源和社会保障部）第 21 号令《最低工资规定》，自 1993 年起建立最低工资制度，并且规定最低工资标准每两年至少调整一次。具体的最低工资标准各地差异较大，如上海与北京 2024 年最低工资标准分别为 2 690 元/月和 2 420 元/月。许多经济学家对政府实施最低工资制度持反对意见，认为最低工资制度并不能完全保护劳动者的利益。最低工资制度究竟能不能保护劳动者的利益？下面我们将对此进行分析。

最低工资制度实际上是一种价格下限政策，是政府为维护劳动者的利益而制定的。在劳动力市场中，如果没有政府的干预，劳动者的工资由劳动力市场供求自发决定。如图 2-26 所示，劳动者工资为均衡价格 P_0，劳动雇用量（就业人数）为均衡数量 Q_0。由于工资水平较低，为保证劳动者的正常生活，政府规定了劳动者的最低工资为 P_1，此时，劳动的需求量为 Q_1，供给量为 Q_2，劳动的供给量大于需求量，存在劳动过剩，即最低工资制造成劳动者失业，失业人数为 Q_1Q_2。能力强、经验丰富的劳动者不受最低工资制度的限制，因为这类人群的

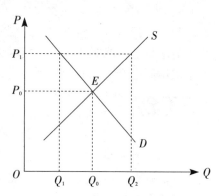

图 2-26 最低工资与劳动供需

工资远远高于最低工资。最低工资制度将影响那些工资在 P_1 之下、P_0 之上的就业者，他们中的一部分人（即 Q_1 这部分就业者）因最低工资制的实施而受益，而 Q_1Q_2 这部分失业者就无法享受最低工资制度的好处，特别是 Q_1Q_0 这部分劳动者处境将更糟糕，因

为没实施最低工资制度之前这部分劳动者可以就业，能得到 P_0 的工资收入，而实施最低工资制度之后，他们失去了仅有的一点收入来源。由此可见，实施最低工资制只能保护部分劳动者的利益，而且会带来失业问题。

本章小结

　　影响需求的因素很多，如价格、收入、预期、偏好、相关商品的价格等。需求曲线只研究影响需求的价格因素和需求量之间的关系。根据需求定理，在一般的情况下，需求量随着价格的升降而减增，因此，价格与需求量是负相关的关系。当价格变动，而影响需求的其他因素不变时，会使需求量发生变化；当价格不变，而影响需求的其他因素变动时，会使需求发生变化。在图形上，前者表现为价格和需求量的组合点在同一条需求曲线上运动；后者表现为需求曲线的位移。

　　影响供给的因素也很多，如价格、成本、预期、技术水平、相关商品的价格等。供给曲线只研究影响供给的价格因素和供给量之间的关系。根据供给定理，在一般的情况下，供给量随着价格的升降而增减，因此，价格与供给量是正相关的关系。当价格变动，而影响供给的其他因素不变时，会使供给量发生变化；当价格不变，而影响供给的其他因素变动时，会使供给发生变化。在图形上，前者表现为价格和供给量的组合点在同一条供给曲线上运动；后者表现为供给曲线的位移。

　　弹性衡量的是影响需求（供给）的因素发生变化时，需求（供给）量会如何变化，变化的幅度如何。需求弹性主要包括需求价格弹性、需求交叉价格弹性、需求收入弹性；供给弹性主要是指供给价格弹性。弹性有五种类型，富有弹性和缺乏弹性是常见的两种弹性，单位弹性、无限弹性以及完全无弹性是三种少见的弹性。

　　需求曲线和供给曲线的交点为均衡点。均衡点所对应的价格是均衡价格，所对应的数量是均衡数量，因此，均衡数量是供给量和需求量相等时的数量，均衡价格是供给量和需求量相等时的价格。需求或供给的变动将导致均衡点的移动，均衡价格和均衡数量也会发生变化。供求定理是：当供给不变，需求变动时，引起均衡价格和均衡数量同方向变动；当需求不变，供给变动时，引起均衡价格反方向变动、均衡数量同方向变动。

　　可以利用供求曲线分析现实生活中大量的经济现象。本章运用供求曲线分析了谷贱伤农、租金管制、农产品支持价格政策等。

经济问题分析

　　我们可以从羊肉市场的需求和供给两个方面展开具体分析。

　　先看需求方面的情况。总体来说，我国对于羊肉的消费量稳步增加，导致我国羊肉消费量增加的因素包括以下几点：首先，我国城乡居民收入水平一直保持上升趋势，收入水平的提高使得人们有能力增加对羊肉这种价格相对比较高的肉类食品的消费量；其次，人们基于对自身健康的关心，对羊肉这种脂肪含量低、蛋白质含量高、营养价值丰富等的肉类的需求不断增加；再次，人们关心食品安全，由于肉羊主要以草料为饲料，而且大多由草场放牧饲养，因此，羊肉被认为是更安全的绿色食品，因而受到青睐；最后，我国餐饮业的快速发展也为我国羊肉市场消费量的大幅增加作出了重要贡献。事实上，人们对羊肉的消费有相当大一部分是通过户外消费实现的，所以，餐饮业的迅速发展，包括餐馆数量的迅速增加，以及烹调技术的提高和普及，都促进了羊肉消费量的增加。

羊肉的消费区域原本主要集中在北方，消费季节原本主要集中在秋冬季，尤其是寒冷的冬季。但是，正是在以上这些具体因素的作用下，这十多年来，羊肉消费的区域从北方迅速扩展到南方，且南方羊肉消费量的增速也快于北方；羊肉消费的季节也很快延伸到一年四季。人们对羊肉的消费量大增，尤其是各具特色的涮羊肉火锅，更是不受季节限制地畅销于大江南北的大小餐馆。

然而，新冠疫情之后受经济增长放缓的影响，羊肉需求整体减弱，需求不振，这是导致目前羊肉价格整体下行的一个重要因素。

再看供给方面的情况。我国羊肉供给的绝对数量除个别年份（2008年、2011年）外均是持续增加的。但是，羊肉供给量的增长率逐步下降的趋势却是明显的，尤其是，自2008年以来羊肉供给增长率放慢的趋势愈加明显，在个别年份（2008年、2011年）甚至还出现了负增长的局面。

那么，又是哪些因素制约了我国羊肉供给的更大幅度的增长呢？第一，肉羊的生产成本上升，主要包括舍饲圈养和非放牧期的饲料等成本、人工成本、销售流通环节费用等持续上升。肉羊生产成本的上升，不利于肉羊产业扩大生产、增加产量，尤其是在大多数散养农户资金量有限的情况下，有的农户有可能支撑不了高成本的肉羊生产。第二，我国肉羊产业尚未形成规模经济，生产效率不高。再考虑到出于保护和恢复草原生态环境的需要，一些地区实行了草场的休牧、轮牧等措施，这也在一定程度上延缓了规模经济的形成。第三，肉羊的生产周期比较长，不仅如此，肉羊生产率的提高还受到现有肉羊良种数量的限制。第四，相对于其他一些畜产品而言，肉羊的出肉率是比较低的。

综上所述，我们就不难理解为什么在2001—2013年我国羊肉市场价格会大幅上涨了。简而言之，相对于大幅增长的羊肉消费需求，羊肉产量的供给是不足的，因此导致了在此期间我国羊肉价格大幅上涨。

国内以农户小规模散养为主的肉羊饲养方式导致产量增长速度不能完全满足需求的增长，因此羊肉价格的剧烈上涨引起了进口羊肉的大幅增加，2014年至2015年，国家大量进口新西兰和澳大利亚羊肉的举措使得羊肉价格陷入低谷。

2014年年初全面爆发的小反刍兽疫情给生产者造成了巨大损失，造成羊肉供给的大幅减少。之后随着经济增长与人们对于羊肉的进一步需求导致了2015年到2021年羊肉价格的恢复及急剧升高。

新冠疫情之后，受前期羊肉高价的影响，各地不断扩大养殖规模，再加上国际看中中国市场的需求，生产增加，进口规模不断扩大，又导致了牛羊肉价格尤其是进口牛羊肉价格的急剧下滑。

复习与思考

一、名词解释

需求　需求定理　替代品　互补品　需求曲线　需求价格弹性　需求交叉价格弹性　需求收入弹性　供给　供给曲线　供给弹性　均衡价格　均衡数量　价格上限　价格下限

二、选择题（1～6 为单选题，7～13 为多选题）

1. 在得出某消费者的纯棉衬衫需求曲线时，下列因素中，除哪项因素以外，其余保持不变？（　　）

A. 麻衬衫的价格
B. 收入水平
C. 纯棉衬衫的价格
D. 纯棉衬衫的广告宣传

2. 某一时期，空调的需求曲线向左平移的原因是（　　）。

A. 电价下降
B. 空调价格上涨
C. 预期价格上升
D. 对空调的不利报道

3. 某商品的替代品价格下降、互补品价格上升，分别引起该商品的需求变动量为 30 单位和 60 单位，则在它们的共同作用下，该商品需求数量（　　）。

A. 增加 90 单位
B. 减少 90 单位
C. 减少 30 单位
D. 增加 30 单位

4. 某一时期，稻米的供给曲线向右平移的原因是（　　）。

A. 小麦价格下降
B. 稻米价格上升
C. 稻米预期价格上升
D. 稻米成本上升

5. 当两种商品中的一种商品价格发生变动时，该两种商品的需求量向不同方向变化，则这两种商品的需求交叉价格弹性为（　　）。

A. 正值
B. 负值
C. 零
D. 不确定

6. 某销售者打算通过提高某种商品价格来达到获取更多销售收入的目的，但结果是，销售收入反而下降了。该商品的需求价格弹性是（　　）。

A. 缺乏弹性
B. 富有弹性
C. 单位弹性
D. 无限弹性

7. 影响需求的因素主要有（　　）。

A. 商品的成本
B. 相关商品的价格
C. 收入情况
D. 技术水平

8. 假定其他条件不变，一种商品的价格下降会造成（　　）。

A. 对该商品的需求量增加
B. 对该商品的需求增加
C. 对该商品替代品的需求减少
D. 对该商品替代品的需求增加

9. 需求量与需求的变动（　　）。

A. 不一样

B. 一样

C. 都由同一原因引起

D. 需求量的变动仅受价格影响，需求变动由除价格之外的其他因素引起

10. 如果某商品的价格上涨 10%，其产量增加 2%，则该商品的价格弹性系数为（　　）。

A. 0.2

B. 5

C. $\dfrac{10\%}{2\%}$

D. $\dfrac{2\%}{10\%}$

11. 在五种需求价格弹性类型中，最常见的有（　　）。

A. $E_d<1$

B. $E_d=0$

C. $E_d>1$

D. $E_d\rightarrow\infty$

12. 影响供给价格弹性的因素有（　　）。

A. 时间的长短

B. 在生活中的重要性

C. 商品的可替代性

D. 商品的特性

13. 均衡数量与均衡价格的变化是随着（　　）。

A. 供给减少，价格上升，数量减少

B. 供给增加，价格下降，数量减少

C. 需求减少，价格下降，数量减少

D. 需求增加，价格上升，数量上升

三、问答题

1. 汽油价格变动，是引起汽油的供给曲线位移，还是沿着汽油供给曲线运动？是引起汽车的供给曲线位移，还是沿着汽车供给曲线运动？

2. 用供求图来表示下面每句话：

(1) 当江南发生大旱灾时，稻米的价格上升了。

(2) 当天气变凉时，承德避暑山庄的房间价格下降了。

(3) 如果土豆的价格上升了，薯条市场会发生什么变动？番茄酱市场呢？

3. 《清明上河图》的供给价格弹性有多大？

4. 橘子汁市场的供求表如表 2-6 所示。

表 2-6　橘子汁市场的供求表

价格（元）	需求量（瓶）	供给量（瓶）
1	500	50
2	300	100
3	200	200
4	110	400
5	30	600

问题：

(1) 画出橘子汁的需求与供给曲线。

（2）该市场均衡价格和均衡数量是多少？

（3）如果该市场实际价格高于均衡价格，会出现什么情况？如果该市场实际价格低于均衡价格，又会出现什么情况？

5. 试用均衡价格理论解释市场机制调配资源的过程。

6. 运用均衡价格理论及弹性理论说明"谷贱伤农"的原因。

四、计算题

1. 假设度假乘客和公务乘客对从北京到上海的民航机票的需求如表2-7所示。

表2-7　机票需求表

价格(元)	需求量(人)	
	度假乘客	公务乘客
1 000	1 500	2 100
1 500	800	2 000
2 000	300	1 900

问题：

（1）票价从1 000元升至1 500元时，度假乘客与公务乘客的需求价格弹性各是多少？

（2）票价从1 500元升至2 000元时，度假乘客与公务乘客的需求价格弹性各是多少？

（3）哪类乘客的需求价格弹性大？为什么？

2. 已知香烟的需求价格弹性是0.3。如果现在每盒香烟为5元，政府想减少15%的吸烟量，价格应该提高多少？

3. 风筝的供求表如表2-8所示。

表2-8　风筝的供求表

价格(元)	需求量(万个)	供给量(万个)
10	13	4
11	11	6
12	9	9
13	7	12
14	5	15

问题：

（1）风筝的均衡价格和均衡数量是多少？

（2）如果价格下限比均衡价格高2元，则新的市场价格是多少？可以卖出多少个风筝？

（3）如果价格上限比（2）中的价格下限低1元，则新的市场均衡价格是多少？可以卖出多少个风筝？

4. 某种商品原先的价格为 1 元，销售量为 1 000 千克，该商品的需求价格弹性为 2.4。如果降价为 0.8 元，此时的销售量是多少？降价后总收益是增加了还是减少了？增加或减少了多少？

5. 甲公司生产靴子，现价每双 60 元，2023 年该公司每月靴子销售量大约是 10 000 双。2024 年 1 月其竞争对手乙公司把靴子价格从每双 65 元降为 55 元，2 月份甲公司的销售量跌到 8 000 双。

问题：

（1）甲公司靴子和乙公司靴子的交叉弹性是多少（假定甲公司的价格不变）？

（2）假定甲公司靴子的价格弹性是 2.0，乙公司把靴子的价格保持在 55 元，如果甲公司想把销售量恢复到每月 10 000 双的水平，每双靴子需要降价到多少？

案例研究

低价药不再限定最高售价

改革开放后，我国的药品价格管制政策数次调整。

从 20 世纪 80 年代末到 90 年代初是全面管制阶段，政府对药品的生产、流通企业实行生产与销售分开管理，绝大部分药品实行严格的三级价格管理（出厂价、批发价、零售价），且价格均由国家直接制定，医疗机构作为销售渠道，按批发价购进药品后再加价 15% 向患者销售。

从 20 世纪 90 年代初到 1996 年是逐步放松阶段，随着全国物价改革的推进，除极少数大宗药物继续执行三级价格管理外，绝大部分药品价格完全放开。

20 世纪 90 年代后期进入药价管制再探索阶段。1996 年，原国家计委出台《药品价格管理暂行办法》，标志着政府开始恢复对药品价格的干预，规范药品价格的管制对象、范围和制定机构，但受管制药品品种比较少。

从 2000 年到 2015 年 5 月是价格系统管制阶段，政府对药价管制日趋严格和系统化。一是出台新的药价政策，原国家计委陆续发布《关于改革药品价格管理的意见》《药品政府定价办法》，定价方式调整为只制定药品最高零售价格，企业和医疗机构在此价格之下，自主确定实际出厂、批发和零售价格；二是出台《定价药品目录》和《药品差比价规则》，明确政府定价范围和作价办法，将药品按处方药、非处方药分类管理，对医药企业变换剂型规格、变相涨价等行为进行约束；三是全面调整药品价格，对政府管制药品的价格进行全面梳理，并不定期进行强制降价，1997 至 2014 年，全国药品累计行政性降价次数高达 32 次之多，累计降价总额近千亿元；四是设立专门药品价格评审机构（国家发改委药品价格评审中心），进行市场价格信息调查、药品成本和价格测算等工作。

2014 年 5 月 8 日，国家发改委发布其定价范围内的低价药品清单，将阿莫西林、红霉素等 283 种西药和藿香正气水、板蓝根颗粒等 250 种中成药纳入其中。发改委通知指出，今后对于低价药取消政府制定的最高零售限价，明确现阶段低价药品日均费用标准：西药不超过 3 元，中成药不超过 5 元（"日均费用"是指患者吃一种药一天用量的总费用。如果政府要求药品日均费用标准不超过 3 元，那么药企所定的药价按照患者平均使用量折合成日均费用须在 3 元以下）。在日均费用标准内，由生产经营者根据药品生产成本和市场供求及竞争状况制定具体购销价格。今后将建立低价药品清单进入和退出机制。实行政府指导价的药品，因价格或用法、用量发生变化导致日均费用符合低价药品标准的，价格主管部门要及时将其纳入低价药品清单；属于发改委定价范围内的药品，在发改委调整清单前，可由各省（自治区、直辖市）价格主管部门先行调整。对因成本上涨或用法、用量发生变化导致日均费用需突破低价药品标准的，要及时退出低价药品清单，由价格主管部门按权限重新制定最高零售价格；其中，属于发改委定价的药品，在发改委重新定价前，暂由各省（自治区、直辖市）价格主管部门制定临时零售价格。

从 2015 年 6 月起进入市场定价阶段。2015 年 5 月，国家发改委发布《关于印发推进药品价格改革意见的通知》（发改价格〔2015〕904 号），通知要求自 2015 年 6 月 1 日起取消绝大部分药品的政府定价（麻醉药品和第一类精神药品除外），建立起以市场为主导的药品价格形成机制。

基于以上案例资料，请回答：

（1）发改委为何要取消低价药的最高零售限价以及之后更进一步取消大部分药品的政府定价？

（2）用本章相关经济理论分析发改委取消大部分药品的政府定价的利弊。

（3）取消药品价格管制是否会引发药品价格的集体上涨？

（4）收集近 3 年的相关资料，说明发改委该项政策的实施结果。

理论应用

卖桔者言

第 3 章
消费者行为理论

幸子裙与大岛茂风衣

20 世纪 80 年代中期，日本电视剧《血疑》曾风靡神州大地。女主人公大岛幸子和她父亲大岛茂的故事使不少人感动得流泪。精明的商家从中看到了商机。上海一家服装厂推出了"幸子裙"，北京一家服装厂推出了"大岛茂风衣"。但结果很不一样，上海的厂家大获其利，北京的厂家却亏本了。其结果大相径庭的原因是什么呢？

到目前为止，我们对需求的分析集中在不同的价格下购买一种商品的决定上。然而，消费者的实际行为是多方面的，我们每天都要就如何配置稀缺的钱与时间做出无数个选择。如是在"星巴克"咖啡店喝咖啡还是在家里煮咖啡？晚上是在家中读书还是去拜访朋友？周末去爬山还是去看电影？为什么钻石比水昂贵？当我们平衡各种各样的需求与欲望之时，我们就是在作出决定自己生活方式的各种选择。隐藏在这些选择背后的，是前一章所介绍的需求理论，但我们还需要对需求理论做进一步深入探讨。

有如此多的商品可供选择使得消费行为复杂化了。但是我们的基本目标是：从我们可支配收入的使用中获得尽可能多的满足。本章我们将以消费者消费商品获得的满足为基础，从理论上进一步阐明需求定理，探讨消费者选择和消费者行为背后的基本机理。

3.1　幸福最大化法则

消费者又称居民户，指经济中能做出统一的消费决策的单位，它可以是个人，也可以是由若干人组成的家庭。居民户提供各种生产要素，同时获得相应收入，并把这种收入用于消费。他们消费的目的是获得幸福。对于什么是幸福，不同的人有不同的回答。经济学家萨缪尔森曾用幸福函数来表达。这个幸福函数为：

$$幸福 = \frac{效用}{欲望}$$

由此可见，消费者实现最大幸福的行为就涉及效用与欲望这两个概念。因此，本章就从分析这两个概念开始。

3.1.1　欲望

西方经济学研究消费者行为通常是从研究欲望开始的。欲望是指人们的需要，也是人们的一种心理感觉。

关于欲望的学说，目前最流行的是亚伯拉罕·马斯洛（Abraham Maslow）的需要层次论。马斯洛把人的需要分为以下五个层次：

第一，生理需要，即人们衣、食、住、行等基本生存的需要。

第二，安全需要，即生活能够得到保障，如保证人身安全和健康、保证就业等需要。

第三，社交需要，即社会交往中感情上的需要，如希望得到别人的重视，获得与他人之间的友谊等。

第四，尊重需要，即需要受到他人的尊重，个人的能力被别人承认。

第五，自我实现需要，即获得成就的欲望，这是最高层次的需要。

马斯洛认为，人们的需要是按以上五个层次由低级向高级逐层发展的。当低层次的需要获得满足以后，人们就开始追求更高一层的需要。驱使人们不断追求更高层次需要的动力就是人们无限的欲望。

可是，人们的欲望或需要不可能得到无限的满足。在幸福方程式中，欲望是分母，但人的欲望是无限的，如果按这种假设进行研究，这个幸福方程式就无意义了，因为相对于无限的欲望，再大的效用也只能得出近于零的幸福。这样，在研究消费者行为时，我们假定，欲望是既定的。在这样的假设之下，幸福的大小就取决于效用大小了，研究消费者行为也就是要研究效用问题。

3.1.2 效用

效用理论

经济学家假设消费者一切行为的出发点都是让自己的境况尽可能地好，消费者利用有限的收入来满足某些欲望、消费商品或服务的动机是获得效用。效用（Utility）是指消费者从消费某种商品或劳务中所获得的主观上的满足程度。效用与人的欲望相联系。消费是满足人们欲望的一种合乎逻辑的行为，一种商品或劳务对消费者是否有效用，取决于消费者对这种商品或劳务是否有欲望以及这种商品或劳务是否有满足消费者欲望的能力。由于这种满足程度纯粹是一种主观上的享受，无法用统一的客观标准去衡量，因此，某种物品效用的大小就会因人而异。

西方经济学家认为，效用是消费者对商品和服务的主观评价，是一种主观的心理感觉。效用本身并不包括有关是非的价值判断。也就是说，一种商品和服务效用的大小，仅仅看它能满足人们的多少欲望或需要，而不考虑这一欲望或需要的好坏。

另外，效用因人、因时、因地而不同。例如，羽绒服在热带对人没有什么效用，而对于在南极探险的人却具有很大的效用。同样一条鱼，对一个喜欢吃鱼的人来说，它能产生较多的效用，而对一个不喜欢吃鱼的人来说，产生的效用就较少，甚至不产生效用。

那么，效用是如何衡量的呢？两百年前，经济学家曾经希望使用一种称作"Util"的度量单位来度量效用。他们希望该效用单位是一个跟温度一样的客观指标。如果杭州和上海的温度都是 20℃，则代表两个城市一样暖和。如果 A 吃一个汉堡获得的效用是 10 Util，B 吃一个汉堡获得的效用是 5 Util，则可以认为 A 从吃汉堡上获得的满足感为 B 的两倍。但是实际上，度量不同人的效用根本是不可能的。后来的研究发现，没有任何消费者行为模型的重要结论是取决于直接度量的效用。然而，如果我们假设效用可以像温度一样直接度量，消费者行为的经济模型将更容易被理解。分析消费者行为时，经济学家提出效用最大化假设。俗话说："人心无足。"效用最大化表示消费者具有通过商品与服务的消费获得最大限度满足的动机。虽然经济学家个人也信奉"知足常乐"的生活哲学，但是对于人类行为可能具有的效用最大化倾向，经济学家把它作为一个假设来处理。我们不应忘记，依据经济分析的实证原则，采取这一假设，并非带有对这一行为动机进行好坏评价的含义。有了效用最大化假设，我们才可以对消费者选择行为的一般规则进行有意义的分析。

3.1.3 效用理论的发展

英国功利主义哲学家和经济学家杰里米·边沁（Jeremy Bentham）最早提出了效用概念，后来西方经济学家先后提出了基数效用概念和序数效用概念，并在此基础上形成了分析消费者行为的两种方法，即基数效用论的边际效用分析方法和序数效用论的无差异曲线分析方法。

3.1.3.1 基数效用论

基数效用论形成于 19 世纪。基数效用（Cardinal Utility）分析法也称边际效用分析法（Marginal Utility Approach）。这种方法是基于这样一种认识，一种商品或劳务效用的大小，可以用基数（1，2，3…）测量。效用单位为英文"效用"一词的缩写"Util"，称为尤特尔。人们就是根据这个效用计数单位来衡量不同商品效用的大小。例如，吃一个面包得到的满足是 4 尤特尔，看一场电影得到的满足是 8 尤特尔，等等。

3.1.3.2　序数效用论

序数效用论产生于 20 世纪 30 年代。由于效用本身是一个主观心理的概念，可以因人、因时、因地而不同，同一商品是否有效用以及效用大小如何，完全取决于消费者的主观评价，而不同的消费者由于个人偏好或欲望强度不同，其对商品的主观评价是完全不同的。因此，序数效用论认为效用的绝对量大小根本无法测定，无法用某种统一的单位表示出来，它们只能根据消费者个人偏好程度排列出效用大小的先后顺序。比如，假定在 A、B 两种商品中，消费者选择 A 商品而放弃了 B 商品，则表明对这个消费者而言，A 商品的效用是大于 B 商品的。或者说，A 商品的效用第一（最大），B 商品的效用次之（第二），如此等等。因此，在序数效用论者看来，效用根本不是一个数量概念，而是一个次序概念，其大小根本不能用"1，2，3"之类的基数词来表示，只能用"第一、第二、第三"之类的序数词来表示。

由于基数效用论和序数效用论对效用本身的理解不同，由此就形成了两种不同的消费者行为理论。基数效用论者在自己的效用理论基础上建立了自己的消费者行为理论，即以边际效用分析为基础的消费者行为理论。序数效用论者也在自己的效用理论基础上建立了自己的消费者行为理论，即以无差异曲线分析为基础的消费者行为理论。

> **📊 小思考**
>
> 什么是效用？面对同一个苹果，基数效用论和序数效用论是如何理解这个苹果的效用的？

资料链接 --

效用理论的产生

英国功利主义哲学家和经济学家杰里米·边沁最早提出了效用概念。他提出政治经济学应是研究效用的科学，所谓效用，是指物品能使人获得幸福和避免痛苦的能力，而一切物品的价值都在于它的效用，因此政治经济学应以最大幸福原理和效用原理为基础。

50 年之后，英国近代著名经济学家斯坦利·杰文斯（Stanley Jevons）提出了边际效用概念，杰文斯是边际效用学说的创始人。1871 年，杰文斯出版了其一生中最重要的著作《政治经济学理论》。在该书序言中，他开宗明义地指出："在本书中，我尝试视经济学为快乐与痛苦的微积分。"杰文斯从经济学最基本的范畴"效用"入手，开始了他所谓的"尝试"。他说，"我的主要工作是探究效用的性质和条件""凡能引起快乐或避免痛苦的东西，都可以有效用"，因此"快乐和痛苦是经济学计算和研究的对象"。在杰文斯看来，体现效用的快乐和痛苦是一种心理感觉，这种心理感觉不仅可以计量，而且可以通过一组无单位的基数来比较它们的大小和强弱。这就是所谓的基数效用论。在这一基础上，杰文斯详细考察了效用变化的数量规律。他指出，一个人从同一种消费品中获得的效用将随消费量的增加而不断减少。这就是所谓的边际效用递减规律。

边际效用学说对经济学产生了深远的影响：第一，它是马歇尔创立新古典经济学的两个重要的理论来源之一（另一个是亚当·斯密创立的古典经济学），而现代经济学则是建立在新古典经济学基础上的；第二，它把微积分引入了经济分析，从而为经济学成功地运用数学工具奠定了重要的基础。从这个意义上说，边际效用学说是一场革命，它直接导致了现代经济学的产生。

20世纪30年代以后，经济学家开始对基数效用论表现出一种困惑和不满，特别是对效用的计量以及计量的单位问题产生了怀疑。1934年，英国经济学家希克斯（1972年诺贝尔经济学奖获得者）和艾伦在《价值理论的再思考》一文中提出，效用作为一种心理现象是无法计量的，因为我们不可能找到计量的单位。因此，所谓效用，只是指消费者如何在不同的商品和服务之间进行排序，并运用无差异曲线和无差异分析对效用进行了重新诠释。这就是所谓的序数效用论。1938年，美国经济学家萨缪尔森（1970年诺贝尔经济学奖获得者）在《关于消费者行为理论的一个解释》一文中进一步提出，"效用作为一种主观心理状态是观察不到的"，但我们"可以观察到消费者的行为"：当消费者在市场上选择了某一消费品组合时，他的"偏好"就同时被"显示"了；因此经济学家无须用数量来描述，就可以判断这一组合必然是效用最大的。这就是所谓的显示偏好理论。自希克斯和萨缪尔森以后，一般认为，效用的计量问题已经解决了；或更准确地说，人们认为，无须考虑效用的计量，经济学也可以建立自己的理论大厦。从此，经济学家把主要精力转向研究生产者行为以及与之相关的范畴，比如产量、成本、收益和利润的研究，并在这一领域取得了辉煌的进展。

今天，无差异分析和显示偏好理论是经济学有关消费者行为的标准理论。但出人意料的是，效用可以计量的观点并没有消失。在广泛使用的经济学入门教科书中，基数效用论和序数效用论往往被安排在同一章中介绍给读者。两种截然相反的理论竟可以如此相安无事地"和平共处"，这在其他学科中也许是绝无可能的。一种可能的解释是：在找到令大多数经济学家满意的计量方法前，人们只能迁就于效用的"排序"。但一种能够排出顺序（不管按照什么标准和特征）的事物，居然无法进行量上的比较，这将是一件荒唐的事！稍作分析我们就会发现，无论是序数效用论还是显示偏好理论，其实都是在回避问题而不是解决问题。如果效用真是无法计量的，经济理论的根基就将动摇，"因为大多数经济理论最终都是以一个使其偏好或效用最大化的消费者为基础的，所以，对于发展和检验理论，显然这个问题是至关重要的"。看来，不论经济学家怎么努力，经济学都无法绕过"效用计量"这道坎。

资料来源：http://www.mdedu.bbi.edu.cn/Ncourse/economics/addon,2005-02-27.

3.2　边际效用分析与消费者均衡

本节将介绍基数效用论者如何运用边际效用分析法来说明消费者均衡的实现，即消费者效用最大化是如何实现的。

3.2.1　总效用与边际效用

如何将效用应用于需求理论？比如，当你口渴时，喝第 1 杯水会得到很大的享受，或者说这杯水会给你带来一定程度的满足或效用。现在推想，喝第 2 杯水，因为你已经不那么渴了，所以第 2 杯水带你的满足感没有第 1 杯水多，但也会给你带来新增的效用。如果继续喝，每多喝 1 杯水给你带来的满足感会逐渐减小。为了描述满足程度，我们用数字来表示从每一单位商品消费中得到的效用量：第 1 杯水产生 40 单位效用；第 2 杯水产生 20 单位效用；第 3 杯水产生 10 单位效用；第 4 杯水产生 5 单位效用；第 5 杯水，你实在很难喝下，产生负效用。以上效用数字可以用表 3 - 1 来表示。

表 3 - 1　喝水的效用

喝水的数量（杯）	总效用	边际效用
0	0	—
1	40	40
2	60	20
3	70	10
4	75	5
5	73	—2

如表 3 - 1 所示，第一列给出了可能喝的水的数量，第二列给出了从每一相应的消费量中得到的总效用，第三列是每多喝一杯水得到的边际效用。总效用（Total Utility）是指消费者在一定时间内消费一定量商品和服务所获得的效用量。假定消费者对某种商品的消费数量为 Q，则总效用函数为：$TU=U(Q)$。通过数字表示效用，我们不仅可以比较某一消费者从不同商品上得到的总效用，还可以比较同一消费者从增加的消费中得到的边际效用。所谓边际效用（Marginal Utility），是指消费者在新增加的每一单位商品的消费中所获得的效用，也就是消费者对某种商品的消费量增加一单位所增加的效用。这与喝多少杯水的总体满足不同，关键是第 1 杯、第 2 杯、第 3 杯、第 4 杯水能够给消费者带来多大的额外满足。相应的边际效用函数可以用下式表示为：

$$MU = \frac{\Delta TU(Q)}{\Delta Q} \qquad\qquad (3-1)$$

当商品消费量的增加量趋于无穷小，即 $\Delta Q \to 0$ 时，边际效用就是总效用对商品消费量的一阶导数，即：

$$MU = \lim_{\Delta Q \to 0} \frac{\Delta TU(Q)}{\Delta Q} = \frac{dTU}{dQ} \qquad\qquad (3-2)$$

这样，我们就可以使用效用单位来估计一个消费者对一种商品的不同单位的偏好，或对不同商品的不同单位的偏好。

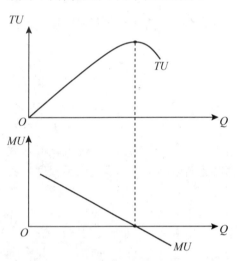

图 3-1 总效用和边际效用之间的关系

我们将表 3-1 中的数据图形化，得到图 3-1。从图 3-1 中可以看出，随着消费量的增加，总效用虽然在增加，但却以递减的速度在增加，总效用并不是一直递增，达到一定程度后就下降了。边际效用随着消费量的增加而下降。当边际效用为正值时，总效用呈上升趋势；当边际效用递减为零时，总效用达到最大；当边际效用继续递减为负值时，总效用呈下降趋势。

我们生活中很多的事例都遵循图 3-1 所示的总效用与边际效用的变动趋势。如当我们吃自助餐时，随着食物的不断摄入，肚子越来越饱，感觉也越来越舒服，所以总效用随进餐数量的增加而增加，但并不是一直增加下去。由于胃的容量有限，吃得太多，胃的负担变重，人的感觉就越来越不好，这样，总效用就要下降了。至于边际效用，开始由饥饿到吃第一口食物的感觉是最好的，或者说，第一口饭让人觉得很香，之后，随着食物量的增加，味觉不断地被刺激，那种香的感觉不断下降，这就是边际效用递减规律起了作用。

📊 小思考

什么是边际效用？当消费者对某种商品的消费达到饱和时，边际效用为多少？总效用为多少？

3.2.2 边际效用递减规律

类似喝水这种边际效用递减现象在经济生活中司空见惯。观察人们的行为和心理，可以发现一个规律性的现象：当我们越来越多地消费一种商品时，获得的额外的满足程度会下降。例如，口渴后喝第一杯水时感觉无比美好，喝第二杯水时仍然感觉不错，喝第三杯或第四杯水时不错的感觉难免会减弱。英国经济学家马歇尔把"人类本性的这一平凡而基本的倾向"称作"边际效用递减规律"。边际效用递减规律是指，在一定时间内，在其他商品的消费数量保持不变的条件下，随着消费者对某种商品消费量的增加，消费者从该商品连续增加的每一消费单位中所得到的效用增量，即边际效用，是递减的。

边际效用之所以存在递减的趋势，其原因有以下几个：第一，人的生理或心理的原因。消费一种商品的数量越多，即该商品对人的刺激次数越多，人的反应就越弱，从而人感觉到的满足程度就减小。第二，商品本身用途的多样性。当一种商品具有几种用途时，消费者总是先把商品用于最重要的用途，然后用于次要的用途。当消费者有若干这种商品时，他会把第一单位商品用于最重要的用途，其边际效用就大，而把第二单位商品用于次要的用途，其边际效用就小了。以此顺序用下去，用途越来越不重要，边际效用就递减了。例如，某消费者有三块巧克力，他把第一块用于最重要的充饥（满足生理需要），把第二块用于赠送朋友（满足爱的需要），把第三块用于施舍（满足自我实现中对善的追求）。这三块巧克力的重要性是不同的，从而其边际效用也就不同。

但边际效用递减规律也有例外的情况。例如，在酒席上，当菜增加时，酒的边际效用会增加；当酒增加时，菜的边际效用也会增加。另外，在所谓"癖好"和"集成"两类情况中，也会出现商品边际效用递增的情况。前者如一个好酒者在连续喝几杯酒时，喝第三杯比喝第二杯所得到的满足要大，喝第四杯所得到的满足可能比喝第三杯还大；后者如一个集邮者的满足是随一套邮票的收集越来越齐全而增加的，他感到收集的邮票是越多越好。

> **小思考**
>
> "我有一根筷子，别人给我另外一根，我很高兴，因为这样可以用筷子吃饭了，所以，我认为此时对我而言，筷子的边际效用是递增的。"这种说法对吗？

案例评析

春晚的评价

从 20 世纪 80 年代初期开始，我国老百姓的除夕增添了一项诱人的内容，那就是观看春节联欢晚会。1982 年中央电视台第一届春节联欢晚会的出台，在当时娱乐业尚不发达的中国引起了极大的轰动，春节联欢晚会的节目成为老百姓在街头巷尾和茶余饭后津津乐道的话题。

中央电视台的春节联欢晚会年复一年地办下来了，投入的人力、物力越来越大，应用的技术越来越先进，舞台场面设计越来越宏大，节目种类也越来越丰富。但人们对央视春节联欢晚会的评价却越来越差了，原先在街头巷尾和茶余饭后的赞美之词变成了一片指责声，春节联欢晚会成了一道众口难调的大菜，晚会也陷入了"年年办，年年骂；年年骂，年年办"的怪圈。

春晚本不该代人受过，问题其实与边际效用递减规律有关。边际效用递减规律是指在其他条件不变的前提下，当一个人在消费某种物品时，随着消费量的增加，他从中得到的效用不断减少。边际效用递减规律虽然是一种主观感受，但其背后也有生理学的基础：一个人如果反复接受某种刺激，神经反应就会越来越迟钝。央视第一届春节联欢晚会让我们欢呼雀跃，但举办次数多了，由于刺激反应弱化，尽管节目本身的整体质量在提升，但人们对节目的感觉却越来越差了。

3.2.3 消费者均衡

通常情况下，我们假定稀缺世界中消费者的选择以获得最大满足为动机。消费者均衡是指消费者在收入和商品价格既定的条件下，选择购买一定数量的商品组合，从而获得最大满足的状态，即总效用最大化的状态。

3.2.3.1 无约束的消费者均衡

当一个消费者的行为不受任何限制时，他该消费多少商品才能实现效用最大化的目标呢？例如，去吃自助餐，他会吃多少才停止呢？自助餐如果是免费的，理性的选择是他会不停地吃下去。但他的胃的容量是有限的，吃到一定程度后，再吃的话会增加胃的负担，这时他就会停止吃。也就是说，当一种商品的价格为零或者说是免费时，只要增加消费能产生正的边际效用，人们就会一直消费下去。当然消费不是无止境的，因为随着消费的增加，边际效用会递减，当边际效用降为零时，人们就不再增加消费了。因此，无约束的消费者均衡点所对应的商品消费量应该是边际效用为零时的消费量。

3.2.3.2 有约束的消费者均衡

在现实中，稀缺是无法回避的客观事实。消费者在进行消费决策时，会面临两个约束条件：一是有限的收入和各种商品与服务的价格，这限制了消费者的购买能力，即能够购买的商品种类及数量；二是各种商品和服务的边际效用，这是指消费者从各种商品和服务的购买、消费中所得到的满足程度。假定，你的收入为 2 000 元，一个面包为 8 元，一本书为 15 元。虽然你想获得最大效用，但你面临收入有限和价格大于零这些条件的限制。在这些条件下，你从不同商品中获得的效用与商品的价格的比值决定了你如何分配自己的收入。也就是说，你必须考虑两个最主要的因素：价格和边际效用。

现在我们举一个现实的消费者选择的例子。如表 3-2 所示，假设小王可以用口袋里的 8 元钱买可乐和奶昔，二者的价格均为 2 元。作为理性消费者，小王认为第一个 2 元应该花在可乐上，因为第一瓶可乐带给他每元钱 4 单位效用，但是同样的 2 元如果花在奶昔上只能带来每元钱 3 单位效用。第二个 2 元应该选择奶昔，如果选择可乐，将带来每元钱 2 单位效用，但如果选择奶昔，将带来每元钱 3 单位效用。接下来，第三个 2 元该花在哪件商品上是一件很难定夺的事情。第二瓶可乐与第二个奶昔均可以带来每元钱 2 单位效用，所以小王可以先用 2 元买第二瓶可乐，用最后的 2 元买第二个奶昔；或者先用 2 元买第二个奶昔，用最后 2 元买第二瓶可乐。顺序无关紧要，最后小王花掉了所有的钱，并且最后一个奶昔的每元钱边际效用等于最后一瓶可乐的每元钱边际效用。

为了证明 2 个奶昔与 2 瓶可乐的组合能够使总效用最大（22 单位效用），可以考虑与其他组合加以比较。如买了 3 瓶可乐和 1 个奶昔，总效用为 14+6=20；或者买了 3 个奶昔和 1 瓶可乐，总效用为 11+8=19；或者买了 4 个可乐，总效用为 15；或者买了 4 个奶昔，总效用为 11。结果表明，小王选择 2 个奶昔与 2 瓶可乐的组合得到的效用最大，它代表了最优消费。

表 3-2 选择可乐与奶昔的不同效用

消费数量	可乐的效用			奶昔的效用		
	TU	*MU*	*MU/P*	*TU*	*MU*	*MU/P*
1	8	8	4	6	6	3
2	12	4	2	10	4	2
3	14	2	1	11	1	0.5
4	15	1	0.5	11	0	0

为了使效用最大，只要能够增加效用，消费者就会不断地调整两种商品的消费数量。在消费者的偏好、价格和收入一定的情况下，当不再有任何办法可能增加效用时，这时的选择就是最优的选择，实现了最大效用——消费者均衡。消费者均衡条件可表述为：消费者选择最优的商品组合就是使得自己花费在各种商品上的最后 1 元钱所带来的边际效用相等。如果消费者的既定收入为 M，全部用来购买 X 和 Y 两种商品，用 P_X 和 P_Y 分别表示两种商品的价格，用 X 和 Y 分别表示两种商品的数量，用 MU_X 和 MU_Y 表示两种商品的边际效用。那么，消费者均衡的基本条件可以表示为：

$$P_X X + P_Y Y = M \tag{3-3}$$

$$\frac{MU_X}{P_X} = \frac{MU_Y}{P_Y} \tag{3-4}$$

公式（3-3）是消费者均衡的限制条件，也称消费者的预算线；公式（3-4）是消费者实现效用最大化的均衡条件。

为什么必须符合这一条件呢？如果花费在任何一种商品上的最后 1 元钱能够提供更多的边际效用，那么，钱就会从其他商品的花费中转移到该商品上去——直到边际效用递减规律使得花费在该商品上的最后 1 元钱的边际效用下降到与其他商品相等时为止。如果花费在某种商品上的最后 1 元钱所带来的边际效用低于其他商品的一般的边际效用，那么，就减少购买该商品，直到花费在该商品上的最后 1 元钱所提供的边际效用上升到一般的边际效用水平为止。因此，消费者可以通过使花费在各种商品上的每 1 元钱支出的边际效用相等来获得最大效用。

> **📊 小思考**
>
> $\frac{MU}{P}$ 的含义是什么？如果某消费者购买 X 和 Y 两种商品时，出现 $\frac{MU_X}{P_X} < \frac{MU_Y}{P_Y}$，那么，该消费者是应该增加 X 商品的购买，还是增加 Y 商品的购买？为什么？

这一结论可以推广到有更多商品组合的消费者行为选择中去。如果所消费的不是两种商品，而是多种商品，设各种商品的价格分别为 P_1，P_2，P_3，…，P_n，购买量分别为 Q_1，Q_2，Q_3，…，Q_n，各种商品的边际效用分别为 MU_1，MU_2，MU_3，…，MU_n，则可以把消费者均衡的条件写为：

$$P_1Q_1+P_2Q_2+P_3Q_3+\cdots+P_nQ_n=M \text{（限制条件）} \qquad (3-5)$$

$$\frac{MU_1}{P_1}=\frac{MU_2}{P_2}=\frac{MU_3}{P_3}=\cdots=\frac{MU_n}{P_n}\text{（均衡条件）} \qquad (3-6)$$

需要注意的是，均衡条件指的是所购买的每一种商品的单位货币所得到的边际效用相等，而不是所购买的每一种商品的边际效用相等。每一种商品的边际效用相等并不能保证消费者获得最大的效用，因为各种商品的价格是不同的。

消费者均衡的条件实际也是对我们日常生活中经验的一种理论概括。假设你想最大化你在各门功课（经济学、数学、英语）中的知识量，但你只有有限的时间可利用，如何分配时间呢？你可能会发现，若各门课程所花费的时间相同，并不会给你带来相同的知识量。如果花费在经济学上的最后一分钟产生的边际知识量要大于数学，那么，就把学习时间从数学转移到经济学上……这种调整直到花费在每一门功课上的最后一分钟所产生的知识增量相等时为止。这样，你就会提高你的知识总量。

3.2.4　个人需求曲线的推导

我们在前面的章节中分析了在一般情况下商品的需求与价格之间具有一种反方向变化的关系，也就是说，需求曲线是向右下方倾斜的，在这里我们进一步分析需求曲线的形状是如何由消费者行为决定的。

消费者购买商品是要付出一定代价的，这个代价就是货币。货币也具有效用，并且一般假定，一个有既定收入的消费者在既定时期内货币的边际效用是固定不变的。例如，某消费者有 500 元时，每元钱的效用如果为 15 个效用单位，当他花去 400 元后，剩下 100 元中每元钱的货币边际效用仍是 15 个效用单位。当消费者购买某种商品能带来较大的效用时，他愿意出的货币就多，即消费者愿意支付的价格就高；反之，当购买某种商品能带来的效用较小时，他愿意出的货币就少，即消费者愿意支付的价格就低。由于随着消费数量的增加，商品给消费者带来的边际效用是递减的，因此，消费者愿意支出的货币（支付的价格）也是递减的。以货币单位来计算消费者购买某种商品时愿意付出的代价称为需求价格。需求价格等于商品的边际效用与货币的边际效用之比，即：

$$P=\frac{MU}{\lambda} \qquad (3-7)$$

式中：　P——需求价格；

　　　　λ——货币的边际效用。

由于假设 λ 是固定不变的，因此，随着 MU 的递减，P 也是递减的。所以，消费者对某种商品的边际效用曲线决定了该商品的需求曲线，边际效用递减导致了需求曲线向右下方倾斜。

图 3-2 反映了边际效用曲线和需求曲线两者之间的比较情况。通过以上的分析可以知道，单个消费者的需求曲线有三个特点：第一，需求曲线向右下方倾斜，原因在于边际效用递减。根据边际效用递减规律，消费者最初消费某种商品时，得到的边际效用较大，消费者获取这种商品的欲望较强，所以愿意支付较高的价格得到该种商品。随着商品消费量的增加，商品增量的边际效用递减，消费者愿意得到这种商品的欲望强度递

减，消费者愿意支付的价格也随之下降。因此，消费者对某商品的需求量与价格成反比，即需求曲线是向右下方倾斜的。第二，需求曲线表示在不同的价格下，消费者所愿意购买的数量。第三，需求曲线上的每一点都是消费者在既定价格下的效用最大化的均衡点。

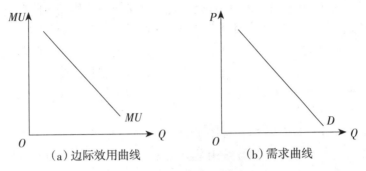

图 3 - 2　边际效用曲线和需求曲线

边际效用曲线和需求曲线的形状是相同的，但两者之间的区别在于：在边际效用曲线图［见图 3 - 2(a)］上，数量是自变量，边际效用是因变量，它表明商品购买数量的变化引起边际效用的变化；在需求曲线图［见图 3 - 2(b)］上，数量是因变量，价格是自变量，它表明商品价格的变化引起商品购买数量的变化。

案例评析

钻石和水的价值悖论

亚当·斯密在《国富论》中提出了著名的价值悖论："没有什么东西比水更有用，但它几乎不能够买任何东西……相反，一块钻石有很小的使用价值，但是通过交换可以得到大量的其他商品。"这个价值悖论，困扰了早期许多古典经济学家。

早期的经济学家之所以没有解开这个价值难题，在于他们没有区分开边际效用和总效用两个概念。水对生命是重要的，它的总效用很大，但这并不意味着水应该有一个较高的市场价格。因为商品的市场价格是由最后一单位商品的边际效用所决定的。在现实的世界里，钻石是很稀缺的，而水则相对充足，根据边际效用递减规律，水的边际效用很低，最后一单位水的边际效用几乎为零，因此我们发现，像水这样有用的商品只能以很低的价格出售。而由于钻石的稀缺性，导致最后一单位钻石的边际效用非常高，所以，人们往往愿意出非常高的价钱来购买钻石。但是假设在沙漠中旅行，水非常有限，这时水的边际效用很大，一杯水可能比黄金还要珍贵，因此它可能以天价出售。

3.2.5　消费者剩余

消费者之所以购买某种商品，是因为这种商品能满足他的某种欲望。由于不同的消费者对某些商品的效用评价不同，他们愿意为这些商品所支付的最高金额也会不同。消费者剩余就是消费者愿意为某一商品支付的价格与他在购买该商品时实际支付的价格之间的差额。例如，某学生愿为一张音乐会的门票支付 30 元，而在购买音乐会门票时，他实际只花了 20 元。这个学生愿意为得到这张门票多支出但实际上并没有付出去的 10

元，就是他的消费者剩余。

"消费者剩余"这一概念首先由英国经济学家马歇尔提出。他指出，消费者从购买某物所得到的满足，通常超过他因购买此物而必须放弃购买其他商品所得到的满足；这样，他就从这购买中得到一种满足的剩余。他宁愿付出而不愿得不到此物的价格，超过他实际付出的价格部分，是这种剩余满足的经济衡量。这个部分可称为消费者剩余。

在理解这一概念时，要注意两点：第一，消费者剩余并不是实际收入的增加，只是一种心理感觉。这一概念是分析某些问题时的一种重要工具。第二，一般来说，生活必需品的消费者剩余大。因为消费者对这类物品的效用评价高，愿意付出的价格也高，但这类物品的市场价格一般并不高。

消费者剩余是由边际效用递减规律所决定的。我们已经知道，随着消费者购买某种商品数量的增加，他所获得的边际效用是递减的，因而他所愿意支付的需求价格也是递减的。在达到消费者均衡的条件之前，只要消费者从消费商品中获得的边际效用大于货币的边际效用，消费者的消费行为就会不断地进行下去，直到他所获商品的边际效用等于货币的边际效用。而在这点之前，消费者愿意支付的需求价格大于商品的实际价格，这之间的差额就形成了消费者剩余。

举例来说，消费者所欲购买的商品是苹果，在消费者一个苹果也没有消费的情况下，为得到一千克苹果消费者愿意支付 2.50 元的价格。在获得了一千克苹果以后，消费者为得到第二千克苹果愿意支付的价格是 2.00 元，以此类推。如果苹果的市场价格为 1.50 元/千克，消费者购买第一千克苹果获得的消费者剩余是 1.00 元，购买第二千克苹果获得的消费者剩余是 0.50 元，两千克苹果共获剩余 1.50 元。消费者获得消费者剩余的多寡取决于所购商品的市场价格与所购商品的数量，所购商品的市场价格越低，消费者购买的数量越多，他所获得的消费者剩余就越多。表 3-3 表示了当苹果的价格为 1.50 元/千克时，某消费者从消费苹果中所获得的总消费者剩余。

表 3-3　某消费者消费苹果所获得的消费者剩余

每周消费的苹果量（千克）	消费者愿意支付的价格（元）	消费者剩余
第 1 千克	2.50	1.00
第 2 千克	2.00	0.50
第 3 千克	1.80	0.30
第 4 千克	1.60	0.10
第 5 千克	1.50	0.00
总计 5 千克	9.40	1.90

表 3-3 中，消费者愿意支付的价格代表消费者对所购商品的边际评价。如果某消费者对苹果的边际评价如表 3-3 所示，那么在苹果的价格为 1.5 元/千克的情况下，消费者的最优购买量就是 5 千克。此时消费者的边际评价与市场价格相等，消费者获得的消费者剩余总量最大。消费者边际评价与市场价格相等时的购买称为边际购买。当市场价格为 1.5 元/千克时边际购买为 5 千克；当市场价格提高到 1.6 元/千克时边际购买为

4 千克，消费者剩余总量减少到 1.5 元。

图 3-3 中的阴影部分表示表 3-3 中消费者购买苹果所获得的消费者剩余的情况，从图 3-3 中可以看到，消费者获得消费者剩余的多寡依赖于所购商品的市场价格与所购商品的数量，商品的市场价格越低，消费者购买的数量越多，他所获得的消费者剩余就越多。

消费者剩余是一种心理现象，消费者在自己的日常购买行为中很少想到它。这是经济分析抽象出的概念。消费者对于这种现象最明显的感觉是大量购买时的优惠

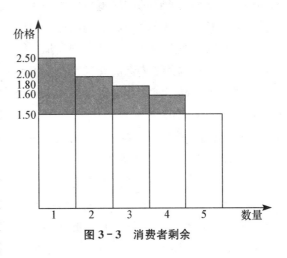

图 3-3　消费者剩余

价，这时他真正感觉到自己得到了消费者剩余。消费者剩余的概念常常被用来研究消费者福利状况的变化，以及评价政府的公共支出与税收政策等。

> 📊 **小思考**
>
> 　厂商往往会通过提高顾客的消费者剩余来促成交易，由此思考，商家为何对打折促销如此热衷？

3.3　无差异曲线分析与消费者均衡

基数效用论是建立在主观心理感受基础上的消费者行为理论。由于人的主观心理实际上是无法测量的，它只能说明效用的大小，但不能说明效用究竟有多大，因此，多数经济学家主张效用只能按序数计量。

序数效用论用无差异曲线分析法来说明消费者均衡的实现。在这一节中，我们首先介绍这种分析所用的两个基本概念——无差异曲线与预算线，然后利用这两种曲线分析消费者效用最大化的实现过程。

3.3.1　偏好

效用具有主观性、抽象性，这使得效用的测度和比较较为困难。序数效用论认为不同商品本身效用大小的度量并不重要，重要的是消费者对不同商品或者不同的商品组

合，能够排出重要性的次序就可以了，这样就避开了效用的具体测度问题。

消费者在不同商品或不同商品组合之间的排序就是消费者偏好。商品千差万别，人的口味和兴趣也五花八门，那么如何描述消费者的偏好呢？一个办法就是从有限商品或商品组合比较的角度来考虑问题。由于人们总是在许多可能购买的商品中，选择购买某一种或几种商品，我们便可以询问和确定消费者最希望得到的商品是什么，这样就可以描述他们的偏好。

例如，假设消费者必须在以下两种消费组合中做出选择：组合 A：2 瓶可乐和 1 个汉堡；组合 B：1 瓶可乐和 2 个汉堡。那么消费者可能有三种选择：第一种是消费者更加偏好组合 A；第二种是消费者更加偏好组合 B；第三种是组合 A 和组合 B 对于消费者来说无差异，即消费者从这两种组合中获得的效用相同。

同时，为保持一致性，我们假设消费者的偏好是可传递的。例如，如果消费者偏好牛肉汉堡甚于鸡肉汉堡，而偏好鸡肉汉堡甚于猪肉汉堡，则我们可得出消费者偏好牛肉汉堡甚于猪肉汉堡。偏好又具有非饱和性。该假定指的是如果两种商品组合的区别仅在于其中一种商品的数量不相同，那么，消费者总是偏好含有这种商品数量较多的那个商品组合。这就是说消费者对每一种商品的消费都没有达到饱和点，或者说，对于任何一种商品，消费者总是认为数量多比数量少好。此外，这个假定还意味着，消费者认为值得拥有的商品都是"好的东西"，而不是"坏的东西"。在这里，"坏的东西"指诸如空气污染、噪声等只能给消费者带来负效用的东西。

3.3.2 无差异曲线

3.3.2.1 无差异曲线的定义

给定了以上偏好假定后，我们就可以通过无差异曲线来表示消费者偏好。无差异曲线是用来表示两种商品不同数量的组合给消费者所带来的效用完全相同的一条曲线。这条曲线表示消费者在一定的偏好、一定的商品价格条件和一定的资源条件下选择商品时，对不同组合的商品的满足程度是没有差别的。

现在假定有 X 和 Y 两种商品。消费者可排列出 X 和 Y 的许多不同的数量组合，而每一种组合所产生的总效用都一样。假设不同组合形式如表 3 - 4 和图 3 - 4 所示。

表 3 - 4　无差异表

商品组合	商品 X	商品 Y
A	2	12
B	4	6
C	6	4
D	8	3

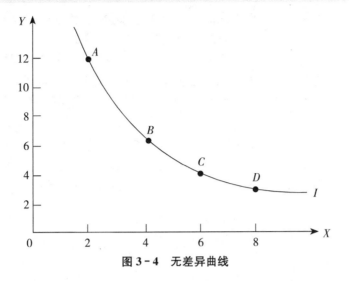

图 3-4　无差异曲线

图 3-4 中的曲线就是无差异曲线。它表明，曲线上任何一种组合，对消费者产生的总效用即消费者总满足程度都一样。例如，消费者从组合 $B(4,6)$ 获得的满足感与从组合 $D(8,3)$ 所获得的满足感都一样，是无差别的。

3.3.2.2　无差异曲线的特征

无差异曲线具有以下特征：

（1）无差异曲线是一条向右下方倾斜的曲线。这表明，在消费者收入与商品价格既定的条件下，消费者为了得到相同的总效用，在增加一种商品的消费时，必须减少另一种商品的消费，两种商品不能同时增加或减少。

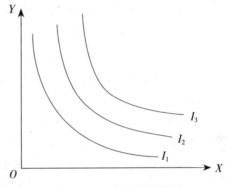

图 3-5　一簇无差异曲线

（2）在同一平面上可以有无数条无差异曲线，每一条无差异曲线代表一种效用水平，离原点越远的无差异曲线，所代表的效用水平就越大。不同的无差异曲线反映了消费者不同的消费水平或满足水平。如在图 3-5 中，$I_3 > I_2 > I_1$。

（3）在同一平面图上，任意两条无差异曲线不能相交。如果假定可以相交，即两条无差异曲线相交于 A 点，如图 3-6 所示，A 点与 B 点在同一条无差异曲线 I_1 上，则 $U_A =$ U_B；A 点与 C 点在同一条无差异曲线 I_2 上，则 $U_A = U_C$。由偏好传递性特性可得到 A 点与 C 点的效用相等，即 $U_A = U_C$。但 A 点与 C 点不在同一条无差异曲线上，效用不同，所以，前面假定两条无差异曲线相交是错误的。

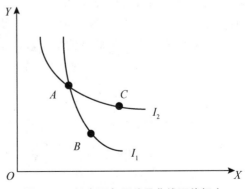

图 3-6　任意两条无差异曲线不能相交

（4）无差异曲线是一条凸向原点的曲线。这是由边际替代率递减所决定的。

一般情况下，无差异曲线是一条凸向原点的曲线。但从理论上讲，仍存在两种极端的情况。前面讲过，相关商品之间存在替代性或互补性。如果 X 商品与 Y 商品具有完全的替代性，即一定数量的 X 能替换一定数量的 Y，则对消费者而言，这时的无差异曲线必然是一条直线（见图3-7），因为直线的斜率不变，它说明两种商品之间具有完全替代关系。如果 X 商品与 Y 商品具有完全互补性，即一定数量的 X 必须与一定数量的 Y 相互配合才能使用，这时的无差异曲线将是一条成直角的折线（见图3-8）。折线的直角端点表示两种商品间的固定比例，仅在该点处商品组合才能产生效用。这是两种理论上的极端情况，在日常生活中，两种商品完全替代或完全互补的情况是比较少见的。

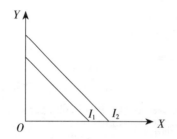

图 3-7　完全替代性商品无差异曲线　　　　图 3-8　完全互补性商品无差异曲线

一般来说，相关商品之间或者具有一定的替代性，或者具有一定的互补性，因此无差异曲线的形状一般介于两者之间，是一条凸向原点的曲线。如果两种商品的替代性较高，其无差异曲线的曲率将较小，近似于直线；如果两种商品的互补性较高，则其无差异曲线的某一点附近曲率将增大，出现明显弯曲。

> **小思考**
>
> 比较可口可乐与百事可乐、汽车与汽油两对物品，在哪一种情况下，你预期无差异曲线完全是一条直线？在哪一种情况下，你预期无差异曲线完全是一条折线？

3.3.2.3　边际替代率

边际替代率（Marginal Rate of Substitution，MRS）是指消费者在保持相同效用时，减少一种商品的消费量与增加另一种商品的消费量之比。

如果以 ΔX 代表 X 商品的增加量，ΔY 代表 Y 商品的减少量，MRS_{XY} 代表以 X 商品代替 Y 商品的边际替代率，则边际替代率的公式为：

$$MRS_{XY} = -\frac{\Delta Y}{\Delta X} \tag{3-8}$$

当商品数量的变化趋于无穷小时，则商品的边际替代率公式为：

$$MRS_{XY} = \lim_{\Delta X \to 0} -\frac{\Delta Y}{\Delta X} = -\frac{\mathrm{d}Y}{\mathrm{d}X} \tag{3-9}$$

应该注意的是，在保持效用相同时，增加一种商品就要减少另一种商品。因此，为了使边际替代率为正值，以便于比较，就在上面的公式中加了一个负号。无差异曲线向右下方倾斜就表明其斜率为负，因此，无差异曲线上某一点的边际替代率就是无差异曲线在该点的斜率的绝对值。

根据边际替代率的计算公式计算表 3-4 中以 X 商品代替 Y 商品的边际替代率，结果见表 3-5。

表 3-5　X 商品代替 Y 商品的边际替代率

变动情况	ΔX	ΔY	MRS_{XY}
$A \rightarrow B$	2	-6	3
$B \rightarrow C$	2	-2	1
$C \rightarrow D$	2	-1	0.5

由表 3-5 可以看出，商品的边际替代率是逐渐递减的。因此，序数效用论可总结出边际替代率递减规律。

商品的边际替代率递减规律是指：在维持效用水平不变的前提下，随着一种商品消费数量的连续增加，消费者为得到每一单位的这种商品所需要放弃的另一种商品的消费数量是递减的。如在表 3-5 中，消费者的消费组合由 A 经 B、C 运动到 D 的整个过程中，随着对 X 商品的消费量的连续等量增加，消费者为得到每一单位 X 商品所需要放弃的 Y 商品的消费量是越来越少的。

商品的边际替代率递减是边际效用递减规律作用的结果。因为，随着消费者用越来越多的商品 X 来代替商品 Y，X 商品的数量越来越多，而 Y 商品的数量越来越少，因此，对消费者而言，X 商品的边际效用越来越低，而 Y 商品的边际效用越来越高，这就使得 X 商品的价值在降低，而 Y 商品的价值在增高，为此就必须用更多的 X 商品来替代价值已越来越高的 Y 商品。也就是说，商品的边际替代率是递减的。商品的边际替代率递减，意味着无差异曲线的斜率是递减的，这就最终决定了无差异曲线是凸向原点的。

商品的边际替代率还可以用如下公式表示：

$$MRS_{XY} = \frac{MU_X}{MU_Y} \tag{3-10}$$

商品边际替代率的这一关系式同时也指出了基数效用论和序数效用论之间的内在联系。

3.3.3　预算线

无差异曲线表示消费者的主观偏好，预算线表示消费者收入的客观限制。消费者的可支配收入是有限的，因此，消费者对商品的选择必须在既定的收入范围内来进行。

预算线也称消费可能线，是指在一定的收入和商品价格水平下，消费者用全部收入所能购买的两种商品最大组合点的轨迹。预算线的方程为：

预算线

$$M = P_X X + P_Y Y \tag{3-11}$$

式中：　　M——消费者的预算收入；

P_X——X 商品的价格；

P_Y——Y 商品的价格；

X——X 商品的购买量；

Y——Y 商品的购买量。

如果消费者的收入 M 一定，两种商品的价格不变，则预算线为一条直线，如图 3-9 所示，该预算线方程的斜率为 $-\dfrac{P_X}{P_Y}$。

在图 3-9 中，预算线上的每一点表示消费者在一定的收入条件下，按既定的价格所能购买的商品 X 和商品 Y 的不同数量的各种组合；预算线外的所有点（如 C 点），表示在现有收入和商品价格条件下，无法实现的购买组合；预算线内的所有点（如 D 点），表示其购买组合不是最大的，收入还有剩余。

根据预算线的方程，当 X、Y 两种商品的价格不变时，预算线的斜率不变。这时如果消费者的收入改变，预算线会平行移动。如在图 3-10 中，收入的增加将使预算线的截距增大，预算线右移，即由 A_2B_2 移至 A_3B_3；而收入的减少将使预算线的截距减小，预算线左移，即由 A_2B_2 移至 A_1B_1。由此可见，在同一斜率下，不同的收入水平形成一簇预算线。预算线越是靠近原点，其代表的收入越少，反之亦然。如图 3-10 所示，预算线 A_1B_1 代表所需要的收入水平为 M_1，预算线 A_2B_2 代表所需要的收入水平为 M_2，预算线 A_3B_3 代表所需要的收入水平为 M_3，且 $M_1<M_2<M_3$。

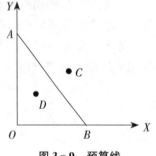

图 3-9　预算线

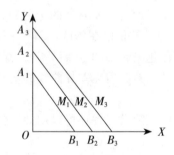

图 3-10　收入变动引起的预算线的变动

利用预算线方程还可以说明，当收入不变，而只有其中某一商品的价格变化时，预算线的位置移动情况。比如，假定只有商品 X 的价格发生变动，而商品 Y 的价格保持不变。这时，预算线的位置将由 X 商品的价格变动所决定，因为这将影响预算线的斜率，而不影响预算线在 Y 轴上的截距。如在图 3-11 中，当商品 X 的价格提高时，收入不变，将使预算线在 X 轴上的截距减少，即预算线的下端左移，由 A_0B_0 移至 A_0B_1；当商品 X 的价格降低时，收入不变，将使预算线在 X 轴上的截距增加，即预算线的下端右移，由 A_0B_0 移至 A_0B_2。反之，假定商品 X 的价格保持不变，而商品 Y 的价格发生变动。如在图 3-12 中，收入不变，当商品 Y 的价格提高时，将使预算线在 Y 轴上的截距减小，即预算线的上端下移，由 A_0B_0 移至 A_1B_0；当商品 Y 的价格降低时，将使预算线在 Y 轴上的截距增加，即预算线的上端上移，由 A_0B_0 移至 A_2B_0。也就是说，当收入不变而只有一种商品的价格发生变化时，预算线将围绕不变价格的商品所在的轴和截距旋转。

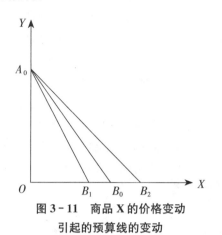

图 3 - 11 商品 X 的价格变动引起的预算线的变动

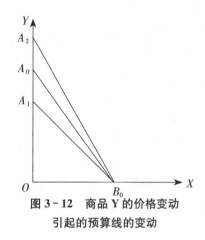

图 3 - 12 商品 Y 的价格变动引起的预算线的变动

3.3.4 消费者均衡

3.3.4.1 消费者均衡点

任何一个理性的消费者在用一定的收入购买商品时，其目的都是从中获得尽可能大的消费满足。那么，序数效用论是如何分析实现消费者效用最大化的均衡条件的呢？

序数效用论把无差异曲线和预算线结合在一起来说明消费者的均衡。前面已经提到，消费者的偏好决定了消费者的无差异曲线，一个消费者的无差异曲线群可以覆盖整个坐标平面；消费者的收入和商品价格决定消费者的预算线，在收入既定和商品价格已知的条件下，消费者消费两种商品的预算线只能有一条。那么，当一个消费者面临一条既定的预算线和无数条无差异曲线时，他应该如何决策才能获得最大的满足程度呢？序数效用论的分析指出：只有在既定的预算线与其中的一条无差异曲线的切点上，消费者才能获得最大效用水平或满足程度，这一点即为消费者的均衡点。

在图 3 - 13 中，AB 线段为某消费者在收入既定和商品价格已知条件下的预算线，I_1、I_2 和 I_3 曲线为无差异曲线，表示该消费者的效用水平。

图 3 - 13 中，既定的预算线 AB 和其中一条无差异曲线 I_2 相切于 E 点，则 E 点就是在既定收入约束条件下消费者能够获得最大效用水平的均衡点。这是因为，就无差异曲线 I_3 来说，虽然它代表的效用水平高于无差异曲线 I_2，但它与既定的预算线 AB 既无交点又无切点。这说明消费者在既定的收入水平下是无法实现对

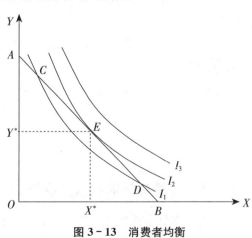

图 3 - 13 消费者均衡

无差异曲线 I_3 上的任何一点的商品组合的购买的。就无差异曲线 I_1 来说，虽然它与既定的预算线 AB 相交于 C、D 两点，表明消费者利用现有收入可以购买无差异曲线 I_1 上的 C、D 两点的商品组合。但是，无差异曲线 I_1 的效用水平低于无差异曲线 I_2，C、D 两点的商品组合不会给消费者带来最大的满足。因此，理性的消费者是不会用全部收入去购买无差异曲线 I_1 上的 C、D 两点的商品组合的。事实上，就 C 点和 D 点来说，若消费者能购买 AB 线段上位于 C 点右边和 D 点左边的任何一点的商品组合，则都可以达到比 I_1 无差异曲线更高的效用水平。这种沿 AB 线由 C 点往右和由 D 点往左的运动，最后必定在 E 点达到均衡。显然，只有当预算线 AB 与无差异曲线 I_2 相切于 E 点时，消费者才在既定收入约束下获得最大的满足。即通过该点的无差异曲线是在现有收入约束下距离原点最远的无差异曲线，因此，E 点是消费者效用最大化的均衡点。在均衡点 E 上，消费者对商品 X 和商品 Y 的最优购买数量的组合为（X^*，Y^*）。

3.3.4.2　消费者均衡条件

同样以图 3-13 为例，在切点 E，无差异曲线 I_2 和预算线 AB 的斜率是相等的。由于无差异曲线斜率的绝对值可以用商品的边际替代率来表示，预算线斜率的绝对值可以用两种商品的价格之比来表示，所以，在 E 点有：

$$MRS_{XY} = \frac{P_X}{P_Y} \tag{3-12}$$

因为前面已经说明边际替代率为两种商品的边际效用之比，即：

$$MRS_{XY} = \frac{MU_X}{MU_Y}$$

所以，消费者均衡的条件是：

$$\frac{MU_X}{MU_Y} = \frac{P_X}{P_Y} \tag{3-13}$$

或

$$\frac{MU_X}{P_X} = \frac{MU_Y}{P_Y}$$

由此可见，序数效用论所得出的消费者均衡条件与基数效用论的均衡条件是完全一致的。

📊 小思考

虽然基数效用论和序数效用论所得出的消费者均衡条件是一致的，但是，二者寻找消费者效用最大化的均衡方法是不同的。试比较这两种效用理论在分析方法上的差异。

3.3.5　价格变化的收入效应和替代效应

在消费者偏好不变的条件下，如果商品价格发生变动，消费者的需求量会怎样变动呢？下面介绍反映商品价格变化时消费者均衡变化情况的收入效应和替代效应。

3.3.5.1 收入效应

收入效应是指由商品的价格变动引起实际收入水平变动，进而由实际收入水平变动所引起的商品需求量的变动。

根据前面消费者均衡的分析可以知道，在消费者偏好和商品价格不变的情况下，消费者收入的增加会使消费者增加对两种商品的购买量，从而达到更高的效用水平。可用图 3-14 来说明。

在图 3-14 中，原来的收入水平所决定的预算线 AB 与无差异曲线 I_1 相切于 E_1 点，这时购买的商品 X 的数量为 OX_1，购买的商品 Y 的数量为 OY_1。收入增加后，消费者的预算线向右上方平行移到 $A'B'$，预算线 $A'B'$ 与无差异曲线 I_2 相切于 E_2 点，这时，消费者购买的商品 X 的数量为 OX_2，购买的商品 Y 的数量为 OY_2。收入提高后消费者购买两种商品的数量组合大于收入提高前消费者购买两种商品的数量组合，即 $OX_2 > OX_1$，$OY_2 > OY_1$。这说明，由于收入增加，消费者所购买的两种商品数量都增加了，从而消费者的满足程度也提高了。

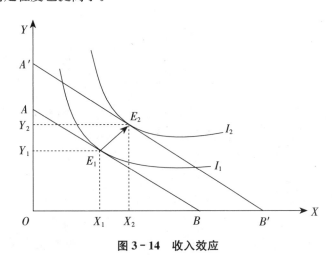

图 3-14 收入效应

在消费者收入不变，但两种商品价格同时同比例下降的情况下，虽然消费者的货币收入没有增加，但由于价格水平降低，消费者的实际收入增加，可以购买更多数量的两种商品。这时，消费者均衡的变化，同收入增加时的变化相同，消费者效用水平提高。

如果消费者收入不变，当两种商品中仅有一种商品的价格下降，实际上也会带来消费者实际收入的增加，由此消费者就可以购买更多的商品，消费者均衡发生变化，效用水平提高。

但是，如果收入减少，或所有商品价格同时同比例上升，或者仅一种商品的价格上升，则消费者均衡会向相反方向变化，消费者的效用水平会下降。

由以上分析可见，收入效应归根结底来源于消费者实际收入的变化，而商品价格的变化（无论是一种商品价格变化，还是多种商品价格同比例变动）会导致消费者实际收入的变化，由此消费者的均衡点就会发生变化，最终商品的需求量也会改变。

3.3.5.2 替代效应

替代效应是指由商品价格变动引起商品相对价格变动，进而由商品相对价格变动所引起的商品需求量的变动。

在消费者偏好和收入水平不变的条件下，两种商品的相对价格发生变化（例如，一种商品价格不变，而另一种商品价格变化，或者两种商品价格发生了反方向变化），会改变消费者对两种商品购买数量的组合。这种商品价格相对变化对消费者均衡的影响，就被称为替代效应。下面假设商品 X 价格下降，商品 Y 价格不变，用图 3-15 来分析替代效应。

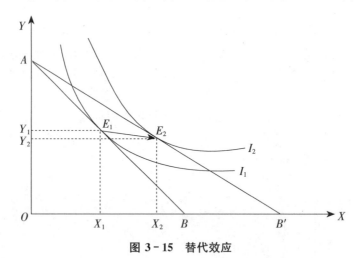

图 3-15 替代效应

在图 3-15 中，商品 X 的价格没有下降之前，消费者的预算线为 AB，预算线 AB 与无差异曲线 I_1 相切于 E_1 点，决定了消费者对商品 X 的购买数量为 OX_1，对商品 Y 的购买数量为 OY_1。当商品 Y 的价格不变，而商品 X 的价格下降时，消费者的预算线由 AB 移动到 AB′，预算线 AB′ 与无差异曲线 I_2 相切于 E_2 点。在 E_2 点上，消费者对商品 X 的购买数量为 OX_2，对商品 Y 的购买数量为 OY_2。而 $OX_2 > OX_1$，$OY_2 < OY_1$，这说明，由于商品 X 价格下降，商品 Y 价格相对上升，在新的均衡点上，消费者会多购买价格相对低的商品 X，少购买价格相对高的商品 Y。这就是替代效应，即用商品 X 替代商品 Y。

由以上的分析可见，当商品的价格发生变化时，既会引起消费者的实际收入改变，也会引起商品的相对价格发生变化，由此会同时产生收入效应和替代效应，从而引起商品需求量的改变。需要说明的是，这里我们对收入效应和替代效应的分析是粗略的，因为对正常商品和低档商品来说，价格改变所引起的收入效应和替代效应的变动方向是不同的，对此，本教材不做具体的分析。

案例评析

减少能源消耗的公共政策

2015 年应对气候变化《巴黎协定》的签订，开启了人类携手共同应对气候变化的新篇章。按照《巴黎协定》的规定，2020 年是各缔约方更新国家自主贡献目标和通报面向 21 世纪中叶的长期温室气体低排放发展战略的关键一年。某国为了践行在哥本哈根气候变化大会上做出的自主减排承诺，提出了一系列全方位低碳转型的公共政策，其中之一为减少能源消耗的公共政策，该政策的宗旨是既要促使国民自主减排、绿色出行，同时又不要损害国民的利益，为此提出了"通过征汽油税来提高汽油的价格，然后再通过减少所得税将所征的税返还给消费者"的政策。该政策"既征税又返税"真的能减少能源消耗吗？

可以用收入效应和替代效应来解释该政策。

征汽油税，提高了汽油的价格，这样消费者就会减少汽油的购买，由此也就减少了开车出行，这就产生了替代效应，整个社会的能源消耗减少。

由于征汽油税，使消费者的实际收入下降，降低了消费者的效用水平。为了不损害消费者的利益，保持消费者的效用水平不变，该政策的第二步，是政府把从汽油税上征得的收益通过减少所得税的方式再退回给消费者。通过退税，消费者的实际收入增加了，由此产生了收入效应。这时由于汽油相对价格上升，所以收入效应使消费者仅仅将退税的部分收入（如其中的 1/3）用于购买汽油，退税的其他收入（如其中的 2/3）用于购买相对价格较低的其他商品。这样消费者总的购买汽油的支出减少了，整个社会的汽油消耗量减少，实现了能源消耗减少的目标。

由此可见，征汽油税然后又降低所得税，将征汽油税所得到的税款再返回给消费者，消费者的实际收入没有减少，但是整个社会最终汽油购买量与征汽油税前相比减少了，所以该计划可以起到节约能源的作用。

3.3.6 消费者的需求曲线

3.3.6.1 价格消费曲线

如前所述，在两种商品价格 P_X、P_Y 既定条件下，具有一定收入的消费者必定有一条预算线，它的斜率的绝对值等于两种商品的价格之比。当商品价格发生变动时，预算线的斜率必然发生变动，消费者的均衡点也随之变动。

如图 3 - 16 所示，当商品 X 的价格从 P_{X_1} 降到 P_{X_2} 时，预算线便从 A_1B 移到 A_2B，均衡点从 E_1 移到 E_2，商品 X 的需求量从 X_1 增至 X_2；当商品 X 的价格从 P_{X_2} 进一步跌到 P_{X_3} 时，预算线又从 A_2B 移到 A_3B，均衡点又从 E_2 移到 E_3，X 商品的需求量也从 X_2 进一步增到 X_3，以此类推。由 E_1，E_2，E_3…所形成的轨迹，反映了消费者在不同的价格下消费量的变化，称为价格消费曲线（Price Consumption Curve，PCC）。价格消费曲线是指在消费者的偏好、收入以及其他商品价格不变的条件下，与某一种商品的不同价格水平相联系的消费者效用最大化的均衡点的轨迹。

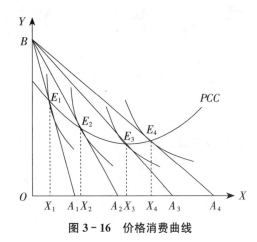

图 3 - 16 价格消费曲线

3.3.6.2 需求曲线的推导

由于价格消费曲线反映了价格与需求量之间的关系，因此，以价格为纵轴，需求量

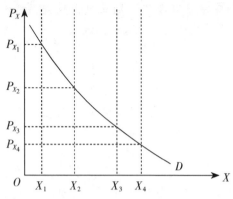

图 3-17　由价格消费曲线推导需求曲线

为横轴，很容易从价格消费曲线导出需求曲线，如图 3-17 所示。

分析图 3-16 中的价格消费曲线上的三个均衡点 E_1，E_2 和 E_3，可以看出，在每一个均衡点上，都存在商品 X 的价格与需求量之间的一一对应关系。在均衡点 E_1 上，商品 X 的价格为 P_{X_1}，需求量为 X_1；在均衡点 E_2 上，商品 X 的价格由 P_{X_1} 下降为 P_{X_2}，其需求量由 X_1 增加为 X_2；在均衡点 E_3 上，商品 X 的价格进一步由 P_{X_2} 下降为 P_{X_3}，其需求量进一步由 X_2 增加为

X_3。根据商品 X 的价格和需求量之间的这种对应关系，把每一个商品 X 的价格数值和相应的均衡点上的商品 X 需求量的数值，在以价格为纵轴、需求量为横轴的坐标图中绘制出来，便可得到单个消费者的需求曲线，这便是图 3-17 中的需求曲线 D。

由序数效用论对需求曲线的推导过程可以看出：需求曲线上的每一点都是在每一价格水平上可以给消费者带来最大效用水平或满足程度的需求量。该结论与基数效用论的结论是一致的。

本章小结

本章研究的消费者选择理论就是消费者行为理论。一般来说，每一个消费者的行为都取决于两个方面的因素：一是消费者的主观愿望，即消费者对某种商品或商品组合的偏好程度；二是消费者的客观条件，即消费者在自己的现实收入水平下，购买一定价格的商品或商品组合的能力。如果消费者是理性的，消费者的最优选择应该是在客观条件的允许下使自己主观愿望得到最大限度的满足，也就是在预算约束下使效用最大。

本章从基数效用论和序数效用论两个方面，分别用边际效用工具与无差异曲线工具分析了消费者达到效用最大化的条件，并且在此基础上对需求规律进行了理论上的论证。

经济问题分析

消费者购买商品是为了从消费这种商品中得到物质或精神上的满足。经济学家把这种满足称为效用。效用是一种主观感受，某种商品给消费者带来的效用因人而异，效用大小完全取决于个人偏好，没有客观标准。同样都是根据电视剧《血疑》而开发的衣服，却有不同的命运，就是因为女中学生与中年男子从衣服中得到的效用不同。女中学生喜欢幸子，穿"幸子裙"可以得到极大的效用。中年男子虽然尊敬大岛茂这样的父亲，但并不以和他穿同样的衣服为荣，"大岛茂风衣"对他们并没有什么特殊效用。

消费者根据他们从商品中得到的效用来决定自己愿意支付的价格。效用大，即消费

者对商品主观评价高，消费者才愿意出高价。女中学生认为"幸子裙"带来的效用大，即主观评价高，所以，愿意用高价购买，厂家当然获利。但中年男子并不认为"大岛茂风衣"有什么效用，即主观评价低，所以，不愿意出高价，当厂家的定价高于他们的需求价格时，风衣就卖不出去，厂家当然要亏损。

这个故事也同样反映了边际效用递减规律。在女中学生看来，"幸子裙"和其他裙子不同，尽管已经有了不少其他裙子，但多买一件"幸子裙"是买了另一件商品，不会使边际效用递减。而在中年男子看来，"大岛茂风衣"和其他风衣没有什么不同，如果已有一件风衣，再买一件"大岛茂风衣"就有了两件同样的风衣，边际效用肯定递减。这样，女中学生愿意出高价买"幸子裙"，而中年男子甚至不愿意用同样的价格买一件"大岛茂风衣"。上海厂家赚而北京厂家亏就是必然的了。这里的关键是，女中学生把"幸子裙"和其他裙子作为不同的商品，不存在边际效用递减；中年男子把"大岛茂风衣"和其他风衣作为同样的商品，存在边际效用递减。

效用理论虽然是分析消费者行为的，但对企业也有意义。企业要为消费者服务，生产能给消费者带来更大效用的商品，而效用取决于消费者的主观评价，因此企业必须研究消费者心理。一家服装企业如果总生产同一种衣服，消费者只买一件就够了。如果生产出不同式样、颜色的衣服，消费者多买几件也不会有边际效用递减，服装的销路不就增加了吗？现在市场需求不足的一个重要原因正是企业生产出了大量相同的商品，对消费者来说是效用递减的。从这种意义上可以说，没有卖不出去的产品，只有消费者不需要的产品，这种产品就是引起效用递减的产品。

上海的厂家增加了裙子产量而没有引起边际效用递减，北京的厂家增加了风衣的产量而引起边际效用递减，根源在于两个厂家对消费者心理了解的深度不同。由此看来，深入揣摩消费者心理对商场制胜非常关键。

▌复习与思考

一、名词解释

消费者均衡　边际效用　边际效用递减规律　边际替代率　基数效用论　序数效用论　无差异曲线　收入效应　替代效应　消费者剩余

二、选择题

1. 无差异曲线上任一点斜率的绝对值代表了（　　）。
A. 消费者为了提高效用而获得另一些商品时，愿意放弃的某一种商品的数量
B. 消费者花在各种商品上的货币总值
C. 两种商品的价格比率
D. 在确保消费者效用不变的情况下，一种商品与另一种商品的交换比率

2. 对于一种商品，消费者想要拥有的数量都已有了，这时（　　）。
A. 边际效用最大　　　　　　　B. 边际效用为零
C. 总效用为零　　　　　　　　D. 都不对

3. 无差异曲线的位置和形状取决于（　　）。

A. 消费者偏好 　　　　　　　B. 消费者收入

C. 所购商品的价格 　　　　　D. 商品效用水平的大小

4. 某个消费者的无差异曲线图包含无数条无差异曲线，因为（　　）。

A. 收入有时高，有时低 　　　B. 欲望是无限的

C. 消费者人数是无限的 　　　D. 商品的数量是无限的

5. 消费者剩余是（　　）。

A. 消费过剩的商品

B. 消费者得到的总效用

C. 消费者得到的总效用减去支出的效用的货币度量

D. 支出的货币的总效用

6. 如果消费者消费的商品 X 和商品 Y 的价格之比是 1.25，它们的边际效用之比是 2，为达到效用最大化，消费者应（　　）。

A. 增购 X 和减少购买 Y 　　　B. 增购 Y 和减少购买 X

C. 同时增购 X、Y 　　　　　　D. 同时减少 X、Y 的购买量

7. 已知商品 X 的价格为 5 元，商品 Y 的价格为 2 元，如果消费者从这两种商品的消费中得到最大效用时，商品 Y 的边际效用为 30，那么此时商品 X 的边际效用为（　　）。

A. 60 　　　　B. 45 　　　　C. 150 　　　　D. 75

8. 预算线的位置和斜率取决于（　　）。

A. 消费者的收入 　　　　　　B. 消费者的收入和商品价格

C. 消费者的偏好 　　　　　　D. 消费者的偏好、收入和商品价格

9. 预算线向右上方平移的原因是（　　）。

A. 商品 X 的价格下降了 　　　B. 消费者的收入下降了

C. 商品 Y 的价格下降了 　　　D. 商品 X 和 Y 的价格按同一比率下降了

10. 如果无差异曲线上任一点的斜率为 0.25，这意味着消费者愿意放弃（　　）个单位的商品 X 而获得 1 个单位的商品 Y。

A. 5 　　　　B. 1 　　　　C. 0.25 　　　　D. 4

三、问答题

1. 举例说明边际效用递减规律。

2. 我国许多大城市由于水源不足，自来水供应紧张。请根据边际效用递减原理，设计一种方案供政府来缓解或消除这个问题，并对以下问题作出解释：

（1）对消费者剩余有何影响？

（2）对生产资源的配置有何有利或不利的效应？

（3）对于城市居民的收入分配有何影响？有什么补救的办法？

3. 试用图说明如果无差异曲线为一凹向原点的曲线，则消费者为了达到最大效用，将经常只买一种商品。

四、计算题

1. 假定某人决定购买啤酒（B）、葡萄酒（W）和苏打水（S）。它们的价格分别为每瓶 2 元、4 元和 1 元，给他带来的边际效用如表 3-6 所示。如果此人共有 17 元钱可用来购买这些饮料，为了使其效用达到最大，每种饮料他应各买多少？

表 3-6 啤酒、葡萄酒和苏打水的边际效用

边际效用	数量					
	1	2	3	4	5	6
MU_B	50	40	30	20	16	12
MU_W	60	40	32	24	20	16
MU_S	10	9	8	7	6	5

2. 某消费者的效用函数和预算线方程分别为 $U=X_1^{1.5}X_2$ 和 $3X_1+4X_2=100$，请求出其对 X_1、X_2 两种商品的最优购买量。

3. 一位消费者对某种商品的需求函数是 $P=15-Q$。若这种商品的价格由 10 元下降到 5 元，请画出这位消费者所得到的消费者剩余的变化情况。

4. 消费者每周花 360 元买 X、Y 两种商品。其中 $P_X=3$ 元，$P_Y=2$ 元，他的效用函数为 $U=2X^2Y$，在均衡状态下，他每周买 X、Y 两种商品各多少？

5. 某人的收入是 120 元/天，并把每天的收入花在 X、Y 两种商品上。其效用函数为 $U=XY$。X 的价格为每单位 2 元，Y 的价格为每单位 3 元。问：

（1）每天买商品 X、Y 各多少才能使其获得的效用最大？

（2）如果 X 的价格上涨 44%，Y 的价格不变，他的收入必须增加多少才能维持其起初的效用水平？

案例研究

情绪价值

二次元产品、社群活动、沉浸式文旅体验……在当今的消费市场中，情绪价值正成为年轻人买单的重要驱动力。如今，以情绪抚慰、心理满足为核心的新型消费浪潮正席卷商业领域，"为情绪买单"已成为鲜明的消费风向标。

目前，我国正全面促进消费，加快消费提质升级，顺应消费升级趋势，提升传统消费，培育新型消费，着力满足个性化、多样化、高品质消费需求。

中国消费者协会发布的《中国消费者权益保护状况年度报告（2023）》指出，除了追求性价比之外，情绪释放将成为影响年轻一代消费者决策的重要因素。

二次元"谷子经济"中蕴含着消费者对 IP 优秀品质的认同；各类社群活动让年轻人更加勇于认识自己；沉浸式文旅体验利用好吃、好看、好玩拉满情绪价值。年轻人购买的不仅是商品，更是一份情感共鸣、一种身份认同、一场精神疗愈。

运用虚拟现实、人工智能技术，植入优秀传统文化 IP……"情绪消费"正向更具

有沉浸感和文化味的方向迈进。

资料来源：杨仕彦，李晓婷，吴燕霞. 解码"情绪消费"：年轻人为何为"感觉"买单？［EB/OL］.（2025 - 02 - 27）［2025 - 02 - 28］. https：//www. xinhuanet. com/20250227/85ea4278f6b0422f8306432a055fb938/c. html.

基于以上案例资料，请回答：

（1）"情绪消费"如何挑战传统消费者行为理论中的效用最大化假设？请结合边际效用递减规律进行分析。

（2）情绪消费中，消费者的支付意愿可能受哪些非价格因素影响？这对消费者剩余的计算有何启示？

（3）企业应如何调整产品供给策略以应对情绪消费趋势？

理论应用

自助餐馆运营中的
经济学

第4章
生产的基本规律

银行分支机构的设置

任何一家商业银行，都往往被这样的问题所困扰：在一个城市或一个地区、街道，究竟应该设置多少分支机构？是在每一个街道转角处设置一个分支机构，还是尽可能地少设置分支机构，而把全部业务集中在总部，以获得更高的效率？

该问题涵盖了怎样的经济学规律？你会如何分析、解决这个问题呢？

需求和供给共同决定商品的价格和产量。第3章通过分析消费者行为，说明需求是如何决定的。接下来的第4、5、6章我们将讨论生产者行为，由此明确供给是如何决定的。第4、5、6章的内容在微观经济学中统称为生产理论。作为一个生产企业，最本质的功能，就是将各种生产要素（如劳动力、资本、土地等）转化为产品，再通过市场出售给顾客。一般把生产要素转化为产品的这个投入产出的过程称为生产过程。研究这个过程的经济理论即为生产理论。整个生产理论的研究内容可以划分为两大部分：第一，研究投入的生产要素与产量的关系，即生产中的物质技术关系；第二，研究成本与收益的关系，即生产中的经济关系。本章研究的是生产中的物质技术关系，下一章研究生产中的经济关系，在第6章中将生产中的物质技术关系和经济关系进行有效的结合，最终确定生产中的要素投入决策。

4.1　生产函数

在经济学中，将所有的生产者称为厂商。所谓厂商，是指使用生产资源从事产品生产和劳务，以赚取利润的经济单位，包括独资企业、合伙企业和公司。经济学家在分析研究厂商行为时，假定厂商都是具有完全理性的经济人，他们生产经营的目的是追求最大利润，即在既定的产量之下实现成本最小，或者在既定的成本下达到产量最大。所以，整个生产理论的前提条件是假设厂商的目标是追求利润最大化。

4.1.1　生产要素

一个企业要进行生产，并生产出产品，就必须投入各种生产要素。生产要素是指从事生产所必须投入的各种经济资源。经济学家把生产要素分为四类：土地、劳动、资本和企业家才能。

（1）土地：在经济学中，作为生产要素的"土地"是一种广义的概念，泛指自然界中一切能用于生产的物质，包括土地、矿产、阳光、雨水、海洋、森林等。

（2）劳动：是指人类在生产过程中提供的体力和智力的总和。

以上两种因素又称原始要素。

（3）资本：指由劳动与土地两种原始要素生产出来，再用于生产过程的中间产品。资本可以表现为实物形态或货币形态。资本的实物形态又称资本品或投资品，如机器、设备、厂房、工具、原材料等；资本的货币形态通常称为货币资本。

（4）企业家才能：指企业家经营企业的组织能力、管理能力与创新能力。这里的企业家是指决定生产什么商品并且调集生产要素生产这些商品的人，他们是生产风险的承受者。

以上分类是根据生产要素的自然特点来划分的。这种划分方法存在以下两点严重不足：

第一，认为所有生产要素都能加以分类并纳入四个明显区别的大类中去，这是把问题过于简单化了。实际上这四个大类本身是交叉的。如一个工人获得的技能，在很大程度上可以被看作培训时花在他身上的资本投入的收益。那么，在生产过程中该工人技能的投入是应归纳在劳动大类中还是在资本大类中呢？这显然是个问题。

第二，忽略了每一个类别内部存在的巨大差别。如一个建筑师与一个泥水匠是完全不同种类的劳动者，但是这种分类方法把他们一股脑儿地归为"劳动"这种生产要素，因而包含着这样的意思，即他们都是一样的人。从经济学观点来看，只要一种生产要素能完全为另一种生产要素所替代，那么这两种要素是一样的。然而，我们知道，在实际生产中建筑师与泥水匠虽然都是付出"劳动"，但他们是不能相互替代的。

尽管上述分类方法存在严重不足（事实上，生产要素的任何形式的分类都有一定的局限性），但它对于经济分析是有帮助的，所以以下的研究将基于此种分类方法而进行。

通过对生产要素的运用，厂商可以提供各种实物产品，如房屋、食品、机器、日用品等，也可以提供各种无形产品及服务，如理发、医疗、教育、旅游服务等。

> 📊 **小思考**
>
> 经济学是如何划分生产要素的？每种生产要素是如何定义的？请将经济学划分生产要素的方法与管理学、会计学划分生产要素的方法进行比较。

4.1.2　生产函数的概念

生产中的产量概念

生产过程中生产要素的投入量和产品的产出量之间的关系可以用生产函数来表示。生产函数表明投入和产出之间的函数依存关系，即生产函数是指在一定时期内，在技术水平不变的情况下，生产中所使用的各种生产要素的数量与所能生产的最大产量之间的关系。

如果以 L、K、N、E 分别代表劳动、资本、土地、企业家才能这四种生产要素，以 Q 表示所能生产的最大产量，则生产函数的一般形式为：

$$Q = f(L, K, N, E) \tag{4-1}$$

该生产函数表示在既定的生产技术水平下生产要素组合（L，K，N，E）在每一时期所能生产的最大产量为 Q。

应当指出，这个生产函数表明的是一定数量的生产要素所能产出的最大产量。一个企业生产要素的利用率可能不高，资源存在浪费，但生产函数代表了技术上的最高效率，即在给定的要素投入水平上可以得到最大产量。还应指出，任何一个生产函数总是以一定的技术条件为前提的，如果技术条件变化了，生产函数（即要素投入量与产出量之间的数量关系）就会随之变化。例如，由于技术进步，生产同样多的产品，原材料、人力等的投入数量或许就会减少，以致各个生产要素投入的组合比例会发生变化。这样，随着技术和管理能力的提高，厂商将能达到更高的产出水平。因此，这些在生产能力上的进步将被新的生产函数所反映。

生产要素的组合比例可以用技术系数这个概念来说明。所谓生产函数的技术系数，是指为生产某一单位产品所需要的各种生产要素的配合比例。如果生产某一单位产品所需要的各种生产要素的配合比例固定不变，则该配合比例被称为固定技术系数，它表明生产要素相互之间不能替代。如一辆汽车与一名司机是固定配合，两者之间不能相互替代。与固定技术系数相对应的生产函数称为固定技术系数的生产函数（也称固定配合比例生产函数）。如果生产某一单位产品所需要的各种生产要素的配合比例是可变的，则该配合比例被称为可变技术系数，它表明生产要素相互之间可以替代，如在炼钢生产中，可以多用废钢少用铁水。这种生产函数称为可变技术系数的生产函数（也称可变配合比例生产函数）。

西方经济学研究生产函数，往往主要研究劳动、资本与产量之间的关系，这样，生产函数就可以表示为：

$$Q=f(L,K) \tag{4-2}$$

这一函数式表明，在一定技术水平下，生产 Q 的产量，需要一定数量劳动与资本的组合。同样，生产函数也表明，在劳动与资本的数量与组合为已知时，可以推算出最大的产量。

4.1.3 柯布-道格拉斯生产函数

生产函数告诉我们每一种生产要素的组合能够生产的最大产量。然而，企业如何寻找生产函数呢？在此，我们介绍最常见的生产函数，即柯布-道格拉斯生产函数。

柯布-道格拉斯生产函数（Cobb-Douglas Production Function）是由美国的数学家C. 柯布和经济学家 P. 道格拉斯于 20 世纪 30 年代提出来的，并经受了无数次的统计验证。柯布和道格拉斯通过研究美国 1899—1922 年的资本、劳动和产量的统计资料，发现在美国制造业中，产量与劳动和资本之间的关系可用如下的函数式表示：

$$Q=AL^\alpha K^\beta \tag{4-3}$$

式中： Q——制造业生产量；

L——劳动投入要素；

K——资本投入要素；

A、α、β——参数，且均大于 0。

常用的假定是 $A=1$，$\alpha+\beta=1$，这样柯布-道格拉斯生产函数可以表示为：

$$Q=L^\alpha K^{1-\alpha}$$

柯布-道格拉斯生产函数已被证明是一种简单而又很有用的生产函数。这是因为：

第一，它的对数形式是线性函数，从而能用线性回归分析法进行经验估计，求取出式(4-3)中的系数 A、α 和 β。

第二，它是齐次生产函数。所谓齐次生产函数，是指如果一个生产函数的每种投入要素都乘以大于零的任意常数之后，这个常数能够被完全分解为公因子的生产函数。对式（4-3）可验证如下：

$$A(\lambda L)^\alpha (\lambda K)^\beta = \lambda^{\alpha+\beta}(AL^\alpha K^\beta)=\lambda^{\alpha+\beta}Q \tag{4-4}$$

由此可以看出，柯布-道格拉斯生产函数为齐次生产函数，次数为指数 α 与 β 之和。这样根据柯布-道格拉斯生产函数中的参数 α 与 β 之和，还可以判断规模报酬的情况：若 $\alpha+\beta>1$，则为规模报酬递增；若 $\alpha+\beta=1$，则为规模报酬不变；若 $\alpha+\beta<1$，则为规模报酬递减。该内容将在本章的第 3 节介绍。

柯布-道格拉斯生产函数中的参数 α 和 β 的经济含义是：当 $\alpha+\beta=1$ 时，α 和 β 分别表示劳动和资本在生产过程中的相对重要性，α 为劳动所得在总产量中所占的份额，β 为资本所得在总产量中所占的份额。当时柯布和道格拉斯根据美国 1899—1922 年资本、劳动和产量的统计资料，计算出 A 为 1.01，α 为 0.75，β 为 0.25，所以，当时柯布-道格拉斯生产函数可以具体化为：

$$Q=1.01L^{3/4}K^{1/4} \tag{4-5}$$

这个函数的经济含义是：当资本固定不变时，劳动增加 1%，产量将增加 1% 的 3/4；当劳动固定不变时，资本增加 1%，产量将增加 1% 的 1/4。

柯布-道格拉斯生产函数说明，在资本和劳动对产量产生影响时，如果各自增加 1%，各自所引起产量的增长额之比为：

$$\frac{1/4}{100} : \frac{3/4}{100} = 1 : 3$$

这说明，劳动要素对产量的影响是资本要素对产量影响的 3 倍。

当然，柯布-道格拉斯生产函数只是一个一般的生产函数，另有不少新的生产函数对柯布-道格拉斯函数进行了修正与完善。但这个生产函数至今仍在使用，因为它不需要复杂的数学知识，并且较简洁地阐明了生产过程中的投入与产出之间的关系。

4.2　边际收益递减规律

生产理论研究的是生产过程中的基本生产规律，即研究生产要素投入量的变动所引起的产量变动的规律。在生产理论中，将这些生产规律分为两大规律分别加以研究：

第一，在一定的技术条件下，假定其他生产要素的投入量固定不变，只有一种生产要素的投入量变动时所引起的产量的变动。由此会引出边际收益递减规律。

第二，在一定的技术条件下，所有生产要素的投入量都按同一比例变动所引起的产量变动。由此会引出规模报酬规律。

本节主要研究边际收益递减规律，下一节将研究规模报酬规律。

在研究边际收益递减规律之前，必须先了解与此规律相关的几个产量概念。

4.2.1　总产量、平均产量和边际产量

表 4-1 反映了某自行车厂在不同的劳动与资本投入量下的产出量。

表 4-1　自行车产出量

资本（K）投入量	劳动（L）投入量							
	1	2	3	4	5	6	7	8
1	1	3	8	12	15	17	18	16
2	3	8	18	24	28	30	30	26
3	8	18	28	40	51	62	71	79
4	11	23	35	50	65	78	90	111
5	12	26	42	60	80	98	112	124

现假定该企业所用资本投入量保持不变（$K=2$），则该企业生产函数可表示为：

$$Q=f(L, \bar{K}) \tag{4-6}$$

为了说明劳动与资本投入量变动对产量的影响，在此需引入总产量、平均产量和边际产量几个概念。

总产量（TP）是指一定量的某种生产要素所生产出来的全部产量。TP_L是指一定量的劳动投入所生产出来的全部产量，$TP_L=Q=f(L, \bar{K})$。平均产量（AP）是指平均每单位某种生产要素所生产出来的产量。AP_L是指平均每单位劳动所生产出来的产量，$AP_L=\dfrac{TP_L}{L}$。边际产量（MP）是指某种生产要素每增加一单位所增加的产量。MP_L是指每增加一单位劳动所增加的产量，$MP_L=\dfrac{\Delta Q}{\Delta L}=\dfrac{\Delta TP_L}{\Delta L}$。当$Q=f(L, \bar{K})$为连续的生产函数时，则$MP_L=\dfrac{\mathrm{d}Q}{\mathrm{d}L}=\dfrac{\mathrm{d}TP_L}{\mathrm{d}L}$。

根据表4-1中的数据，当$K=2$时，随着劳动投入数量的不同，自行车的总产量、平均产量和边际产量如表4-2所示。

表4-2　一种可变投入要素的产量表

变动要素投入量 （L）	总产量 （TP_L）	平均产量 （AP_L）	边际产量 （MP_L）
0	0	0	0
1	3	3	3
2	8	4	5
3	18	6	10
4	24	6	6
5	28	5.6	4
6	30	5	2
7	30	4.29	0
8	26	3.25	−4

对一个连续的生产函数来说，边际产量就是总产量曲线上每一点切线的斜率，平均产量就是原点与总产量曲线各点的连线的斜率。根据表4-2可画出自行车的总产量曲线、平均产量曲线和边际产量曲线（见图4-1）。

在图4-1中，必须注意总产量曲线上A、B、C三点，每个点在平均产量曲线与边际产量曲线上都有相应的位置。A点是总产量曲线的拐点，在A点之前，TP_L曲线向上凸，表示当L增加，产量的增量（MP_L）是递增的。在A点之后TP_L曲线向下凹，表示总产量的增量（MP_L）开始随着L的继续增加而下降，所以A点是MP_L的最高点。在表4-2中，A点所对应的$L=3$，$MP_L=10$。B点表明平均产量和边际产量相等时的产量。由于原点到总产量曲线上某一点的连线的斜率为该点的AP_L，而MP_L则为

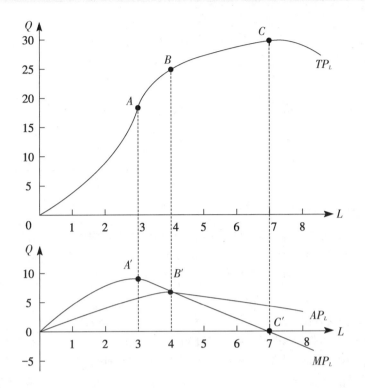

图 4 - 1　TP_L、AP_L、MP_L 曲线图

总产量曲线上某一点切线的斜率。所以，在 B 点上，从原点到这点的连线正好与总产量曲线相切，即该连线正好与该点的切线重合。在 B 点之前，AP_L 一直上升，在 B 点 AP_L 达到最大，此时 AP_L 曲线与 MP_L 曲线相交，即 $AP_L = MP_L$。在 B 点之后 AP_L 逐渐下降。在表 4 - 2 中，B 点所对应的 $L=4$，$AP_L = MP_L = 6$。C 点表示总产量的值达到最大，且 $MP_L = 0$，C 点之后，随着 L 的增加，总产量开始减少，边际产量出现负值。在表 4 - 2 中，C 点所对应的 $L=7$，$TP_L = 30$，$MP_L = 0$。

根据图 4 - 1 及以上说明，可总结出 TP_L、AP_L 和 MP_L 三者之间的如下关系：

第一，随着劳动投入量的增加，最初 TP_L、AP_L 和 MP_L 都增加，但各自增加到一定程度后就分别开始递减。其中，TP_L 从 C 点开始递减，AP_L 从 B' 点开始递减，MP_L 从 A' 点开始递减。

第二，MP_L 曲线与 AP_L 曲线一定要在 AP_L 曲线的最高点（B' 点）相交。在相交前，$MP_L > AP_L$；这意味着增加一单位 L 要素的投入所带来的产量的增加，大于平均每单位 L 要素所生产出来的产量，这样 L 要素的投入会提升 L 要素的平均产量，即 AP_L 曲线上升；相交后，$MP_L < AP_L$，这意味着增加一单位 L 要素的投入所带来的产量的增加，小于平均每单位 L 要素所生产出来的产量，这样 L 要素的投入会使 L 要素的平均产量下降，即 AP_L 曲线下降；相交时，$MP_L = AP_L$，这意味着增加一单位 L 要素的投入所带来的产量的增加，与平均每单位 L 要素所生产出来的产量相等，这样 L 要素的投入不会使 L 要素的平均产量增加或减少，即 AP_L 曲线达到极值点（在此为极大

值点）。

第三，当 $MP_L=0$ 时，TP_L 达到最大值；在此之后，$MP_L<0$，TP_L 开始下降。

> **📊 小思考**
>
> 　请画出总产量、平均产量和边际产量曲线，注意这三个产量之间的关系，并回答：当总产量最大时，边际产量为多少？当边际产量大于平均产量时，平均产量是上升还是下降？

4.2.2　边际收益递减规律

英国经济学家大卫·李嘉图（David Ricardo）认为，农业土地的供给基本是固定不变的。他指出，随着越来越多的劳动、资本等可变投入被追加到固定投入（如土地）中，可变投入的额外产出将越来越低。李嘉图的这一理论后来被称为边际收益递减规律（Law of Diminishing Marginal Returns）。

从图 4-1 可以看出，边际产量具有先上升后下降的趋势，这种趋势就显示了边际收益递减规律。边际收益递减规律也称报酬递减法则，是指在技术水平不变的条件下，当把一种可变的生产要素连续、等量地投入到一种或几种数量不变的生产要素中时，最初这种生产要素的增加会使产量的增量（即边际产量）增加，但当它的增加超过一定数量之后，继续增加该要素的投入，所得到的产量的增量（即边际产量）是递减的，最终还会使产量绝对减少。

边际收益递减规律是对实践的总结，是生产体系中一种经验关系的概括。在任何一种生产中，投入的各种生产要素之间，客观上都存在着数量上的最佳配合比例。当固定要素投入不变，可变要素的连续投入量达到一定量之前，固定要素的数量相对于可变要素显得过多，这一方面会限制固定要素效率的充分发挥（如机器设备的闲置），另一方面相对不足的可变要素（劳动力）无法在生产中实行有效的分工协作，这样就无法使可变要素得到充分发挥。所以，在初始阶段，随着可变要素投入量的不断增加，过多的固定要素与逐渐增多的可变要素相配合，生产要素的组合逐渐接近最佳配合比例，各要素的使用效率不断提高，可变要素的边际产量不断增加。

当生产要素的组合达到最佳配合比例时，可变要素的边际产量达到最大。此后，再持续增加可变要素的投入量，必然会出现固定要素相对不足，可变要素相对过多。过多的可变要素与过少的固定要素相配合，必然使要素的使用效率不断下降，可变要素的边际产量将不断减少。

最后，当可变要素的投入增加到妨碍生产正常进行时，将出现总产量开始下降的情况，边际产量出现负值。

对此规律，必须注意以下几点：

第一，这一规律是以生产技术状况既定不变为前提。技术创新一般会使收益递减的现象推迟出现，也可能会导致生产过程重新进入收益递增的阶段。

第二，这一规律是以一种要素可变而其他要素的投入量不变为前提的。

第三，随着某种变动要素投入量的增加，边际收益一般要经历递增、递减，最后成为负数的过程。变动要素边际产量的递增过程可能很长，也可能很短，甚至不存在，但是变动要素边际产量递减却是任何生产过程不可避免的共同特征。由此可知，当可变要素投入量超过一定界限后，必然出现边际收益递减现象。

第四，可变生产要素的各个单位是同质的，即投入的可变要素本身的质量不变。如果投入要素的质量有了改进（如工人技术水平提高了），那么，可变投入要素的生产率就会增长。这时，总产量曲线与平均产量曲线会上升，边际产量曲线也可能上升。

第五，如果各生产要素只能按固定比例组合，这个规律就不适用了。例如，如果必须是一个劳动力一把锹，才能获得任何产量，那么，仅仅增加劳动力数量就不会增加产量，即劳动力的边际产量为 0。所以，这个规律要求生产要素组合的比例必须是可变的，即边际收益递减规律是对那些可变技术系数的生产函数而言的。由于这个原因，收益递减规律常常被称为"可变比例规律"。

资料链接

边际收益递减规律的产生

收益递减思想已经有两百多年的历史了。最早是由法国重农学派经济学家杜尔阁于 1768 年提出，用来说明在一定条件下对耕地的追加投入与相应收益变动之间的关系。1777 年，英国经济学家詹姆斯·安德森从级差地租理论出发，提出了有条件的相对收益递减思想。19 世纪初，英国经济学家马尔萨斯在研究人口问题时，提出了绝对收益递减理论。后来李嘉图、威斯特等又把绝对收益递减理论纳入地租理论之中并广为传播。1836 年，英国经济学家西尼尔为收益递减明确地加上了"农业技术水平不变"的前提条件。1848 年，约·斯·穆勒在其《政治经济原理》一书中强调了"生产技术水平不变"的前提条件。19 世纪 50 年代，德国经济学家屠能把"收益递减"原理从土地扩大到一切生产要素的投入分析中，奠定了"边际生产"理论的主要基础。19 世纪末 20 世纪初，经过英国经济学家马歇尔和美国经济学家克拉克等人的努力，原来的"土地收益递减"理论演变为适用于一切生产要素的"收益递减规律"，并引入了边际分析方法和静态分析方法，把"收益递减"从农业中长期发展的宏观动态分析，转变为对经营单位短期微观的静态分析，标志着传统的"土地收益递减"理论向现代化的"收益递减规律"过渡。

资料来源：斯凯恩，韩晓龙. 最受欢迎的哈佛经济课［M］. 上海：立信会计出版社，2014：257.

边际收益递减规律是否正确？若这一规律不成立，那么对固定投入要素连续追加单位可变投入，将不会导致可变投入的边际产量下降。这样就意味着只要我们继续对固定投入要素增加可变投入，就可以无限制地增加产出。按照这一逻辑，全世界的粮食供应就可以在一个花盆中完成。现实中，我们没有看到全世界的粮食供应在一个花盆中完成。为什么呢？边际收益递减规律认为，随着可变投入的增加，边际产量将递减，最终将成为负数。

生产三阶段

4.2.3 生产三阶段

究竟可变要素的投入应该为多少才是最佳的呢？要回答这个问题，需要根据上述总产量、平均产量、边际产量之间的关系，把整个生产过程划分为三个阶段来进行分析（见图4-2）。

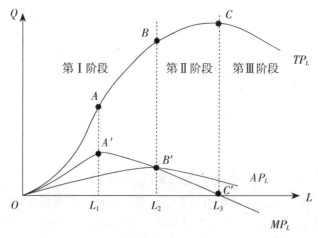

图4-2 生产三阶段

第Ⅰ阶段，可变要素投入从零开始，到平均产量最大值对应的 L_2 为止。这一阶段的特点是：可变要素的平均产量一直在递增，直至最大值，并且边际产量大于平均产量。这意味着，在这一阶段相对于固定不变的投入要素 K 来说，L 缺乏，要素配合比例不当，效率不能充分发挥。所以增加 L 的投入，能调整 K 与 L 的配合比例，提高要素使用效率，并能获得高于平均水平的效率。很显然，在这一阶段增加投入是有效的。

第Ⅱ阶段，可变要素投入从平均产量最大值对应的 L_2 开始，到边际产量为0对应的 L_3 为止。这一阶段的特点是：平均产量和边际产量随可变要素投入的增加而递减，边际产量小于平均产量，即边际产量比平均产量递减得更快。边际产量的持续递减，说明总产量的增长率在不断下降，但由于边际产量仍为正值，因此总产量仍能保持增长的势头，直至最大值。因此，在这一阶段增加投入仍然会有所收益。

第Ⅲ阶段是可变要素投入从边际产量为0对应的 L_3 以后的阶段。这一阶段的特点是可变要素的平均产量继续递减，边际产量为负值，总产量开始递减。这意味着，相对于固定的 K 来说，L 已过剩，要素的配合比例失调。例如，当劳动力增加太多，导致彼此互相妨碍，阻碍生产正常进行时，劳动效率必然降低。所以在这一阶段，追加生产要素显然是不合理的。

由以上对生产三阶段的分析可见，任何理性的生产者都不会将生产停留在第Ⅰ阶段，而是会连续增加可变要素的投入量，以增加总产量，并将生产扩大到生产的第Ⅱ阶段。任何理性的生产者也不会在第Ⅲ阶段进行生产。所以，生产只能在第Ⅱ阶段进行。至于在生产的第Ⅱ阶段，生产者所应该选择的可变要素的最佳投入量究竟在哪一点，我们将在第6章结合成本、收益和利润对这一问题进行深入分析。

🌸 案例评析

从"大跃进"到"杂交水稻"

大跃进是 20 世纪 50 年代末 60 年代初发生在我国的一种"跑步进入共产主义"的激进运动。经历过那个年代的人都还记得这种运动的极端性和破坏性。袁隆平是我国著名的农业科学家，是享誉世界的杂交水稻专家。杂交水稻这项技术大幅提高了水稻的亩产量，对全球的水稻供应产生了革命性的影响。上述这两件事能联系在一起，主要与经济学上的边际收益递减规律有关。

在一定技术条件下，当使用多种投入，但只有一种投入是可变的，来生产一种产品时，随着这种可变投入的增加，得到的产量也是增加的，但超过一定限度后，这种增加的产量就会越来越少，甚至使总产量绝对地减少。这一现象普遍存在，被称为边际收益递减规律。当这一学说在 18 世纪被提出之后，曾发生了两种观点的争论。一种观点从递减性出发，引申出了资本主义的利润趋于下降的结论，李嘉图以后的众多西方学者据此对资本主义抱以同情；另一种观点通过强调技术进步的作用而强烈批判了这一规律，认为它抹杀了技术进步对收益递减的反作用，马克思主义经济学自列宁开始就非常强调这一批判性的结论。

实际上，技术进步因素在产量变化过程中到底重不重要，主要与我们要考察的时期长短有关。假设我们是在一个充分长的时期内考察某种产品的生产，那么技术进步的因素很难不发挥作用；而在一个短期内假设技术水平没有发生变化可能会更现实一些。这样，在短期内边际收益递减应该被当作一个客观规律来看待。说它是客观规律，主要是因为这一规律是由生产的技术特征决定的。根据边际收益递减规律，边际产量先递增后递减，递增是暂时的，而递减则是必然的。边际产量递增是生产要素潜力发挥、生产效率提高的结果，而到一定程度之后边际产量递减，则是生产要素潜力耗尽，生产效率下降的原因所致。规律既然是客观的，就必须得到尊重，否则就会受到规律的惩罚。在大跃进时期，有人错误地提出"人有多大胆，地有多高产"，超限度地强行"密植"，导致了粮食大幅减产，在当时造成灾难性后果。

按照边际收益递减规律，连续追加投入，得到的产出的增加却越来越少，这似乎很可怕，但从长期着眼却也没什么了不起。我国从建国以来，一方面人口翻了一番还多，另一方面可耕地的面积却一直在减少，然而改革开放以来，我国并没有出现所谓的"粮食危机"，这多亏了农业科技进步所发挥的作用。从边际收益递减规律的角度来看，我国没有发生"粮食危机"，主要是因为在长期中，这一规律的前提条件——技术水平不变——发生了变化。以袁隆平的事迹为例，为了提高水稻亩产量，他几十年如一日蹲在田间地头，经过无数次艰苦的试验和研究，终于将水稻种植技术推进到"杂交水稻"时代，在袁隆平取得成就的基础上，我国科学家通过联合攻关，现在已全部破解了水稻的基因密码，这对我国今后大幅度提高水稻亩产量打下了坚实基础。

从大跃进运动到袁隆平的成就，给我们展示了如何对待边际收益递减规律的正反两方面的例证。在短期，我们必须尊重边际收益递减规律，确定合理的投入限度；但在长期，通过积极地实施技术创新战略，打破边际收益递减规律的限制，就可以为人民谋取更大的福利。

资料来源：hadmt33333. 从"大跃进"到"杂交水稻"［EB/OL］.（2008 - 11 - 05）［2025 - 02 - 27］. https：//blog. 51cto. com/hadmt333/110284.

4.3　规模报酬

上一节我们考察了在生产过程中当一种投入要素变动时对产量的影响。本节将考察另一种投入与产出的数量关系，即当所有生产要素的投入量都按同一比例变化时，产量将如何变化。这就是规模报酬问题。

4.3.1　规模报酬的含义

所谓规模报酬（Return to Scale），是指在一定技术条件下，所有生产要素的投入都按同一比例变化，从而生产规模变动时所引起的产量或收益的变动。

在理解这一概念时，要注意以下几点：

（1）这一规律发生作用的前提是技术水平不变。

（2）这一规律所指的生产中，生产要素投入量都在同比例地变化，因此，并不会造成技术系数的变化，从而生产要素的增加只是一种量的增加。由此可见，规模报酬仅仅研究技术系数不变时各种生产要素的变化所引起生产规模的变化及由此给产量或收益带来的影响。例如，农业生产中同时增加土地与人力，或把若干小农场合并为大农场，工业生产中同时增加设备与人力，或把若干小厂合并为大厂等，都属于这种情况。

4.3.2　规模报酬变化的三个阶段

随着各种投入要素同比例增加，生产规模扩大，收益（产量）的变动大致会经过三个阶段：

第一阶段，规模报酬递增阶段。即收益（产量）增加的幅度大于各种要素投入（规模）增加的幅度。如劳动和资本的投入量都增加一倍，而产出量增加一倍以上，这种情况就称规模报酬递增。表示规模报酬递增的曲线是从原点向左上方倾斜的曲线（见图 4 - 3）。规模报酬递增阶段不会无限地继续下去，当规模扩大到一定程度时，其规模报酬变化要进入第二阶段。

第二阶段，规模报酬不变阶段。在这一阶段，收益（产量）增加的幅度与规模扩大的幅度相等。如劳动与资本投入增加一倍，产出量也增加一倍。表示规模报酬不变的曲线是从原点引出的一条直线（见图 4 - 3）。规模报酬不变阶段是规模报酬递增到规模报酬递减的过渡阶段，因而是短暂的。

第三阶段，规模报酬递减阶段。在这一阶段，收益（产量）增加的幅度小于规模扩大的幅度，甚至收益绝对减少。如投入的劳动和资本等都增加一倍，收益的增加却不到一倍，或者根本没有增长。表示规模收益递减的曲线是从原点向右下方倾斜的曲线（见图 4-3）。

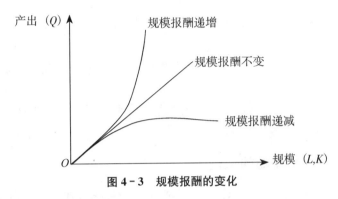

图 4-3 规模报酬的变化

为了更好地理解规模报酬递增、递减和不变等概念，下面以表 4-3 为例来予以说明。假定生产投入要素劳动和资本的比例为 1：2，且该比例保持不变，则随着生产规模的扩大，产量也会发生变化。将产量增长的百分数与规模扩大的百分数进行比较，就可看出规模报酬的状况。

由表 4-3 可看出，最初随着规模的扩大，规模报酬持续递增，直到 6 个单位劳动与 12 个单位资本相结合的规模为止，此时规模报酬不变，而继续扩大规模，就开始出现规模报酬递减。

表 4-3 规模报酬变化情况

劳动：资本	规模扩大百分数（与前一栏相比）	产量	产量增长百分数（与前一栏相比）	规模报酬
1：2	—	3	—	—
2：4	200	19	633	递增
3：6	150	62	326	递增
4：8	133.8	110	177	递增
5：10	125	198	180	递增
6：12	120	238	120	不变
7：14	116.7	273	115	递减
8：16	114.3	300	110	递减

📊 小思考

规模报酬递增与边际收益递减规律相矛盾吗？规模报酬递减与边际收益递减是一回事吗？

规模报酬的变化也可以通过生产函数进行分析。设生产函数为：

$$Q_0 = AL_0^{\alpha}K_0^{\beta}$$

当规模（L 与 K）增加 λ 倍时，即 $L = \lambda L_0$，$K = \lambda K_0$，则生产函数为：

$$Q = A(\lambda L_0)^{\alpha}(\lambda K_0)^{\beta} = \lambda^{\alpha+\beta}(AL_0^{\alpha}K_0^{\beta}) = \lambda^{\alpha+\beta}Q_0$$

因此：

（1）当 $\alpha+\beta > 1$，则 $Q > \lambda Q_0$，即产出的增长大于 λ 倍，此时，表示为规模报酬递增；

（2）当 $\alpha+\beta = 1$，则 $Q = \lambda Q_0$，即产出的增长等于 λ 倍，此时，表示为规模报酬不变；

（3）当 $\alpha+\beta < 1$，则 $Q < \lambda Q_0$，即产出的增长小于 λ 倍，此时，表示为规模报酬递减。

4.3.3　规模报酬变动的原因

当一个厂商在生产规模扩大时，之所以产生规模报酬，其主要原因来自下述五个方面所获取的经济效果。

4.3.3.1　技术方面的经济效果

在实际生产中，当规模扩大时，会从技术上获取较多的经济性。

首先，生产规模越大，专业化的程度越高，可以在内部实行更精细的分工。即可将生产分割成许多独立的工作，每件工作可由专人来做，这样就能获取劳动分工的好处，提高生产效率。200 多年前，亚当·斯密就注意到，当第一个人抽线、第二个人押直、第三个人剪线、第四个人磨尖、第五个人造针头……如此这般分工合作时，一个针厂的产量要翻好多倍。专业化使人们有机会对非常小的但又是不可或缺的动作非常熟练，结果是劳动生产率的大幅提高。

其次，较大规模的厂商能够采用专用机器，可以有条件购买大型的更先进的机器设备，并能使先进设备得到高效率的使用。如大型的汽车制造厂可以拥有自己的电炉，并保证电炉能不断运转，而每周只生产几辆汽车的厂商就做不到这一点。同样，只有大规模的厂商才有可能进行科学技术研究。

最后，大规模生产可以对生产的副产品进行综合利用。在小规模生产中，许多副产品往往被作为废物处理，而在大规模生产中，就可以对这些副产品进行再加工，做到"变废为宝"。

一般来说，技术方面的经济效果决定实际生产单位的规模，而不是决定厂商的规模，一个厂商也许是由许多生产单位组成的。

4.3.3.2　管理方面的经济效果

这主要是指大规模生产可以对管理工作进行有效的分工。由于管理的职能本身是可以分割的，因而进行大规模生产就可以安排专门的管理人员负责生产、销售、运输和人事等。而这些部门本身又可以进一步划分，如销售部门可分成负责广告、出口等的科室。如此这般，企业的领导者就可全力以赴从事领导、决策、组织等工作。

4.3.3.3　商业方面的经济效果

这种经济效果是通过大厂商在购买原料和出售成品时获取的。

首先，订购大批原料物资的大厂商有可能取得各种有利条件，如价格上的折扣，并且在成品或原料的运输过程中，大厂商也许能获得特别的运费率，因为运输成本，特别是铁路运输成本，并不随着所运商品的数量按相同的比例增加。由此可见，大规模厂商在原材料采购及其运输过程中具有更强的谈判能力。

其次，大厂商在产品的销售方面也能取得经济效果。如在销售过程中，包装和托运一大批货物，从比例上讲，要比处理相同数量的但分成许多批次的货物所包含的工作量要少得多。还有，大厂商常常生产多种产品，可以用一种商品为另一种商品做宣传。例如，海尔公司的电冰箱可为它的电视机、洗衣机等产品做广告。此外，大厂商还能够出售它的副产品，如一家大影院可借助销售冰激凌、爆米花、汽水等的收入来充实票房收入，显然这对小厂商来说是无利可图的。

最后，当企业的规模足够大时，劳动分工的原则也可以被应用在商业方面，即可以雇用专门的购货员和销售员。

这些商业方面的经济效果，常常有助于降低产品价格，所以对社会也是有益的。

4.3.3.4　金融方面的经济效果

当企业为了发展而筹措资金时，大厂商往往具有非常有利的条件，如它能够向银行提供更可靠的担保，能够以较低的费用通过发行股票和债券来筹集资金；而小厂商往往没有这方面的优势。

4.3.3.5　承担风险方面的经济效果

这里的风险主要是指由于产品需求和原料供给发生突然变化而带来的"不确定性"风险，一家大厂商可以用各种方法来预防这类风险。为了应对产品需求的变化，大厂商可以通过生产多种产品，实现产品多样化，从而做到"东方不亮西方亮""堤内损失堤外补"。如许多大型钢铁企业的产品及经营项目已不仅仅局限在钢铁范围内，而开始经营运输、建筑及服务业等，这样当钢铁市场不景气时，这些企业便可以通过在其他产品市场获取收益来平衡企业收益。在原料的供应方面，大厂商往往有许多供应来源，这样，当遇到自然灾害或某家供应商提高价格而致使原料供应出现问题时，可以从其他途径获取所需原料。譬如突然供电中断，大厂商往往有自己的发电设备来应对这类紧急情况。

但是，如果一个厂商的生产规模过大，会引起收益减少，这就是规模报酬递减。如一个厂商生产规模过大，造成了协调、沟通和监控等问题时，企业内部的管理费用就会上升，管理效率就会下降，因此就会出现规模报酬递减。厂商通常会想方设法避免规模报酬递减，它们将进行重组、分割工作、调整组织结构、雇用新的管理者等。如微软在它庞大的公司结构中创造了不多于 35 个雇员的自治单位（小"工厂"），以避免这种规模报酬递减。由此可见，厂商的生产规模并非越大越好。特别是在那些需求变动迅速的行业（如时装贸易业），或者在供给条件有变化的情况下（如农业中的气候变化）需要迅速做出决策，并且要求管理上非常细致等这样的行业，规模大往往出现不经济性。所以，在某些特定的行业，如农业、零售业、专业服务和个人服务等，小厂商占据优势地位，而大厂商却往往处于不利地位。

> **📊 小思考**
>
> 什么是规模报酬？以吉利收购沃尔沃轿车为例，说明该项收购会产生哪些规模报酬的变动。

任何厂商在扩大其规模时，首先要经过一个规模报酬递增阶段。在厂商得到了由生产规模扩大所带来的产量（或收益）递增的全部好处以后，一般会继续扩大生产规模，这样其生产会保持在规模报酬不变阶段，这个阶段可能比较长。在这以后，厂商若继续扩大规模，最后就会进入规模报酬递减阶段。因此，适度规模的原则是：尽可能使规模报酬递增，至少使规模报酬不变，绝对避免规模报酬递减。如果厂商规模扩大到使报酬出现了递减现象，那就表明厂商规模过大了，应该及时缩小规模。

厂商的适度规模取决于厂商的生产技术特点、管理水平和市场条件等。只有在这些因素恰当配合下，才能实现规模报酬不变或递增。不同的行业，其适度规模有很大的差异。一般来说，投资大、生产过程复杂的企业，其适度规模较大，如钢铁、汽车等行业；投资小、生产过程简单的企业，其适度规模较小，如服装、制鞋等行业。

4.3.4 范围经济

在当今时代，消费者的需求越来越呈现多样性、个性化的特点，如果厂商一味地追求规模报酬递增，将无法满足消费者需求多样性的要求，因此厂商要想在竞争中取胜，更应该关注"范围经济"，即通过范围经济来寻求成本的降低、收益的增加。所谓范围经济，是指同时生产多种相关联的产品或服务所产生的节约。如家电企业可以利用所有家电产品生产技术及生产设备的关联性，既生产电视机，也生产电冰箱、洗衣机、空调等。范围经济的概念有助于我们理解为什么同一家厂商通常要生产多种关联产品。范围经济实证研究指出，对通用汽车公司而言，将大汽车与小汽车、卡车组合在一起生产有足够大的好处。范围经济的观点对于讨论国家对有些行业的管制问题也具有重要作用。如美国电报电话公司曾经控制着地方和长途电话服务以及电信研究领域，当它要被拆分成几家公司时，有些经济学家以这些活动之间存在着重要的范围经济为由反对这种"肢解"。他们担心，"肢解"将会降低效率。

需要注意的是，范围经济不等于规模报酬递增。一家公司可以在单独生产一种产品时拥有规模报酬递增，即同比例增加各种投入后，其产出以更高的比例增加；但是，该公司可能不拥有范围经济，即如果同时生产两种产品，不会比分别生产单独产品得到更多的好处。同样，一家公司可以拥有范围经济，但是不一定存在规模报酬递增。

规模报酬理论分析了企业的规模与收益之间的关系，这对设计企业规模大小有一定的参考价值。任何企业追求的都是成本最低、收益最大的适度规模。企业规模与收益的关系也可转化为规模与成本的关系，这种关系在第5章还将做进一步讨论。

本章小结

本章明确了生产函数的概念，即生产函数是指在一定时期内，在技术水平不变的情况下，生产中所使用的各种生产要素的数量与所能生产的最大产量之间的关系。同时介绍了经济分析中最常用的生产函数，即柯布-道格拉斯生产函数。在此基础上，重点论述了生产中的两个基本规律——边际收益递减规律和规模报酬规律的含义、产生原因、现实中的应用价值等。所谓边际收益递减规律，是指在技术水平不变的条件下，当把一种可变的生产要素连续地、等量地投入到一种或几种数量不变的生产要素中时，最初这种生产要素的增加会使产量的增量（即边际产量）增加，但当它的增加超过一定数量之后，继续增加该要素的投入，所得到的产量的增量（即边际产量）是递减的，最终还会使产量绝对减少。所谓规模报酬，是指在一定技术条件下，所有生产要素的投入都按同一比例变化，从而生产规模变动时所引起的产量或收益的变动。另外，在本章中还说明了总产量、平均产量和边际产量等产量概念。

经济问题分析

本章提出的经济问题，实际上属于经济学中规模报酬的研究范畴。银行专家研究这个问题的一个办法是计算运营比率。具体方法是：首先将一个分支机构运作的所有成本进行加总，包括薪酬成本、福利、租金、公用设备费、保养费、维修费、税收及保险、办公家具费用，以及其他诸如从计算机到灯泡的设备费用。然后，用这些运营成本除以储蓄与贷款总额，得出的就是运营比率。

美国最近的一项研究表明，当一个银行分支机构的存款规模增大到 5 000 万美元以上时，它的运营比率会降低，即运作得更有效率。拥有两个存款规模为 2 500 万美元的分支机构，比拥有一个存款规模为 5 000 万美元的分支机构要多花费 20%，但存款规模超过 5 000 万美元的分支机构不会产生更高效率。这可能是由于协调一个更大的办公机构的成本，抵消了规模扩大导致的成本降低，从而出现规模报酬递减。

资料来源：斯蒂格利茨.《经济学》小品和案例［M］. 王尔山，肖倩，等译. 北京：中国人民大学出版社，1998：58.

复习与思考

一、名词解释
生产要素　生产函数　柯布-道格拉斯生产函数　总产量　平均产量　边际产量　边际收益递减规律　规模报酬　范围经济

二、选择题
1. 当生产函数 $Q=f(L, \overline{K})$ 的 AP_L 为正且递减时，MP_L 可以是（　　）。

A. 递减且为正　　　　　　　　　　B. 递减且为负

C. 为零   D. 上述任何一种情况

2. 生产的第二阶段应该（   ）。

A. 开始于 AP_L 开始递减处，终止于 MP_L 为零处

B. 开始于 AP_L 曲线和 MP_L 曲线的相交处，终止于 MP_L 曲线和水平轴的相交处

C. 开始于 AP_L 的最高点，终止于 MP_L 为零处

D. 上述说法都对

3. 依据生产三阶段理论，生产应处于的阶段是（   ）。

A. 边际产量递增，总产量递增   B. 边际产量递增，平均产量递增

C. 边际产量为正，平均产量递减   D. 以上都不是

4. 如果规模报酬不变，增加 20％的劳动量，而保持资本量不变，则总产量将（   ）。

A. 增加 20％   B. 减少 20％

C. 增加大于 20％   D. 增加小于 20％

5. 总产量处于递增阶段时，边际产量（   ）。

A. 递减   B. 递增

C. 为正   D. 上述任何一种

6. 以下说法正确的是（   ）。

A. 只要边际产量减少，平均产量就减少

B. 只要边际产量减少，总产量就减少

C. 只要总产量减少，边际产量就一定为负

D. 只要平均产量减少，总产量就减少

7. 生产函数 $Q=f(K，L)=KL-0.5L^2-0.32K^2$，则该生产函数属于（   ）。

A. 规模报酬递增   B. 规模报酬不变

C. 规模报酬递减   D. 以上说法都不对

8. 规模报酬递减可能是在下述哪种情况下发生的？（   ）

A. 按比例连续增加各种生产要素

B. 不按比例连续增加各种生产要素

C. 连续地投入某种生产要素而保持其他生产要素不变

D. 不投入某种生产要素而增加其余生产要素的投入

9. 当边际产量大于平均产量时，（   ）。

A. 平均产量增加   B. 平均产量减少

C. 平均产量不变   D. 平均产量达到最低点

10. 已知某企业的生产函数为 $Q=10\sqrt{L}\sqrt{K}$，则该企业生产处于（   ）。

A. 规模报酬递增阶段   B. 规模报酬不变阶段

C. 规模报酬递减阶段   D. 边际报酬递减阶段

三、问答题

1. 1958 年的"大跃进"中，有些地方盲目推行密植，结果引起减产。试用边际收益递减规律来解释这种现象。

2. 生产规模扩大导致收益的变动可分为哪几个阶段？它说明什么问题？

3. 生产三阶段是如何划分的？为什么生产者大多会选择在第二阶段生产？

4. 一个企业主在考虑雇用一个工人时，对劳动的平均产量和边际产量他更关注哪一个？为什么？

四、计算题

1. 设某厂商总产量函数为 $TP_L = 72L + 15L^2 - L^3$，求：

（1）当 $L = 7$ 时，边际产量 MP_L 是多少？

（2）L 的投入量为多大时，边际产量 MP_L 将开始递减？

2. 某企业使用资本和劳动生产一种小器具，在短期中，资本固定、劳动可变，短期生产函数为 $TP_L = -L^3 + 24L^2 + 240L$，其中 TP_L 是小器具的每周生产量，L 是雇用工人的数量，请计算在下列情况下 L 的取值范围：

（1）第一生产阶段；

（2）第二生产阶段；

（3）第三生产阶段。

3. 在下列生产函数中，哪些属于规模报酬递增、不变和递减？

（1）$Q = 10K + 8L - 0.2KL$；

（2）$Q = K^2 L$；

（3）$Q = K + 2L$。

4. 某企业仅生产一种产品，唯一的可变要素是劳动。其生产函数为 $Q = -0.1L^3 + 6L^2 + 12L$，其中 Q 是每周生产量，L 是雇用工人的数量，问：

（1）劳动的平均产量最大时，需要雇用多少工人？

（2）劳动的边际产量最大时，需要雇用多少工人？

（3）总产量最大时，需要雇用多少工人？

5. 表 4-4 是某种可变生产要素的短期生产函数的产量表。

表 4-4

可变要素的投入数量	可变要素的总产量	可变要素的平均产量	可变要素的边际产量
1		2	
2			10
3	24		
4		12	
5	60		
6			6
7	70		
8			0
9	63		

（1）请将表中的空格补全；

（2）该生产函数是否表现出边际收益递减？如果是，是从第几单位的可变要素投入开始的？

案例研究

规模经济的奇迹：中国造 1 元打火机产业，东南亚为何抢不走？

中国产业链向东南亚转移，现在成了一个热门话题。然而，中国制造的 1 元钱一个的打火机，不仅没有被东南亚国家取代，反而还能赚到钱。这似乎违反常识，却真实存在于湖南的一个小县城。

一次性打火机，中国每年生产百亿个以上，占据全球 95％ 的市场。2022 年，湖南省邵阳市下辖的县级市邵东出口了 35.2 亿个打火机，占全国出口量的 50.1％，妥妥的全国第一。邵东最大的一家生产一次性打火机的企业，年产量能达到 20 亿个，约占全球总产能的 1/6。相关数据显示，2022 年邵东打火机行业实现总产值超过 120 亿元。2022 年全国制造业百强县（市）榜单中，邵东以 GDP 总量 721.53 亿元位列第 92 名，这相当于打火机行业就为邵东成为百强县贡献了约 1/7 的 GDP。

1961 年，日本人发明了一次性打火机，因为它皮实耐用、安全性高，迅速风靡全球。1973 年，法国的比克（BIC）公司开始在美国生产打火机。到了 20 世纪 80 年代，比克公司靠"薄利多销"，抢占了美国市场的 50％。虽然是一次性打火机，但是当时日本生产一个要 200 多元，正在日本打火机企业绞尽脑汁想降低成本却没有什么实质性进展的时候，温州人瞄上了这个小东西。1992 年到 1994 年，中国生产的打火机从每年出口 5 000 万个，猛增到将近 3 亿个，几乎把美国的低端市场全部占领，从比克公司手里抢到了七成的市场份额。到了 2001 年，中国的打火机年产量已经超过 5.5 亿只，在国际上的市场份额也超过了 80％。"够用就好"的原则，让一次性打火机的成本迅速降低。就这样，从零开始，中国逐渐开始垄断全世界的一次性打火机制造。在经过了 1994 年美国 CR 法案和 2001 年欧盟的反倾销调查后，中国生产的 1 元钱打火机经历波折，温州大批的打火机厂倒闭，再加上沿海地区的人力成本逐渐攀升，这个产业也开始从浙江、广东等沿海地区向内地转移。邵东接棒温州一次性打火机产业，最早的火种，其实也是从在温州、宁波做生意的人回乡创业开始的。

2007 年，邵东 13 家打火机出口企业一起成立了出口监管委员会，统一定价、配额、运输、保险等，并且一起出资研发设计模具。也正是这样，邵东才敢有特别的政策：一家工厂注册"执照"，就可以在下面建分厂，分厂又能在下面建加工点。一次性打火机产业在邵东迅速扩张。两年后，10 家邵东的打火机出口企业和 4 家配套企业又组成了一家集研发、设计、生产销售为一体的企业，一下成了当地最大的龙头企业。2012 年，邵东生产的注塑打火机年产量突破 100 亿个，出口量首次超过浙江，成了国内打火机出口最多的地区。

为了降低成本，邵东没有轻易放任产业转移出去，而是打出了几张自己的王牌，让一次性打火机这个产业，既能给当地带来效益，又不太可能被人力成本更低的国家

"抢"走。

邵东拥有的第一张王牌，是全产业链配套。一次性打火机看似没有多少技术含量，其实却并不简单。就算是最普通的那种 1 元钱的塑料打火机，也有 20 多个零件，要经过十几道工艺，要用到几十种设备。一家打火机企业的背后，往往有上百家配套商。比如：打火机最常见的引流芯、芯套、海绵三件套，需要一系列配套工厂供货；打火机的电子装置、出气阀乃至印刷、包装材料、电镀喷漆，背后也都各自拖着长长的供应链。当然，这些配套的产业链，在邵东根本就不是问题。只要涉及打火机行业所需的东西，除了危化气体和塑料粒子之外，在邵东当地，最多半个小时就能全部搞定。完备产业链带来的集群效应，首先体现在成本的降低。以前一个电子打火器，从国外进口要 1 元多钱，现在这里能做到 5 分钱一个。曾经日本企业试图对中国进行技术封锁的出火口密封圈，过去成本 2 毛钱，现在只要 1 分钱。

邵东的第二张王牌，就是"用机器换人"。邵东打火机产业当年出现"危机"的时刻，也是他们最忙碌的时间段。2014 年，邵东企业出口订单大增，那时的景象是：工人一排排拿着镊子、钳子低头操作，厂房里坐满了人。但是，有 1.4 万工人夜以继日生产的工厂，每天却只能生产 100 万个打火机，还没办法完全保证质量。当地打火机企业的负责人算过一笔账，一个打火机的利润是 2～4 分钱，要想让打火机卖 1 元钱而企业的利润不减少，人工成本必须控制在 7% 以内。两条路，要么搬到工资成本更低的地方，要么进行自动化升级改造。搬走当然是舍不得，自动化升级更是困难重重。一次性打火机外形各异，很多零件都是非标准件，自动化可不是有钱就能搞定的事。这时，"民间高手"开始出现在厂房里，和工厂一起设计改造设备，用一些土方法自己研制设备，按工厂需求提高效率，再根据实际使用情况改进升级，邵东的企业开始探索一次性打火机自动化生产的路径。

从 2016 年开始，邵东一家龙头企业每年投入 2 000 万元用来研发、2 000 万元用来更新自动化设备。如今，他们把每个打火机的人力成本从 1 毛钱降到了 1 分多钱，人员减少 80% 的同时，产能增加了 40%。如今，邵东除了注塑机之外，其他的自动化设备几乎都是本地的配套厂商自己开发的非标设备。单个工序的自动化完成后，邵东下一步要开始挑战全生产线自动化。就这样，邵东硬是把一个"低端"的劳动密集型产业，自创升级成了自动化生产的技术密集型产业，用"技术＋成本控制"这"一高一低"，拓宽了产业的"护城河"。发达国家没办法跟邵东拼成本，人力成本低的国家没法跟邵东拼技术，这样的产业，恐怕很难被别人"抢"走了。人们在谈论中国制造转型升级时，通常会更多地关注高大上的行业，却往往忽略了所谓的"低端"产业。但由一次性打火机在邵东从传统制造业进化成"智造业"的转变过程，更能看出中国制造业的韧性与能力。1 元钱的打火机，和高铁、大飞机一样，都是了不起的中国制造。

资料来源：正解局. 中国造 1 元打火机产业，东南亚为何抢不走［EB/OL］（2023 - 03 - 30）［2024 - 09 - 30］. https：//baijiahao. baidu. com/s? id=1761770243898574979&wfr=spider&for=pc.

基于以上案例资料，请回答：

（1）请从规模报酬的角度分析一下邵东生产的打火机是如何实现规模报酬递增的，主要是哪些因素决定的？

（2）东南亚国家是否可以按照同一模式进行规模化生产，为什么？

（3）请举出类似的例子并进行分析。

■ 理论应用

报酬递增和新商业世界

第 5 章
成本理论

◎ 经济问题

美国大陆航空公司的成功

在 20 世纪 60 年代，美国大陆航空公司看上去正在犯致命的错误。当时所有其他航空公司都遵循一个简单规则：只有乘坐率在 65% 以上时，它们才提供飞行服务。因为只有这样，一次飞行的收支才能平衡。然而，大陆航空公司只要乘坐率达到 50% 就提供飞行服务，并且实际上在许多航线上还增加了飞行次数。当大陆航空公司的政策宣布以后，它的股东非常愤怒，而竞争者们却在暗暗发笑，等着看大陆航空公司的倒闭。但是，大陆航空公司的利润却在继续增长。

为什么在低于盈亏平衡点的经营状态下，大陆航空公司依然能保持盈利？利润究竟来源于何处？

资料来源：罗伯特·E.霍尔，马克·利伯曼. 经济学：原理与应用. 毛文博，译. 北京：中信出版社，2003：192－193.

第 4 章考察了厂商生产过程中生产要素的投入量与产量之间的物质技术关系。事实上，厂商为了实现利润最大化，还必须同时考察生产成本与收益之间的经济关系，讨论产量的变动对生产成本的影响。本章将要讲述的内容及其内在关系见图 5－1。

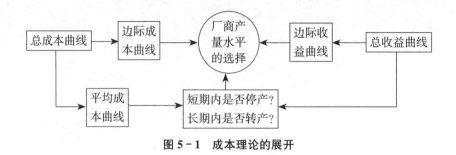

图 5-1　成本理论的展开

5.1　成本与利润概念

5.1.1　成本的含义

成本是经济学中的一个重要概念。产品成本的高低，决定着厂商的产量以及利润的多少，决定着厂商在商品经济中的竞争能力。

成本是指厂商在生产中使用的各种生产要素的支出。西方经济学认为，劳动、资本、土地和企业家才能，都是生产要素，都为生产做出"贡献"，因而这些生产要素不仅要得到补偿，而且还应得到相应的报酬。所以，生产成本除了包括我们通常所说的工资、材料费、折旧费之外，还包括支付给资本的利息和土地的地租，以及支付给企业家才能的正常利润。由此可见，在西方经济学中，成本的含义很广。

在进行具体的成本分析之前，需要明确经济学中短期和长期的概念。在经济学中，短期和长期并不单纯指时间的长与短，而主要看在这个时期中，随着产量的变化，是否所有的投入要素都可以调整。

短期（Short-run）是指在这个时期内，厂商不能根据它所要达到的产量来调整其全部生产要素，只能调整部分可变要素。如一个厂商可以在短期内调整原材料和劳动力的数量，但不能在短期内随意扩大或缩小厂房、更换主体设备。长期（Long-run）是指在这个时期内，厂商可以根据它所要达到的产量来调整其全部生产要素，即厂商的整个生产规模可以发生变化。如一个厂商在长期内不仅可以调整原材料和劳动力的数量，而且可以改造厂房，更换主体设备，等等。

比如，市场上对空调的需求急速增长，某空调制造商增雇了 100 名工人并且购买了更多原材料，要求工人加班加点，从而从现有的工厂规模下挤出更大产量来，这就是一个短期调整。而如果该制造商为了增加产量，多建一个工厂（或者扩大现有设备规模），这就是长期调整。不同的行业，短期与长期所指的时间长度不同。在有些行业，工厂规模的大幅度变化可以在几个月内完成。而有些行业，特别是那些使用生产线和大型生产技术的行业（如飞机、钢铁和汽车制造业），工厂规模的调整往往需要几年的时间。

> 📊 **小思考**
>
> 　　在经济学中，划分短期和长期的标准是什么？请举例说明短期和长期的含义。第 4 章的边际收益递减规律和规模报酬规律分别属于短期还是长期条件下的规律？

5.1.2　成本的分类

在微观经济学中，依据各种不同的标准，可将成本划分为许多种类。

5.1.2.1　固定成本和变动成本

按照其总额与产量的关系不同，成本可分为固定成本（Fixed Cost）和变动成本（Variable Cost）。

固定成本是指在一定限度内不随产量变动而变动的费用，是厂商在短期内不能随意调整的固定生产要素投入的费用，如借入资金的利息、租用厂房和设备的租金、设备的折旧费、保险费，等等。

变动成本是指在一定限度内随产量变动而变动的费用，是厂商在短期内可以随意调整的可变生产要素投入的费用，如原材料费、直接人工工资、销售佣金，等等。

需要注意的是，只有在短期内，厂商的生产成本才有固定成本和变动成本之分，总成本等于固定成本与变动成本之和；从长期来看，厂商的全部投入都是可变的，所以厂商的全部成本都是变动成本。

5.1.2.2　显性成本和隐性成本

按照其收回后归属的不同，成本可分为显性成本（Explicit Costs）和隐性成本（Implicit Cost）。

显性成本是指厂商在生产要素市场上购买或租用所需要的生产要素的实际支出。如支付给工人和管理人员的工资、支付给贷款银行的利息、支付给土地出租者的地租、支付给电力公司和原料公司的电费和材料费，等等。

隐性成本是指在形式上没有支付义务的，厂商为使用自己提供的那一部分生产要素而支付的作为报酬的费用。在企业生产过程中，为了进行生产，除了要使用他人所提供的生产要素外，还可能要动用自己所拥有的生产要素，如自己的资金和土地，并可能要亲自进行管理。经济学家认为，既然使用他人的资金需要付利息、租用他人的土地需要付地租、聘用他人来管理企业需要付薪金，那么，同样道理，当厂商使用了自有生产要素时，也需要支付相应的报酬，这笔报酬费用也应该计入成本之中。由于这部分费用在形式上没有契约规定一定要支付，并且在会计账目上没有体现，所以被称为隐性成本。

由此可见，在会计上起支配作用的是显性成本，而经济学中的成本概念应当包括显性成本和隐性成本。

🎬 案例评析

盈利还是亏损？

李明拥有一家小企业，自己担任企业的总经理，并将 5 万元资金投入本企业。去年

该企业的销售收入为 30 万元，因生产与销售产品发生的生产成本为 20 万元、销售费用
为 3 万元。以这样的经营状况来看，李明去年挣钱了吗？

从该企业的财务报表来看，收益超过显性成本（生产成本＋销售费用）7 万元（见
表 5-1），由此得出该企业的会计利润为 7 万元（不考虑税收）。

表 5-1　企业的会计利润

单位：元

销售收入		300 000
生产成本	200 000	
销售费用	30 000	230 000
会计利润		70 000

如果李明不当本企业的经理，而是到某家公司任部门经理，可获得年薪 7 万元；再
有，李明拥有的 5 万元也可投放到别处获取利益，假设存入银行，年息 4%，即每年可
得 0.2 万元的利息。考虑到李明因为经营自己的企业所放弃的工资和利息收入，经济学
家把这两项估算作为隐性成本计入损益表中。因此，该企业的总经济成本应为 302 000
元，经济利润则为 -0.2 万元（见表 5-2）。

表 5-2　企业的经济利润

单位：元

销售收入		300 000
生产成本	200 000	
销售费用	30 000	
估算经理年薪	70 000	
估算利息成本	2 000	302 000
经济利润		-2 000

由以上分析可知，虽然李明所拥有的企业，其会计（账面）利润显示为 7 万元，看
起来似乎李明赚了钱，但是，加上所有没在账面中反映的隐性成本后，李明实际亏损了
2 000 元。所以，有些经营方案如果根据会计利润进行评估可能是可行的，但根据经济
利润进行评估，可能是不可行的。

5.1.2.3　会计成本与机会成本

会计成本（Accounting Cost）是在财务分析中使用的一种成本概念。它是指厂商在
生产活动中按市场价格支付的一切生产要素的费用。会计人员一般只从收入中减去那些
实际发生的成本和以前发生的某项总计成本（如机器设备等）的分摊部分，由此得到相
应的利润数据，因而利润体现了企业所有者投入资本后的净收入。然而，经济学家在进
行经营决策时，会较为广泛地考虑资源的有效配置问题，因而要考虑每项资源的机会成
本（Opportunity Cost of Equity Capital）。

一种资源可有多种用途，如果用于某一用途，就不能同时作为它用，即失去了投入
其他用途的机会。这就是说，某个厂商所获得的一定数量的产品收入，是以放弃用同样

的经济资源来生产其他产品时所能获得的收入作为代价的。如一笔资金用来投资建厂，就不能将它存入银行获取利息。由此，便产生了机会成本的概念。生产一单位的某种商品的机会成本是指生产者所放弃的使用相同生产要素在其他生产用途中所能得到的最高收入。机会成本通常不出现在账面上，但它是经营管理人员做决策时必须考虑的，通过机会成本分析，能够使各种资源得到最有效的利用，做到资源的最优配置。

5.1.2.4　沉没成本

经济学家认为，在经营决策中应该考虑机会成本和隐性成本，同时还必须忽略那些与决策无关的成本，即沉没成本（Sunk Cost）。

沉没成本是与不可更改的过去决策有关的历史成本，即当成本一经发生，就无法通过当前的决策予以改变并且无法收回时，这种成本就是沉没成本。例如，某手机生产厂商在生产和销售手机之前，必须花 10 万元购买政府许可证，同时政府不会购回许可证，而且还不允许将其再出售，那么该厂商用来购买许可证的 10 万元就是沉没成本。沉没成本提供了与现在决策相关的信息，但是与具体成本本身无关。当无法更改过去的决策时，已经花出去的钱就已经没有了。一旦成本沉没，它就不再是机会成本，即与决策无关了。要避免错误，必须基于与现在和未来市场条件相关的预期成本和收益来做决策，而无须考虑沉没成本。

在短期中，企业的固定成本就是沉没成本，厂商在决定生产多少产品时可以不考虑这些成本，即固定成本的大小对供给决策无关紧要。例如，某出版商为出版某本书已经花费了大量成本，其中一项成本就是管理层的薪水。假设该书第一次印刷的几千本已经全部卖完，在决定是否增加发行 10 000 本时，就不应该再把管理层的薪水纳入考虑范畴。因为已支付的管理层薪水是一种沉没成本，与现在的决策无关。目前决策应该考虑的成本是与第二次印刷相关的变动成本，即印刷成本、装订成本和售书成本。

厂商在做出决策时应该忽略沉没成本，只有那些非沉没成本才能进入厂商的决策制定过程。

📊 **小思考**

吴晶花 800 元买了一双皮鞋，穿了几天之后，感觉非常不合脚。如果她不能退货，你会建议吴晶继续穿这双鞋吗？在你的建议中，800 元的鞋款是否在考虑范畴之中？

5.1.3　利润

在经济学中，经济利润是指超额利润，等于总收益减去总成本（包括显性成本和隐性成本）；正常利润是指厂商对自己所提供的企业家才能的报酬的支付，已经包含在隐性成本中了。

5.1.3.1　经济利润

经济利润（Economic Profit）也称超额利润，是指厂商的总收益和总成本之间的差额，即：

经济利润＝总收益－总成本

＝总收益－（显性成本＋隐性成本）

经济学中所说的企业的目的是追求利润最大化，这里的"利润"就是指经济利润，而会计利润（Accounting Profit）中，其成本的考量仅包括显性成本，其计算公式为：

会计利润＝总收益－显性成本

以微软公司为例。1996 年 6 月末，微软的会计利润为 78 亿美元，但这并不是它的经济利润。因为微软公司的所有者——股票持有人——已经投入了大约 300 亿美元，如果这笔资金存入银行或进行其他金融投资，肯定能够赚取利息。假设进行其他投资能获取 5% 的收益，那么预计的投资收益就是 15 亿美元（300×5%）。再假设预计的投资收益是微软的唯一隐性成本，那么微软的经济利润就是会计利润减去隐性成本，最终结果为 63 亿美元（78－15）。

由此可见，会计利润大于经济利润。

5.1.3.2 正常利润

正常利润（Normal Profit）是企业家才能的报酬，亦即企业家人才的价格。企业家才能使劳动、资本、土地结合在一起生产出更多产品，因此，对企业家才能的需求是很大的。然而，企业家才能的供给又是很小的。并不是每个人都具有企业家的天赋，都能受到良好的教育。只有那些既有胆识和能力，又受到良好教育的人才，才具有企业家才能。所以，培养企业家才能所耗费的成本也是很高的。企业家才能的需求与供给的特点，决定了企业家才能的收入——正常利润必然是很高的。可以说，正常利润是一种特殊的工资，其特殊性就在于其数额远远高于一般劳动所得到的工资。

如果企业家是自己雇用自己，那么正常利润是隐性成本；如果是购买他人的企业家才能，所支付的薪金也构成正常利润，但其是显性成本。由此可见，在经济学中，正常利润是计入成本之中的。由于厂商的经济利润等于总收益减去总成本，所以，当厂商的经济利润为零时，厂商仍然得到了全部的正常利润。

正常利润是吸引企业家在生产中承担风险而不至于流失的报酬，其数值大小等于企业家人才的机会成本。由于不同行业的风险是不一样的，在某些产品样式或工艺技术频繁变化的行业，不确定性可能更大一些，因此这些行业的正常利润也要稍高一些。

5.2 成本函数

成本函数用来表示成本与产量之间的函数关系。成本函数主要取决于企业的生产函数和生产要素的价格两个因素。生产函数表明投入与产出之间的物质技术关系，这种关系同投入要素的价格相结合，就决定了成本函数。在此我们研究两种成本函数：用于日常经营管理决策的短期成本函数和用于制定长期规划的长期成本函数。

5.2.1　短期成本函数和曲线

在短期内，企业的某些生产要素是固定的，而另一些生产要素是可变的，因此，厂商的成本可以分为固定成本和变动成本。具体来讲，厂商的短期成本有以下七种：总固定成本、总变动成本、总成本、平均固定成本、平均变动成本、平均成本和边际成本。

5.2.1.1　短期总成本

短期总成本（STC）是指在短期内生产一定量产品所消耗的全部成本。它又可再分为总固定成本（TFC）和总变动成本（TVC），即：

$$STC = TFC + TVC \tag{5-1}$$

表 5-3 是一张某厂商的短期成本列表。其中第（1）栏与第（2）、（3）、（4）栏分别反映产量（Q）与总固定成本（TFC）、总变动成本（TVC）、短期总成本（STC）之间的关系。根据它们之间的关系，可分别画出短期的总成本曲线、总固定成本曲线和总变动成本曲线（见图 5-2）。

表 5-3　某厂商短期成本　　　　　　　　　　　单位：万元

产量 (Q) (1)	总固定成本 (TFC) (2)	总变动成本 (TVC) (3)	总成本 ($STC=$ $TFC+TVC$) (4)	平均固定成本 $\left(AFC=\dfrac{TFC}{Q}\right)$ (5)	平均变动成本 $\left(AVC=\dfrac{TVC}{Q}\right)$ (6)	平均成本 $\left(SAC=\dfrac{STC}{Q}\right)$ (7)	边际成本 $\left(SMC=\dfrac{\Delta STC}{\Delta Q}\right)$ (8)
0	55	0	55	—	—	—	—
1	55	35	90	55	35	90	35
2	55	55	110	27.50	27.50	55	20
3	55	75	130	18.33	25	43.33	20
4	55	105	160	13.75	26.25	40	30
5	55	155	210	11	31	42	50
6	55	210	265	9.17	35	44.17	55

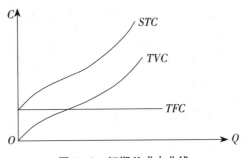

图 5-2　短期总成本曲线

总固定成本（TFC）曲线为一条平行于横轴的水平线。它表示总固定成本不随产量的变化而变化。

总变动成本（TVC）曲线是一条从原点向右上方不断上升的曲线。它表明当产量为 0 时，不发生变动成本，随产量增加，变动成本不断提高。从 TVC 曲线的形状可以看出总变动成本的变化过程，即总变动成本的增加速度是先递减后增加。这种变化过程同边际收益递减规律及固定要素和可变要素之间的配合比例的变化有密切关系。最初增加产量时，使固定要素得到更充分利用，固定要素与可变要素的配合趋向于合理，因而成本的递增速度随产量的增加而下降；随着产量的增加，由于边际收益递减，固定要素与可变要素之间的配合比例失调，成本的增加速度随之加快。

短期总成本（STC）曲线是 TVC 曲线向上平移一个 TFC 数额。所以 STC 曲线的变化过程同 TVC 曲线的变化过程相同。

5.2.1.2　短期平均成本

短期平均成本（SAC）是指在短期内平均每一单位产品所消耗的成本。平均成本又可分为平均固定成本（AFC）和平均变动成本（AVC）。即：

$$SAC = \frac{STC}{Q} = \frac{TFC + TVC}{Q} = AFC + AVC \qquad (5-2)$$

表 5-3 中，第（1）栏与第（5）、（6）、（7）栏分别表示产量（Q）与平均固定成本（AFC）、平均变动成本（AVC）和短期平均成本（SAC）之间的关系，根据它们之间的关系，可分别画出 AFC、AVC 及 SAC 曲线（见图 5-3）。

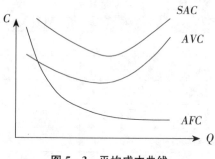

图 5-3　平均成本曲线

平均固定成本（AFC）曲线是一条随产量不断增加而不断下降的双曲线。

平均变动成本（AVC）曲线呈"U"形。它表明，最初随着产量的增加，生产要素的效率得到充分发挥，平均变动成本不断下降，但下降到一定程度之后，由于边际收益递减规律的作用，AVC 随着产量的增加而增加。AVC 曲线的最低点与平均产量曲线的最高点相对应。

短期平均成本（SAC）是平均固定成本（AFC）和平均变动成本（AVC）之和，其曲线也呈"U"形，表明开始时 SAC 随着产量的增加而减少，减少到一定程度后，又随着产量的增加而增加。SAC 曲线是 AVC 曲线与 AFC 曲线共同作用的结果，从图 5-3 中可看出，最初 AFC 曲线和 AVC 曲线都下降，因而 SAC 曲线必然下降，但当下降到一定程度后，AVC 曲线上升的幅度大于 AFC 曲线下降的幅度，使得 SAC 曲线转为上升。这里还应注意到，AVC 曲线比 SAC 曲线先上升，这是因为当 AVC 曲线开始上升时，总固定成本对平均成本的影响仍然大于平均变动成本的影响，即此时单位产品成本中所含的固定要素的成本分摊额的比例仍然大于可变要素的成本分摊额，所以平均成本受平均固定成本的影响而下降。如果生产进行到一定程度，固定要素发挥了充分的效用，这时平均成本将随着平均变动成本的上升而上升。由以上分析可见，SAC 曲线呈"U"形是由于 AVC 曲线形状的影响，而 AVC 曲线呈"U"形是由于边际收益递减规律的作用，所以，SAC 曲线呈"U"形也是边际收益递减规律作用的结果。

5.2.1.3　短期边际成本

短期边际成本（SMC）是指厂商在短期内每增加一单位产品所增加的成本，其计算公式为：

$$短期边际成本=\frac{短期总成本的增量}{总产量的增量}$$

即：

$$SMC=\frac{\Delta STC}{\Delta Q} \qquad (5-3)$$

或者

$$SMC=\lim_{\Delta Q\to 0}\frac{\Delta STC}{\Delta Q}=\frac{\mathrm{d}STC}{\mathrm{d}Q} \qquad (5-4)$$

短期边际成本曲线（SMC）也呈"U"形（见图 5-4），即边际成本曲线是一条先下降后上升的曲线。这同样是边际收益递减规律作用的结果。由于边际成本是每增加一个单位产量所增加的总成本，因此边际成本的变动取决于总成本的变动。又由于在短期内固定成本不随产量的变动而变动，因此短期边际成本不受固定成本的影响，也就是说，短期边际成本也可表示为增加一个单位产量所增加的变动成本。从以下的公式推导可以看出这一点：

$$SMC=\frac{\Delta STC}{\Delta Q}=\frac{\Delta TFC+\Delta TVC}{\Delta Q}$$

因为 $\Delta TFC=0$，所以：

$$SMC=\frac{\Delta TVC}{\Delta Q} \qquad (5-5)$$

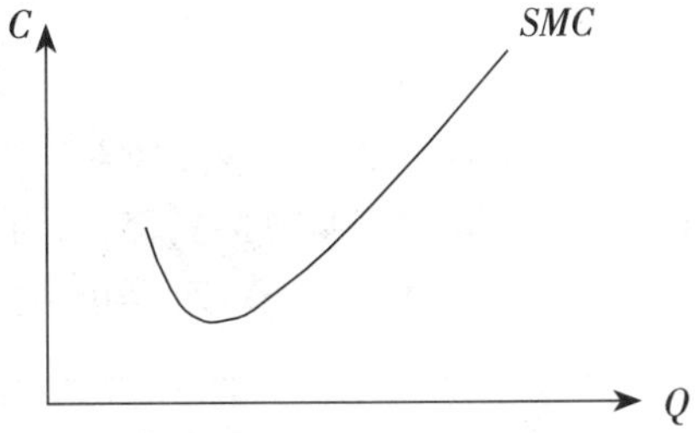

图 5-4　短期边际成本曲线

短期成本函数曲线

> **小思考**
>
> 举例说明边际成本的含义。短期边际成本与固定成本无关，那么，对于长期这个结论成立吗？

5.2.1.4　短期成本曲线

短期成本曲线如图 5-5 所示。

从图 5-5 中可以看出：

（1）AFC 曲线一直向右下方倾斜，表明随着产量的增加，分摊到每件产品中的固

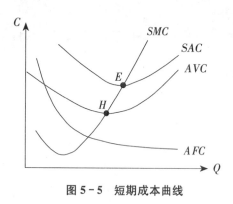

图 5－5 短期成本曲线

定费用减少。

（2）AVC、SAC、SMC 曲线都呈"U"形，表明这三种成本最初随着产量的增加而下降，当下降到一定程度后，又随产量的增加而上升。这是边际收益递减规律作用的结果。

（3）SMC 曲线与 SAC 曲线一定相交于 SAC 曲线的最低点（E 点）。在相交之前，边际成本曲线在平均成本曲线的下方，即边际成本低于平均成本，这意味着每增加一单位产品所带来的成本增加量低于平均每单位产品的成本，由此会导致平均成本下降；在相交之后，边际成本曲线在平均成本曲线的上方，即边际成本高于平均成本，这意味着每增加一单位产品所带来的成本增加量高于平均每单位产品的成本，由此会导致平均成本上升；在相交点，边际成本等于平均成本，这意味着每增加一单位产品所带来的成本增加量等于平均每单位产品的成本，这样平均成本既不会上升也不会下降，平均成本曲线处于最低点，即当 MC＝AC 时，AC 有最小值。

在图 5－5 中，SMC 曲线与 SAC 曲线的交点（E 点）称为盈亏平衡点。在短期内，若厂商的产量小于该点所对应的产量，或市场价格低于平均成本，则厂商将会亏损；若厂商的产量大于该点所对应的产量，或市场价格高于平均成本，则厂商将会盈利；而在 E 点，厂商盈亏平衡。

（4）SMC 曲线与 AVC 曲线相交于 AVC 曲线的最低点（H 点）。

在图 5－5 中，SMC 曲线与 AVC 曲线的交点（H 点）称为停止营业点或生产关闭点。当厂商在短期内其生产经营处于亏损状态时，是否停产就由停止营业点来决定。停止营业点表明，若厂商的产量小于该点所对应的产量，或市场价格低于平均变动成本，则厂商应该停止生产或交易；若厂商的产量大于该点所对应的产量，或市场价格高于平均变动成本，虽然亏损，但厂商应该继续生产或接受交易；在停止营业点上，生产与停产厂商所遭受的亏损额一样。在本章的第 4 节还将对停止营业点作进一步分析。

📊 **小思考**

为什么说 AVC、SAC、SMC 曲线都呈"U"形是由于边际收益递减规律作用的结果？请进行相关的定性解释。

5.2.1.5 短期成本函数与生产函数之间的关系

由以上对短期成本函数与曲线的分析可见，短期成本函数和曲线的变化规律与边际收益递减规律密切相关，而边际收益递减规律是通过生产函数表现的。在此将第 4 章已经提出的短期生产函数（即只有一种生产要素的投入量变动）和短期成本函数之间的关系做进一步分析。

短期生产函数为：

$$Q＝f(L,\bar{K}) \tag{5－6}$$

短期成本函数为：

$$TC(Q)=TVC(Q)+TFC \tag{5-7}$$

$$TVC(Q)=P_L \cdot L(Q) \tag{5-8}$$

其中，P_L 为变动的生产要素 L 的价格，并假定该价格是既定的。

（1）边际产量和边际成本的关系。

根据式（5-7）可得：

$$SMC=\frac{dTC(Q)}{dQ}=\frac{dTVC(Q)}{dQ}+\frac{dTFC}{dQ} \tag{5-9}$$

根据式（5-8）可得：

$$\frac{dTVC(Q)}{dQ}=P_L \cdot \frac{dL(Q)}{dQ}$$

因为 TFC 是一个常数，于是有 $\frac{dTFC}{dQ}=0$。

所以，式（5-9）可以写为：

$$SMC=\frac{dTC(Q)}{dQ}=P_L \cdot \frac{dL(Q)}{dQ}$$

$$SMC=P_L \cdot \frac{1}{MP_L} \tag{5-10}$$

由此可得以下结论：由于边际收益递减规律的作用，可变要素的边际产量 MP_L 是先上升，达到最高点后再下降，因此，边际成本 SMC 是先下降，达到一个最低点以后再上升；当 MP_L 达到最高时，对应的 SMC 达到最低。边际产量与边际成本之间的关系见图 5-6。

（2）平均产量和平均变动成本的关系。

根据式（5-8）可得：

$$AVC=\frac{TVC(Q)}{Q}=P_L \cdot \frac{L(Q)}{Q}=P_L \cdot \frac{1}{AP_L} \tag{5-11}$$

由此可得以下结论：

第一，可变生产要素的平均产量 AP_L 和平均变动成本 AVC 之间存在对应关系。当 AP_L 上升时 AVC 下降；当 AP_L 下降时 AVC 上升；当 AP_L 达到最高时 AVC 处于最低点。

第二，由于 SMC 曲线与 AVC 曲线相交于 AVC 曲线的最低点，MP_L 曲线与 AP_L 曲线相交于 AP_L 曲线的最高点，所以，SMC 曲线与 AVC 曲线的交点与 MP_L 曲线与 AP_L 曲线的交点是对应的，如图 5-6 所示。

5.2.2 长期成本函数和曲线

长期成本函数和短期成本函数有着密切的关系。在长期，厂商可以根据需求的预测和现行的技术与生产方法，选择工厂规模、设备类型、各种劳动技能和原材料，并使各个生产要素达到最佳配合，从而使成本达到最低水平。一旦工厂已经建立，生产特定产量的投入要素最佳组合已经选定，便处于短期状态。在长期状态中，厂商可以改变所有的生产要素，即可以对生产规模做出调整，在整个生产过程中，一切生产要素都是可变的，因此其成本最大的特点就是没有固定成本和变动成本之分，一切成本都是可变的。

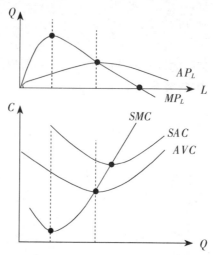

图 5-6　短期生产函数与短期成本函数之间的关系

这样，在长期成本函数中，只有长期总成本、长期平均成本与长期边际成本三个成本概念。

5.2.2.1　长期总成本

厂商在长期内对全部生产要素投入量的调整意味着对企业的生产规模的调整。也就是说，从长期看，厂商总是可以在每一个产量水平上选择最优的生产规模进行生产。长期总成本（LTC）是指厂商在长期中调整生产规模，生产各种产量所需的最低成本点的轨迹。如果在各种产量水平下，厂商都以最优生产规模来进行生产，则厂商为此所支付的总成本便是长期总成本。相应地，长期总成本函数可写成以下形式：

$$LTC=LTC(Q) \tag{5-12}$$

根据对长期总成本函数的规定，可以由短期总成本曲线出发，推导出长期总成本曲线。

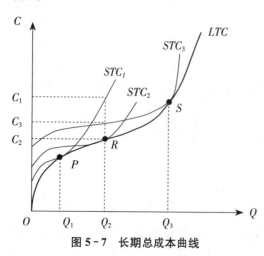

图 5-7　长期总成本曲线

在图 5-7 中，有三条短期总成本曲线 STC_1、STC_2 和 STC_3，它们分别代表三种不同的生产规模。由这三条短期总成本曲线在纵轴上的截距可知，STC_1 曲线所表示的总固定成本小于 STC_2 曲线所表示的总固定成本，STC_2 曲线所表示的总固定成本又小于 STC_3 曲线所表示的总固定成本，而总固定成本的多少（如厂房、机器设备等）往往可以代表生产规模的大小。因此，从三条短期总成本曲线所代表的生产规模看，STC_1 曲线代表的生产规模最小，STC_2 曲线代表的生产规模居中，STC_3 曲线代表的生产规模最大。

假定厂商目前期望生产的产量为 Q_2，那么厂商应该如何调整生产要素的投入量以降低总成本呢？在短期内，厂商如果正处于 STC_1 曲线所代表的生产规模状态下，则厂商为了生产产量 Q_2 将要付出的总成本为 C_1；厂商如果正处于 STC_3 曲线所代表的生产规模状态下，则厂商为了生产产量 Q_2 将要付出的总成本为 C_3。由于是短期，厂商无力调整生产规模，因此要付出较高的成本。但在长期，情况就会发生变化。厂商在长期内可以变动全部的要素投入量，选择最优的生产规模，于是，厂商必然会选择 STC_2 曲线所代表的生产规模进行生产，从而将总成本降低到所能达到的最低水平 C_2，即厂商是在 STC_2 曲线上的 R 点进行生产。类似地，在长期内，厂商会选择 STC_1 曲线所代表的生产规模，在 P 点上生产 Q_1 的产量；选择 STC_3 曲线所代表的生产规模，在 S 点上生产 Q_3 的产量。这样，厂商就都实现了既定产量下的最低总成本。

虽然在图 5-7 中只有三条短期总成本曲线，但在理论分析上可以假定有无数条短期总成本曲线。这样一来，厂商可以在任何一个产量水平上，都找到相应的一个最优的生产规模，都可以把总成本降到最低水平。也就是说，可以找到无数个类似于 P、R 和 S 的点，这些点的轨迹就形成了图 5-7 中的长期总成本曲线 LTC。显然，长期总成本曲线是无数条短期总成本曲线的包络线。在这条包络线上，在连续变化的每一个产量水平上，都存在着 LTC 曲线和一条 STC 曲线的相切点，该 STC 曲线所代表的生产规模就是生产该产量的最优生产规模，该切点所对应的总成本就是生产该产量的最低总成本。所以，LTC 曲线表示长期内厂商在每一产量水平上由最优生产规模所带来的最小生产总成本。

从长期总成本曲线与短期总成本曲线的关系来看，由于在短期内厂商无法调整固定要素，即无法使要素组合达到最优，机器设备等固定要素常出现过剩或不足。而长期内厂商可以根据需要进行全面调整，使要素的组合达到最优状态，即任一产量所对应的长期总成本都是最优要素组合下的最低成本。所以，对于既定固定投入的短期生产来说，只有在最佳的产量水平下，短期总成本才等于长期总成本，而在其他产量水平下，短期总成本总是高于长期总成本。

长期总成本曲线 LTC 是从原点出发向右上方倾斜的。它表示：当产量为零时，长期总成本为零，以后随着产量的增加，长期总成本是增加的。而且，长期总成本曲线 LTC 的斜率先递减，经拐点之后，又变为递增。

5.2.2.2　长期平均成本

长期平均成本（LAC）是单位产量所分摊的长期总成本。长期平均成本函数可以写为：

$$LAC = \frac{LTC(Q)}{Q} \tag{5-13}$$

显然，长期平均成本也是生产各种产量所需的最低平均成本点的轨迹。

长期平均成本（LAC）与短期平均成本（SAC）之间的关系可用图 5-8 说明。图 5-8 中，SAC_1、SAC_2、SAC_3 分别代表三种不同规模下的短期平均成本曲线，假定厂商在第一种规模下产量为 Q_1，短期平均成本曲线为 SAC_1，所以产量为 Q_1 的平均成本为 C_1。现在厂商想扩大产量到 Q_2，在短期，在第一种规模下，有些投入要素是固定的，无法调整，因此其平均成本为 C_2。但在长期，厂商可以根据需要及所要达到的产量进行全面调整，这样厂商就能建立一座第二种规模的工厂，其成本函数为 SAC_2，产量为 Q_2 的平均成本只有 C_2'。如果厂商期望产量能达到 Q_3，则应该建立一座第三种规模的工厂。由此可见，在短期固定不变的生产投入要素与成本情况，在长期则是可变的，以实现更为有效的资源配置。

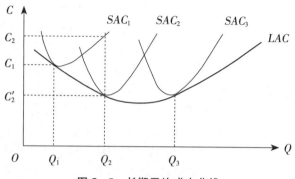

图 5 - 8　长期平均成本曲线

以上假定可供选择的规模只有三种。若假定规模可以无限细分，便有无穷多条短期平均成本曲线，对应于每一个产量，都有一个最佳的短期平均成本点，把所有这些点用一条平滑的曲线连接起来，就是该厂商的长期平均成本曲线，即图 5 - 8 中粗线所表示的曲线。所以长期平均成本曲线就是一条与无数条短期平均成本曲线相切的包络线。在这条包络线上，在连续变化的每一产量水平上，都存在 LAC 曲线和一条 SAC 曲线的相切点，该 SAC 曲线所代表的生产规模就是生产该产量的最优生产规模，该切点所对应的平均成本就是相应规模上的最低平均成本。LAC 曲线表示长期内厂商在每一产量水平上可以实现的最低平均成本。

从图 5 - 8 还可看出，生产任何已知产量水平的长期平均成本，一般来说，并不出现在短期平均成本曲线的最低点，只有在 LAC 曲线的最低成本点，长期平均成本才等于最低的短期平均成本。在 LAC 的递减阶段，LAC 曲线与 SAC 曲线最低点的左侧相切；在 LAC 的递增阶段，LAC 曲线与 SAC 曲线最低点的右侧相切；只有在 LAC 曲线的最低点，LAC 曲线才与 SAC 曲线的最低点相切。由此可见，长期平均成本曲线呈"U"形。长期平均成本曲线的形状与位置分别由规模内在经济和外在经济所决定：

（1）长期平均成本曲线呈先降后升的"U"形特征是规模经济规律作用的结果。在企业生产扩张的开始阶段，由于规模经济的存在，随着生产规模的扩大，呈现规模收益递增，长期平均成本下降。当生产扩张到一定的规模，规模经济消失，生产处于规模收益不变阶段，即随着规模的扩大，长期平均成本将在一定范围内保持不变。当生产规模进一步扩大，企业将可能出现规模不经济，即随着生产规模的扩大，规模收益递减，长期平均成本上升。规模经济和规模不经济都是由厂商变动自己的企业生产规模所引起的，因此，它们也被称为规模内在经济和规模内在不经济。

长期平均成本曲线和短期平均成本曲线都呈先降后升的"U"形特征。但是，两者形成"U"形的原因各不相同。短期平均成本曲线呈"U"形的原因是短期生产的边际收益递减规律的作用，而长期平均成本曲线呈"U"形的原因是长期生产中的规模经济规律的作用。

（2）长期平均成本曲线的位置由外在经济和外在不经济所决定。外在经济是由于厂商的生产活动所依赖的外界环境得到改善而产生的。这些外在环境包括资源价格、技术变革、国家税收或补贴政策、政府管制行为等。例如，整个行业的技术水平发展，从而使行业内的单个厂商受益。厂商的生产活动所依赖的外界环境恶化，则是外在不经济。例如，整个行业的生产成本水平提高，从而使行业内的单个厂商受损。外在经济和外在不经济是由企业以外的因素所引起的。外在经济使 LAC 曲线向下平移；外在不经济使 LAC 曲线向上平移。如图 5-9 所示，外在经济使 LAC_1 曲线向下移至 LAC_2 曲线的位置。反之，外在不经济使 LAC_2 曲线向上移至 LAC_1 曲线的位置。

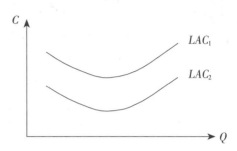

图 5-9　长期平均成本曲线位置的变化

新闻分析

合肥布局新一代信息技术全产业链

集微网消息，以新型显示、集成电路、人工智能等为代表的新一代信息技术产业，已成为合肥首位性、支柱性产业。合肥新型显示器件、集成电路、人工智能入选首批国家级战新产业集群。

"十三五"期间，合肥新型显示产业构建起"从砂子到整机"的全产业链布局，实现"领跑"地位；集成电路企业近 300 家集聚于此，从业人员超过 2.5 万人，形成存储、显示驱动、智能家电、汽车电子等特色芯片板块。"十四五"期间，合肥力争打造新一代信息技术具有国际竞争力的五千亿级产业集群。2022 年 1 月，《合肥市"十四五"新一代信息技术发展规划》发布，明确指出合肥将持续壮大新型显示器件、集成电路、人工智能等优势产业集群，集聚培育物联网、智能传感器、汽车电子等产业集群，持续打造具有国际竞争力、影响力的产业地标。

在集成电路领域，合肥已形成设计、制造、封测、设备和材料全产业链布局，并打造"合肥芯""合肥产""合肥用"全产业链条。全力造"芯"的合肥，虽是"后起之秀"，但发展势头迅猛，力争到 2025 年全市产值突破 1 000 亿元。换言之，"十四五"期间，合肥将被打造成为集成电路产业千亿之城。

高新区、经开区、新站高新区，作为合肥集成电路产业重要承载地，各有特色。《合肥市"十四五"新一代信息技术发展规划》明确指出，合肥集成电路产业集群入选首批国家战略性新兴产业集群，分别在高新区（智能家电、汽车电子）、经开区（存储、装备）、新站高新区（显示驱动、材料）形成产业集聚。

资料来源：爱集微. 合肥"IC 之都"三高地，全产业链布局［EB/OL］.（2022-05-02）［2025-02-27］. https://laoyaoba.com/n/816775. 有改编.

分析： 合肥之所以致力打造以新型显示、集成电路、人工智能等为代表的新一代信息技术产业集群，主要目的是吸引众多相关厂商的进入，使之形成存储、显示驱动、智能家电、汽车电子等产业的生产、销售、研发、物流、人才的完整生产服务配套网络，如合肥经开区就聚集长鑫存储、通富微电、龙迅半导体、康佳半导体、芯瑞达、泰瑞达、上海至纯、北方华创等一批知名企业，形成了从新型存储器制造，到上游的装备、原材料以及下游的封测、模块及组装全产业链。由此，对各厂商产生良好的外在经济性，即各厂商可以利用该网络中的技术资源、人力资源和其他配套设施，共同降低成本、共同受益，使长期平均成本曲线下移。由此，也可以说明为何国家及地方要建立经济开发区以及为何众多厂商愿意进入经济开发区，因为经济开发区的建立，可以使开发区内的所有厂商获得外在经济的好处。

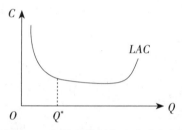

图 5 - 10　"L" 形的长期平均成本曲线

需要指出的是，关于 LAC 曲线的形状，经济学家近年来的经验性研究结果表明，在大多数行业的生产过程中，企业在得到全部规模内在经济之后，规模内在不经济的情况往往要在很高的产量水平上才会出现，也就是说，下降的 LAC 曲线要经历很大范围的产量变化以后，才会转变成上升的 LAC 曲线（如图 5 - 10 所示）。LAC 曲线的这种形状被称为 "L" 形，在这种情况下，企业往往可以据此确定最小最优生产规模，图 5 - 10 中的 Q^* 即最小最优生产规模。

资料链接 ···

鲍莫尔成本疾病

1966 年，美国经济学家威廉·J. 鲍莫尔在《表演艺术：一种经济学困境》一书中首次描述了表演艺术中存在的一种普遍现象，即与现代工业的高效率相比，表演艺术在"技术方面"进步缓慢。与其他行业如制造业不断出现的技术进步和效率提高所带来的成本下降相比，表演艺术领域的生产成本不仅难以降低，而且还有上升的趋势，如艺术家的工资就是上升的。此外，戏剧中的角色担当和乐曲的演奏时间等也无法变更和改变，这使得这些领域的生产成本与那些成本得到大幅降低的行业相比，相对成本反而大幅飙升，这种表演艺术领域相对成本上升的现象后来被称为鲍莫尔成本疾病（Baumol's Cost Disease）。如今这一概念已被用来泛指传统服务业生产效率低，且长期停滞不前的现象。传统服务业是指那些机器很难进入，需要较多人类艺术创作的领域，这些领域多属劳动密集型行业。通过鲍莫尔的分析，我们不难理解为什么去音乐会现场聆听那些经典曲目时，我们必须支付价格越来越高的门票，而购买一盒音乐 CD 所需的费用却要便宜许多。

资料来源：王军. 经济学家眼里的不朽. 经济学家茶座：第 60 辑. 济南：山东人民出版社，2013：41 - 45. 有删减。

5.2.2.3　长期边际成本

长期边际成本（LMC）是指当厂商有足够的时间根据产量调整其固定要素时，每增加一个单位的产量所增加的总成本。即：

$$LMC = \frac{\Delta LTC}{\Delta Q} \tag{5-14}$$

当 LTC 为连续的函数时：

$$LMC = \frac{\mathrm{d}LTC}{\mathrm{d}Q} \tag{5-15}$$

在图 5-11 中，SAC_1、SAC_2、SAC_3 分别代表三种不同规模下的短期平均成本曲线，前面已经说明，由此可以形成分别与不同规模下短期平均成本相切的长期平均成本曲线（LAC），其切点所对应的产量（Q_1、Q_2、Q_3）为对应规模下的最优生产规模。SMC_1、SMC_2、SMC_3 分别代表以上三种对应规模下的短期边际成本曲线，各种规模下的短期边际成本曲线会相交于对应规模下的短期平均成本曲线的最低点。在 Q_1 规模下，对应的边际成本为图中的 P 点；在 Q_2 规模下，对应的边际成本为图中的 R 点；在 Q_3 规模下，对应的边际成本为图中的 S 点。以上 P、R、S 点所对应的边际成本就是分别生产 Q_1、Q_2、Q_3 产量的最低边际成本。在生产规模可以无限细分的条件下，可以得到无数个类似于 P、R 和 S 的点，将这些点连接起来便得到一条光滑的长期边际成本 LMC 曲线。另外，与长期总成本曲线和长期平均成本曲线不同，长期边际成本曲线不是短期边际成本曲线的包络线。

由图 5-11 可见，LMC 曲线呈"U"形，这也是由长期生产中的规模经济和规模不经济所决定。

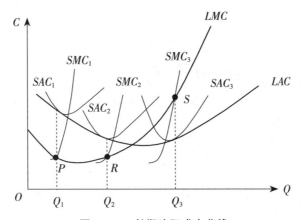

图 5-11　长期边际成本曲线

LAC 曲线与 LMC 曲线之间的关系与我们在前面所分析的 SAC 曲线与 SMC 曲线之间的关系相同，即 LMC 曲线必通过 LAC 曲线的最低点。原因在于：根据边际产量和平均产量的关系，在 LAC 曲线的下降段，LMC 必定小于 LAC，LMC 曲线在 LAC 曲线的下方；在 LAC 曲线的上升段，LMC 必定大于 LAC，LMC 曲线在 LAC 曲线的上方。由于 LAC 曲线呈"U"形，所以 LMC 曲线也必然呈"U"形，而且两者必然相交于 LAC 曲线的最低点。

其数学关系为：

$$\frac{\mathrm{d}LAC}{\mathrm{d}Q} = \frac{\mathrm{d}}{\mathrm{d}Q}\left(\frac{LTC}{Q}\right) = \frac{LTC'Q - LTC}{Q^2}$$

$$= \frac{1}{Q}\left(LTC' - \frac{LTC}{Q}\right) = \frac{1}{Q}\ (LMC - LAC) \tag{5-16}$$

由式（5-16）可见，由于 $Q>0$，所以，当 $LMC<LAC$ 时，LAC 曲线的斜率 $\frac{\mathrm{d}LAC}{\mathrm{d}Q}$ 为负，LAC 曲线是下降的；当 $LMC>LAC$ 时，LAC 曲线的斜率 $\frac{\mathrm{d}LAC}{\mathrm{d}Q}$ 为正，LAC 曲线是上升的；当 $LMC=LAC$ 时，LAC 曲线的斜率 $\frac{\mathrm{d}LAC}{\mathrm{d}Q}$ 为 0，LAC 曲线达到极小值。

长期成本函数是供厂商制定生产规模规划时用的，若长期成本函数确定，厂商就可以由此确定长期平均成本最低点为最适当的生产规模。

5.3 厂商收益和利润

利润最大化原则

厂商确定长期生产规模及短期生产产量所遵循的唯一原则，就是追求利润最大化。那么，在什么情况下才能实现利润最大化呢？这就需要对收益和利润进行分析。

5.3.1 厂商收益

厂商收益是指厂商销售产品所得到的收入。厂商收益包括总收益、平均收益和边际收益三个概念。

总收益（TR）是指厂商销售一定数量产品所得到的全部收入。其计算公式为：

$$TR = P \cdot Q \tag{5-17}$$

式中：　P——产品的单价；

　　　　Q——产品的销量。

平均收益（AR）是指厂商销售每一单位产品平均所得到的收入。其计算公式为：

$$AR = \frac{TR}{Q} = \frac{P \cdot Q}{Q} = P \tag{5-18}$$

由式（5-18）可见，厂商的平均收益曲线也就是厂商所售产品的需求曲线。

边际收益（MR）是指厂商每增加销售一单位产品所增加的收入。其计算公式为：

$$MR = \lim_{\Delta Q \to 0} \frac{\Delta TR}{\Delta Q} = \frac{\mathrm{d}TR}{\mathrm{d}Q} \tag{5-19}$$

表 5-4 表示了总收益、平均收益、边际收益之间的关系。

表 5 - 4　总收益、平均收益和边际收益的关系

销量 (*Q*)	单价 (*P*)	总收益 (*TR*)	平均收益 (*AR*)	边际收益 (*MR*)
0	—	0	0	—
1	21	21	21	21
2	20	40	20	19
3	19	57	19	17
4	18	72	18	15
5	17	85	17	13
6	16	96	16	11
7	15	105	15	9
8	14	112	14	7
9	13	117	13	5
10	12	120	12	3

由表 5 - 4 可见，*MR* 始终是下降的，即厂商销售的商品越多，其单位售价就越低，多售出一单位产品所增加的收入也就越少。事实上，*MR* 很容易变成负数，这意味着厂商降低价格造成的损失大于其增加销售量所带来的收益。

然而 *MR* 是否一定随着产量的上升而下降呢？答案是：不一定。*MR* 曲线的形状取决于该厂商所面临的需求曲线。在不同的市场结构中，*MR* 曲线的形状是不同的。这在本书后面的章节中将会做出详细的说明。

5.3.2　厂商利润

厂商生产或出售产品的目的是赚取利润。显然，如果总收益大于总成本，就会有剩余，这个剩余就是利润。若以 π 表示利润，则其计算公式为：

$$\pi = TR - TC \tag{5-20}$$

由于正常利润已包含在总成本中，则：$TR - TC > 0$，厂商获得经济利润；$TR - TC < 0$，厂商亏损；$TR - TC = 0$，经济利润等于零，但厂商可以获得正常利润。

5.3.3　利润最大化原则

厂商进行生产的目的不仅是追求利润，而且力求获取最大利润。然而厂商如何生产才能获取最大利润呢？这可以从产量、收益、成本和利润之间的关系加以说明。

我们先给出一张某厂商的产量、收益、成本和利润列表（见表 5 - 5）。

表 5 - 5　产量、收益、成本和利润列表

Q	*TR*	*MR*	*TC*	*MC*	π
0	0	—	15	—	−15

续表

Q	TR	MR	TC	MC	π
1	21	21	32	17	-11
2	40	19	45	13	-5
3	57	17	54	9	3
4	72	15	61	7	11
5	85	13	69	8	16
6	96	11	80	11	16
7	105	9	92	12	13
8	112	7	108	16	4
9	117	5	126	18	-9
10	120	3	146	20	-26

厂商在从事生产或销售时，一方面要考虑增加产量会增加多少收益（即 MR），另一方面还要考虑增加产量会增加多少成本（即 MC）。表 5-5 表明，当产量由 0 增加到 1，直至由 5 增加到 6 时，$MR>MC$，即每增加一个单位产品都能带来更高的利润，所以产量应该继续增加。然而当产量在 6 以上，若继续增加，则 $MR<MC$，即每增加一个单位产品所带来的收入的增加将小于成本的增加，利润下降，所以产量不应继续增加。

因此，只要产量低于 6 个单位，厂商就应该增加产量，而当它的产量为 6 个单位或更多时，厂商就不应再增加产量。显然，该厂商将产量定为 6，就是使利润达到最大的产量水平，此时 $MR=MC$。$MR=MC$ 就是利润最大化原则。因此，利润最大化原则可以这样表述：在其他条件不变的情况下，厂商应该选择最优的产量，使得最后一单位产品所带来的边际收益等于所付出的边际成本。

利润最大化原则还可通过数学方法加以证明。设 Q 为产量，π 为利润，TR 为总收益，TC 为总成本，则：

$$\pi=TR-TC$$

利润取极大值的必要条件是 $\dfrac{\mathrm{d}\pi}{\mathrm{d}Q}=0$，即：

$$\frac{\mathrm{d}\pi}{\mathrm{d}Q}=\frac{\mathrm{d}TR}{\mathrm{d}Q}-\frac{\mathrm{d}TC}{\mathrm{d}Q}=0$$

所以

$$\frac{\mathrm{d}TR}{\mathrm{d}Q}=\frac{\mathrm{d}TC}{\mathrm{d}Q}$$

即有：

$$MR=MC \tag{5-21}$$

因此，当 $MR=MC$ 时，利润为最大值。即在这一点的产量上生产能获取最大利润。

如图 5-12 所示，E 点就是厂商实现最大利润，即 $MR=MC$ 的均衡点。此时该厂

商的最佳产量为 Q^* 。

　　若 $MR>MC$ ，表示在现有生产状态下，每增加一单位产出所获取的收益大于为此所付出的成本，则厂商应该增加产出；若 $MR<MC$ ，表示在现有生产状态下，每增加一单位产出所获取的收益小于为此所付出的成本，则厂商应该减少产出；若 $MR=MC$ ，表示在现有生产状态下，每增加一单位产出所获取的收益等于为此而付出的成本，则厂商达到最大利润，应该维持现有产出。因此，厂商必须根据边际收益与边际成本之间的关系，尽可能地选择最接近边际收益等于边际成本的产出水平。这样的分析方法也称为边际分析方法。

　　由于边际成本曲线是一条 U 形曲线，因此边际成本曲线与边际收益曲线的交点除了图 5-12 中的 E 点以外，还可能在边际成本下降的过程中与边际收益曲线相交，该交点也满足 $MR=MC$ ，需要注意，该交点是一个利润的极小值点，这一点是没有经济意义的。

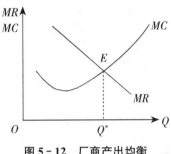

图 5-12　厂商产出均衡

　　由此需要关注实现利润最大化的充分条件就是，要求边际成本曲线的斜率大于边际收益曲线的斜率。图 5-12 中实现利润最大化的 E 点，边际收益曲线向右下方倾斜，其斜率为负值，而边际成本曲线向右上方倾斜，其斜率为正，所以该点满足利润最大化的充分条件。一般来说，在不同的市场结构中，边际成本曲线的斜率为正值，而边际收益曲线的斜率在完全竞争市场中为 0，在不完全竞争市场中为负值。

🏵 案例评析

载客决策中的边际分析

　　林涛是一辆从北京开往天津的长途汽车的车主兼司机。汽车出站后，还有 2 个空位，当车开到京津高速公路的收费站时，有一人出 40 元要求上车前往天津（假设北京到天津的汽车票价为 60 元），如果允许中途载客，林涛是否应该允许该客人上车呢？

　　这里的决策就可以应用边际分析方法：林涛如果允许该客人上车，其边际成本（增加一位乘客所增加的成本）几乎为 0，而边际收益（增加一位乘客所增加的收益）则为 40 元，此时，边际收益大于边际成本，所以，林涛应该允许该客人上车，虽然他愿意出的票价比正常票价要低。

　　如果出现了另一种情况，车开到京津高速公路的收费站时，有一家三口出 180 元要求搭车前往天津，按照规定，车不得超员，如超员一人，罚款 200 元。在这种情况下，林涛不应该让这一家人上车。因为，虽然这 3 人出的票价与正常票价相等，由此林涛可以得到边际收益 180 元，但此时边际成本已经上升为 200 元，边际成本大于边际收益。

　　应用边际分析方法可以解释现实世界中的大部分厂商行为。不管是延长商店营业时间、收回有缺陷的产品，还是免费提供样品等，只要该行为增加的收入大于增加的成本，厂商就会采取该行动。

5.4 厂商的产出决策

到目前为止，我们研究的都是厂商在盈利状况下如何选择利润最大化的产出水平。但是，如果厂商无论在哪种产出水平上都不能赚取利润，那么，厂商应该如何决策呢？本节将进一步详细讨论厂商的长期与短期的产出决策问题。

5.4.1 厂商的长期产出决策

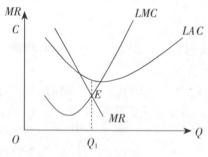

图 5-13 厂商长期产出决策

无论是长期产出决策还是短期产出决策，所必须遵循的利润最大化的原则是一样的，这就是使产出处于边际收益等于边际成本处，即图 5-13 中的 E 点，这时的产出水平为 Q_1，在该产出水平上，边际收益（MR）等于长期边际成本（LMC）。

然而，利润最大化原则实际上包含两层含义：第一，如果盈利，那么按照利润最大化原则生产，则厂商实现最大利润；第二，如果亏损，那么按照利润最大化原则生产，则厂商亏损最小。但是，如果在长期中厂商处于亏损状态，那么厂商必须进一步考虑：在该点上还要不要继续经营？如果退出，是否更为有利？

> **小思考**
> 利润最大化原则是否意味着厂商一定会盈利？

从长期看，只有当价格不低于长期平均成本时，厂商才应继续经营下去。在图 5-13 中，如果价格高于或等于 LAC，厂商不会亏损，则应该继续经营下去，并使产出水平维持在 Q_1。如果价格低于 LAC，厂商的长期产出决策应当为停止生产，或者实施转产。这是因为在长期中，厂商能够进行全面的要素调整，如果经过调整，所实现的长期平均成本仍不能低于产品的市场价格，则说明从长期看其获得的收益根本无力支付其成本，因此厂商应该停产歇业或转向其他行业。也就是说，厂商要在长期中继续经营，至少应获得正常利润，即总成本绝不能大于总收入；同样，平均成本必须小于平均收益。所以，只要满足价格大于平均成本，利润就不会是负值。而价格等于长期平均成本点为企业生产的盈亏平衡点。

综上，可以得出厂商的长期产出决策必须满足的条件是：$MR=LMC$，且 $P\geqslant LAC$。如果 $P<LAC$，厂商应该选择退出该行业。

5.4.2　厂商的短期产出决策

在短期中，厂商依然要根据边际收益等于边际成本来确定产出水平，如在图 5-14 中，根据 $MR=SMC$，确定均衡点 E，产出水平为 Q_2。

产出水平确定之后，还必须检查价格与平均成本的关系。如果在 Q_2 产量水平上，价格等于或高于 SAC_2，厂商能够获得正常利润或经济利润，并且其利润达到最大，因此厂商当然应使生产水平达到 Q_2。

但是如果在 Q_2 产出水平上，价格低于 SAC_2，厂商将会亏本。如果在长期，此时就应退出。然而在短期，厂商即使不生产也要支出固定成本，这时的固定成本为沉没成本，所以如果厂商选择停产，其收入

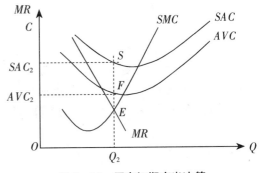

图 5-14　厂商短期产出决策

就为 0，损失即为固定成本（TFC）。但是，如果厂商选择维持一定的产出，能够使损失减少到小于固定成本（TFC），那么它就应该继续营业。所以，在短期如果厂商处于亏损状态，应进一步比较完全停产与继续保持 Q_2 产量水平何者损失更小。

如果在 Q_2 产出下的市场价格超过平均变动成本（AVC_2），即 $P>AVC$，或者 $TR>TVC$，就意味着厂商的收入除了能补偿其变动成本之外，还能补偿部分固定成本。所以，保持生产比不生产亏损额要少，因此，此时即使亏本，仍应保持 Q_2 产量。如果市场价格没有超过平均变动成本 AVC_2，即 $P<AVC$ 或 $TR<TVC$，就表明厂商若继续维持生产，其收益连变动成本都无法全部补偿，因此，在这种情况下如不停产，亏损将会加大，所以，厂商应该选择停产。如果市场价格等于平均变动成本 AVC_2，即 $P=AVC$ 或 $TR=TVC$，就表明厂商无论是继续生产还是停产，亏损额都为固定成本 TFC，因此厂商选择生产或停产其效果完全一样，但是，在实际的生产经营中，厂商在此时往往会选择继续生产。

因此，在短期生产状态下，如果企业处于亏损状态，这时厂商在决策中应该将固定成本看成沉没成本，不需要考虑其大小和回收问题，而应该根据价格是否大于或等于相应的平均变动成本，来决定企业是否继续维持生产。$P\geqslant AVC$ 就是本章第 2 节中所说的停止营业点（或生产关闭点）。停止营业点规则可以对厂商在短期内处于亏损状态时为什么继续经营或停止经营做出很好的解释。

📊 **小思考**

什么是停止营业点？在交易中厂商能够接受的最低价格是什么？厂商短期产出决策与长期产出决策的原则有何区别？

需要注意的是，如果厂商销售收入仅能补偿部分固定成本，则该厂商的生产是不可能维持太久的。在实际生产中，如果企业一直在亏损，即使价格高于短期平均变动成本，企业的决策者们也必须深入研究一下：将来亏损的状况是否会有所改变？能否变卖全部资产（厂房和设备），并将这些变卖所得投入其他行业？

一般来说，厂商所面临的未来有三种可能性：

第一，厂商可能预计其需求环境在将来会有所改善。如果有这样的希望，就值得继续经营下去，即使在短期内有些亏损也无妨，因为将来需求有所好转后，这些损失可以得到弥补。

第二，需求环境不会有大的改善，但厂商预计其成本将有所降低。比如采用某项新的生产工艺技术将会使生产成本大大降低。如果是这样，厂商也值得继续经营下去。

第三，厂商既看不到任何降低成本的可能性，需求环境又不可能转好，在这种情况下，厂商应该做出停产或转产的决策，因为多生产一天就多亏损一些。

案例评析

是否接受交易？

一家计算机公司生产的某型号计算机的平均成本为 7 000 元/台。目前计算机市场竞争异常激烈，该型号计算机的价格由 10 000 元/台持续下降，现已降为 7 100 元/台。某日该计算机公司争取到一位大客户的订单，其订货量为 1 500 台，然而，该客户只愿出价 6 300 元/台。该计算机公司是否接受该项交易？

该项决策可以这样考虑：此时的决策为短期决策。短期决策的条件是交易价格应该大于或等于平均变动成本。目前客户的出价为 6 300 元/台，该价格虽然低于平均成本（7 000 元/台），但由于目前计算机市场竞争异常激烈，公司很难以高于平均成本的价格进行大批量的交易，所以，只要交易价格大于或等于该型号计算机的平均变动成本，该公司就应该接受该项交易。6 300 元/台的出价大于计算机的平均变动成本，所以该公司应该接受该项交易，这样相比停产亏损更少。当然，如果公司认为该型号计算机已经没有盈利的可能（计算机价格不可能上升或生产平均成本不可能再降低），则此时的决策应该为长期决策，可以考虑卖掉所有存货后立即转产。

厂商的短期产出决策和长期产出决策的区别如表 5-6 所示。

表 5-6　厂商的短期产出决策和长期产出决策的区别

决策	决策原则	检验是否应继续生产
短期产出决策	产出确定在 $MR=SMC$ 处	$P \geqslant AVC$ 或 $TR \geqslant TVC$，则生产这一产量；$P < AVC$ 或 $TR < TVC$，则停产
长期产出决策	产出确定在 $MR=LMC$ 处	$P \geqslant LAC$ 或 $TR \geqslant LTC$，则生产这一产量；$P < LAC$ 或 $TR < LTC$，则退出

从短期看，由于是否生产取决于价格是否高于平均变动成本 AVC，所以称 $P = AVC$ 为短期停止营业点，即 $P < AVC$ 时，短期内应停产。

从长期看，持续营业的条件是 $P \geqslant LAC$，因此称 $P = LAC$ 为长期盈亏平衡点，即 $P < LAC$ 时，应退出该行业而转移到新的行业中去。

本章小结

首先，本章介绍了经济学中几个基本的成本概念，如固定成本与可变成本、显性成本与隐性成本、机会成本与会计成本，以及沉没成本。其次，本章分别论述了短期成本函数和长期成本函数及其各成本间的相互关系：在短期成本函数中，充分说明了平均成本、平均变动成本及边际成本曲线呈现"U"形是边际收益递减规律作用的结果，同时还说明了平均成本、平均变动成本及边际成本相互之间的关系是边际成本曲线要通过平均成本曲线、平均变动成本曲线的最低点；在长期成本函数中，重点论述了各长期成本与规模经济之间的关系。再次，本章阐述了利润最大化原则，即边际收益等于边际成本。最后，本章以利润最大化原则为指导，分别提出了厂商的长期与短期产量的决策条件：从短期看，是否生产取决于价格是否高于平均变动成本；从长期看，持续营业的条件是价格大于或等于长期平均成本。

经济问题分析

实际上，是其他航空公司，而不是大陆航空公司，犯了一个严重的错误。这个错误就是用平均成本代替边际成本制定决策。其他航空公司使用的"65%乘坐率"是这样得出的：航空公司每年的总成本（TC）除以每年的飞行次数（Q），从中得出飞行的平均成本 $\left(AC = \dfrac{TC}{Q}\right)$，据此计算出一个标准飞行的平均成本；要想使机票的销售额达到这个平均成本，乘坐率必须为 65%。因此，其他航空公司将乘坐率低于 65% 的飞行视为损失，并取消了这种飞行。

然而，使用平均成本进行决策存在两个问题：第一，航空公司每次飞行的平均成本包括许多固定成本，这些固定成本与增加或减少一次飞行的决策无关。这些成本包括运行订票系统的成本、支付企业债务的利息、支付机场停机权的固定费用等。无论企业是增加还是减少一次飞行，这些成本都不会发生变化。第二，平均成本通常随产出的变化而变化，因此，在做有关产出变化的决策时，如果假设平均固定成本不变，这本身就是一种错误。

大陆航空公司的管理层采用了边际分析方法确定利润。在考虑增加飞行时，公司会调查确定各个部门的新增成本，即边际成本。当然，新增成本主要是指新增的可变投入，比如新增的服务员、地勤人员、飞行餐、飞机燃料等。最后得出：新增飞行需要新增费用大约 2 000 美元。因此，增加一次飞行的边际成本为 2 000 美元。乘坐率为 50% 时边际收入为 3 000 美元，仍旧大于它的边际成本，因此提供飞行能够增加利润。这就是为什么大陆航空公司在只有 50% 乘坐率的情况下仍旧增加飞行次数的原因。20 世纪 60 年代早期，大陆航空公司通过秘密武器——边际分析方法——战胜了其他航空公司。如今这个秘密已经众所周知，航空公司在决定是否提供飞行时都会考虑使用边际分析方法。

复习与思考

一、名词解释

固定成本　变动成本　显性成本　隐性成本　机会成本　沉没成本　经济利润　正常利润　短期　长期　总成本　平均成本　边际成本　盈亏平衡点　停止营业点　边际收益　利润最大化原则

二、选择题

1. 某厂商每年从企业的总收入中取出一部分作为自己所提供的生产要素的报酬，这部分资金被视为（　　）。

A. 显性成本 　　　　　　　　　　B. 隐性成本

C. 沉没成本 　　　　　　　　　　D. 经济利润

2. 对应于边际收益的递增阶段，STC 曲线（　　）。

A. 以递增的速率上升 　　　　　　B. 以递增的速率下降

C. 以递减的速率上升 　　　　　　D. 以递减的速率下降

3. 短期内在每一产量上的 MC 值应该（　　）。

A. 是该产量上的 TVC 曲线的斜率，但不是该产量上的 TC 曲线的斜率

B. 是该产量上的 TC 曲线的斜率，但不是该产量上的 TVC 曲线的斜率

C. 既是该产量上的 TVC 曲线的斜率，又是该产量上的 TC 曲线的斜率

D. 既不是该产量上的 TVC 曲线的斜率，也不是该产量上的 TC 曲线的斜率

4. 在规模内在经济的作用下，LAC 曲线呈（　　）。

A. 上升趋势 　　　　　　　　　　B. 下降趋势

C. 不变 　　　　　　　　　　　　D. 无法判定

5. 在从原点出发的射线与 TC 曲线相切的产量上，必有（　　）。

A. AC 值最小 　　　　　　　　　B. $AC=MC$

C. MC 曲线处于上升段 　　　　　D. 上述各项都正确

6. 已知产量为 99 单位时，总成本等于 995 元，产量增加到 100 单位时，平均成本等于 10 元，由此可知边际成本等于（　　）。

A. 10 　　　　　　　　　　　　　B. 5

C. 99.5 　　　　　　　　　　　　D. 100

7. A 先生辞去月薪 6 000 元的工作，取出自有存款 100 000 元（月息 1%）开办了一家独资企业，如果不考虑商业风险，则 A 先生自办企业按月计算的机会成本是（　　）。

A. 2 000 元 　　　　　　　　　　B. 100 000 元

C. 7 000 元 　　　　　　　　　　D. 106 000 元

8. 在长期中，下列成本哪一项是不存在的？（　　）

A. 固定成本 　　　　　　　　　　B. 平均成本

C. 机会成本　　　　　　　　　　　　　　D. 隐性成本

9. 下列哪些支出属于变动成本？（　　　）

A. 借入资金的利息

B. 固定资产折旧

C. 停工期间无法解雇的总会计师的工资

D. 能随时解雇的工人的工资

10. 在短期生产中，当边际产量达到最大值时，下列哪项成本达到最小值？（　　　）

A. 平均成本　　　　　　　　　　　　　B. 边际成本

C. 平均变动成本　　　　　　　　　　　D. 平均不变成本

11. 经济学中所指的经济利润是指（　　　）。

A. 总收益与显性成本之间的差额　　　　B. 正常利润

C. 总收益与隐性成本之间的差额　　　　D. 经济利润

12. 如果生产 10 单位产品的总成本是 100 美元，第 11 单位产品的边际成本是 21 美元，那么（　　　）。

A. 第 11 单位产品的 TVC 是 21 美元

B. 第 10 单位产品的边际成本大于 21 美元

C. 第 11 单位产品的平均成本是 11 美元

D. 第 10 单位产品的边际成本小于 12 美元

13. 如果一家企业经历规模收益递增阶段，则 LAC 曲线是（　　　）。

A. 上升的　　　　　B. 下降的　　　　　C. 垂直的　　　　　D. 水平的

14. 边际成本曲线与平均变动成本曲线的交点是（　　　）。

A. 盈亏平衡点　　　　　　　　　　　　B. 停止营业点

C. 厂商均衡点　　　　　　　　　　　　D. 平均成本最低点

15. 长期平均成本曲线呈"U"形的原因与（　　　）。

A. 要素的边际收益递减规律有关

B. 规模经济有关

C. 外部经济与不经济有关

D. 不变成本与可变成本所占比重有关

16. 以下说法中，不正确的有（　　　）。

A. 短期生产中边际成本的变化只与可变成本有关

B. 长期内如果产量减少到零，总成本也将为零

C. 当总收益等于总成本时，厂商的正常利润为零

D. 要素的边际收益递增引起了 MC 一开始的递减

17. 假定两个人一天能生产 10 个零件，三个人一天能生产 12 个零件，则（　　　）。

A. 劳动的边际产量上升　　　　　　　　B. 边际成本下降

C. 平均变动成本上升　　　　　　　　　D. A 和 B 正确

18. 下列各项中，不属于固定成本的是（　　　）。

A. 厂房的折旧费用　　　　　　　　　　B. 技术人员的工资

C. 银行贷款利息　　　　　　　　　　D. 车间的照明费用

19. 厂商的停止营业点在（　　　）。

A. 企业的总损失等于 TFC 时　　　　B. 商品价格等于平均固定成本时

C. 总收益等于总成本时　　　　　　　D. 以上都不对

三、问答题

1. 简要说明短期和长期平均成本曲线呈"U"形的原因。

2. 假设在短期内劳动是唯一可变的投入，并且劳动价格即工资为常数，请根据 AP_L 和 MP_L 曲线解释 AVC 曲线和 MC 曲线呈"U"形的原因。

3. 结合某行业生产说明短期与长期的区别。

4. 会计利润和经济利润哪个更大？为什么？

5. 一个企业是否可能以低于成本的价格出售产品？请说明原因。

6. 政府决定，某行业的企业必须为它生产经营的产品支付10 000元的税收。这一税收对总成本曲线和边际成本曲线会产生什么影响？

7. 某企业打算投资扩大生产，其可供选择的筹资方法有两种，一是利用利率为10％的银行贷款，二是利用企业利润。该企业的经理认为应该选择后者，理由是不用付利息，因而比较便宜。你认为他的话有道理吗？

四、计算题

1. 假定你是一家企业的总经理，该企业在上海、北京和天津三个城市销售产品，企业的目标是实现利润最大化。表5-7给出了在这三个城市销售代理商的人数与每月总收益之间的关系。

表 5-7　销售代理商人数与每月总收益的关系

销售代理商人数	总收益（元）		
	天津	北京	上海
0	0	0	0
1	8 000	9 000	9 500
2	12 000	16 000	18 000
3	13 000	21 000	25 000
4	13 200	24 000	31 000
5	13 300	25 000	36 000
6	13 000	25 500	40 000
7	11 000	25 000	43 000
8	10 000	24 000	45 000

问题：

（1）假定每个代理商的月工资是 4 000 元，每个城市应分派多少代理商？

（2）假定每个代理商的月工资是 5 000 元，每个城市应分派多少代理商？

（3）假定每个代理商的月工资是 7 000 元，每个城市应分派多少代理商？

2. 某企业应用许多要素生产一种产品，短期内，工人人数可以变化，而其他要素不变，我们考虑两种可能规模的工厂，成本函数分别为 $STC_1 = 0.006Q^3 - 1.33Q^2 + 201.6Q + 6\ 860$；$STC_2 = 0.005\ 7Q^3 - 1.424Q^2 + 205.6Q + 10\ 240$。在长期中，所有要素都可变，长期成本函数是 $LTC = 0.005Q^3 - 1.4Q^2 + 280Q$。试推算出函数 LAC、LMC、SAC_1、$SAVC_1$、SMC_1、SAC_2、SMC_2 的表达式。

3. 假设某企业按下列总收入（TR）函数和总成本（TC）函数从事经营：$TR = 100Q - 0.5Q^2$，$TC = 1\ 500 - 10Q + 0.5Q^2$。试通过利润最大化原则确定该企业利润为最大时的产量水平。

4. 根据表 5-8 中给出的数字进行计算，并填写所有的空格。

表 5-8　产量与各项成本

产量	固定成本	可变成本	总成本	边际成本	平均固定成本	平均变动成本	平均成本
0	120	0					
1	120		154				
2	120	63					
3	120		210				
4	120	116					
5	120		265				
6	120	180					
7	120		350				
8	120	304					
9	120		540				

5. A 公司专门从事精细塑料生产，通过研究开发，生产出一种应用于电子工业的最新设备，目前该设备已经生产并出售了 75 台，该设备的平均成本如表 5-9 所示。假设某电子公司愿意支付 150 000 元购买 A 公司的第 76 台设备，问题：A 公司是否接受订单制造第 76 台设备？

表 5-9　设备生产量与平均成本

设备生产量（台）	平均成本（元）
74	100 000
75	120 000
76	140 000

6. 假定某厂商需求函数为 $Q = 5\ 000 - 50P$，其中 Q 为产量，P 为价格。厂商的平

均成本函数为 $AC = \dfrac{6\,000}{Q} + 20$。

问题：

（1）使厂商利润最大化的价格与产量是多少？最大的利润水平是多少？

（2）如果政府对每单位产品征收 10 元税收，则新的价格与产量是多少？新的利润水平是多少？

7. 假定某企业的短期成本函数为 $TC = Q^3 - 10Q^2 + 17Q + 66$。

问题：

（1）指出该短期成本函数中的可变成本部分和固定成本部分；

（2）写出函数 TVC、AC、AVC、AFC 和 MC 的表达式。

8. 表 5-10 反映了 A、B、C 三家企业的长期总成本。请问：这三家企业是属于规模经济还是规模不经济？

表 5-10　三家企业长期总成本

Q	TC		
	A 企业	B 企业	C 企业
1	60	11	21
2	70	24	34
3	80	39	49
4	90	56	66
5	100	75	85
6	110	96	106
7	120	119	129

9. 某企业的短期成本函数为 $MC = 3Q^2 - 12Q + 10$，当 $Q = 5$ 时，总成本 $TC = 55$。

问题：

（1）求 TC、TVC、AC 和 AVC；

（2）当企业的边际产量最大时，企业的平均成本为多少？

▌案例研究

制药厂的经营决策

某制药厂已经花了 500 万元开发和试验一种新药。营销部经理估计该药品投入市场还需要花费 300 万元广告费，并预估到由于该药品只适用于特殊病人群体，整体市场需求有限，其全部销售收入约为 600 万元。这样，营销部经理通过核算认为该药品上市，其生产经营的总成本为 800 万元（500＋300），由此会产生 200 万元的亏损。因此，营销部经理建议停止生产该药品。

基于以上案例资料，请回答：

（1）营销部经理的建议是否正确？

（2）若会计部门的经理又指出，经营这种产品还必须分摊工厂间接费用 350 万元，这一新的信息是否会对决策有影响？

理论应用

一条生命值多少钱

第 6 章
生产要素最佳投入量及最佳组合的确定

○ 经济问题

树木遭遇至暗时刻

在俄乌冲突波及能源供应、欧洲各国通胀居高不下的大背景之下，欧洲正在经历一场严重的能源危机。

在欧盟总部所在地布鲁塞尔，许多家庭后院码了高高的木柴垛。能源账单居高不下之时，民众想尽一切办法为度过严冬做准备，木柴理所当然地成为抢手的取暖燃料。不少欧盟国家都增加了砍伐量，直接导致森林遭到破坏。现在欧洲人自己也备感尴尬，实现能源独立、加速绿色转型的雄心壮志在残酷的现实中不断受挫，甚至森林绿植也置身于危境之中了。木柴的市场需求也自然而然地催生了非法采伐和木材盗窃，以及绿植的神秘消失。

欧洲能源危机导致石油、天然气价格上涨，使欧洲各国能源政策、企业和普通消费者的能源结构出现了怎样的变化呢？

第 4 章分析了产量与生产要素之间的物质关系，由此得出生产经营过程中的边际收益递减规律和规模报酬规律；第 5 章分析了成本与收益之间的经济关系，由此得出生产经营过程中的利润最大化原则，即边际收益等于边际成本。生产中的物质技术关系决定了其经济关系，同时经济关系又会影响物质技术关系。在本章中，我们将物质技术关系与经济关系结合起来，重点分析利润最大化原则在要素投入决策中的具体应用。

6.1　一种生产要素变动时要素最佳投入量的确定

在短期生产过程中，只有部分生产要素的投入数量能发生变动，现在假定生产过程只有一种生产要素（假定为 L 要素）变动，此时生产函数记为 $Q=f(L)$ 或 $Q=f(L,\overline{K})$。那么，这种变动的生产要素应该投入多少，才能使厂商获得最大利润呢？这就是本节要讨论的问题。

一种要素变动时要素最佳投入量的确定

第 4 章论述了当生产过程中只有一种要素可变，如果连续投入这种可变生产要素，则最终会出现边际收益递减，据此分析得出这种可变生产要素的合理投入区间应该在生产的第 I、第 II 阶段（见图 4-2）。因为在生产的第 I 阶段，平均产量和总产量都继续上升，说明生产还有潜力，生产要素继续投入的结果会使平均产量上升，为了追求更多的收益，厂商投入的可变要素一般会突破第 I 阶段而进入第 II 阶段。第 II 阶段虽然平均产量开始下降，但总产量仍继续上升，所以厂商一般还会持续投入生产要素。在第 III 阶段，边际产量为负数，总产量开始下降，任何一个有理智的厂商都不会使可变要素的投入量超过 L_3，这一生产阶段被视为生产投入的禁区。

那么，具体来说，在第 I、第 II 合理投入区间，在哪一点投入最合理呢？这必须根据厂商的目标而定。如果厂商的目标是追求最大产量，而不考虑产品成本的高低，则最佳投入点应在第 II 阶段的 L_3 点，因为在这点时总产量达到最大值。如果厂商的目标是追求单位产品成本最低，则最佳投入点应在边际产量曲线与平均产量曲线的交叉点所对应的 L_2 点，因为在这点时平均产量最大，以致单位产品的可变成本最低。如果厂商的目标是追求最大利润，则需要根据利润最大化原则（边际收益等于边际成本），即通过衡量增加单位变动要素投入所带来的收益与为此而支付的成本之间的关系，来决定该变动要素的最佳投入量。

6.1.1　边际产品价值

边际产品价值（Value of Marginal Product，VMP）是指每增加一个单位某种可变生产要素所增加的收入。如果假定变动的可变要素为 L，则这种变动要素的边际产品价值的计算公式为：

$$VMP_L = MP_L \cdot P \tag{6-1}$$

式中：　VMP_L——变动要素 L 的边际产品价值；

　　　　MP_L——变动要素 L 的边际产量；

P——产品单价。

需要注意的是，边际产品价值与产品的边际收益的区别在于，产品的边际收益通常是对产品而言的，边际产品价值是对生产要素而言的。

例如，增加1个劳动力，可以增加3件产品，每件产品的单价为6元，则边际产品价值为18元。现假定产品单价不变，可计算出投入不同劳动力的边际产品价值，见表6-1。

表6-1　不同劳动力投入的边际产品价值　　　　　　　　　金额单位：元

P	L	TP_L	MP_L	VMP_L
6	1	3	3	18
6	2	7	4	24
6	3	10	3	18
6	4	12	2	12
6	5	13	1	6

根据边际收益递减规律，即随着某种变动要素投入量的增加，其边际产量不断下降，边际产量曲线（MP_L）向右下方倾斜。假定产品价格固定不变，则边际产品价值曲线与边际产量曲线一样向右下方倾斜（见图6-1）。需要注意的是，在第4章中我们曾经讨论边际产量还存在一个上升阶段，即存在边际收益递增阶段（见图4-2），但在此我们并不考虑边际收益递增的情况。这是因为根据前面对厂商行为的分析可知，厂商为使利润最大化，只会选择在生产的第Ⅱ阶段即在边际产量递减的情况下生产。所以，不需要考虑边际产量递增的阶段。

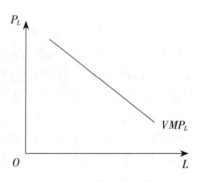

图6-1　边际产品价值曲线

📊 小思考

什么是边际产品价值？请区分边际产量、边际收益、边际产品价值这三个概念。

6.1.2　生产要素的边际成本

生产要素的边际成本（Marginal Factor Cost，MFC）也称边际要素成本，是指每增加使用一单位的某种可变生产要素所增加的成本。假定这种变动要素为 L，则 L 生产要素的边际成本用数学公式可以表示为：

$$MFC = \frac{\mathrm{d}TC(L)}{\mathrm{d}L} \tag{6-2}$$

需要注意的是，边际要素成本与产品的边际成本的区别在于，产品的边际成本是指增加一单位产品所增加的成本，边际要素成本是指增加使用一单位生产要素所增加的成本。

假定这种变动要素 L 的价格为 P_L，并且假定要素的价格 P_L 固定不变，则 L 生产要素的边际成本可以表示为：

$$MFC = \frac{\mathrm{d}TC(L)}{\mathrm{d}L} = \frac{\mathrm{d}(P_L \cdot L)}{\mathrm{d}L} = P_L \tag{6-3}$$

由此可见，当生产要素价格既定时，该要素的边际成本就为该要素的价格，该要素的边际成本曲线表现为从既定的生产要素价格水平出发的一条水平直线（见图 6-2）。

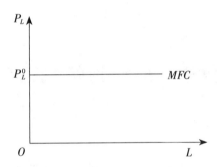

图 6-2　生产要素的边际成本曲线

6.1.3　生产要素的最佳投入量的确定

根据利润最大化原则（边际收益＝边际成本），把某变动要素的边际收益（即边际产品价值）和该变动要素的边际成本（即该生产要素的价格）进行比较，如果变动要素的边际产品价值超过其价格，那么增加使用该变动要素将导致利润增加，因此厂商会增加该变动要素的投入；当变动要素的边际产品价值小于其价格时，其边际利润将出现负值，总利润减少，这样厂商就应该减少投入该变动要素；只有在该变动要素的边际产品价值等于其价格时，才符合利润最大化原则，即在图 6-3 中该变动要素的投入量为 L' 时，厂商所获得的利润最大。所以，当一种生产要素变动时，生产要素最佳投入量的确定应满足以下均衡条件：

$$VMP_L = P_L \tag{6-4}$$

式中：　P_L 为变动要素 L 的价格。

根据表 6-1，如果生产要素的价格为 12 元，根据生产要素的最佳投入原则，则厂商应投入 4 个单位 L 要素，此时 $VMP_L = P_L = 12$。

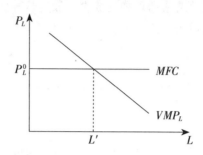

图 6 - 3　生产要素最佳投入量的确定

> ## 📊 小思考
>
> 请比较生产要素的最佳投入原则 $VMP_L = P_L$ 与利润最大化原则 $MR = MC$ 之间的异同。

6.2　两种生产要素变动时要素最佳组合的确定

以上研究了在短期生产状态下，一种可变投入要素变动对产量的影响，并确定了一种可变要素的最合理投入区域。在长期内，厂商可以调整全部生产要素的数量，所以，本节将用两种可变生产要素的生产函数，来分析两种可变生产要素与产量间的关系，并通过利润最大化原则来研究这两种生产要素变动时的最佳组合问题。

为了研究生产要素的最佳组合，需要运用等产量曲线和等成本线。

6.2.1　等产量曲线

如果生产过程中仅使用劳动和资本两种生产要素来生产一种产品，且二者都属可变投入要素，则生产函数可记为：

$$Q = f(L, K)$$

此时，要表示产量与生产要素间的关系，往往需要使用等产量曲线。

所谓等产量曲线，是用来表示在技术水平不变的条件下，生产同一产量的两种生产要素投入量的各种不同组合的轨迹。

例如，现有 L、K 两种变动生产要素，这两种生产要素有 A、B、C、D 四种组合方式，其结果都能生产出 100 件产品。其组合方式见表 6 - 2。

表6-2　生产100件产品的生产要素组合

要素组合方式	劳动投入量 （人）	资本投入量 （万元）	产量 （件）
A	10	60	100
B	20	30	100
C	30	20	100
D	60	10	100

根据表6-2的数据，可以绘出一条等产量曲线（见图6-4）。

对于给定的生产函数，可画出无数条等产量曲线，即一个生产函数可用一系列的等产量曲线来表示（见图6-5），每一条等产量曲线都代表既定产量所需的劳动和资本的各种组合。图6-5中的4条等产量曲线，分别表示可以生产出100单位、200单位、300单位和400单位产量的各种生产要素的组合。生产函数如不连续，等产量曲线会是折线，连续性生产函数则可形成光滑的等产量曲线。

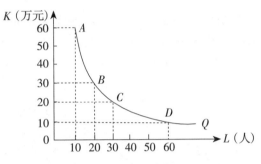

图6-4　等产量曲线

等产量曲线具有以下特点：

第一，它是一条向右下方倾斜的曲线，即其斜率为负值。这意味着，在厂商的资源与生产要素价格既定的条件下，为了保持产出量相等，当一种可变生产要素的投入减少时，另一种可变生产要素的投入就需增加。

第二，在同一平面上，可以有无数条等产量曲线。同一条等产量曲线代表同样的产量，不同的等产量曲线代表不同的产量，离原点越远的等产量曲线所代表的产量水平越高，离原点越近的等产量曲线所代表的产量水平越低。

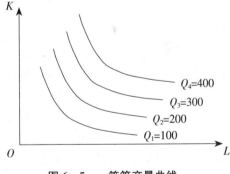

图6-5　一簇等产量曲线

如图6-5中，4条等产量曲线所表示的产量水平不同，反映了不同的生产水平。其中，离原点最近的等产量曲线Q_1所代表的产量水平最低，离原点最远的等产量曲线Q_4所代表的产量水平最高。

第三，在同一平面图上，任意两条等产量曲线不能相交。

如图6-6所示，假如两条等产量曲线相交，由于A点与B点同处于同一条等产量曲线Q_2上，同时A点与C点同处于同一条等产量曲线Q_1上，因此，依据等产量曲线的第二条特征，有$Q_A=Q_B$、$Q_A=Q_C$，据此可得出$Q_B=Q_C$。但B点与C点在不同的等产量曲线上，依据等产量曲线的第二条特征，$Q_B\neq Q_C$，所以，在同一平面图上，任意两

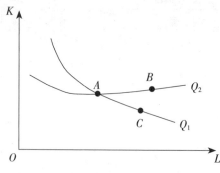

图 6-6　任意两条等产量曲线不能相交

条等产量曲线不能相交。

第四，等产量曲线的形状反映出两种投入要素的替代性。

在实际生产过程中，不同的生产要素之间有着相互替代性，如生产中以铝替代钢、以油替代煤，等等。用等产量曲线可以表示出生产要素之间的替代关系。一般在生产过程中，生产要素的替代关系有以下三类：

（1）完全替代。这时等产量曲线是一条直线［见图 6-7(a)］，表明等产量曲线上每一点的斜率相等，即意味着两种生产要素之间的替代比例保持不变，为一个常数。如表 6-3 所示，生产 10 个单位的某产品，每增加 1 个单位 X 要素的投入，就必须减少 2 个单位的 Y 要素，这表明 1 个单位的 X 能完全替代 2 个单位的 Y。在实际生产中，这种生产要素间的完全替代关系是可能存在的。

表 6-3　两种生产要素的完全替代关系

要素组合方式	产量 (Q)	投入要素 (X)	投入要素 (Y)	替代比率 $\left(\dfrac{\Delta Y}{\Delta X}\right)$
A	10	1	8	—
B	10	2	6	-2
C	10	3	4	-2
D	10	4	2	-2

（2）完全不可替代。此时等产量曲线为分别与纵轴和横轴平行且呈直角相交的两条直线［见图 6-7(b)］，即等产量曲线的斜率或为零，或为无穷。这说明要素之间的投入比例必须是固定的。如生产一副眼镜需要一副镜架、两块镜片；而生产两副眼镜，就需要两副镜架、四块镜片。如表 6-4 所示，镜架与镜片之间没有替代关系，投入要素之间必须按比例同时增加或减少。如果单独地增加某一投入要素的数量，产量不会发生变化，其要素的增加也就没有意义。如镜架只有一副，虽然镜片增加为四块，但产量仍然是一副眼镜。

表 6-4　两种生产要素的完全不可替代关系

产量 (Q)	镜架 (X)	镜片 (Y)	投入比率 $\left(\dfrac{Y}{X}\right)$
1	1	2	2
2	2	4	2
3	3	6	2
4	4	8	2

（3）一般的替代。在实际生产中，投入要素之间的替代性更多的是介于以上两种替代关系之间的，即可以互相替代，但替代性并不完全。如图 6-7（c）所示，这时等产量曲线的斜率有正有负。应当指出的是，等产量曲线的正向倾斜部分［图 6-7（c）中的 BD 部分］的投入要素组合是不合理的。从图中可以看出：在 BD 之间任一点上，生产同一产量所需用的两种投入要素的数量，都分别比在 B 点上所需用的两种投入要素的数量多，这时减少要素投入量，产量并不会下降。

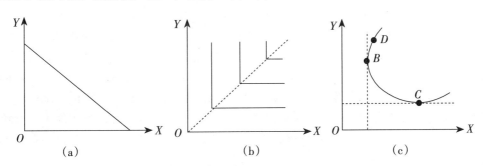

图 6-7 两种投入要素的替代关系

第五，等产量曲线是一条凸向原点的曲线。

这是由边际技术替代率递减所决定的。所谓边际技术替代率（Marginal Rate of Technical Substitution，MRTS）是指为了维持相同产量水平，增加一种生产要素的数量与可以减少的另一种生产要素的数量之比。如果一个厂商可以通过减少 1 台机器和增雇 2 名工人生产出相同的产量，那么，厂商就有可能以 2 名工人来代替 1 台机器。在这种情况下，工人与机器之间的边际技术替代率就是 1/2。

假设两种可替代的投入要素分别为 L 与 K，则边际技术替代率可表示为：

$$MRTS_{LK} = -\frac{\Delta K}{\Delta L} \tag{6-5}$$

式中： $MRTS_{LK}$——劳动对资本的边际技术替代率；

ΔK——资本的减少量；

ΔL——劳动的增加量。

由边际技术替代率的含义及计算公式可以看出，等产量曲线上某一点的边际技术替代率就是等产量曲线在该点的切线的斜率的绝对值。由于在一般情况下，边际技术替代率并非固定不变，而是随着劳动和资本要素数量的变动而变动。随着劳动数量的增加，资本数量越来越少，用劳动来代替资本就会越来越困难，因而劳动对资本的边际替代率逐渐递减，这样就决定了等产量曲线为凸向原点的曲线。

根据表 6-2，可计算出为维持 100 件产量，用劳动要素替代资本要素的边际技术替代率（$MRTS_{LK}$）。计算结果见表 6-5。

表 6-5 两种投入要素的边际技术替代率

要素组合变动情况	ΔL	ΔK	$MRTS_{LK}$
A→B	10	-30	3

续表

要素组合变动情况	ΔL	ΔK	$MRTS_{LK}$
B→C	10	−10	1
C→D	30	−10	0.33

由表6-5也可看出，边际技术替代率是逐渐减少的。这也就是说，在维持产量不变的前提下，当一种生产要素的投入量不断增加时，每一单位的这种生产要素所能代替的另一种生产要素的数量是递减的。这一现象被称为边际技术替代率递减规律。

边际技术替代率递减是边际收益递减规律作用的结果。以劳动对资本的替代为例，随着劳动对资本的不断替代，劳动要素不断增加，资本要素不断递减，因而使劳动的边际产量逐渐下降，资本的边际产量逐渐上升。因此，边际产量逐渐下降的劳动所能代替的边际产量逐渐上升的资本的数量就越来越少，这样，就表现为边际技术替代率递减。

另外，等产量线上任一点的劳动对资本的边际技术替代率，也可用劳动与资本两种要素的边际产量之比来表示，即

$$MRTS_{LK} = \frac{MP_L}{MP_K} \tag{6-6}$$

在图6-8中，A、B为既定等产量线上的两点。现由A点移到B点，这时由于L投入要素增加了ΔL单位，使产量增加了$\Delta L \cdot MP_L$单位。同时由于K投入要素减少了ΔK单位，使产量减少了$\Delta K \cdot MP_K$单位。但是根据等产量曲线的特性，A、B两点的产量相等，所以只有使增加L所带来的产量增量与减少K所带来产量的减量两者正好抵消，才能保证A、B两点的产量相等，这样可得：

$$MP_L \cdot \Delta L + MP_K \cdot \Delta K = 0$$

所以

$$-\frac{\Delta K}{\Delta L} = \frac{MP_L}{MP_K}$$

即

$$MRTS_{LK} = \frac{MP_L}{MP_K}$$

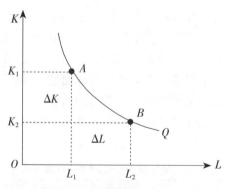

图6-8　边际技术替代率

必须注意的是，边际技术替代率的数值并不能告诉我们厂商应该以劳动代替资本还

是以资本代替劳动。其数值只能提供有关厂商在现有技术条件下两种投入要素相互替代的信息。为了决定选择哪一种投入组合，厂商还必须考虑这两种要素的市场价格及生产过程中的成本限制。

资料链接

小鸡生产的等产量曲线

在美国，每年生产的用于烤制的小鸡的价值超过 80 亿美元。这种小鸡的主要饲料是玉米和大豆油渣粉。根据联合国经济合作与发展组织提供的数据，如果在某一时期喂养小鸡的玉米和大豆油渣粉是表 6-6 中的几种组合，小鸡的重量都会增加一磅。

表 6-6 小鸡的饲料组合

玉米的数量（磅）	1.0	1.1	1.2	1.3	1.4
大豆油渣粉的数量（磅）	0.95	0.76	0.60	0.50	0.42

依据表 6-6 的数据，可以绘制出相应的等产量曲线，并计算出等产量曲线上各点的边际技术替代率。

资料来源：刘东，梁东黎. 微观经济学教程. 北京：科学出版社，2005：123.

由以上所描述的等产量曲线的特征可以看出，等产量曲线与无差异曲线类似。无差异曲线所表示的是给消费者带来相同效用水平的两种商品的不同数量的组合；等产量曲线表示的是可以使厂商生产出相同产量水平的两种投入要素的不同数量的组合。

小思考

请比较无差异曲线和等产量曲线的特征，并比较边际替代率与边际技术替代率。

6.2.2 等成本线

上面利用等产量曲线分析两种投入要素的组合比例，研究的只是投入与产出之间的物质技术关系，表示出为生产既定数量产品，等产量线上任一点所代表的投入要素之间的组合都是有效的。然而，厂商究竟选择哪一种要素组合呢？这必须引入成本与收入的概念，即要同时研究经济关系才能确定。下面我们通过等成本线来说明。

所谓等成本线，是一条表明成本与生产要素价格既定的条件下，可以购买到的两种生产要素数量的最大组合的线。

设投入的生产要素有劳力（L）和资本（K）两种，现生产成本已经固定为 1 000 元，并且已知 L 要素的价格 P_L 为 50 元，K 要素的价格 P_K 为 25 元。这样，厂商若将 1 000 元全部用来购买 L 要素，则可购买 20 单位 L 要素；若将 1 000 元全部用来购买 K 要素，则可购买 40 单位 K 要素。另外，厂商也可购买 10 单位 L、20 单位 K，15 单位 L、10 单位 K 等各种不同的组合，将这些组合点用线连接起来，就是一条等成本线

（见图 6 - 9）。

很明显，只有在等成本线 AB 上的各点，才是一定成本（1 000元）所能购买的各种投入要素最大数量的组合。因为在 AB 线以内的任何一点，所购买的 L 和 K 都不能充分使用可能投入的金额；而 AB 线以外的任何一点，所拥有的投入金额不足以购买到该点所代表的 L 和 K 的组合数量。所以，等成本线就是用来表示厂商在投入要素价格已定的条件下，用一定成本所能购买到的各种投入要素的最大数量界限。

综合上述分析，可得等成本线的方程为：

$$P_L \cdot L + P_K \cdot K = C \tag{6-7}$$

式中：　C——既定的成本；

　　　　P_L——L 要素的价格；

　　　　P_K——K 要素的价格。

在要素价格保持不变的情况下，等成本线是一条直线。如果投入的成本增加，则等成本线将平行地向右移动；如果投入的成本减少，则等成本线将平行地向左移动。当然，厂商会有许多条等成本线（见图 6 - 10），其中每一条都代表一定的成本水平，其中，距离原点越近的等成本线（A_1B_1）表明所支出的成本越低，距离原点越远的等成本线（A_3B_3）表明所支出的成本越高。

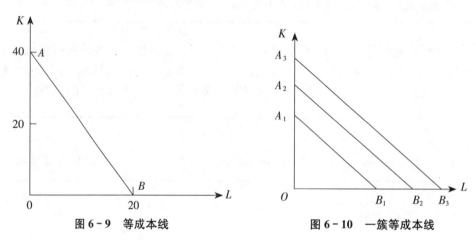

图 6 - 9　等成本线　　　　　　　图 6 - 10　一簇等成本线

根据等成本线的方程，可得等成本线的斜率的计算公式为：

$$等成本线的斜率 = -\frac{C/P_K}{C/P_L} = -\frac{P_L}{P_K} \tag{6-8}$$

式（6 - 8）说明等成本线的斜率的绝对值等于两种投入要素的价格之比。

等成本线类似于消费者的预算线，所以等成本线也称厂商预算线。

6.2.3　生产要素最佳组合的确定

生产要素的最佳组合，就是指使厂商能够在既定的产量下所费成本最少，或者在既定成本下所生产的产量最大的要素组合。要确定生产要素的最佳组合，就必须将等产量曲线和等成本线结合起来分析。现分两种情况来说明如何用等产量曲线和等成本曲线来确定生产要素的最佳组合。

6.2.3.1　产量既定成本最小的要素组合

在图 6-11 中，由于产量既定，因此只有一条等产量曲线 Q_0，即等产量曲线是唯一的，而 A_1B_1、A_2B_2、A_3B_3 分别表示总成本为 C_1、C_2 和 C_3 的等成本线（当然，除此以外还可画出许多等成本线）。其中，等成本线 A_3B_3 与既定的等产量线 Q_0 相交，表示用较高的成本 C_3 可以生产产量 Q_0，但不经济；而等成本线 A_1B_1 与既定的等产量线 Q_0 既不相交也不相切，表明较低的成本 C_1 虽然经济，但却不能生产产量 Q_0，达不到产量条件的要求；只有等成本线

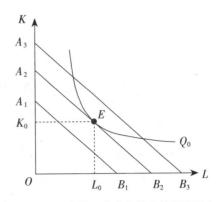

图 6-11　产量既定成本最小的要素组合

A_2B_2 与既定的等产量线 Q_0 相切于 E 点，该切点 E 称作厂商的投入均衡点，表明用成本 C_2 生产产量 Q_0，既有可能，又最经济。这是因为在等产量曲线 Q_0 上，除了切点 E 以外，其他的点所通过的等成本线相比 A_2B_2 都离原点更远，所以，唯有切点 E 的成本最低，即切点 E 代表的投入要素组合（L_0，K_0）是使既定产量成本最低的最佳组合。

6.2.3.2　成本既定产量最大的要素组合

在图 6-12 中，由于成本既定，因此只有一条等成本线 A_0B_0，即等成本线是唯一的，代表目标成本水平为 C_0，而 Q_1、Q_2、Q_3 分别表示产量水平为 Q_1、Q_2 和 Q_3 的等产量曲线（除此以外，还可画出许多条等产量曲线）。其中，与既定等成本线 A_0B_0 相交的是等产量线 Q_1，相切的是等产量线 Q_2，既不相交也不相切的是等产量线 Q_3。这表明，产量 Q_1 可以在既定的成本 C_0 条件下生产，但不经济，产量水平太低；较高的产量 Q_3 虽然经济，但在既

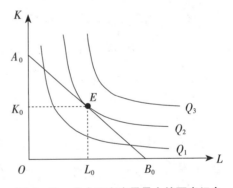

图 6-12　成本既定产量最大的要素组合

定的成本 C_0 条件下无法实现；产量 Q_2 和成本 C_0 相结合，既有可能，又最经济。等产量线 Q_2 与等成本线 A_0B_0 相切的切点 E 称为厂商的投入均衡点，它表示该点代表的投入组合是既定成本下使产量最大的组合。这是因为在唯一的一条等成本线 C_0 上，除了切点 E 以外的其他点所通过的等产量曲线相比等产量线 Q_2 都要离原点更近，所以按照切点 E 所指示的要素数量（L_0，K_0）进行组合，能够在既定的成本下获得最大的产量。

6.2.3.3　生产要素最佳组合原则

综合以上两种情况，无论是既定产量成本最小，还是既定成本产量最大，其要素投入最佳组合点都为等产量曲线和等成本线的切点。在切点上，由于等产量曲线的斜率的绝对值正好等于等成本线的斜率的绝对值，而等产量曲线的斜率的绝对值为边际技术替代率，等成本线的斜率的绝对值为生产要素的价格之比，因此有：

$$\frac{MP_L}{MP_K}=\frac{P_L}{P_K}$$

即
$$\frac{MP_L}{P_L}=\frac{MP_K}{P_K} \qquad\qquad (6-9)$$

式（6-9）就是厂商生产要素最佳投入组合的均衡条件，或称为生产要素最佳组合原则。这意味着厂商为了能在既定产量下所费成本最低，或在既定成本下所生产的产量最大，必须使其单位成本支出所获得的各种要素的边际产量都相等。

生产要素最佳组合原则实际上也贯穿了利润最大化原则（$MR=MC$）。如果在生产的过程中，用 L 要素替代 K 要素时出现 $\frac{MP_L}{P_L}>\frac{MP_K}{P_K}$，则表明在 L 要素上多投入1单位货币所得到的产量（货币的边际收益）要大于在 K 要素上少投入1单位货币所损失的产量（货币的边际成本），即边际收益大于边际成本，亦即增加 L 要素的投入、减少 K 要素的投入可以使净收益增加，所以这时应该增加 L 要素的投入，而减少 K 要素的投入；如果在 L 要素对 K 要素的替代中出现 $\frac{MP_L}{P_L}<\frac{MP_K}{P_K}$，则表明在 L 要素上多投入1单位货币所得到产量（货币的边际收益）要小于在 K 要素上少投入1单位货币所损失的产量（货币的边际成本），即边际收益小于边际成本，亦即增加 L 要素的投入、减少 K 要素的投入会出现亏损，所以这时应该减少 L 要素的投入，而增加 K 要素的投入；如果在 L 要素对 K 要素的替代中出现 $\frac{MP_L}{P_L}=\frac{MP_K}{P_K}$，则表明在 L 要素上多投入1单位货币所得到的产量（货币的边际收益）等于在 K 要素上少投入1单位货币所损失的产量（货币的边际成本），即边际收益等于边际成本，利润达到最大，所以这时的 L 要素与 K 要素的组合达到最佳。

要素的最佳组合原则也可以根据追求最小成本来理解。如果在生产的过程中，出现 $\frac{MP_L}{P_L}>\frac{MP_K}{P_K}$，则表明在 L 要素上支付单位成本所获得的产量要大于在 K 要素上支付单位成本所获得的产量，所以厂商为了追求更低的成本会增加 L 要素的投入而同时减少 K 要素的投入。如果在生产的过程中，出现 $\frac{MP_L}{P_L}<\frac{MP_K}{P_K}$，则表明在 L 要素上支付单位成本所获得的产量要小于在 K 要素上支付单位成本所获得的产量，所以厂商为了追求更低的成本会减少 L 要素的投入而同时增加 K 要素的投入。

根据要素的最佳组合原则可以看出，如果一种投入要素比如劳动的价格上升，就会出现 $\frac{MP_L}{P_L}<\frac{MP_K}{P_K}$，厂商就会通过用资本替代劳动来调整投入组合，即增加资本要素的投入而减少劳动要素的投入；如果劳动的价格下降，也就是说劳动变得相对便宜，就会出现 $\frac{MP_L}{P_L}>\frac{MP_K}{P_K}$，此时企业就会用劳动来替代资本，即增加劳动要素的投入而减少资本要素的投入。一般来说，如果投入要素的相对价格发生变化，厂商就会用相对便宜的投入要素来替代相对较贵的投入要素。

可再生能源成全球最大新增电能来源

2024 年 1 月 11 日，国际能源署发布报告称，2023 年全球可再生能源新增装机容量比 2022 年增长 50%，装机容量增长速度比过去 30 年的任何时候都要快。该机构早在 2015 年就发布，当年可再生能源首次超过煤炭，成为全球最大新增电能来源。报告显示，2023 年全球可再生能源新增装机容量达 510 吉瓦。国际能源署预测，在现有政策和市场条件下，预计全球可再生能源装机容量在 2023 年至 2028 年将达到 7 300 吉瓦。到 2025 年初，可再生能源将成为全球最主要的电力来源。报告预测，未来 5 年风能和太阳能发电将占新增可再生能源发电量的 95%。到 2028 年，风能和太阳能发电的份额将翻一番，合计达到 25%。全球生物燃料也将迎来黄金发展期。2023 年生物燃料在航空领域逐步推广，并开始替代更多高污染燃料。

国际能源署在报告中表示，中国是全球可再生能源领域的领跑者。2023 年中国风能新增装机容量比上年增长 66%，2023 年中国太阳能光伏新增装机容量相当于 2022 年全球太阳能光伏新增装机容量。预计到 2028 年，中国将占全球新增可再生能源发电量的 60%，"中国对全球实现可再生能源增加两倍目标发挥着至关重要的作用"。

近年来，中国光伏产业发展迅速并保持国际领先。目前，全球光伏产业近90% 的产能在中国；光伏组件全球排名前 10 的企业里，中国企业占 7 家。中国企业在降本增效的同时，还加大研发力度，努力攻关新一代光伏电池技术。

中国的风电设备出口也呈快速增长态势。据相关统计，目前全球市场上约六成风电设备产自中国。从 2015 年起，中国风电设备出口装机容量复合年均增长率超过 50%。中国在实现自身绿色发展的同时，也为更多国家发展可再生能源提供支持，助力实现全球气候目标。

资料来源：刘刚. 国际能源署预测：未来 5 年全球可再生能源将迎来快速增长期［EB/OL］. (2024-01-19)［2024-08-19］. https://www.nea.gov.cn/2024-01/19/c_1310761053.htm.

分析：可再生能源取代煤炭成为全球发电装机容量最大来源的原因，除了各国为了治理空气污染，对可再生能源实施支持政策以外，主要是可再生能源发电的成本大大降低。根据生产要素的最佳组合原则，当可再生能源的发电成本降低时，$\frac{煤炭发电的边际产量}{煤炭发电的要素价格} < \frac{可再生能源发电的边际产量}{可再生能源发电的要素价格}$，这样发电厂商自然会增加可再生能源的发电比例。国际能源署发布的 2023 年的全球可再生能源发电成本报告也显示，2010 年至 2022 年，太阳能光伏发电成本降速最快，下降了 89%；陆上风电发电成本下降了 69%；海上风电发电成本下降了 59%；聚光太阳能光热发电成本下降了 69%；生物燃料发电成本经历了一定程度的波动，下降了 25%。

资料来源：国际新能源网. 全球公用事业规模可再生能源发电成本［EB/OL］. (2023-09-27)［2024-08-19］. https://newenergy.in-en.com/html/newenergy-2427092.shtml.

6.2.3.4　生产扩展线

所有等产量曲线和等成本线的切点都代表一定产量或成本条件下的生产要素投入最佳组合，都是厂商的投入均衡点。在要素价格、生产函数和其他条件不变的情况下，如果厂商改变成本，等成本线就会发生平移；如果厂商改变产量，等产量曲线就会发生平移。这些不同的等产量曲线将与不同的等成本线相切，从而形成一系列不同的投入均衡点，将所有投入均衡点连接起来的曲线即所有投入均衡点的轨迹，就称为厂商的生产扩展线，见图 6-13。

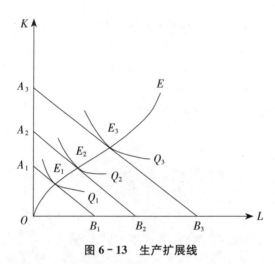

图 6-13　生产扩展线

图 6-13 中的 OE 就是厂商的生产扩展线，扩展线是在要素价格、生产函数和其他条件不变的情况下，厂商扩大生产规模的途径。因为该曲线上任何一点都是在不同产量水平下成本最低的投入要素的最佳组合。所以，有理性的厂商都力图按生产扩展线来扩大生产。至于厂商究竟能把生产扩大到扩展线上的哪一点，这还要综合考虑产品的需求状况。

本章小结

本章首先讨论了当生产经营过程中只有一种要素变动时，这种变动生产要素最佳投入量的确定应满足的均衡条件是 $VMP_L = P_L$ 或 $MP_L \cdot P = P_L$。其次，本章研究了生产经营过程中有两种要素变动时，这两种变动要素的最佳组合由等产量曲线与等成本线的切点所决定，由此得出两种生产要素最佳组合的均衡条件是 $\dfrac{MP_L}{P_L} = \dfrac{MP_K}{P_K}$。

经济问题分析

欧洲的家庭和企业已经在能源账单飙升的重压下步履蹒跚。截至当地时间 2022 年 10 月 3 日，荷兰 TTF 天然气期货即月合约已经较一年前涨了近 9 倍，飙升至 169.06 欧元/兆瓦时。欧洲多国电价已经较往年上涨了数倍,在近期触及了历史高点。2022年6月到9月初,欧洲消费者支付的天然气价格几乎翻了一番。

面对石油、天然气价格的飙升,按照经济学原理——生产要素的最佳组合原则,可以预测到无论是国家、企业还是消费者,都会用其他投入要素来替代相对更贵的能源产品。

向来坚定弃核、大力发展新能源的德国迈出了不同寻常的一步:改变其原定的2022年彻底让所有核电机组退役的计划,有两台核电机组将作为"应急备用"机组开启至2023年4月中旬。除此之外,法国、德国、波兰等国也正大力推进煤炭发电。2022年上半年欧洲从南非进口煤炭量比上一年增长了8倍,欧洲许多发电和化工企业已经在调整天然气和煤炭的使用比例,成本较低的煤炭原料正在替代天然气。

欧洲许多消费者和供热企业担心天然气短缺,纷纷转向成本更低的非化石燃料,导致柴火和木屑供不应求,价格也随之上涨。为了满足过冬需求,欧盟多个国家放宽了伐木要求,一些森林覆盖率高的国家鼓励用木柴替代天然气。这些政策上的松动引发了环保主义者的批评,因为无论是砍伐树木还是焚烧木柴,对环境的影响都是负面的。在荷兰,民众选择了节省的方式来对抗飙涨的能源账单。一名在荷兰生活的华人向《每日经济新闻》记者表示,"现在荷兰已经在穿毛衣了,今年我们在天然气使用方面也变得更节约了些。在家的时候,我们选择多加一层衣服,而不是像往年一样直接打开暖气。我们还给屋顶安装了太阳能板,来给家里供能。"

资料来源:21世纪经济报道企鹅号.欧洲能源危机下,树木遭遇至暗时刻[EB/OL].(2022-10-24)[2022-11-22].https://new.qq.com/rain/a/20221024A03G6V00.

复习与思考

一、名词解释

边际产品价值 等产量曲线 边际技术替代率 等成本线 生产扩展线

二、选择题

1. 在维持产量水平不变的条件下,如果企业增加3个单位的劳动投入量就可以减少6个单位的资本投入量,则有（ ）。

A. $MRTS_{LK}=2$,且 $MP_K/MP_L=2$

B. $MRTS_{LK}=1/2$,且 $MP_K/MP_L=2$

C. $MRTS_{LK}=2$,且 $MP_K/MP_L=1/2$

D. $MRTS_{LK}=1/2$,且 $MP_K/MP_L=1/2$

2. 对于生产函数 $Q=f(L,K)$ 和等成本线 $C=P_L \cdot L+P_K \cdot K$ 来说,在最优的生产要素组合点上应该有（ ）。

A. 等产量曲线和等成本线相切   B. $MRTS_{LK}=P_L/P_K$

C. $MP_L/P_L=MP_K/P_K$ D. 上述说法都对

3. 在以横轴表示劳动数量和纵轴表示资本数量的平面坐标中所绘出的等成本线的斜率为（ ）。

A. P_L/P_K B. $-(P_L/P_K)$

C. P_K/P_L D. $-(P_K/P_L)$

4. 如果 $MRTS_{LK} > P_L/P_K$，企业应该如何调整劳动和资本的投入量？（　　）

    A. 增加劳动、减少资本   B. 增加资本、减少劳动

    C. 同时增加劳动和资本   D. 同时减少劳动和资本

5. 某厂商在其生产经营过程中发现，在现有投入组合下，劳动与资本的边际产量之比大于劳动与资本的价格之比，那么，该厂商（　　）。

    A. 要增加产量，必须增加成本   B. 现有投入组合可能是较好的

    C. 应增大劳动投入比例   D. 应增大资本投入比例

6. 若生产函数为 $Q = 100L^{0.4}K^{0.6}$，则 L 对 K 的边际技术替代率为（　　）。

    A. $\dfrac{2K}{3L}$ B. $\dfrac{3K}{2L}$ C. $\dfrac{2L}{3K}$ D. $\dfrac{3L}{2K}$

7. 当厂商处在利润最大化的均衡点上时，下列说法不正确的有（　　）。

A. 劳动对资本的边际技术替代率等于劳动的价格与资本的价格的比率

B. 等产量曲线的斜率等于等成本线的斜率

C. 等成本线与等产量曲线相切

D. 劳动的边际产量等于资本的边际产量

8. 等成本线向外平行移动表明（　　）。

A. 产量提高了

B. 生产要素的价格同比例下降了

C. 生产要素的价格按不同的比例下降了

D. 成本降低了

9. 某企业在生产中采用了最低成本的生产技术，劳动对资本的边际技术替代率为0.4，资本的边际产量为5，则劳动的边际产量为（　　）。

    A. 2   B. 1   C. 3   D. 5

10. 增加一单位某投入要素引起的总收益的增加量，是指（　　）。

    A. 边际收益   B. 边际成本

    C. 边际产品价值   D. 边际产量

11. 假定产品的价格不变，某厂商在生产过程中，其投入要素的价格为 6 元，该投入要素的边际产量为 1/3 时，厂商获得最大利润，则该厂商生产的产品价格为（　　）。

    A. 2元   B. 18元   C. 1.8元   D. 9元

三、问答题

1. 假设一家厂商不必付款就可获得一种有价值的投入物，厂商如何决定这种免费的投入物应该取多少？为什么？请用图来表示。

2. 为什么厂商利润最大化的条件 $MR = MC$ 可以重新表达为 $VMP = MFC$？

3. 简述效用理论中的边际替代率和生产理论中的边际技术替代率的异同。

4. 为什么说生产扩展线上的任何一点都是生产者的均衡点？

5. 假定 A、B 两国各有一钢铁厂，A 国钢铁厂生产 1 吨钢需 10 人，而 B 国只需 1

人，能否认为 B 国钢铁厂的效率比 A 国的高？为什么？

6. 假定企业的工资提高 10％，请用生产理论的基本原理说明劳动力价格的提高是如何导致一种投入要素替代另一种投入要素的。

四、计算题

1. 已知某企业的生产函数为 $Q=L^{2/3}K^{1/3}$，劳动的价格为 $P_L=2$，资本的价格为 $P_K=1$。求：

（1）当成本 $C=3\,000$ 时，企业实现最大产量时的 L、K 和 Q 的均衡值。

（2）当产量 $Q=800$ 时，企业实现最小成本时的 L、K 和 C 的均衡值。

2. 某企业的短期生产函数为 $Q=-0.1L^3+6L^2+12L$（其中 L 为劳动人数）。问：

（1）应投入多少劳动人数，平均产量才最大？

（2）平均变动成本最小时的总产量为多少？

（3）如果劳动者的每周工资为 360 元，产品价格为 30 元，则该企业获得最大利润时的劳动投入应为多少？此时企业总产量为多少？

3. 表 6-7 提供了 X、Y 两种投入要素不同组合的最大可能日产量。

表 6-7　不同投入要素组合的最大可能日产量

使用 Y 单位数	使用 X 单位数				
	1	2	3	4	5
1	141	200	245	282	316
2	200	282	346	400	448
3	245	346	423	490	548
4	282	400	490	564	632
5	316	443	548	632	705

问题：

（1）这两种投入要素所显示的边际技术替代率是不变、递增还是递减？为什么？

（2）假设产品单价为 0.25 元，试完成表 6-8 和表 6-9 的填写。

表 6-8　X 固定为 2 单位的情况

使用 Y 单位数	X 固定为 2 单位			
	总产量 (TP_Y)	边际产量 (MP_Y)	平均产量 (AP_Y)	边际产品价值 (VMP_Y)
1				
2				
3				
4				
5				

表 6-9 Y 固定为 3 单位的情况

使用 X 单位数	Y 固定为 3 单位			
	总产量 （TP_X）	边际产量 （MP_X）	平均产量 （AP_X）	边际产品价值 （VMP_X）
1				
2				
3				
4				
5				

（3）假定 X 的数量固定为 2 单位，Y 的日成本是 16 元，问将使用多少单位的 Y？

（4）假定目前企业结合使用 4 单位的 X 和 2 单位的 Y，每日生产产品 400 单位。X 的单位成本是每日 15 元，Y 的单位成本也是每日 15 元。你认为现行的要素组合是否应当改变？为什么？

4. 假定有两家企业 A 和 B，它们的生产函数分别为 $Q_A = 100K^{0.8}L^{0.2}$ 和 $Q_B = 100K^{0.5}L^{0.5}$。

问题：

（1）如果两家企业资本的使用量是 25 单位，劳动的使用量是 25 单位，则两家企业的产量分别应是多少？

（2）如果投入要素的价格是 $P_L=10$ 元、$P_K=10$ 元，则 $K=25$、$L=25$ 的投入组合是否是企业 A 和企业 B 的高效率组合？

（3）如果 $K=25$、$L=25$ 的投入组合对两家企业都不是高效率的，请求出这两家企业两种投入要素之间的高效率比率。

案例研究

全球变暖与温室气体减排

自工业革命以来，大气中的二氧化碳（CO_2）在大量增加，且二氧化碳的浓度仍在持续上升。科学家越来越认识到，二氧化碳和其他有关气体（称为温室气体）浓度的增加将导致全球变暖，对环境产生巨大的潜在影响。作为对这种共识的反应，1992 年，世界各国在里约热内卢签订了旨在限制温室气体浓度增加的协议，并且在随后的 1997 年的日本京都会议上强化了各国减少温室气体排放的承诺。为了保证这一协议有效实施，《京都议定书》必须首先征得那些占世界温室气体排放量 55% 的国家的认可。2001 年，当时的美国总统乔治·W.布什正式宣布，美国不会批准该协定。美国的这一态度激起了世界其他国家的极大愤慨，因为美国是最大的排放国，其排放量占世界排放总量的 36%。《京都议定书》的反对者声称，该协定对于限制像中国这种经济迅速发展的国家的排放量做得不够，因为对于发达国家，这种限制是强制性的；而对于发展中国家，这种限制仅仅是出于自愿。此外，许多人认为，限制排放的经济成本太高。《京都议定书》的支持者认为，从人均排放量的角度看，发展中国家的排放量比美国低得多。此外，要求那些在想方设法推进经济增长和减少贫困的发展中国家负担减少温室气体排放的成本是不公平的，因为正是富裕的发达国家过去的污染造成了这一问题。中国政府于2002年9月3日签署了京都议定书。2004年年末，普京总统宣布俄罗斯批准该协定（俄罗斯1990年的排放量占全球总排放量的17％），终于突破了温室气体排放量之和占1990年总排放量55％的国家的认可这一大关。《京都议定书》于2005年2月16日开始强制生效，到2009年2月，一共有183个国家通过了该条约（超过全球排放量的61％），引人注目的是美国没有签署该条约。《京都议定书》使得工业化国家承诺在2012年之前大幅度减少温室气体的排放。

2009年12月7日至18日在丹麦首都哥本哈根召开《联合国气候变化框架公约》第15次缔约方会议暨《京都议定书》第5次缔约方会议，简称哥本哈根联合国气候变化大会。该会议需要通过一份新的《哥本哈根议定书》，以代替2012年即将到期的《京都议定书》。会议最终达成了不具法律约束力的《哥本哈根协议》。会议提出了将全球平均温升控制在工业革命以前2℃的长期行动目标。各国承诺了减排目标：到2020年俄罗斯的温室气体排放量将下降25％。也就是说，在1990年至2020年期间，俄罗斯将保证温室气体的总排放量减少逾300亿吨。欧盟将在2050年前削减高达95％的温室气体排放，在2020年前减少30％。印度将在2020年前将其单位国内生产总值（GDP）二氧化碳排放量在2005年的基础上削减20％～25％。中国承诺到2020年单位GDP碳排放量比2005年减少40％～45％。时任美国总统奥巴马表示在1990年基础上减排温室气体4％的目标亦难以承诺。2009年6月底，美国众议院通过的一项征收进口产品"边界调节税"法案，实质就是从2020年起开始实施"碳关税"——对进口的排放密集型产品，如铝、钢铁、水泥和一些化工产品，征收特别的二氧化碳排放关税。

2015年11月30日至12月11日在巴黎召开了第21届联合国气候变化大会，有184个国家提交了应对气候变化的"国家自主贡献"文件，涵盖了全球碳排放量的97.9％。2015年12月12日，《联合国气候变化框架公约》的近200个缔约方一致同意通过《巴黎协定》，协定将为2020年后全球应对气候变化行动做出安排。《巴黎协定》指出，各方将加强对气候变化威胁的全球应对，把全球平均气温较工业化前水平升高控制在2℃之内，并为把升温控制在1.5℃之内而努力。全球将尽快实现温室气体排放达峰，21世纪下半叶实现温室气体净零排放。根据协定，各方将以"自主贡献"的方式参与全球应对气候变化行动。发达国家将继续带头减排，并加强对发展中国家的资金、技术和能力建设支持，帮助后者减缓和适应气候变化。美国减排目标为到2025年较2005年减少28％的温室气体排放。然而令人遗憾的是，时任美国总统特朗普在2017年6月宣布退出《巴黎协定》。中国国家自主贡献目标为：二氧化碳排放2030年左右达到峰值并争取尽早达峰、单位国内生产总值二氧化碳排放比2005年下降60％～65％，非化石能源占一次能源消费比重达到20％左右。

2017年6月，时任美国总统特朗普宣布美国将退出《巴黎协定》，称该协定给美国带来"苛刻财政和经济负担"。2020年11月4日，美国正式退出该协定。2021年1月20日，拜登就任总统首日签署行政令，宣布美国将重新加入应对气候变化的《巴黎协定》。

2020 年 9 月，习近平总书记在第七十五届联合国大会一般性辩论上郑重宣布，中国将提高国家自主贡献力度，采取更加有力的政策和措施，二氧化碳排放力争于 2030 年前达到峰值，努力争取 2060 年前实现碳中和。

中国作为世界上最大的发展中国家，自加入《巴黎协定》以来，克服自身经济、社会等方面的困难，实施了一系列应对气候变化战略、措施和行动，参与全球气候治理，应对气候变化取得了积极成效。一方面积极减缓气候变化，另一方面主动适应气候变化。目前，中国已建立碳达峰碳中和"1＋N"政策体系。"1"是由《中共中央 国务院关于完整准确全面贯彻新发展理念做好碳达峰碳中和工作的意见》《2030 年前碳达峰行动方案》两个文件共同构成；"N"是重点领域、重点行业实施方案及相关支撑保障方案。同时，各省（自治区、直辖市）均已制定了本地区碳达峰实施方案。总体上已构建起目标明确、分工合理、措施有力、衔接有序的碳达峰碳中和政策体系。《中国应对气候变化的政策与行动 2023 年度报告》显示，2022 年碳排放强度比 2005 年下降超过51％，非化石能源占能源消费比重达到 17.5％。

数据显示，中国积极推进产业结构调整优化升级，新能源汽车产销量已连续 8 年位居全球第一。截至 2023 年 6 月底，全国新能源汽车保有量达 1 620 万辆，占全球一半以上。非化石能源发展迅速，《中国电力发展报告 2023》显示，2022 年全国发电量 8.7 万亿千瓦时，非化石能源发电量达到 36.2％。化石能源清洁利用水平也不断提升。交通运输、城乡建设领域绿色低碳发展持续推进，生态系统碳汇能力不断巩固提升。

"我想向中国政府在过去几十年向埃及提供的支持表示感谢，"埃及电力与可再生能源部副部长艾哈迈德·穆罕默德·马西纳说，中国的方案"对全球能源转型和气候治理都具有重要意义，为非洲和阿拉伯国家推动能源转型、加快经济发展、改善生态环境提供了可行的解决方案"。

在中国和其他国家的共同努力下，全球可再生能源的可及性和商业化已取得积极进展。据联合国前副秘书长、出席《联合国气候变化框架公约》第 28 次缔约方大会（COP28）的中国代表团高级顾问刘振民介绍，正是由于中国可再生能源的大力发展，全球风电成本降低了 80％，光伏发电成本降低了 90％，这为推动全球可再生能源的发展、实现能源转型作出了重大贡献。

2023 年 12 月，COP28 已完成《巴黎协定》生效后的首次全球盘点，全面"考核"了全球落实《巴黎协定》的进展与差距。其中，中国提交的"答卷"引起各方关注。"密切关注中国进展，不该带任何偏见……我们都需要了解中国（为世界）做出的贡献，"国际能源署署长法提赫·比罗尔说，"数据已经十分明确，中国不仅在国内开展了出色工作，还在发展清洁能源技术和降低技术成本方面为世界其他国家作出了重要贡献。"

资料来源：卡尔·E. 沃尔什，约瑟夫·E. 斯蒂格利茨. 经济学：上册 [M]. 4 版. 北京：中国人民大学出版社，2010：157，412；澎湃新闻. 拜登宣布重返《巴黎协定》[EB/OL].（2021－01－23）[2024－08－25]. https://www.thepaper.cn/newsDetail_forward_10884766；中国政府网. 积极稳妥推进碳达峰碳中和 [EB/OL].（2023－04－06）[2024－08－25]. https://www.gov.cn/yaowen/2023－04/06/content_5750183.htm；中国政府网.《巴黎协定》首次全球"大考"中国"答卷"尽显大国担当 [EB/OL].（2023－12－15）[2024－08－25]. https://www.gov.cn/yaowen/liebiao/202312/content_6920369.htm.

根据以上案例资料，请回答：

（1）依据本章经济学理论，说明减少温室气体排放的主要措施及其实现减排的可能性。

（2）中国自签署《京都议定书》以来采取了哪些措施实现温室气体减排承诺？

（3）美国对进口产品征收碳关税，对中国经济有何影响？会引起中国哪些生产要素之间的替代？

（4）我们在日常生活中应如何通过要素替代减少温室气体的排放？

理论应用

节约能源

第 7 章
完全竞争市场中的厂商均衡

新政策的作用

粮食种植者大致处于一个完全竞争市场。假定目前我国的粮食行业处于长期均衡，生产粮食的农民一般都获利较低，仅能获得正常利润，此时粮食的市场价格是 5.0 元/千克。A、B 两省是我国的粮食生产大省，如果其中 A 省政府颁布新政策，规定本省粮食种植者销售粮食的价格不能超过 4 元/千克，而 B 省政府则没有这样的政策规定，那么 A 省政府所颁布的新政策会带来怎样的结果呢？

从本章开始接下来 4 章的内容在微观经济学中统称为厂商均衡理论。厂商均衡理论是研究厂商在不同市场条件下，为实现最大利润而进行产量和价格决策的理论。经济学根据市场上竞争与垄断的程度把市场分为完全竞争、垄断、垄断竞争和寡头垄断四种类型，厂商均衡理论将分别阐述在这四种不同的市场条件下，单个厂商是如何制定其价格与产量决策的。

7.1 完全竞争市场的条件及厂商收益规律

完全竞争（Perfect Competition）市场又称纯粹竞争市场，是指一种竞争不受任何阻碍和干扰的市场结构。

7.1.1　完全竞争市场的条件

完全竞争市场的
条件及厂商收益规律

完全竞争市场应该具备以下条件：

第一，市场上有大量的卖者和买者。由于市场上有大量的卖者和买者，这就意味着他们的销售量和购买量只占市场份额的极小部分，从而也就无法通过自己的买卖行为影响市场价格。市场价格由市场的供求总量决定，买者和卖者均只能接受已形成的市场价格。因此，在完全竞争市场中，厂商对市场没有任何影响能力，不是市场价格的制定者，而是市场价格的接受者。比如世界小麦市场，该市场的卖方由无数个麦农所组成，每个麦农的产量仅是生产市场总量的极小部分，即使某个麦农将其产量提高四五倍，其对市场总量和市场价格的影响也可以忽略。买方的情况也是如此：市场上存在无数买方，每个买方需求量的增加和减少都不能对市场价格造成影响。

第二，市场上所出售的商品和劳务是同质的，即不存在产品差别。这里所说的产品差别不是指不同产品之间的差别，而是指同种产品在质量、包装、品牌或销售条件等方面的差别。产品差别会形成垄断，而产品的同质性则使厂商不可能根据自己商品的某些特色而抬高价格形成垄断。消费者将任何一家厂商出售的产品都看成一样的而无任何偏好，也不愿为同一质量的商品付出较高的价格。

第三，市场上的各种生产资源可以充分自由地流动，不受任何因素的阻碍。这就是说，每个厂商都可以根据自己的意愿自由进入或退出某个行业。在现实的经济环境中，很少有免费进入市场的情况。新的卖方进入市场往往需要投入一些费用，如投入费用开设商店、从事生产、广告宣传、与顾客签订合同等。但是，完全竞争市场不存在阻止新进入者进入的明显障碍，任何一家想进入市场的企业，都可以在与现有企业在同等的条件下开展经营。除了容易进入以外，完全竞争市场还要求容易退出，即经受长期损失的厂商必须能够没有阻碍地卖掉它的工厂和设备并离开该行业。

第四，市场信息是畅通的。生产者、消费者和资源的所有者都可以迅速获得完整的市场供求信息，不存在供求以外对价格决定和市场竞争有影响的因素。由于信息是完全的，因此意味着竞争是在完全公平的环境下进行的，不存在任何欺骗行为。

> **小思考**
> 为什么说完全竞争市场厂商仅是市场价格的接受者，而不是市场价格的制定者？

以上是理想化的完全竞争市场的条件或特点。显然，完全竞争市场是一个非个性化市场，不存在交易的个性，因为所有的消费者和生产者都是相同的，相互之间意识不到竞争的存在。因此，完全竞争市场中不存在现实经济生活中真正意义上的竞争。

如果根据以上条件进行衡量，可以说，在现实经济生活中，实际上不存在这种市场结构。在理论分析中，人们往往将一些农产品市场，如大米市场、小麦市场等，以及某些小商品市场看作近似于完全竞争市场。既然在现实生活中并不存在完全竞争市场，为什么还要进行研究呢？这是因为，完全竞争市场中的厂商均衡理论是整个厂商均衡理论的基础，从对完全竞争市场的分析中，人们可以得到关于市场机制及其配置资源的一些基本原理。搞清了完全竞争市场中产品价格和产量的决定，其他市场类型中产品价格和产量的决定就容易理解了。更重要的是，完全竞争市场的资源利用最优，经济效益最高，可以作为经济决策的理想目标。

总之，现实中的大多数市场并不完全满足以上条件，但如果某些市场近似满足上面的假设，那么完全竞争市场的厂商均衡理论就可以用来预测与分析这些市场中的厂商和购买者的行为。

7.1.2　完全竞争市场中的厂商收益规律

了解厂商的收益规律，就是要明确厂商的需求曲线、平均收益曲线和边际收益曲线。

7.1.2.1　厂商需求曲线（*dd* 曲线）

市场上某一个厂商的产品需求状况，可以用该厂商所面临的需求曲线来表示，这条曲线也被称为厂商的需求曲线。在论述这一问题时，首先必须区分在完全竞争市场中整个行业的需求曲线与个别厂商的需求曲线。

对整个行业来说，需求曲线是一条向右下方倾斜的曲线，供给曲线是一条向右上方倾斜的曲线，见图 7-1(a)。整个行业产品的价格（即产品的均衡价格）是由需求与供给所决定的。

但由于在完全竞争市场中，每一个厂商都是均衡价格的接受者，而每一个厂商所接受的这个均衡价格又是由整个行业的需求与供给所决定，因此，当根据行业的供求关系确定下均衡价格之后，对个别厂商来说，这一价格是既定的，厂商无论如何增加或减少产量都不会影响均衡价格。因此，对于个别厂商来说，产品的需求曲线必定是一条由既定均衡价格出发的水平线，这就是说，个别厂商面临的是一条需求价格弹性无限大的水平需求曲线［见图 7-1(b)］，这表示在完全竞争市场中，每一个厂商都必须按既定的均衡价格 P^* 出售产品。一方面，如果一个完全竞争性厂商试图以高于均衡价格 P^* 的价格来销售产品的话，那么它的产品将无法销售出去，因为所有的厂商都销售同样的产品，而且所有的购买者都知道到哪里能买到更便宜的产品；另一方面，如果一个厂商是追求利润最大化的，那么它就不会以低于均衡价格 P^* 的价格来销售产品，因为它能够在市场均衡价格上卖掉所有它想卖的产品。所以，对于完全竞争的厂商来说，只能按一个价格 P^* 出售产品。

厂商所面对的需求曲线是水平的以及厂商是市场价格的接受者，这是完全竞争市场的重要特点。如果某企业的管理者认为"如果本企业生产更多的产品，本企业将不得不降低产品的价格"，那么该企业面对的就是一条向右下方倾斜的需求曲线，这说明该企业不是一个完全竞争性企业。一个完全竞争性企业的管理者总在考虑："在现行价格下，我可以卖出所有想卖的产品，关键在于我应该生产多少？"

7.1.2.2　平均收益曲线（*AR* 曲线）

在完全竞争市场中，厂商按既定的市场价格 P^* 出售产品，其售价就是厂商的平均收益。

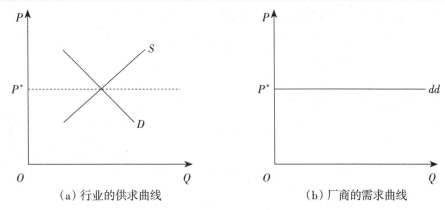

（a）行业的供求曲线　　　　　　（b）厂商的需求曲线

图 7-1　完全竞争市场的行业供求曲线与厂商需求曲线

设总收益为价格与产量（即销售量）的乘积，即：

$$TR = P \times Q \tag{7-1}$$

平均收益是总收益与销售量的商，即：

$$AR = \frac{TR}{Q} = \frac{P \times Q}{Q} = P \tag{7-2}$$

式（7-2）说明，平均收益一定等于价格，亦即平均收益曲线与需求曲线完全重合。因此，在完全竞争市场中，厂商的平均收益曲线是一条与其需求曲线完全重合的水平线。

7.1.2.3　边际收益曲线（MR 曲线）

边际收益等于每增加一单位产品的销售所带来的收入增量。在完全竞争的条件下，个别厂商销售量的变动并不能影响市场价格。这就是说，厂商每增加一单位产品的销售，市场价格仍然不变，即厂商只能按既定的价格 P^* 来出售商品，所以，每增加一单位商品的销售所增加的收益仍然是 P^*，即商品的售价就是厂商的边际收益。用公式表示为：

$$MR = \lim_{\Delta Q \to 0} \frac{\Delta TR}{\Delta Q} = \frac{\mathrm{d}TR}{\mathrm{d}Q} = \frac{\mathrm{d}\,(P \times Q)}{\mathrm{d}Q} = P \tag{7-3}$$

如图 7-2 所示，在完全竞争市场中，厂商的价格等于边际收益，也等于平均收益，即在完全竞争市场中，个别厂商的需求曲线、平均收益曲线和边际收益曲线重合为一条水平线。

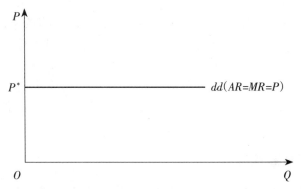

图 7-2　完全竞争市场中的厂商需求曲线、平均收益曲线及边际收益曲线

必须注意的是，在各种类型的市场上，平均收益与价格都是相等的，因为每单位产品的售价就是其平均收益。但只有在完全竞争市场上，对个别厂商来说，平均收益、边际收益与价格才相等。

表7-1是某完全竞争厂商的收益表，以此可以说明在完全竞争市场中，价格、平均收益与边际收益的相等关系。

表7-1　完全竞争厂商的收益表

单位：元

价格 (P)	销售量 (Q)	总收益 (TR)	平均收益 (AR)	边际收益 (MR)
30	1	30	30	30
30	2	60	30	30
30	3	90	30	30
30	4	120	30	30
30	5	150	30	30

从表7-1中可见，对每一单位商品，厂商都按既定的市场价格30元出售。随着商品销售量的增加，厂商的总收益 TR 不断增加。但由于商品的单位销售价格是固定不变的，这就不仅使得厂商的平均收益 AR 保持不变，等于商品的单位销售价格30元，而且使得厂商每增加一单位商品的销售所获得的边际收益 MR 也保持不变，等于商品的单位销售价格30元。这表明完全竞争厂商在任何商品销售量水平上都有：

$$AR = MR = P \tag{7-4}$$

7.2　完全竞争市场中的厂商均衡

在完全竞争市场中，由于厂商没有能力影响市场，仅是市场价格的接受者，因此，完全竞争市场中的厂商必须遵循整个行业供求平衡所决定的均衡价格来销售其产品，这样，完全竞争市场中的厂商无所谓价格决策。但是，厂商必须做出产出决策。因此，完全竞争厂商的唯一决策是"生产和出售多少产品"。一旦做出决定，就可以判定厂商的生产成本以及厂商的相关收益和利润。那么，完全竞争市场中的厂商如何进行产出决策呢？下面分别研究厂商的短期均衡与长期均衡。

7.2.1　厂商短期均衡

厂商的短期均衡是指在完全竞争市场中，从短期看，个别厂商所处的生产均衡状态。

7.2.1.1　完全竞争厂商的短期均衡状态

在短期内，由于厂商不能根据市场需求来调整全部生产要素，因此，厂商往往没有能力彻底改变其成本现状，这样，在既定价格下，完全竞争市场中不同厂商的短期均衡可能出现三种情况：市场价格大于厂商的平均成本、市场价格等于厂商的平均成本和市场价格小于厂商的平均成本。

7.2.1.1.1　市场价格大于厂商的平均成本

在这种情况下，厂商的成本水平较低，其平均成本低于市场价格（见图 7-3），即 $P>SAC$。很显然，厂商此时处于获利状态。根据利润最大化原则，厂商为了获得利润最大化，必须使其生产满足 $MR＝MC$。根据这一原则，MR 与 SMC 的交点 E 点就决定了厂商的均衡产量为 OM。此时，平均成本为 MF，平均收益为 ME。因而，总成本等于均衡产量乘平均成本（$TC＝OM×MF$），即总

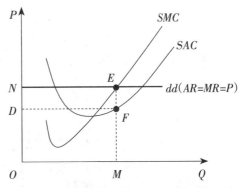

图 7-3　完全竞争市场中厂商的短期均衡（Ⅰ）

成本的大小相当于图 7-3 中长方形 $DOMF$ 的面积；总收益等于均衡产量乘平均收益或价格（$TR＝OM×ON$），即总收益的大小相当于图 7-3 中长方形 $NOME$ 的面积，显然总收益大于总成本，即 $NOME$ 的面积大于 $DOMF$ 的面积，所以存在经济利润，经济利润等于总收益减去总成本（$\pi＝TR－TC$），即经济利润的大小相当于图 7-3 中长方形 $NDFE$ 的面积。

7.2.1.1.2　市场价格等于厂商的平均成本

在这种情况下，厂商面临的状况是其平均成本正好与市场价格相等，即 $P＝SAC$，此时厂商的需求曲线相切于平均成本曲线的最低点，并且边际成本曲线也经过该点（如图 7-4 所示）。

根据利润最大化原则，厂商为了获得最大利润，必须使其生产满足 $MR＝MC$。在图 7-4 中，边际收益曲线与边际成本曲线相交于 E 点，即在 E 点实现了 $MR＝$

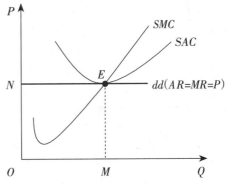

图 7-4　完全竞争市场中厂商的短期均衡（Ⅱ）

MC，所以 E 点决定厂商的均衡产量为 OM，此时，平均成本为 EM，平均收益也为 EM，因此总成本与总收益相等，其大小均相当于图中长方形 $NOME$ 的面积，这说明厂商既没有亏损也没有经济利润，只能获得正常利润。由于在这一点上，厂商既无利润，也无亏损，所以该点也被称为厂商的盈亏平衡点。

7.2.1.1.3 市场价格小于厂商的平均成本

在这种情况下，厂商的成本水平较高，厂商所面临的状况是其平均成本高于市场价格（如图 7-5 所示），即 $P<SAC$。

根据利润最大化原则，厂商为了实现最大利润，必须使其生产满足 $MR=MC$。在图 7-5 中，边际收益曲线与边际成本曲线相交于 E 点，即在 E 点实现了 $MR=MC$，所以 E 点决定了厂商的均衡产量为 OM。此时，平均成本为 FM，平均收益为 EM，因而总成本等于均衡产量乘以平均成本（$TC=OM\times FM$），即总成本的大小相当于图中长方形 $DOMF$ 的面积；总收益等于均衡产量乘以平均收益或价格（$TR=OM\times EM$），即总收益的大小相当于图中长方形 $NOME$ 的面积。从图 7-5 中可以看出，总收益小于总成本，即 $NOME$ 的面积小于 $DOMF$ 的面积，这说明厂商出现亏损，亏损额为图中长方形 $NEFD$ 的面积。在这种亏损状态下，厂商是继续生产还是停产则取决于平均变动成本（AVC）与市场价格的关系。

如果市场价格低于厂商的平均成本但高于平均变动成本（见图 7-6），即 $AVC<P<SAC$，此时如果厂商根据利润最大化原则生产的产量为 OM，则平均变动成本为 GM，这样总变动成本等于均衡产量 OM 乘以平均变动成本 GM（$TVC=OM\times GM$），即相当于长方形 $HOMG$ 的面积。由于总成本为长方形 $DOMF$ 的面积，由此可以计算出固定成本（TFC）$=DOMF$ 的面积$-HOMG$ 的面积$=DHGF$ 的面积。如果厂商因为亏损而选择停产，则亏损额就等于固定成本即 $DHGF$ 的面积；如果厂商选择继续生产，亏损额为 $NEFD$ 的面积。从 $NEFD$ 的面积小于 $DHGF$ 的面积可知，继续生产的亏损额要小于停产时的亏损额。这是因为继续生产所获得的收益（$NOME$ 的面积），除了可补偿因生产所发生的变动成本（$HOMG$ 的面积）以外，还有剩余（剩余额为 $NHGE$ 的面积）可以补偿一部分固定成本，从而使继续生产时的亏损小于停产时的亏损。所以，当市场价格低于厂商的平均成本但高于平均变动成本时，厂商的正确决策应该是继续生产。

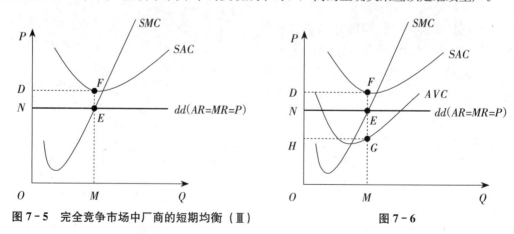

图 7-5 完全竞争市场中厂商的短期均衡（Ⅲ）   **图 7-6**

如果市场价格不仅低于厂商的平均成本，而且还低于平均变动成本（见图 7-7），即 $P<AVC$，此时如果厂商根据利润最大化原则生产的产量为 OM，则平均变动成本为 KM，这样总变动成本等于均衡产量 OM 乘以平均变动成本 KM（$TVC=OM\times KM$），即相当于 $ROMK$ 的面积。由于总成本为 $DOMF$ 的面积，由此可以计算出固定成本

（TFC）＝DOMF 的面积－ROMK 的面积＝DRKF 的面积。如果厂商选择停产，亏损额就等于固定成本即 DRKF 的面积；如果厂商选择继续生产，亏损额为 NEFD 的面积。由 NEFD 的面积大于 DRKF 的面积可知，继续生产的亏损额要大于停产时的亏损额。这是因为继续生产所获得的收益（NOME 的面积），连因生产所发生的变动成本（ROMK 的面积）都无法补偿，这样，继续生产会使亏损加大。所以，当市场价格不仅低于厂商的平均成本而且还低于平均变动成本时，厂商的正确决策应该是停止生产。

如果市场价格低于厂商的平均成本并且等于平均变动成本（见图 7-8），即 $P=AVC$，此时如果厂商根据利润最大化原则生产的产量为 OM，则平均变动成本等于平均收益和市场价格，为 EM，这样总变动成本等于均衡产量 OM 乘以平均变动成本 EM（$TVC=OM \times EM$），即相当于 NOME 的面积。由于总成本为 DOMF 的面积，由此可以计算出固定成本（TFC）＝DOMF 的面积－NOME 的面积＝DNEF 的面积。如果厂商选择停产，亏损额就等于固定成本即 DNEF 的面积；如果厂商选择继续生产，亏损额也为 DNEF 的面积。即此时继续生产的亏损额等于停产时的亏损额。这是因为继续生产所获得的收益（NOME 的面积），正好补偿因生产所发生的变动成本（NOME 的面积），这样，继续生产与停产时的亏损额一样，都为固定成本（NEFD 的面积）。所以，当市场价格低于厂商的平均成本并且等于平均变动成本时，厂商的正确决策应该是生产与停产两者皆可。但在实际的生产经营中，厂商通常都会选择继续生产，其原因在第 5 章中已经说明。

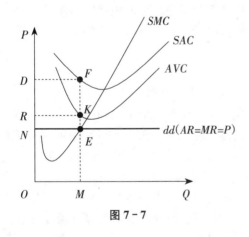

图 7-7

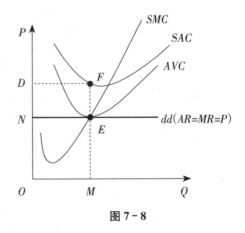

图 7-8

📊 小思考

根据以上内容说明停止营业点的含义。当某完全竞争厂商的平均成本大于市场价格处于亏损状态时，它还应该继续生产吗？

🎬 案例评析

餐馆是否要 24 小时营业？

林红看完晚场电影已是凌晨一点，因为肚子饿了，她就来到一家还在营业的小餐馆吃点东西。林红边吃边打量整个餐馆，小餐馆内只有 3 位客人，异常冷清。林红的内心不禁发出疑问：深夜屈指可数的几个顾客的光临肯定不能弥补餐馆的经营成本，餐馆为何不早点打烊？

餐馆是否要 24 小时营业？在做出该决策时，老板肯定要将其所有的经营成本划分为固定成本与可变成本。餐馆的许多成本，包括店面租金以及厨房设备、桌子、盘子、餐具等的花费都是固定成本。在深夜停止营业并不能减少这些成本。老板决定是否在深夜继续营业，即是否要 24 小时营业时，只与可变成本——增加的食物支出和深夜工作的服务员及厨师的工资或加班费——相关，当深夜从顾客那里得到的总收入大于上述可变成本时，老板就会决定在深夜继续维持营业，即保持 24 小时营业，否则老板就会选择在深夜停止营业。

以上三种情况都是在完全竞争市场条件下，短期内可能存在的厂商均衡状态。综上所述，完全竞争市场中厂商的短期均衡条件为：

$$MR = SMC \qquad\qquad (7-5)$$

在上式中，$MR = AR = P$。在短期均衡时，厂商可能获得最大利润，可能利润为零，也可能蒙受最小亏损。当蒙受亏损时，厂商必须做出停产或继续生产的决策：当 $P \geqslant AVC$ 或 $TR \geqslant TVC$ 时，厂商应该选择继续生产；当 $P < AVC$ 或 $TR < TVC$ 时，厂商应该选择停产。

7.2.1.2 完全竞争厂商的短期供给曲线

从完全竞争厂商的短期均衡分析中，可以得到完全竞争厂商的短期供给曲线。

完全竞争厂商的短期均衡条件为 $MR = SMC$，由于 $MR = AR = P$，所以该均衡条件也可以写为：

$$P = SMC \qquad\qquad (7-6)$$

式（7-6）说明，完全竞争厂商为了获得短期的最大利润，应该选择最优产量 Q，使得产品的价格 P 和边际成本 SMC 相等。这就是说，在每一个短期均衡点上，厂商的产量与产品的价格之间都存在一种对应关系。这种对应关系在图 7-9(a) 中得到充分的体现。根据 $P = SMC$ 或 $MR = SMC$ 的短期均衡条件，当产品的市场价格为 P_1 时，厂商所选择的最优产量为 Q_1；当市场价格为 P_2 时，厂商所选择的最优产量为 Q_2……当市场价格为 P_5 时，厂商所选择的最优产量为 Q_5。由此可见，在短期均衡点上，产品的市场价格和厂商所愿意提供的最优产量之间的对应关系可以明确地表示为以下函数关系：

$$Q_S = f(P) \qquad\qquad (7-7)$$

式中：　P——商品的市场价格，$P = SMC$；

　　　　Q_S——厂商的最优产量或供给量。

显然，式（7-7）是完全竞争厂商的短期供给函数。

此外，在图 7-9(a) 中还可以清楚地看到：根据短期均衡条件 $P = SMC$ 或 $MR = SMC$，产品的市场价格和厂商的最优产量的组合，即 E_1、E_2、E_3、E_4、E_5 都出现在厂商的边际成本曲线 SMC 上。当市场价格低于 P_5 时，产品的市场价格小于厂商的平均变动成本，厂商停止生产，产品供给量为零。由此可见，在不同的市场价格下厂商所愿意提供的产量（能使它获得最大利润或最小亏损），都出现在 SMC 曲线上等于或高于

AVC 曲线最低点的部分。这一部分的边际成本曲线体现了式(7-7)的函数关系。

　　由此可以得到这样的结论：完全竞争厂商的短期边际成本曲线上等于和高于平均变动成本曲线最低点的部分，就是完全竞争厂商的短期供给曲线。根据图7-9(a) 所绘制的完全竞争厂商的短期供给曲线如图7-9（b）中的实线部分所示。显然，完全竞争厂商的短期供给曲线必定是向右上方倾斜的。至此，我们从对完全竞争市场上追求利润最大化的经济行为中推导出了完全竞争厂商向右上方倾斜的短期供给曲线，从而对第2章所描绘的单个生产者的供给曲线是向右上方倾斜的现象做出了解释。

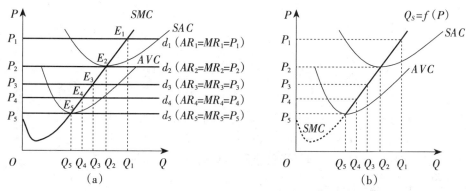

图 7-9　完全竞争厂商的短期供给曲线

📊 **小思考**

　　为什么说完全竞争市场厂商的短期供给曲线与厂商短期边际成本曲线等于和高于平均变动成本部分重合？

　　供给曲线表示在其他条件不变的情况下生产者在每一价格水平上所愿意而且能够提供的产品的数量。从以上对完全竞争厂商的短期供给曲线的推导过程可以清楚地看出供给曲线背后的生产者追求最大利润的经济行为，即供给曲线所反映的生产者在每一价格水平上所愿意提供的产品的数量，是在既定价格水平下能够给生产者带来最大利润或最小亏损的产品数量。

　　某一个行业的供给量是该行业中所有厂商供给量的总和，所以，完全竞争行业的短期供给曲线就是由行业内所有厂商的短期供给曲线的水平加总而构成。或者说，把完全竞争行业内所有厂商的 *SMC* 曲线上等于和高于 *AVC* 曲线最低点的部分水平相加，便构成该行业的短期供给曲线。

　　假定某行业有100家厂商，各厂商的供给曲线完全相同，如图7-10(a) 所示。那么，将这100家厂商相同的短期供给曲线水平相加，便可以得到行业的短期供给曲线，即图7-10(b) 中的 *S* 曲线。

　　从图7-10可见，在每一价格水平上，行业的供给量都等于这100家厂商的供给量之和。例如，当价格为 P_1 时，行业供给量为500，它等于100家厂商的供给量之和，即 $5 \times 100 = 500$；当价格为 P_2 时，行业供给量为300，它同样等于100家厂商的供给量

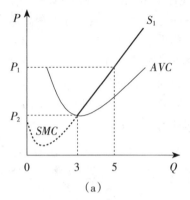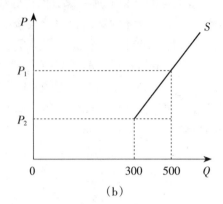

图 7 - 10　完全竞争行业的短期供给曲线

之和，即 $3 \times 100 = 300$。

由于行业的短期供给曲线是单个厂商的短期供给曲线的水平相加，因此，行业的短期供给曲线也是向右上方倾斜的。行业短期供给曲线上的每一点都表示在相应价格水平下能够使全体厂商得到最大利润（或最小亏损）的行业短期供给量。

7.2.2　厂商长期均衡

在短期，由于厂商无法调整所有的生产要素，因此厂商也就没有能力根本改变其成本状况。但是在长期中，各个厂商都可以根据市场价格以及市场需求来调整全部生产要素，也可以自由进出该行业。那么，是什么因素导致厂商想进入或退出某市场呢？厂商进入市场的推动力是经济利润，退出市场的推动力是经济损失。

7.2.2.1　长期均衡的形成

当短期内出现亏损，长期内厂商就可能会考虑退出其所在行业或者缩小自己的生产规模，致使整个行业的生产和供给减少，从而市场均衡价格上升，厂商的平均收益和边际收益提高，厂商的需求曲线逐渐上移，最终使亏损消失。如果短期内厂商获得经济利润，长期内就会吸引新的厂商进入该行业，或者原有厂商扩大自己的生产规模，从而降低成本获取更多的经济利润，以致整个行业的生产和供给增加，从而市场均衡价格下降，厂商的平均收益和边际收益减少，厂商的需求曲线下移，最终使经济利润消失。这种不断调整的结果，最终使行业内所有的厂商趋向于获得正常利润，经济利润消失，实现长期均衡。

完全竞争市场中，厂商长期均衡的形成过程可以用图 7 - 11 说明。

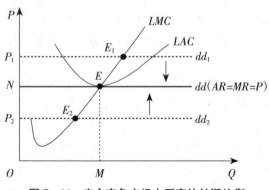

图 7 - 11　完全竞争市场中厂商的长期均衡

在图 7 - 11 中，LMC 是厂商的长期边际成本曲线，LAC 是厂商的长期平均成本曲线。虚线 dd_1 是整个行业供给小于需求、行业市场价格高于厂商平均成本时的个别厂商的需求曲线；虚线 dd_2

是整个行业供给大于需求、行业市场价格小于厂商平均成本时的个别厂商的需求曲线。

在长期内，当整个行业供给小于需求，市场价格较高为 P_1 时，根据利润最大化的均衡条件 $MR=LMC$，单个厂商在 E_1 点实现均衡，并获得经济利润。经济利润的存在会吸引新的厂商加入该行业生产，该行业中原有厂商也会进一步扩大生产规模，导致该行业供给增加和市场价格下降，相应地，单个厂商的需求曲线 dd_1 会向下平移。当单个厂商的需求曲线 dd_1 向下平移到与长期平均成本曲线相切时，厂商的经济利润消失。这样，由于没有经济利润，新厂商不会进入该行业，原有厂商虽然没有经济利润，但是由于拥有正常利润，因此也不急于退出该行业。此时，整个行业处于长期均衡状态，单个厂商实现了长期均衡。

在长期内，当整个行业供给大于需求，市场价格较低为 P_2 时，根据利润最大化的均衡条件 $MR=LMC$，单个厂商在 E_2 点实现均衡，厂商是亏损的。在亏损状况下，行业中原有的部分厂商就会退出该行业，导致该行业供给减少和市场价格上升，相应地，单个厂商的需求曲线 dd_2 会向上平移。当单个厂商的需求曲线 dd_2 向上平移到与长期平均成本曲线相切时，厂商的亏损消失。这样原有厂商虽然没有经济利润，但是由于拥有正常利润，因此不会再退出该行业。此时，整个行业处于长期均衡状态，单个厂商实现了长期均衡。

综上所述，无论是价格较高吸引新厂商进入，还是价格较低促使行业内原有厂商退出，单个厂商所面临的需求曲线最终都会运动到图 7 - 11 中的 dd 曲线的位置。在这一位置上，dd 曲线相切于 LAC 曲线的最低点 E，LMC 曲线经过该点，这一点就是 $MR=LMC$ 的长期均衡点。

🎬 案例评析

当企业为追求利润而进入一个行业时会发生什么？

1969 年，掌上计算器第一次被引进美国，它的价格是 395 美元。1975 年，索尼第一次推出盒式录像机（VCR），价格是 1 400 美元。1977 年，苹果电脑公司推出了第一代个人计算机，它只有 4K 的随机访问存储器（RAM），当时的售价接近 1 300 美元。2000 年，这三种产品的价格无论是名义价格还是实际价格都大大下降，而且它们的质量都远远好于以前的产品。比 1969 年那款掌上计算器质量更高的掌上计算器的价格大约是 10 美元，比 1975 年的那款盒式录像机质量更好的盒式录像机大约只卖 250 美元，比 1977 年生产的个人计算机质量更优的个人计算机也只卖 600 美元。是什么原因导致这些产品在质量上升的同时，价格却大幅下降呢？

部分原因是新的企业进入了这些行业，这些行业的进入壁垒较低，如生产者进入个人计算机市场仅需要 6 万美元的启动资金，苹果公司最初的启动资金则更少。在这些行业中，第一代企业实现的正的经济利润吸引了新的企业，从而使商品的供给增加，价格下降。第一代掌上计算器出现后的 1970 年，美国得克萨斯州仪器公司进入这个行业，很快，佳能、惠普、国民半导体公司和西尔斯公司也纷纷加入这个行业。在 VCR 行业，继索尼之后，通用电气、Zenith 等其他公司也纷至沓来。在个人计算机行业，Tandy、施乐、IBM、日本电气、卡西欧、数据设备公司和大量其他企业也紧随苹果公司进入了这个行业。

这些例子说明了在一个容易进入的市场中产品价格和利润是如何变化的。这也暗示着，如果现有的企业能够成功地限制新的企业进入，它们就能够享受经济利润。设想一下，如果索尼公司能够成功地阻止其他企业进入盒式录像机行业，它将获取多少利润！

资料来源：罗杰·A. 阿诺德. 经济学［M］. 沈可挺，刘惠林，译. 5 版. 北京：中信出版社，2004：578.

7.2.2.2 完全竞争厂商长期均衡的条件

图 7-11 表明，在长期均衡点 E 上，厂商的长期均衡产量为 OM，平均收益为 ON，平均成本也为 ON。这时，总收益为平均收益乘以产量（$TR=ON \times OM$），其大小相当于长方形 NOME 的面积；总成本等于平均成本乘以产量（$TC=ON \times OM$），其大小相当于长方形 NOME 的面积。这样，总收益等于总成本，厂商既无经济利润又无亏损，实现了长期均衡。

> **小思考**
>
> "竞争的结果必然导致经济利润的消失。"这句话正确吗？

从图 7-11 中还可看出，当实现长期均衡时，长期边际成本曲线 LMC 和长期平均成本曲线 LAC 也相交于 E 点。这就表明，在完全竞争市场中，厂商长期均衡的条件是：

$$MR=AR=LMC=LAC=P \tag{7-8}$$

在理解完全竞争市场的长期均衡时需要注意以下几点：

第一，厂商的长期均衡点就是第 5 章成本理论中所说的盈亏平衡点。这时总收益等于总成本，厂商所能获得的只是正常利润。经济学家认为，正常利润作为生产要素的支出之一是成本。所以，厂商处于盈亏平衡点时，就能获取正常利润，这也是为什么厂商在经济利润为零的状况下会继续经营下去的原因。

第二，从长期均衡的形成过程可以看出，在完全竞争市场中，由于竞争力量的作用，最终所有厂商的经济利润消失，每一个厂商只要获得正常利润就是实现了利润最大化。

第三，在完全竞争市场中，厂商的长期决策是：当 $P>LAC$ 或 $TR>LTC$，行业存在经济利润，厂商就会考虑进入该行业；当 $P<LAC$ 或 $TR<LTC$，出现亏损，厂商就会退出该行业。

案例评析

只能获得零利润的竞争企业为什么还在经营？

我国电视机产品市场的竞争异常激烈，电视机的价格也在不断下降，众多的电视机厂商纷纷感叹：日益下降的电视机价格，已使某些电视机产品的生产无利可图。然而，尽管如此，为什么几乎所有的电视机厂商依然在维持电视机的生产呢？

从对厂商的长期均衡的分析中可以看出，竞争的最终结果是使经济利润消失，电视机产品的生产同样如此。厂商经营企业的目的是获得利润，如果企业的利润为零，看来似乎就没有什么理由再经营下去了。实际上，电视机厂商在决策时与经济学家的分析思路是一致的，即成本中包括企业的所有机会成本，也就是说，决策时所考虑的成本包括了企业所有者用于经营的时间、金钱及其他自有资源的机会成本。在零利润时，企业的收益应该补偿所有者用于使其企业维持的时间和金钱。因此，竞争最终消灭的是经济利润。对于电视机厂商来说，虽然高额的经济利润已经消失，但依然可以获得包含以上机会成本的正常利润。正常利润的获取虽然不会使电视机厂商欣喜若狂，但是足以使厂商认为值得继续从事电视机的生产。毕竟，如果电视机厂商退出并从事其他经营，一方面，厂商要承担退出成本（并不是所有的资产都可以变卖）；另一方面，厂商从事其他经营可能并不会获利更多。这就是电视机厂商在无利可图的情况下依然维持经营的原因所在。

7.2.2.3 完全竞争厂商的长期供给曲线

完全竞争市场中的厂商长期供给曲线

完全竞争厂商的长期供给曲线和短期供给曲线类似，其推导过程可以用图7-12表示。

从图7-12(a)可见，厂商通过长期的规模调整，其平均成本曲线为图中的 LAC，当商品的市场价格为 P_1 时，对单个厂商而言，价格高于平均成本，厂商有利可图，因此厂商会根据利润最大化原则 $MR=MC$ 选择 Q_1 为最优产量；同理，当市场价格为 P_2 时，厂商所选择的最优产量为 Q_2；当市场价格为 P_3 时，厂商所选择的最优产量为 Q_3；当市场价格继续下降为 P_4 时，由于此时市场价格低于厂商的长期平均成本，即 $P<LAC$ 或 $TR<LTC$，这意味着厂商即使通过长期调整，在最佳规模上生产，其平均成本依然高于市场价格，因此厂商这时会选择退出市场，即所愿意提供的产量为零。由此可见，在不同的市场价格下，厂商所愿意提供的产量（能使厂商获得最大利润的产量），都出现在 LMC 曲线上等于或高于 LAC 曲线最低点的部分。这一部分 LMC 曲线体现了厂商价格与供给量之间的函数关系。

由此可以得到这样的结论：完全竞争厂商的长期边际成本曲线上等于和高于平均成本曲线最低点的部分，就是完全竞争厂商的长期供给曲线。根据图7-12(a)所绘制的完全竞争厂商的长期供给曲线如图7-12(b)中的粗实线部分所示。

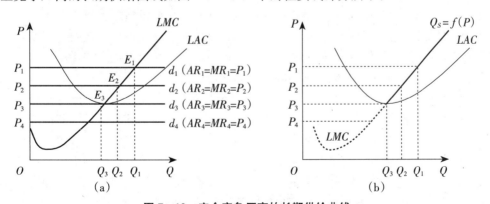

图7-12 完全竞争厂商的长期供给曲线

通过以上的分析可见，在一个可以自由进入与退出的市场上，厂商长期均衡时必然

满足 $MR=LMC=LAC=P$ ［见图 7—13（a）］。此时，厂商的经济利润等于零，并且在最低平均成本的生产规模上运营，整个行业市场只有一种价格，那就是与平均成本最低点相等的价格。因此，长期行业供给曲线必然是这种价格的水平线，如图 7—13(b) 所示，是一条具有无限弹性的供给曲线。任何高于该水平的价格都会产生经济利润，导致厂商进入，并增加总供给量；任何低于该水平的价格都会引起亏损，导致厂商退出，并减少总供给量。最终，行业市场中的厂商数量会自发调整，以使价格等于最低平均成本。在该价格上，有足够的厂商可以满足市场所有需求。

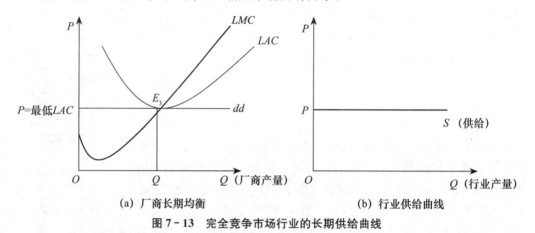

(a) 厂商长期均衡　　　　　　　　(b) 行业供给曲线

图 7—13　完全竞争市场行业的长期供给曲线

以上分析说明了在一个可以自由进出的市场中，行业的长期供给曲线是一条具有无限弹性的水平线，但该结论是建立在市场内存在大量潜在进入者，其中每一个厂商都面对同样的成本。因此，长期行业供给曲线是与平均成本最低点相等的一条水平线。当整个市场需求增加时，长期的结果是厂商数量和总供给量增加，而价格保持不变。但是在以下两种情况下可能使长期行业供给曲线向右上方倾斜。

第一，当生产资源有限时。例如，在农产品市场上，如果任何一个人都可以购买土地从事农业生产经营，但土地是有限的。随着越来越多的人从事农业生产经营，农业土地价格会急剧上升，这就增加了市场上所有农民的成本。因此，当农产品需求增加无法维持在成本不增加的情况下增加供给量时，就意味着市场的价格要上升。结果，在这种情况下，即使农产品行业可以自由进出，依然会导致长期行业供给曲线向右上方倾斜。

第二，不同厂商可能有不同的成本。假设任何一个人都可以进入快递服务市场，但并不是每一个人运送快递的成本都相同。成本之所以存在差异，可能是有些人干活比较快，也可能是有些人干活的时间选择更合适从事快递服务。在任何一种既定价格下，那些成本低的人都比那些成本高的人更有可能进入市场。然而，随着快递服务的需求量急剧上升，为了增加快递服务的供给量，就必须鼓励更多的人进入快递服务市场。由于这些新进入者的成本较高，要使市场对这些人来说有利可图，价格就必须上升。因此，即使市场是可自由进出的，快递服务的长期行业供给曲线也可能会向右上方倾斜。这时，由于成本不同，一些厂商即使在长期也可能获得经济利润。

基于以上两种情况，要促使整个行业有更大的供给量，提升现有价格可能是必要的，这时行业的长期供给曲线会向右上方倾斜。但无论如何，由于厂商在长期进入与退出比短期更容易，所以长期供给曲线一般比短期供给曲线更富有弹性。

太猛了，拼多多冲入世界 100 强

胡润研究院在 2024 年初发布了《2023 胡润世界 500 强》，对全球非国有企业的市值或估值进行排名，其中，上市公司市值按照 2023 年 10 月 31 日的收盘价计算，非上市公司估值参考同行业上市公司或者根据最新一轮融资情况进行估算。

拼多多在此次榜单中首次进入百强，排名第 63 位，较前一年上升了 147 位。胡润研究院将拼多多排名的大幅跃升归因于其在国内市场的超预期表现和成功打入美国市场。此外，拼多多的市值增长在中国企业中仅次于台积电和腾讯，增幅达 6 700 亿元。

2023 年对于拼多多而言是关键的一年。拼多多的第三季度财报显示，其总营收为 688.4 亿元，同比增长 94%；净利润为 155.4 亿元，同比增长 47%。尽管电商行业竞争激烈，拼多多仍交出了一份营收与净利润双双高增长的财报，这一表现令市场震惊。此外，在国内电商市场增速放缓的背景下，拼多多通过布局跨境电商，找到了新的增长动力。

拼多多旗下的 Temu 成为跨境电商领域的一匹黑马，自 2022 年 9 月上线以来迅速增长，截至 2023 年 12 月，Temu 的独立用户数量已达 4.67 亿，排名全球电商榜单第二。拼多多的成功离不开其以低价为核心的策略。拼多多通过"百亿补贴"等举措满足了消费者对物美价廉的需求，迅速在一二线城市用户中扩展市场。

分析： 拼多多的崛起反映了电商市场的完全竞争特性，即市场参与者众多，产品差异化较小，商家入驻和退出平台相对自由。在这种市场环境下，拼多多以低价策略脱颖而出，凭借"物美价廉"吸引了大量用户。

拼多多的出海战略也显现出强劲势头。Temu 的成功展示了拼多多在全球市场复制其低价策略的有效性。尽管阿里巴巴、Wish 等跨境电商平台在欧美市场遭遇挑战，Temu 却凭借其性价比迅速占领市场。这一成功证明了拼多多不仅抓住了国内消费者的需求，也成功吸引了海外市场。随着继续发力跨境电商，拼多多的未来发展值得期待。

资料来源：电商报 Pro. 太猛了，拼多多冲入世界 100 强［EB/OL］.（2024-02-02）［2024-12-02］. https：//www.yfchuhai.com/article/13083.html. 有改编.

7.2.2.4　生产者剩余

在本书的第 3 章，我们引出了消费者剩余这一概念来评价消费者从参与市场中得到的利益。现在我们考虑生产者从参与市场中得到的利益。

比如一位大学生为中、小学生提供家教劳务。如果他得到的报酬（价格）超过了从事这项工作的成本，他就愿意接受这项工作。一般来说，大学生做家教的成本是他愿意接受这项工作的最低价格，所以，成本反映了该大学生出售其劳务的意愿。每个大学生

都渴望以高于其成本的价格出售劳务，而拒绝以低于其成本的价格出售劳务。这个成本应该为该大学生的机会成本，如果该大学生可以很容易地找到一份每小时30元的家教或其他工作，则该大学生愿意接受的最低价格为每小时30元。当雇主愿意为这份家教支付50元时，该大学生很高兴接受这份工作，也就是说，该大学生愿意以每小时30元的价格从事这项工作，却得到了每小时50元的价格。所以，微观经济学认为该大学生得到了20元（50－30）的生产者剩余。生产者剩余是卖者得到的货币额减去生产成本的余额。生产者剩余实际上是衡量卖者参与市场所得到的收益。

正如消费者剩余与需求曲线密切相关一样，生产者剩余与供给曲线密切相关。生产者剩余可以由市场价格曲线之下、供给曲线之上这一部分的面积来衡量，如图7-14所示。

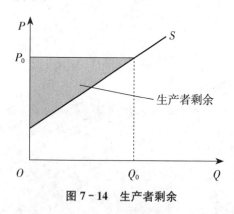

图7-14　生产者剩余

在前面的分析中已经提出，在完全竞争市场中，厂商的供给曲线与边际成本曲线重合，在厂商的长期均衡点上，经济利润消失，$P=MR=MC$，即MC曲线（或供给曲线）上的每一点是厂商所能接受的最低价格，在这个价格上厂商没有经济利润而仅获取正常利润。因此，在图7-14中，供给曲线上的每一点衡量的是厂商提供每一单位产品所愿意接受的最低价格，即最低成本，而价格和生产成本之间的差额则是卖者的生产者剩余。如果图7-14中的供给曲线是单个厂商的供给曲线，则该图阴影部分给出的是单个厂商的生产者剩余。如果图7-14中的供给曲线是市场或整个行业的供给曲线，则该图阴影部分给出的是市场中所有厂商的生产者剩余的总和。

在了解了生产者剩余的概念和衡量方法后很容易推知，高价格可以增加生产者剩余。总之，经济学通常用生产者剩余来衡量生产者的福利，用消费者剩余来衡量消费者的福利，两者的总和构成社会总福利。

> **📊 小思考**
>
> 什么是生产者剩余？想一想你目前的工作带给你的生产者剩余为多少？

经济学家认为，从长期考察，在完全竞争市场，每个厂商想要获取经济利润，就会不断调整其规模从而降低成本，最终完全竞争市场可以使厂商把生产规模调整到平均成本的最低点，即$P=LAC$。这也就说明了，在完全竞争的条件下，可以实现成本最小化，厂商在最佳规模上生产，从而实现最高的生产效率。此时，被称为实现了生产的有效性（Productive Efficiency）。同时，在完全竞争厂商的长期均衡点上，$P=LMC$，这不仅使消费者得到了最低的价格，而且使生产者乃至整个社会的生产资源得到了最有效的利用，实现了最优配置。此时，被称为实现了资源配置的有效性（Resource Allocation Efficiency）。由此，许多经济学家认为完全竞争市场是最理想的市场结构。但是，也有许多经济学家指出，完全竞争市场也有其缺点：第一，各厂商的平均成本最低，并不一定社会成本就最低；第二，产品无差别，使消费者的多种需求无法得到满足；第三，完全竞争市场上生产者的规模都很小，这样，他们就没有能力去实现重大的科技突破，从而不利于技术发展；第四，完全竞争市场是一种理想化的不可能实现的市场，之所以要建立这种理想化的市场厂商均衡模型，是为了领悟理想市场的特征，从而为真实市场指明改革的方向。

本章小结

本章首先说明了完全竞争市场的基本条件，即市场上有大量的卖者和买者；市场上所出售的商品和劳务是同质的；市场上各种生产资源可以充分自由流动，不受任何因素的阻碍；市场信息是畅通的。同时阐述了完全竞争厂商的收益规律，即在完全竞争市场中，厂商的需求曲线、平均收益曲线、边际收益曲线为完全重合的一条水平线。其次，论述了完全竞争厂商的短期均衡，得出的结论是：完全竞争市场中厂商的短期均衡条件为 $MR=SMC$，在短期均衡时，厂商可能获得最大利润，可能利润为零，也可能蒙受最小亏损。当处于亏损时，厂商必须做出停产或继续生产的决策，其中当 $P \geqslant AVC$ 或 $TR \geqslant TVC$ 时，厂商应该选择继续生产；当 $P < AVC$ 或 $TR < TVC$ 时，厂商应该选择停产。完全竞争厂商的短期边际成本曲线上等于和高于平均变动成本曲线最低点的部分，就是完全竞争厂商的短期供给曲线。最后，论述了完全竞争厂商的长期均衡，得出的结论是：在完全竞争市场中，厂商长期均衡的条件是 $MR=AR=LMC=LAC=P$。从长期均衡的形成过程可以看出，在完全竞争市场中，由于竞争力量的作用，最终所有厂商的经济利润消失，每一个厂商只能获得正常利润。完全竞争市场中，厂商的长期决策是，当 $P > LAC$ 或 $TR > LTC$，行业存在经济利润，厂商会考虑进入该行业；当 $P < LAC$ 或 $TR < LTC$，出现亏损，厂商就会退出该行业。完全竞争厂商的长期边际成本曲线上等于和高于平均成本曲线最低点的部分，就是完全竞争厂商的长期供给曲线。

经济问题分析

A 省的新政策规定使得 A 省粮食的销售价格低于粮食市场长期均衡时的市场价格，从而导致 A 省的粮食种植者不能获得正常利润，出现亏损，最终退出粮食种植市场。由于粮食种植者开始减少，粮食供给将下降，由此导致整个粮食市场的均衡价格上升（A 省除外）。高价格的结果使 B 省的粮食种植者将得到比正常利润更高的利润，即经济利润。由于粮食种植市场是一个完全竞争市场，经济利润的存在将吸引新的粮食种植者进入粮食市场（在 B 省），由此逐渐使粮食供给增加，粮食均衡价格下降，直到最终粮食种植者只能获得正常利润。由此可以看出，A 省颁布的新政策会产生如下结果：第一，A 省没有粮食种植者；第二，在 B 省有更多的粮食种植者；第三，在短期，粮食的均衡价格高于 5.0 元/千克，然而在长期，如果成本不变，粮食的长期均衡价格依然是 5.0 元/千克。总之，在长期，A 省的新政策的作用只会使本省的粮食种植者放弃种植粮食。

复习与思考

一、名词解释

完全竞争市场　完全竞争行业需求曲线　完全竞争厂商需求曲线　完全竞争厂商短期供给曲线　完全竞争厂商长期供给曲线　完全竞争厂商短期均衡条件　完全竞争厂商长期均衡条件　生产者剩余

二、选择题

1. 根据完全竞争市场的条件，下列哪个行业最接近于完全竞争行业？（　　）

A. 自行车行业
B. 玉米行业
C. 糖果行业
D. 服装行业

2. 在 $MR=MC$ 的均衡产量上，厂商（　　）。

A. 必然得到最大利润

B. 不可能亏损

C. 必然得到最小的亏损

D. 若获得利润，则利润最大；若亏损，则亏损最小

3. 如果在厂商的短期均衡产量上，AR 小于 SAC，但大于 AVC，则厂商（　　）。

A. 亏损，立即停产
B. 亏损，但继续生产
C. 亏损，生产或不生产都可以
D. 获得正常利润，继续生产

4. 在厂商的停止营业点上，应该有（　　）。

A. $AR=AVC$
B. 总亏损等于 TFC
C. $P=AVC$
D. 以上说法都对

5. 完全竞争厂商的短期供给曲线应该是（　　）。

A. SMC 曲线上超过停止营业点的部分

B. SMC 曲线上超过盈亏平衡点的部分

C. SMC 曲线上的停止营业点和超过停止营业点的部分

D. SMC 曲线上的盈亏平衡点和超过盈亏平衡点的部分

E. SMC 曲线的上升部分

6. 在完全竞争厂商的长期均衡产量上，必然有（　　）。

A. $MR=LMC \neq SMC$，其中 $MR=AR=P$

B. $MR=LMC=SMC \neq LAC$，其中 $MR=AR=P$

C. $MR=LMC=SMC=LAC \neq SAC$，其中 $MR=AR=P$

D. $MR=LMC=SMC=LAC=SAC$，其中 $MR=AR=P$

7. 当一个完全竞争行业实现长期均衡时，每个企业（　　）。

A. 都实现了正常利润
B. 经济利润都为零
C. 行业中没有任何厂商再进出
D. 以上说法都对

8. 下列条件与完全竞争市场短期均衡条件不相符的是（　　）。

A. $P=MP$
B. $MC=MR$

C. $P=MC$ 　　　　　　　　　　　　D. $MC=AR$

9. 下列各项中，并非完全竞争市场的假设条件的是（　　）。

A. 每一个厂商都面临一条向右下方倾斜的需求曲线

B. 信息完全

C. 所有供给者和需求者都是价格的接受者

D. 厂商可以任意进出市场

10. 在任何市场中，厂商的平均收益曲线可以由以下的哪条曲线来表示？（　　）

A. 厂商的需求曲线　　　　　　　　B. 厂商的供给曲线

C. 行业的需求曲线　　　　　　　　D. 行业的供给曲线

三、问答题

1. 什么是完全竞争市场？完全竞争市场应该具备的条件是什么？

2. 试用图来说明完全竞争厂商长期均衡的形成过程及条件。

3. 在完全竞争市场中，在什么条件下企业将暂停营业？在什么条件下企业将退出市场？请说明原因。

4. 为什么完全竞争厂商的需求曲线是一条与横轴平行的直线，而行业需求曲线是一条向右下方倾斜的曲线？

5. 为什么完全竞争厂商的短期供给曲线是 SMC 曲线上等于和高于 AVC 曲线最低点的部分？

6. 一个处于完全竞争市场的企业是否需要做广告？一个完全竞争行业是否需要做广告？请找出实例论证你的答案。

四、计算题

1. 已知某完全竞争的成本不变行业中的单个厂商的长期总成本函数为 $LTC=Q^3-12Q^2+40Q$。求：

（1）市场上产品的价格为 $P=100$，厂商实现 $MR=LMC$ 时的产量、平均成本和利润。

（2）该行业长期均衡时的价格和单个厂商的产量。

（3）市场的需求函数为 $Q=660-15P$，行业长期均衡时的厂商数量。

2. 已知某完全竞争行业中单个厂商的短期成本函数为 $STC=0.1Q^3-2Q^2+15Q+10$。求：

（1）当市场上产品的价格为 $P=55$ 时，厂商的短期均衡产量和利润。

（2）当市场价格下降为多少时，厂商必须停产？

（3）厂商的短期供给函数。

3. 已知某完全竞争市场的需求函数为 $D=6\,300-400P$，短期市场供给函数为 $SS=3\,000+150P$；单个企业在 LAC 曲线最低点的价格为 6，产量为 50，单个企业的成本规模不变。求：

（1）市场的短期均衡价格和均衡产量。

（2）判断（1）中的市场是否同时处于长期均衡，并求行业内的厂商数量。

（3）如果市场的需求函数为 $D'=8\,000-400P$，短期供给函数为 $SS'=4\,700+$

150P，求市场的短期均衡价格和均衡产量。

（4）判断（3）中的市场是否同时处于长期均衡，并求行业内的厂商数量。

（5）需要新加入多少企业，才能提供由（1）到（3）所增加的行业总产量？

4. 假设大白菜的需求函数为 $D=1\,000-5P$，大白菜的长期供应曲线为 $LS=4P-80$。请求出大白菜的均衡价格和均衡数量、生产者剩余和消费者剩余各是多少。

5. 某公司是某加工行业的一家小企业，该行业是完全竞争行业。已知产品的单价为 640 元，公司的成本函数为 $TC=240Q-20Q^2+Q^3$。求：

（1）利润最大化时的产量、产品的平均成本和总利润。

（2）如果这个企业和行业现在不处于长期均衡状态，且短期成本曲线和长期成本曲线没有区别，那么，当它们达到长期均衡状态时，企业的产量将是多少？单位产品的成本将是多少？单位产品的价格将是多少？

（3）试描述把行业推向长期均衡的过程。

案例研究

计算机公司的决策

某计算机公司生产的某型号家用计算机 1990 年的售价为 12 000 元。由于技术进步和企业竞争，1992 年该型号的计算机价格降为 7 000 元，1993 年该型号的计算机用 5 000 元就能买到。计算机的变动成本为每台 4 000 元左右。1994 年市场要求该型号的计算机价格下降到 3 500 元，该计算机公司决定停产，此时，未售出的计算机约有 50 万台。该公司以每台 2 500 元的价格倾销剩余库存，最后退出该市场。

基于以上案例资料，请回答：

（1）企业在怎样的情况下会停止生产？

（2）计算机的平均变动成本为 4 000 元，企业为什么愿意以低于 4 000 元的价格销售？该决策是否与停止营业原则相违背？

理论应用

农村春联市场：
完全竞争的缩影

第8章
垄断市场中的厂商均衡

垄断市场的条件
及形成原因

经济问题

天下是否有"免费午餐"?

在湖南长沙城南有一口水井,名曰"白沙井",其水质甘美、清莹如镜,并含有多种微量元素,属天然矿泉水。据说常饮此井水可保健身体、延年益寿。据井边的碑文记载,该井有几百年历史,老百姓到此取水,从不收费,实乃"免费午餐"!据说中华人民共和国成立前因长沙城区狭小,此井位于当时的城区之外,故有贩夫在此取水运至城区销售。但新中国成立后长沙城扩大至白沙井所在区域,此井现在位于一条繁华街道旁,交通十分便利,居民们可自己骑车到此取水,贩夫们发现做此生意无钱可赚了,于是井水就逐渐变成了"免费午餐"。即使此井水非稀缺之物,并且交通便利使其供给成本接近于零,但若某商家购下其产权,然后垄断销售之,或者直接由政府垄断销售,按理说也不会是无价之物。同为长沙一景的岳麓山,也属天赐之物,游人上山游览的边际成本也接近于零,但为何进山却要买票?

为何政府会作为一个垄断者，将岳麓山的美景圈起来进行有价经营，而没有将白沙井也圈起来进行有价经营呢？

资料来源：蒲勇健. 天下确有"免费午餐"[J]. 经济学家茶座，2003（1）：101-105.

经济学中所说的垄断，与人们日常生活中提及的垄断并不相同。人们平常在讲到垄断公司时，一般是指这个公司是一个规模庞大的企业，营业额巨大，员工众多，对市场也有举足轻重的影响。而经济学中所说的垄断，一般是指完全垄断，或称纯粹垄断。

本章主要阐述垄断市场的特征及形成原因，分析垄断市场中厂商的市场行为，即分析垄断厂商的价格和产量的决定。

8.1 垄断市场的条件及厂商收益规律

垄断市场中
厂商的收益规律

所谓垄断市场（Monopoly Market），是指由一家厂商完全控制整个行业的市场结构，即一家厂商控制了某种产品或服务的市场。

8.1.1 垄断市场的条件及形成原因

8.1.1.1 垄断市场的条件

在大多数商品或服务的购买中（如理发、餐馆就餐、看电影等），往往都有两个或两个以上的卖主竞相为顾客提供服务，顾客可以从中选择购买哪个卖主的商品或劳务。但是，在某些市场中，顾客根本没有选择：如果顾客想寄一封平信，就必须通过中国邮政；如果想要收看有线电视，顾客必须接受所在地区的有线电视公司提供的服务；等等。这些都是垄断的例子。那么，一个垄断市场应该具备怎样的条件呢？

垄断市场应该具有以下条件：

第一，在一个行业或在某一特定的市场中，只有一家厂商提供全部产品，厂商即行业，没有竞争对手存在。这个厂商所生产的产量就是本行业的全部供给量，因此厂商提供的产量多寡对价格产生直接影响。所谓的"独此一家，别无分店"，就是垄断。假定在一片热气袭人、一望无际的沙漠上，仅有一家冷饮店，散布于周围几十里的居民和匆匆路过的游客，都必须到此店才能买到一瓶沁人心脾的冷饮。这时我们就可以说，在这片茫茫沙漠中，这家冷饮店就是一个垄断者。

第二，厂商所生产和出售的商品没有相近的代用品，即垄断厂商所生产的产品是被公认为独特的，是其他产品无法替代的。只有这样，垄断厂商才能实现独家控制。

第三，其他任何厂商进入该行业或市场都极为困难或不可能。

在这样的市场中，排除了任何的竞争因素，独家垄断厂商控制了整个行业的生产和市场销售，所以，垄断厂商可以控制和操纵市场价格，即垄断厂商是市场价格的制定者。

在现实生活中，这种纯粹的垄断很少见，因为在垄断组织之外，仍然会存在一些中小企业，这些中小企业虽然无力与大公司分庭抗礼，但也可以蚕食大公司的部分市场份额。

但是，由于种种原因（如政府特许、企业拥有专利权等），在一些行业仍有一些相当接近于垄断的情形。如一个城市的电力、燃气、自来水等行业，一般都是典型的垄断行业。在我国，邮政、铁路、电力等都属于垄断行业。

> **📊 小思考**
>
> 依据垄断市场的条件，寻找你生活中所遇见的垄断的例子。

8.1.1.2　垄断市场形成的原因

垄断市场形成的根本原因是进入障碍：垄断者能在其市场上保持唯一卖者的地位，其他企业不能进入该市场并与之竞争。进入障碍主要有三个来源：关键资源由某企业拥有；某一个企业比其他企业拥有更高的效率；政府给予某企业排他性的生产或销售某种产品（或服务）的权利。下面分别予以简要讨论。

8.1.1.2.1　关键资源的独家拥有

这是指某厂商独家控制了生产某种产品或提供某种服务的关键资源，使竞争者无法从事该项产品或服务的生产经营活动。

比如，从 19 世纪 80 年代开始，南非的德比尔公司买下了世界上大多数的钻石矿或未加工钻石，在出售加工钻石方面处于近乎垄断的地位。同样，从 1893 年到 20 世纪 40 年代，美国铝业公司拥有全国的铝矾土矿，成为美国铝市场的唯一卖主。再有，微软公司曾经有近 20 年的时间在计算机产业处于支配地位，形成一定程度的独家垄断，10 台个人计算机中大约有 9 台使用微软的操作系统（Windows），同时微软公司还生产大量的应用软件，包括互联网浏览器等。微软公司曾经被指控通过与计算机制造商签订排他性购买协议，禁止制造商安装其竞争对手的操作系统，由此微软排除了在操作系统方面的竞争者。

虽然关键资源的排他性所有权是完全垄断产生的重要原因，但实际上垄断很少产生于这种原因。现实的经济体系如此之大，其资源往往难以由某厂商独家拥有。特别是由于许多物品可以在国际市场上交易，因此，企业拥有没有相近替代品资源的情况非常少。

8.1.1.2.2　规模经济的存在

由于生产规模扩大，可由此获取规模经济性，即以低的成本进行生产，因此在竞争中，生产规模较大的厂商就能以较低的成本生产出产品来供应整个市场。这样，大生产不断排挤小生产，生产越来越集中，便自然而然地走向垄断。如果随着企业规模的扩大，规模经济一直持续到单个企业为整个市场进行生产，经济学就称该市场为自然垄断市场。所谓自然垄断（Natural Monopoly），是指由于一家企业能比两家或多家企业以更低的单位成本为整个市场供给一种产品或劳务而产生的垄断。当一家企业随着规模的扩张，其平均成本曲线一直下降时（见图 8-1），该企业被称为自然垄断企业。

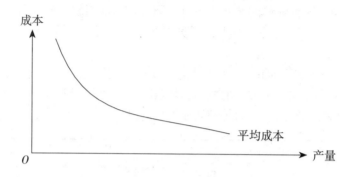

图 8-1　自然垄断企业的平均成本曲线

自然垄断企业的典型例子是供电企业。为了向整个城市或地区居民供电，企业必须架设遍及整个城市或地区的电线网。如果两个或更多企业在提供这种服务中竞争，则每个企业都必须支付架设电线网的固定成本。因此，一家企业为整个市场服务，供电的平均成本才是最低的。

当一家企业已经在市场中建立或形成自然垄断状态时，新进入者往往很难进入这样的市场。因为新进入者为了进入市场，不得不索要比现有企业更低的价格。现有企业为了留住顾客，也会降低它的价格。由于现有企业已建立的规模使其平均成本大大低于新进入者的平均成本，因此，在价格战中，现有企业具有很强的竞争优势：现有企业可以将其价格降低到略高于它的单位成本，这时它仍能赚取少量的利润。而新进入者由于成本较高，在这个价格上销售产品必将遭受损失。根据这样的推测，潜在竞争者就不会进入该市场。由此可见，在一个自然垄断市场，除非有政府的介入，否则将只有一家企业生存下来，最终走向垄断。

📊 **小思考**

找出现实中的自然垄断行业，说明为什么自然垄断行业大多由国家来经营。

由以上两种原因所产生的垄断是自发形成的，而非由于法律禁止竞争而产生的。

8.1.1.2.3　政府特许

政府特许即政府出于社会、政治、经济、国防等方面的考虑，给某些厂商以从事某行业的垄断权。由政府特许形成垄断，其方法主要有两种：一是通过专利权和著作权等进行知识产权保护；二是政府给予厂商独家生产经营的特权。

知识产权保护就是对文学、艺术、音乐作品、科技作品及科技发明实施法律上的保护，知识产权方面两个最重要的法律保护对象是专利权和著作权。专利法实施的目的是保护发明创造者的利益，鼓励发明创造，并使发明创造得到更好的推广应用，促进科学技术进步和创新。专利法中所保护的发明创造是指发明、实用新型和外观设计。在专利期间内，任何单位或者个人未经专利权人许可，都不得实施其专利，即不得为生产经营目的制造、使用、许诺销售、销售、进口其专利产品。我国专利法规定，发明专利权的有效期限为 20 年，实用新型专利权和外观设计专利权的有效期限为 10 年。由此可见，拥有专利权可以在专利期间内阻止别人出售同样的发明或产品，由此实施独家垄断。截至 2016 年年底，我国国家知识产权局授权专利总量为 1 220 万件，其中发明专利 231 万件，占比 19%；实用新型专利 587 万件，占比 48.1%。著作权也称版权。著作权法实施的目的是保护文学、艺术、音乐、摄影、美术、电影、计算机软件作品的著作者的权益。著作权的有效期限至少为 50 年。我国于 1991 年颁布并开始实施《著作权法》。著作权和专利权可出售给别的个人或企业，但是由于仍旧只有一个卖主，所以这并不改变其市场的垄断地位。

国际上所实施的知识产权保护公约主要有：《保护工业产权巴黎公约》《保护文学和艺术作品伯尔尼公约》《保护表演者、音像制品制作者和广播组织罗马公约》《集成电路知识产权条约》等。世界贸易组织规定，世界贸易组织的全体成员亦应视为上述公约的全体成员。我国已加入世界贸易组织，因此也应该遵守上述知识产权保护国际公约。

新闻分析

一份报告揭开医药领域垄断黑幕

据中国新闻网 2024 年 6 月 23 日报道，市场监管总局（国家反垄断局）发布的《中国反垄断执法年度报告（2023）》透露了这样一组数据：2023 年全国查处垄断协议、滥用市场支配地位案件 27 件，罚没金额 21.63 亿元。其中，涉及医药领域案件 7 件，所涉罚没金额约 17.72 亿元，占比超过八成。

此次公布的案件涉及东北制药、天津金耀、远大医药、武汉汇海、江西祥宇、上药生化等多家企业。其中，仅上药生化等四家企业滥用市场支配地位案就被罚没超 12 亿元，这一案例也堪称"经典"——一家企业以原料药垄断为起点，最终撬动整个药品生产、购销链条的巨额利润。案件中的硫酸多黏菌素 B 原料药是生产注射用硫酸多黏菌素 B 的关键，中国境内无企业生产，需从境外进口。武汉汇海与丹麦雅赛利签订协议，成为其中国市场代理商，并通过支付好处费，独占中国市场供应。

自 2015 年以来，丹麦雅赛利向中国出口的硫酸多黏菌素 B 原料药中 98% 销售给汇海方或其指定企业，武汉汇海因此控制了中国的原料药供应。随后，武汉汇海在上药生化的配合下，通过 38 家医药经销公司逐步抬高原料药价格，从最初的 73~94 元/克推至 1.8 万~3.5 万元/克，使注射用硫酸多黏菌素 B 的销售价格远超其他国家，达到 2 303~2 918 元/支，是美国、印度、俄罗斯市场的 12~62 倍。

上海市市场监督管理局于 2023 年 7 月 31 日对上药生化展开调查，注射用硫酸多黏菌素 B 的价格迅速从 2 303 元/支降至 270 元/支。国家医保局随后约谈上药生化，公司承诺进一步将价格降至 123 元/支，并保证稳定供应。

分析：从垄断市场的角度来看，这个案例揭示了企业如何通过垄断市场支配地位来获取巨额利润，也显示了垄断行为对市场价格和竞争环境的负面影响，同时也展示了监管部门在遏制垄断行为方面的努力，以及反垄断执法在遏制垄断行为、保护市场公平竞争方面的重要性。

案例显示，武汉汇海通过控制原料药的供应和实施排他性协议，成功地形成了市场垄断，并通过层层加价获取了巨额利润。具体表现为：（1）市场进入壁垒较高。由于中国没有生产硫酸多黏菌素 B 原料药的企业，只能依赖进口，市场进入壁垒较高。武汉汇海通过与丹麦雅赛利签订独家代理协议，控制了该原料药的供应链，成为垄断市场的关键一步。（2）滥用市场支配地位。武汉汇海通过与多家医药经销公司合作，层层加价，将原料药价格从 73～94 元/克推高至 1.8 万～3.5 万元/克，导致最终药品价格大幅上升。同时，武汉汇海与丹麦雅赛利的排他性协议阻止其他企业进入市场，巩固了其市场支配地位。由于缺乏竞争，注射用硫酸多黏菌素 B 在中国市场的价格高达美国、印度等市场的 12～62 倍，给消费者和医保系统带来巨大负担。武汉汇海通过供应控制进一步强化了其价格控制能力。

监管部门的反垄断行动：市场监管总局发现并处罚了这些垄断行为。经过监管干预，注射用硫酸多黏菌素 B 的价格从 2 303 元/支降至 123 元/支，显示了监管措施的有效性。

资料来源：张尼. 中新健康丨罚没近 18 亿！一份报告，揭医药领域垄断黑幕 [EB/OL]. (2024 - 06 - 23) [2024 - 12 - 02]. https：//www.chinanews.com.cn/cj/2024/06 - 23/10238801. shtml. 有改编.

政府特许的独家经营权，主要是指政府给予某个厂商生产经营某种产品或劳务的排他性权利。当政府认为市场是自然垄断时，通常会授予某些企业经营的特权。这是因为在这种情况下，与多家小企业共同经营相比，能够获取规模经济的单个大企业具有更低的单位成本，所以政府为了更好地为公众利益服务，通常会授权一家大企业独家经营，如某个城市的水电、燃气供应以及垃圾清运等。此时，垄断企业必须服从政府在价格、利润上的管制，具体管制方法请参见本章第 4 节的相关内容。由政府特许所产生的垄断是受法律保护的，此时，竞争是被法律禁止的。

经济学家认为，严格意义上的垄断同完全竞争一样，是一种理论上的假设。但从以上的分析中可以看到，在现实中类似于垄断的市场还是存在的，而且许多垄断属于国家垄断。因此，研究垄断市场的经济关系，有助于理解该市场结构下的厂商行为，并为政府管理经济提供必要的基础材料及分析思路，因而也是很有意义的。

8.1.2 垄断市场中厂商的收益规律

8.1.2.1 垄断厂商的需求曲线（dd 曲线）

因为垄断行业只有一家厂商，所以行业需求曲线就是厂商的需求曲线。垄断厂商同完全竞争厂商的重要区别是，垄断厂商具有影响其产品价格的能力。一个完全竞争企业所占的市场份额非常小，因此只能接受市场的均衡价格。与此相比，由于垄断厂商是其所处市场的唯一厂商，它可以通过减少产品的供给量来获得较高的市场价格，也可以通过降低价格来增加消费者对其产品的需求量。因此垄断厂商的需求曲线是向右下方倾斜的（见图8-2），这也就意味着垄断厂商如果想多销售一单位商品，就必须降低价格。

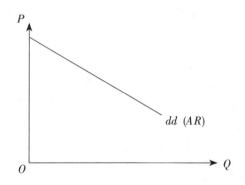

图8-2 垄断厂商的需求曲线与平均收益曲线

8.1.2.2 垄断厂商的平均收益曲线 （AR 曲线）

平均收益是总收益与销售量的商，即：

$$AR = \frac{TR}{Q} = \frac{P \times Q}{Q} = P \qquad (8-1)$$

式（8-1）说明，平均收益一定等于价格，这也就说明，在垄断市场中，平均收益曲线与需求曲线完全重合，厂商的平均收益曲线就是需求曲线。该结论不仅适合于垄断市场，也适合于其他类型的市场结构。

8.1.2.3 垄断厂商的边际收益曲线 （MR 曲线）

在垄断市场中，边际收益曲线不像在完全竞争市场中那样，与需求曲线或平均收益曲线重合。它也是一条向右下方倾斜的曲线，但位置比平均收益曲线要低。这是因为垄断厂商的需求曲线是向右下方倾斜的，所以，垄断厂商要想多出售一个单位商品时，就必须降低价格，并以此价格为准出售全部商品，这样每增加一单位产品销售带来的总收益增加量（边际收益），总是小于单位产品的卖价（平均收益），所以边际收益一定小于平均收益。

8.1.3 垄断厂商的价格、边际收益和平均收益之间的关系

现以图8-3为例说明平均收益、价格和边际收益之间的关系。

在图8-3(a) 中，厂商在完全竞争条件下出售产品，其边际收益即多出售一个单位商品得到的追加收入，等于出售这个商品的全部价格。图中第四个单位产品的边际收益用阴影区 A 表示。

在图8-3(b) 中，厂商是在垄断的条件下出售产品。如果它希望出售第四个单位产品，则必须把价格从5降到4。但是这个降低的价格不仅限于第四个单位，而且涉及前三个单位。这样它的净追加收入等于它从出售第四个单位产品得到的收入阴影区 A 减去它在前三个单位中的损失阴影区 B。因此在垄断条件下，只要需求曲线是向右下方倾斜的，边际收益就始终小于一定产量的价格或平均收益，即 $MR < AR$ 或 $MR < P$。

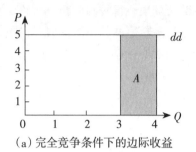 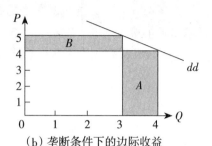

（a）完全竞争条件下的边际收益　　　（b）垄断条件下的边际收益

图 8-3　完全竞争和垄断条件下的边际收益

表 8-1 是某垄断厂商的收益表。

表 8-1　某垄断厂商的收益表

产品销售量（Q）	0	1	2	3	4	5	6	7
产品市场价格（P）	10	9	8	7	6	5	4	3
总收益（TR）	0	9	16	21	24	25	24	21
平均收益（AR）	10	9	8	7	6	5	4	3
边际收益（MR）	0	9	7	5	3	1	−1	−3

分析表 8-1 中的数据可知：

（1）产品的市场价格 P 随着垄断厂商销售量 Q 的不断上升而下降，即垄断厂商的销售量和商品的市场价格的变化方向相反，也就是说，垄断厂商的需求曲线是向右下方倾斜的。

（2）垄断厂商的平均收益 AR 与商品的市场价格 P 相等，因此垄断厂商的平均收益曲线与厂商的需求曲线完全重合。

（3）随着垄断厂商销售量 Q 的增加、市场价格 P 的下降，边际收益 MR 不断减少，即边际收益与商品销售量的变化方向相反，由此可见边际收益曲线也是一条向右下方倾斜的曲线，并且在每一销售量上，厂商的边际收益 MR 小于平均收益 AR，即边际收益曲线在平均收益曲线的下方。例如，垄断厂商的销售量从 3 增加到 4 时，产品的市场价格由 7 降为 6，此时厂商从第 4 个单位产品中所得到的收益为 6。但同时由于产品价格由 7 降为 6，厂商从第 1 至第 3 个单位产品销售中减少的收益为 3（1×3）。所以，在以上两种力量的共同作用下，厂商由此增加的收益为 3（6−3），即 $MR=3$，它显然小于平均收益 $AR=6$。

如果垄断厂商的需求曲线是线性的，那么边际收益曲线与需求曲线、平均收益曲线之间还有怎样的关系呢？关于这一点分析如下：

设厂商的需求函数为：

$$P=a-bQ \tag{8-2}$$

其中，a、b 为常数，且 a、$b>0$。由式（8-2）可得如下总收益函数和边际收益函数：

$$TR=PQ=aQ-bQ^2 \tag{8-3}$$

$$MR=\frac{\mathrm{d}TR}{\mathrm{d}Q}=a-2bQ \qquad (8-4)$$

由式(8-4)可见，若垄断厂商的需求曲线是线性的，则其边际收益曲线也是线性的。同时，比较厂商的需求函数式（8-2）和边际收益函数式（8-4）可知：垄断厂商的需求曲线的斜率为$-b$，边际收益曲线的斜率为$-2b$，需求曲线和边际收益曲线在纵轴上的截距相等，都为a。

根据以上分析可以得出以下结论：当垄断厂商的需求曲线为向右下方倾斜的线性曲线时，其边际收益曲线也是一条向右下方倾斜的线性曲线；垄断厂商的需求曲线和边际收益曲线在纵轴上的截距相等；垄断厂商的边际收益曲线的斜率是其需求曲线斜率的2倍，即垄断厂商的边际收益曲线在横轴上的截距是需求曲线在横轴上的截距的一半，也就是说，边际收益曲线平分由纵轴到需求曲线之间的任何一条水平线。

图8-4充分体现了以上结论：需求曲线和边际收益曲线都从纵轴P出发向右下方倾斜，且有$EF=FG$。

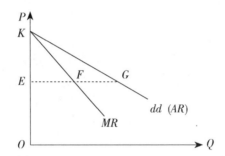

图8-4 垄断厂商的需求曲线、平均收益曲线与边际收益曲线

8.2 垄断市场中的厂商均衡

与所有的厂商一样，垄断厂商的目标同样是尽可能地赚取最大利润。按照人们通常的想法，在一个垄断市场中，既然垄断厂商没有直接的竞争对手，那么，垄断厂商的价格与供给量的确定将不受约束。事实上，即使是一个不受政府管制的垄断厂商的行为，也将受到两方面的约束：一是受到市场需求状况的限制。如果垄断厂商将价格定得太高，消费者会减少对其产品的需求。由此就可以解释为什么微软公司不将其 Windows 操作系统的价格定得更高。二是与其他所有企业一样受到其生产成本的限制。由于厂商的生产成本主要由其生产技术水平和生产要素的价格所决定，所以，垄断厂商价格和产出量的决定实际上受到其生产技术水平的约束及投入生产中的所有生产要素价格的限制。那么，垄断厂商究竟如何决定其价格和产量呢？在此，我们依然从短期均衡与长期

均衡两个方面来进行讨论。

8.2.1 厂商的短期均衡

由于需求曲线总是表明消费者在任何给定产量时愿意支付的价格，因此，垄断厂商一旦决定了其供给量，就可以从需求曲线中找到消费者愿意支付的价格；或者一旦厂商决定了它的价格，同时也就可以根据需求曲线决定在该价格下所能销售的最高产出。因此，对垄断厂商而言，不是分别制定价格和产量两个决策，而是制定价格或产量一个决策。在前面，我们曾说明垄断厂商的价格和产量的确定受到需求与成本的约束。另外，在短期中，厂商对供给量的调整还要受到固定生产要素（厂房、设备等）无法调整的限制。

在垄断市场中，厂商会根据利润最大化原则 $MR=MC$ 来决定价格或供给量。这是因为：如果 $MR>MC$，意味着每增加一单位产出所增加的收益大于为此而支付的成本，因此垄断厂商为了获取更多的利润一定会增加产出，直到产出增加到 $MR=MC$ 为止；如果 $MR<MC$，意味着每增加一单位产出所增加的收益要小于为此而支付的成本，厂商出现亏损，所以会减少产出，直到产出减少到 $MR=MC$ 为止。所以，垄断厂商为了获取最大利润一定会将价格或产量定在 $MR=MC$ 处。然而，根据利润最大化原则所决定的供给量，短期中不一定完全适应市场，可能会出现三种情况，如图 8-5 所示。

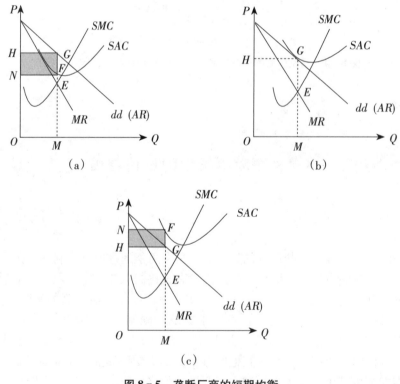

图 8-5　垄断厂商的短期均衡

在图 8-5(a) 中，根据利润最大化原则 $MR=SMC$，确定短期均衡点为 E，均衡产量为 OM，均衡价格为 OH，平均成本为 MF 或 ON。这时价格高于平均成本，厂商可获得经济利润。在图 8-5(a) 中，总成本 TC 等于均衡产量乘以平均成本（TC=OM×MF），即总成本的大小相当于图中长方形 NOMF 的面积；总收益 TR 等于均衡产量乘以平均收益或价格（TR=OM×OH），即总收益的大小相当于图中长方形 HOMG 的面积，显然总收益大于总成本，即 NOMF 的面积小于 HOMG 的面积，所以存在经济利润，经济利润等于总收益减去总成本（π=TR-TC），即经济利润的大小相当于图中阴影部分 HNFG 的面积。显然，HNFG 部分为垄断厂商所获取的经济利润。

但是垄断厂商在短期内并非总能获得经济利润。垄断厂商在 MR=SMC 的短期均衡点上，可能获得最大利润，也可能是亏损的（尽管亏损额是最小的）。造成垄断厂商亏损的原因就是我们前面所提到的垄断厂商行为的两大约束因素，即可能是在现有规模下的生产成本过高（表现为相应的平均成本的位置过高），也可能是垄断厂商所面临的市场需求过小（表现为相应的需求曲线的位置过低）。因此，在短期内，垄断厂商并不能保证获得经济利润。如果垄断厂商的成本太高或需求不足，垄断厂商可能会盈亏平衡或遭受亏损。图 8-5(b) 表现出垄断厂商盈亏平衡时的状态，图 8-5(c) 表现出垄断厂商遭受亏损时的状态。

在图 8-5(b) 中，边际收益曲线与边际成本曲线相交于 E 点，即在 E 点实现了 MR=SMC，所以 E 点决定厂商的均衡产量为 OM。在该产量上，厂商的需求曲线与平均成本曲线相切，即价格正好等于平均成本为 OH，因此总成本与总收益相等，其大小均相当于图中长方形 HOMG 的面积，这说明垄断厂商既没有亏损又没有经济利润，处于盈亏平衡状态，只能获得正常利润。

在图 8-5(c) 中，边际收益曲线与边际成本曲线相交于 E 点，由此确定均衡产量为 OM，均衡价格为 OH，平均成本为 ON。显然，此时市场价格低于厂商的平均成本，因此垄断厂商支付的总成本（图中长方形 NOMF 的面积）大于总收益（图中长方形 HOMG 的面积），这说明垄断厂商出现亏损，亏损额为图中阴影部分 NHGF 的面积。

在短期中，垄断厂商出现亏损后是停产还是继续生产，取决于价格与平均变动成本的比较：如果在 MR=MC 的产出水平下，价格高于平均变动成本，不但可以补偿可变成本，而且还可以部分地补偿固定成本，生产将继续下去；如果价格低于平均变动成本，不但固定成本不能补偿，连可变成本也不能全部补偿，这时，就必须停产。

在某些情况下，垄断厂商可以根据价格与平均变动成本的比较来决定何时停止生产。但是，如果垄断厂商提供的是有关国计民生的重要产品或服务，比如供水、供电等，并且这些垄断厂商是在政府的管制下经营的，那么即使垄断厂商的价格低于其平均变动成本，政府通常也不会允许垄断厂商停业。在这种情况下，政府一般会用税收或补贴弥补垄断厂商的亏损。

📊 **小思考**

请找出现实中的例子，说明垄断厂商会忍受短期的亏损。

根据以上分析，可以得出垄断市场中垄断厂商的短期均衡条件是：

$$MR = SMC \qquad\qquad (8-5)$$

8.2.2　厂商的长期均衡

垄断市场中的
厂商长期均衡

对垄断厂商来说，短期内可能会因为成本过高及需求不足的原因出现盈亏平衡或遭受亏损，但这种状况不会持久下去，因为垄断厂商经营的目的是要获得最大利润，并且垄断厂商有制定价格的绝对权利。从长期看，垄断厂商可以通过调整生产设备及厂房规模，即通过调整生产规模来实现长期平均成本低于价格，从而获得经济利润。如果厂商即使通过规模的调整依然遭受亏损，并且预期亏损会一直持续下去，则垄断厂商会退出该行业。

我们在第 7 章分析完全竞争厂商的长期均衡时得出的结论是：在长期，完全竞争厂商无法获得经济利润，因为一个完全竞争市场如果存在经济利润，就会吸引其他厂商进入，由此造成市场供给增加、产品价格下降，最终会结束完全竞争厂商获得的暂时性经济利润。但是，如果在短期内垄断厂商获得经济利润，由于垄断市场存在进入壁垒，该市场不会像完全竞争市场那样出现其他厂商瓜分经济利润的调整过程，因此，垄断厂商即使在长期，依然能够保持其经济利润。在这种情况下，似乎短期与长期没有差异，都存在经济利润。但是，垄断厂商在规模的调整上长期与短期依然存在差异。在长期，垄断厂商会通过调整生产规模来进一步降低长期平均成本，从而能获取比短期更多的经济利润。

由以上分析可知，在长期中，垄断厂商如果预期无法盈利，则会退出市场。否则，垄断厂商为了使其垄断利润最大，会不断地调整生产规模，直至将生产规模调整到 $MR = SMC = LMC$ 的状态，最终实现长期均衡。

下面用图 8-6 来说明在长期中，垄断厂商调整生产规模，以实现长期均衡的过程。

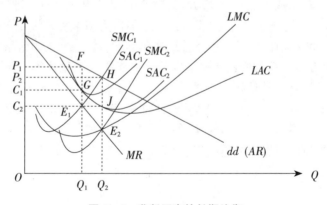

图 8-6　垄断厂商的长期均衡

在图 8-6 中，SAC_1、SMC_1 分别是某垄断厂商在第一种规模下的平均成本曲线和边际成本曲线，在该规模下，垄断厂商根据利润最大化原则 $MR = SMC_1$ 决策，确定其短期均衡产量为 Q_1、均衡价格为 P_1，此时生产规模较小，平均成本较高为 C_1，短期边际成本（SMC）大于长期边际成本（LMC），经济利润为长方形 P_1C_1GF 的面积。为了获取更多的经济利润，厂商必然调整生产规模，降低平均成本，直到短期边际成本等于长期边际成本和边际收益，即 $MR=LMC=SMC$，垄断厂商实现长期均衡。图 8-6 中，SAC_2、SMC_2 分别是该垄断厂商将其规模调整为第二种规模下的平均成本曲线和边际成本曲线。当生产规模调整到第二种规模时，其 SMC_2 刚好与 LMC 相等，则 SMC_2 曲线与 MR 曲线的交点 E_2 就是长期均衡点。此时均衡产量为 Q_2，均衡价格为 P_2，平均成本为 C_2，经济利润为长方形 P_2C_2JH 的面积。由于长方形 P_2C_2JH 的面积大于长方形 P_1C_1GF 的面积，因此，该垄断厂商将生产规模由第一种规模调整到第二种规模时，其所获得的经济利润大大增加。在长期均衡点上，垄断厂商获得最大利润。

因此，垄断市场中垄断厂商的长期均衡条件是：

$$MR=LMC=SMC_n \tag{8-6}$$

式 8-6 中，n 为大于零的常数，SMC_n 表示调整到第 n 种规模时垄断厂商的边际成本。

通过第 7 章的分析我们得知，完全竞争厂商的长期均衡点一定处于长期平均成本曲线的最低点，即完全竞争厂商最终会使生产处于最佳规模。然而，在垄断市场，随着需求的变化，垄断厂商对生产规模的调整可能出现三种情况：一是使均衡点处于长期平均成本的最低点，即厂商将在长期均衡中实现最优的生产规模〔见图 8-7(a)〕；二是使均衡点在长期平均成本曲线最低点的左边，此时垄断厂商长期均衡的生产规模将小于最优规模〔见图 8-7(b)〕；三是使均衡点在长期平均成本曲线最低点的右边，此时垄断厂商的生产规模将大于最优规模〔见图 8-7(c)〕。也就是说，在垄断市场，垄断厂商的长期均衡点不一定在长期平均成本曲线的最低点，即垄断厂商在长期均衡中其生产不一定处于最优规模。

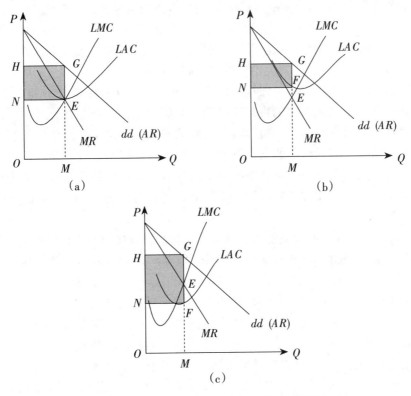

图 8-7　垄断厂商的长期均衡点与最优规模的关系

> 📊 **小思考**
>
> 　　在最优规模上，厂商的长期平均成本最低，但是为什么垄断厂商的长期均衡可能不一定在最优规模上呢？

　　由于垄断厂商的需求曲线是向右下方倾斜的，边际收益小于价格，因此在长期均衡点，对垄断厂商则有：$P > MR = MC$。而在完全竞争市场中，单个厂商的需求曲线与边际收益曲线重合为一条水平线，所以在长期均衡点，对完全竞争厂商则有：$P = MR = MC$。由此可以看出，与完全竞争市场相比，垄断市场的价格更高，产出更低。也就是说，垄断厂商往往通过限制供给来索取较高价格，从而获取最大利润。

8.2.3　垄断厂商的供给曲线

　　在第 7 章我们通过边际成本曲线推导出了完全竞争厂商的供给曲线及整个行业的供给曲线。那么，垄断厂商的供给曲线又有怎样的特征呢？

　　厂商的供给曲线反映的是在不同价格水平下厂商愿意提供的商品量。在完全竞争市场，对每个厂商而言市场价格已经既定，此时每个厂商需要决策在既定价格下所提供的产出量，因而对完全竞争厂商而言，求取其供给曲线是非常必要的，即可以通过供给曲线寻找出完全竞争厂商在利润最大化原则指导下的价格和产量之间一一对应的关系。

　　但是，垄断厂商并不是价格的接受者，而是价格的制定者。由于垄断厂商能够自由选择使其获得最大利润的价格，与此同时通过产量的调整来实现 $MR = MC$，而且价格总是大于边际收益的，因此，讨论一个垄断厂商在任意一个既定价格时生产多少是没有意义的，因为垄断厂商是在选择供给量的同时确定价格。

　　在前面的分析中，我们一再强调垄断厂商的供给与价格决策受市场需求的约束，因此，垄断厂商关于供给多少的决策不可能与它所面临的需求曲线分开。需求曲线的形状决定边际收益曲线的形状，边际收益曲线的形状又决定了垄断厂商的利润最大化产量。然而，随着厂商所面临的向右下方倾斜的需求曲线的位置移动，厂商的价格和产量之间不再必然存在如同完全竞争条件下那种一一对应的关系，而是可能出现一个价格水平对应几个不同的产量水平，或一个产量水平对应几个不同的价格水平的情形。

　　现实中许多垄断企业面对高涨的市场需求，其产品价格却保持相对稳定，如微软公司曾经有 20 年的时间在计算机行业中处于垄断地位，其 Windows 操作系统家庭版的市场价格从 1990 年的 Windows3.0 到 2021 年的 Windows10.0，几乎没有什么改变，维持在 145 美元左右，而在这期间市场对微软电脑操作系统的需求经历了持续高涨又逐渐萎缩；阿斯麦公司（ASML）在制造 EUV 光刻机方面拥有绝对的市场垄断地位，2018 年推出最新 EUV 设备 NXE:3400 系统以来，世界市场对其需求持续增长，阿斯麦公司近些年一直以最大产能工作，其出货量每年都在不断增长，2020 年出货量 29 台，2021 年出货量达到 41 台，这两年 EUV 平均销售价格保持在 145 百万欧元，维持相对稳定。当然，现实中也常常可以看到许多垄断企业面对不同客户将同样的产品卖出不同的价格，这方面的例子可以从本章的第 3 节中找到。无论是维持价格稳定,还是同一产品卖出不同的价格,垄断厂商都是为了获取最大利润。

因此,在垄断市场中,垄断厂商的价格和产量并非一一对应的关系,也就是说,垄断厂商是没有供给曲线的。

由此可以得到更一般的结论:凡是带有垄断因素的不完全竞争市场,或者说,凡是单个厂商对市场价格有一定的控制力量、单个厂商的需求曲线向右下方倾斜的市场,不存在厂商或行业的供给曲线。这一结论适用于后两章将要研究的垄断竞争市场和寡头垄断市场。

案例评析

中国电信行业的发展历程

时至今日,仍然有许多人对 20 世纪 80 年代末 90 年代初安装一部电话的耗神费力记忆犹新,装一部固定电话需要等待半年甚至更久,并且需要交纳高额初装费(初装费从几百元到几千元不等,北京地区曾经高达 5 000 元)。在当时的情况下,顾客似乎别无选择,因为邮电部门独家垄断了国内电信市场。然而,在今天,我们可以非常方便地装一部电话,等待时间很短,初装费已经取消,而且我们有更多的选择。

中国电信市场从独家垄断发展到目前的几家电信企业相互竞争的市场格局,经历了漫长的改革之路。1994 年,为了效仿英国双寡头竞争的局面,当时的电子工业部联合铁道部、电力部以及广电部等 15 家大股东共同出资 13.4 亿元人民币,成立了中国联通,邮电部独家垄断国内电信市场的局面开始改变。双垄断寡头的竞争使基本电信服务市场效率得到改进,在联通公司进入的移动通信市场,邮电部门大幅降低了入网费和资费,但电信市场并没有形成规模竞争。1998 年 3 月,政府机构改革,在原电子工业部和邮电部的基础上组建信息产业部,随后电信业实现了政企分开。1999 年 2 月,信息产业部决定对中国电信拆分重组,将中国电信的寻呼、卫星和移动业务剥离出去。原中国电信拆分成中国电信、中国移动和中国卫星通信公司 3 个公司,寻呼业务并入联通公司。此外,为强化竞争,政府又给网通公司、吉通公司和铁通公司颁发了电信运营许可证。至此,国内电信市场共有中国电信、中国移动、中国联通、中国网通、吉通、中国铁通和中国卫星通信 7 家电信运营商,初步形成电信市场分层竞争格局。为了进一步"打破垄断、公平竞争、优化配置、加强监管",2002 年上半年,国务院决定对固定电信企业进行重组整合,批准了中国电信南北分家的方案。2002 年 5 月 16 日,中国电信集团公司和中国网通集团公司正式挂牌。重组整合后的中国电信集团和中国网通集团是中国电信业两家实力相当的固定电信主体运营企业,双方在全国均拥有完整的长途干线传输网和所属地区完整的本地电话网,具备平等接入、比较竞争的基础条件,并具有本地电话、长途电话、国际电话和国际互联网业务经营权。同时,南北既可以相互竞争又可以相互渗透。这次拆分重组后形成新的"5+1"格局,这五大电信巨头包括中国电信、中国网通、中国移动、中国联通、中国铁通以及中国卫星通信集团公司,在重组过程中吉通公司消失。在此之后,电信市场份额发生变化,中国移动首次成为我国最大的电信运营商,新的中国网通跃居第三,中国联通下降到第四,余下的市场份额则由中国卫星通信集团和中国铁通分食。而且，各电信企业的市场占有率均低于50%，没有一家独大的局面。值得一提的是，在拆分的过程中引入了民间资本，改变了电信产业格局中国家独资的局面。

中国政府打破中国电信市场独家垄断的状况，其目的在于：第一，提高服务质量。新的竞争局面形成后，用户选择电信服务余地大了，可以货比三家。竞争对用户是有利的，一方面用户可以享受更周到的电信服务；另一方面，通过竞争可以由市场来调节电信资费。如联通公司成立后，移动电话价格（包括入网费）迅速下降，以至部分省市或地区出现赠送手机的情形。1999年10月下旬，联通公司开通23个城市的国际长途和国内长途服务，价格比中国电信长话资费低10%。第二，电信市场规模不断扩张。竞争促进了中国电信业飞速发展。从2001年到2007年，全国电信业务收入从3 719亿元增至7 280亿元，年均增长超过11%，用户数从3.26亿户增至9.13亿户，年均增长约1亿户，手机用户数更是达到5.47亿户。固定、移动电话用户总数双双稳居世界第一，市场竞争更加充分，资费大幅降低，服务水平显著提高。

中国电信行业的改革还在持续，为了使中国电信行业能进一步"提高自主创新能力，加快转变发展方式"，2008年5月24日，工业和信息化部、国家发改委、财政部联合发布《关于深化电信体制改革的通告》，鼓励中国电信收购中国联通CDMA网（包括资产和用户），中国联通与中国网通合并，中国卫星通信集团的基础电信业务并入中国电信，中国铁通并入中国移动，国内电信运营商由6家变为3家。2008年10月15日，中国联通与中国网通两公司的红筹公司已宣布正式合并，新联通公司正式成立，并公布了新的公司标识。新一轮的重组，似乎并非为了有效地引入竞争，而是以发展3G业务为契机，合理配置现有电信网络资源，实现全业务经营，避免过度竞争和重复建设。

2009年1月，工业和信息化部批准三大运营商（中国电信、中国移动、中国联通）开通3G业务，这标志着2G时代的终结和3G时代的来临。

3G时代的辉煌并没有持续很久。2013年，我国就迎来了从3G向4G的网络升级。这一年，工业和信息化部再次发放了新的TD-LTE牌照，中国移动、中国电信和中国联通都获得了这一商用4G牌照。4G时代的到来，标志着中国的移动通信进入了一个新的发展阶段。

就在4G商用进入积极推进阶段之际，全球已掀起从4G向5G的演进浪潮。5G被称为构建万物互联的关键基础设施，它不仅可以让消费类应用实现质的飞跃，还可以开启工业互联网、自动驾驶等前所未有的应用场景，这使各国都把发展5G作为产业政策的重中之重。2019年6月6日，工业和信息化部正式向中国移动、中国联通、中国电信三家运营商颁发5G商用牌照，标志着中国正式进入5G时代。与此同时，华为、中兴、大唐等设备商已经做好了充分准备，能够为各运营商提供端到端的5G网络解决方案。在国家政策的大力支持下，中国5G建设进展极为迅速。之后，中国广电加入了移动通信市场，并在2022年5月17日正式运营。

面对数字经济的挑战和机遇，各大运营商不仅在传统的通信服务领域进行创新，还在云计算、大数据、物联网等领域进行了积极探索和布局。数据中心、云计算、大数据、物联网等新兴业务快速发展，2023年共完成业务收入3 564亿元，比2022年增长

19.1％，在电信业务收入中占比由 2022 年的 19.4％上升至 21.2％，拉动电信业务收入增长 3.6 个百分点。其中，云计算、大数据业务收入比 2022 年增长 37.5％，物联网业务收入比 2022 年增长 20.3％。

资料来源：溪上雅士．中国通信发展史（八）：中国 2G 到 5G 的发展历程［EB/OL］．（2023 - 09 - 19）［2024 - 12 - 09］．http：//www.360doc.com/content/23/0919/11/20199585 _ 1097061714. shtml；陶旭俊．三大运营商夹击，广电 5G 如何破局？［EB/OL］．（2022 - 06 - 22）［2024 - 12 - 02］. https：//www.163.com/dy/article/HAG4294H051288FS.html. 有改编.

8.3　价格歧视

在以上关于垄断的讨论中，我们假设垄断厂商是以同样的价格来销售它的全部产品，这样的垄断厂商又被称为单一价格垄断者。然而，在一个垄断市场中，并非所有的垄断厂商对其全部产品都实施单一价格。在某些情况下，一个垄断厂商可以实行价格歧视（Price Discrimination）。

价格歧视

8.3.1　价格歧视的定义及类型

所谓价格歧视，是指垄断厂商出于非成本差异的原因，以不同的价格把同一物品或服务卖给不同的顾客。也就是说，当垄断厂商对它所销售的同种产品针对不同的顾客收取不同的价格时，价格歧视就出现了，并且此时的价格差异并非源于成本的不同。在某些情况下，价格差别是由于厂商的生产成本的差别所造成。比如，同样的产品，产品的生产企业距离销售地点越远，产品的运费越高，所以企业向边远地区的顾客收取更高的价格。这时的价格差别并非价格歧视。价格歧视的原因并非成本差别，而是由于厂商能够识别出不同消费者的支付意愿，因此能够根据消费者的不同支付愿望来实施不同的价格。

这里，需要对经济学中的术语"歧视"有一个正确的认识。在我们的日常生活中，"歧视"是一个贬义词，经常会令人想到性别、种族或年龄等的歧视。但是，实施价格歧视的垄断厂商并非出于对不同顾客的偏见，其目的是获取更多的利润。

价格歧视有三种类型：完全价格歧视、二级价格歧视和三级价格歧视。

完全价格歧视（Perfect Price Discrimination）也称一级价格歧视，是指垄断厂商根据每个消费者愿意支付的最高价格来制定每单位产品的价格，并据此来分别销售每单位产品。由此可见，完全价格歧视就是每单位产品都有不同的价格。因此，完全价格歧视有时也称单位价格歧视。如律师事务所对每个委托顾客收取不同的律师费，一个医术高超的医生对每个患者征收不同的医疗费，二手车市场的交易商通过对每个顾客进行估量而制定不同的交易价格等就属于这种情况。在产品或服务的最终价格不是预先固定而是需要通过谈判来确定的市场，垄断厂商往往会实施完全价格歧视。

二级价格歧视（Second-degree Price Discrimination）也称数量价格歧视，是指垄断厂商根据不同购买量确定不同的价格。如北京市为了鼓励市民节水，自 2014 年 5 月 1 日起实施阶梯式水价，按年度用水量计算，将居民家庭全年用水量划分为三档，水价分档递增。第一阶梯用水量不超过 180 立方米，水价为每立方米 5 元；第二阶梯用水量在 181～260 立方米，水价为每立方米 7 元；第三阶梯用水量为 260 立方米以上，水价为每立方米 9 元。

三级价格歧视（Third-degree Price Discrimination）也称消费者价格歧视，它是指垄断厂商对不同市场的不同消费者实行不同的价格。如电力部门对工业用电和居民用电实行不同的价格；北京市对居民、非居民和特殊行业实行不同水价。

8.3.2　垄断厂商实行价格歧视的原因分析

垄断厂商实施价格歧视的根本目的是获取更多的超额利润，与此同时对消费者的利益所产生的影响却不确定。下面我们举个简单的例子来说明价格歧视对厂商及消费者的影响。

我国著名的旅游景区敦煌莫高窟对每天的参观人数有一定的限制。这是因为如果参观的人数过多，将会对该景区的资源造成损害（如窟中的壁画将可能加速氧化），由此会增加该景区的维护费用。若该景区对所有的参观者实施单一价格，根据 $MR=MC$ 确定每天售出 200 张门票，此时使该景区利润最大化的门票价格为 60 元，如果该景区每天售出 200 张门票的平均成本为 20 元，则该景区每张门票的利润为 40 元（60－20），每日总利润为 8 000 元（40×200），即等于图 8-8(a) 中阴影部分的面积。

如果该景区决定根据不同消费者的支付意愿实施价格歧视政策，会给消费者的利益带来什么样的影响呢？

8.3.2.1　损害消费者利益的价格歧视

假定莫高窟景区发现平均 200 名参观者中有 50 名是外国观光者，这些外国观光者对莫高窟景区的壁画有特别的兴趣，并且他们相对于国内游客有更高的支付能力，因此愿意支付更高的价格。这样，假定莫高窟景区实行价格歧视：对外国观光者收取 100 元的门票价格，对其他国内游客收取 60 元的门票价格。

现在计算莫高窟景区实施该种价格歧视后利润的变化。由于莫高窟景区仍然卖出 200 张门票，所以其总成本并没有变化。但是，由于其中的 50 名外国观光者的门票价格为 100 元，每张价格提高了 40 元。因此，莫高窟景区每日将增加利润 2 000 元（40×50），该部分新增加的利润为图 8-8(b) 中灰色长方形的面积。这样莫高窟景区的总利润为 10 000 元（8 000＋2 000），即图8-8(b) 中灰色阴影长方形面积与黑色阴影长方形面积之和。由此可见，通过价格歧视，莫高窟景区每日的总利润由 8 000 元增加到 10 000 元，即垄断厂商的利润增加。

此时，消费者的利益有何变化呢？很显然，其中的 50 名外国观光者每人多支付了 40 元，他们总计损失了 2 000 元（40×50），这 2 000 元转变为垄断厂商的新增利润。

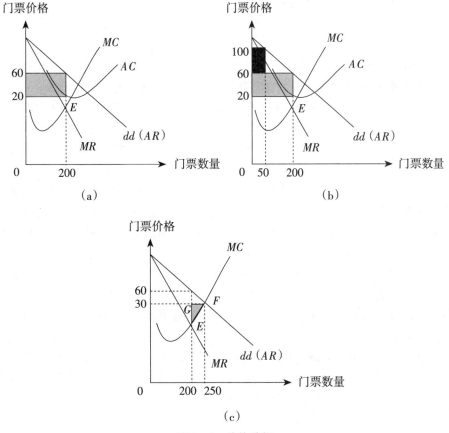

图 8-8　价格歧视

其他 150 名国内游客的利益则没有变化。

　　由以上分析可见，与单一的价格政策相比，垄断厂商实施价格歧视，在以上所述的情况下，资金从消费者手中转移到了垄断厂商手中，垄断厂商的利润增加等于消费者的额外付出。

　　由此可以得出的结论是：当价格歧视提高了某些消费者的消费价格，使之高出消费者在单一价格政策下将要支付的价格时，该价格歧视损害了消费者的利益，而增加了垄断厂商的利润。垄断厂商增加的利润等于消费者失去的利益。

8.3.2.2　增加消费者利益的价格歧视

　　假定莫高窟景区每日的最大参观人数可以是 250 人。莫高窟景区发现每日平均大概有 50 名学生咨询莫高窟景区的门票价格，这些学生很显然有参观莫高窟的意愿，但是当这些学生得知门票价格为 60 元时，选择了放弃参观莫高窟，表示能够接受的门票价格为 30 元。于是，莫高窟景区制定了新的价格政策：门票价格依然是 60 元，但是学生只要出示学生证就可以获得 30 元的优惠价格，该价格政策实施的结果见图 8-8(c)。

　　这时，莫高窟景区根据最大参观人数针对学生多出售 50 张门票，当然其成本和收入都将改变。每多售出 1 张学生门票，莫高窟景区会增加收入 30 元，这为每张学生门票的边际收益，而增加的成本由图 8-8(c) 中的 MC 曲线所给出。因此 30 元的价格与

MC 曲线之间的距离给出了每一张新增学生门票的边际利润，莫高窟景区总的新增利润就是图 8-8(c) 中三角形 GFE 的面积。由此可见，实施这样的价格歧视政策，垄断厂商的利润会增加。

与此同时，原来的 200 名游客的门票价格不变，所以这些游客的利益没有变化。但是，新的消费者（50 名学生）的利益却增加了。因为这些学生在 60 元的价格下，不愿意参观莫高窟，但现在由于价格下降，这些学生也愿意参观莫高窟了，从中获得了一些收益。由于这种价格歧视没有使任何人的价格提高，因此没有人因此受损。

由此可以得出的结论是：当价格歧视降低了某些消费者的价格，使之低于在单一价格政策下将要支付的价格时，价格歧视使消费者和厂商同时受益。

现实中的企业往往同时采用以上两种价格歧视，即对一部分消费者降低价格，对另一部分消费者提高价格。这时，会使一部分消费者受益，使另一部分消费者受损。但是，无论在何种情况下，垄断厂商的利润始终都会增加，这就是垄断厂商实施价格歧视的根本原因。

显然，上例中所说的价格歧视就是三级价格歧视。假设莫高窟景区这 200 张参观门票通过网上在线拍卖售出，很显然，这时莫高窟景区就能够找出每一个参观者愿意支付的最高价格，因而能够实施完全价格歧视，从而获得更多的利润。这时，所有的消费者剩余都转化为生产者剩余。

类似于上述例子的价格歧视在现实生活中还有很多，如许多电影院对儿童、学生和老人收取的电影票价低于普通票价；许多厂商会向顾客发放折扣券，对拥有折扣券的顾客收取较低的价格；许多大学对贫困学生提供助学金，实际上降低了这些贫困学生的学费；等等。

📊 **小思考**

什么是价格歧视？寻找你生活中所遇见的价格歧视，并且说明该价格歧视对消费者和生产者的影响。

8.3.3　实行价格歧视的条件

显然，实行价格歧视可以增加厂商的利润，因此，每个厂商都希望能够实行价格歧视，但是并非所有的厂商都能够做到这一点。要成功地实施价格歧视，必须满足下面所述的几个条件。

8.3.3.1　厂商必须对价格有一定的控制力

如果厂商不能控制价格，也就不能对不同的购买者以不同的价格销售同一种商品，也就是说，实行价格歧视要求厂商必须有一条向右下方倾斜的需求曲线。完全竞争厂商的需求曲线是一条水平线，这意味着完全竞争厂商只要稍微提高价格，它的消费者就会转而购买其他厂商以市场价格销售的同质产品，所以，完全竞争厂商是不能实行价格歧视的。这就是为什么在小麦、大豆等完全竞争市场不存在价格歧视的原因。而垄断厂商的需求曲线是向右下方倾斜的，这意味着垄断厂商即使对某些消费者提高价格，这些消费者也不会选择放弃消费。如图 8 - 8(b) 中向右下方倾斜的需求曲线表明，当莫高窟的门票数量为 200 张时，游客能够接受的门票价格为 60 元，但是如果将门票价格提高到 100 元，依然有 50 名游客愿意接受这个价格。

8.3.3.2　厂商必须能够区分不同消费者的支付意愿

正因为不同消费者的支付意愿存在差异，所以不同的消费者才可能接受不同的价格。比如，电影院往往将票价分为学生票和普通票，其原因在于学生没有经济收入，因此对电影票的支付意愿低，电影院只有对学生提供更低的票价，才能留住这一部分观众。再如，大学有向贫困生发放奖学金的制度，其根本原因在于：富有的学生钱多，支付意愿比贫困生高，因此大学通过收取高学费并有选择地提供奖学金，既使富有的学生交了高学费，又将贫困生留在了学校。

由此可见，价格歧视意味着根据不同消费者的支付意愿制定不同的价格，因此，这就要求必须了解不同的消费者愿意支付的价格是多少。然而，要判定不同消费者的支付意愿是非常困难的，厂商往往通过间接方式如私下仔细观察来识别消费者的不同支付意愿。

比如，航空公司的价格歧视通常是将机票分为全额票和打折票两种，全额票在任何时间都可买到，但打折票只能预先购买，并有一些起飞时间上的限制。航空公司之所以能实行价格歧视，是因为航空公司能有效识别不同乘客的支付意愿。航空公司一般将乘客分为商务乘客和非商务乘客两类，典型的商务乘客通常是在临时接到通知的情况下安排飞行计划，而普通的旅游者或度假者等非商务乘客通常有更灵活的时间表，可能在数周或数月前就提前做好了计划。由此可见，商务乘客的需求价格弹性要小于非商务乘客的需求价格弹性，如果机票价格上涨，只有很少的商务乘客会选择不乘坐飞机，但较高的票价会使非商务乘客放弃乘坐飞机。因此，航空公司对那些提前几周订票并满足其他条件的非商务乘客给予降低价格的折扣票，对那些在最后时刻订票的商务乘客收取较高价格的全额票。结果航空公司就能以差别很大的价格把实质上相同的同一产品（乘飞机）销售给不同的消费者。事实上，航空公司通过预订机票的时间长短和其他限制条件，对打折票实行数量不同的折扣，从而能够对乘客实行更彻底的价格歧视。

上述例子是航空公司区分不同消费者支付意愿的方法，实际上不同行业区分不同消费者支付意愿的方法还有很多，如电力行业通过把工业电网与居民电网分开来实行工业用电和民用电的价格歧视，电影院及许多旅游景点通过学生证及老年证等将票价区分为学生及老年优惠票和普通票，等等。总之，要实行价格歧视，必须区分不同消费者的支付意愿，这样才能有效地将不同市场或市场的各部分区分开来，否则是无法实行价格歧视的。

8.3.3.3　厂商应该能够阻止套利的情况出现

所谓套利，是指在一个市场上以低价格购买一种物品，而在另一个市场上以高价格出售，目的是从价格差中获利。由于实行价格歧视就意味着不同消费者承受的价格有高低之差，如果低价格的消费者将同样的商品转手再卖给高价格的消费者，此时，垄断厂商就无法获取实行价格歧视所产生的超额利润，因此，垄断厂商实行价格歧视的前提条件之一就是，厂商必须能够阻止低价格的消费者将商品再转售给高价格的消费者。服务由于具有个性化，所以很容易阻止服务的转售，如医生、律师、教师等会针对不同的顾客收取不同的价格，而不用担心所提供的服务会被转售给别人。然而，要阻止有形商品的转售是非常困难的。例如，针对航空公司的价格歧视，某些中介公司以低价格提前订票，然后向商务乘客兜售手中的票。为了制止这种情况的出现，航空公司往往对打折票有其他的限制条件，并且在订票及出票时要求输入乘客的身份证号码。还有许多日本公司在销往两个不同国家的产品上使用不同的标记，并拒绝向在原销售地以外销售的商品提供任何服务和信誉担保。

案例评析

麦当劳连锁店的折扣券

麦当劳连锁店一直采取向消费者发放折扣券的促销策略。麦当劳连锁店对来就餐的顾客发放麦当劳产品的宣传品，并在宣传品上印制折扣券。为什么麦当劳不直接将产品的价格降低呢？答案是折扣券使麦当劳公司实行了三级价格歧视。麦当劳公司知道并不是所有的顾客都愿意花时间将折扣券剪下来保存，并在下次就餐时使用。此外，剪折扣券意愿与顾客对物品支付意愿和他们对价格的敏感程度相关。富裕而繁忙的高收入顾客到麦当劳用餐的需求价格弹性较低，对折扣券的价格优惠不敏感，不可能花时间剪下折扣券保存并随时带在身上，以备下次就餐时使用，而且使用折扣券所省下的钱对高收入顾客而言也微乎其微。但低收入的消费者到麦当劳用餐的需求价格弹性较高，对使用折扣券的价格优惠比较敏感，因此低收入者更可能剪下折扣券在就餐时使用，从而获取更低的价格。

麦当劳连锁店通过折扣券对低收入顾客收取较低价格，吸引了一部分对价格敏感的低收入顾客到麦当劳用餐，由此增加了销售收入。如果直接将产品价格降低，因高收入顾客不使用折扣券而多得的收入就会流失。麦当劳连锁店就是这样通过折扣券成功地实施了价格歧视政策。

资料来源：刘旭，刘建廷. 简明西方经济学 [M]. 北京：中国轻工业出版社，2016：102. 有删改.

由以上的分析可见，价格歧视有可能增加也有可能减少消费者的利益，但它肯定能增加厂商的垄断利润，所以，垄断厂商只要能区分不同消费者的不同支付意愿，并能够阻止套利情况的发生，就一定会实行价格歧视政策。

8.4 政府对垄断的管制

许多经济学家认为垄断对经济是不利的，存在许多弊端。然而也有许多经济学家认为，对垄断市场也要进行具体分析。

8.4.1 垄断与低效率

一般来说，与完全竞争相比，垄断经常被认为是低效率的。下面通过与完全竞争条件下的厂商均衡的比较分析，来说明垄断产生低效率的原因。

8.4.1.1 垄断与消费者剩余

图 8-9 中曲线 D 和 MR 分别为某垄断厂商的需求曲线和边际收益曲线。此外，为简单起见，假定平均成本和边际成本相等且固定不变，它们由图中水平直线 $AC=MC$ 表示。

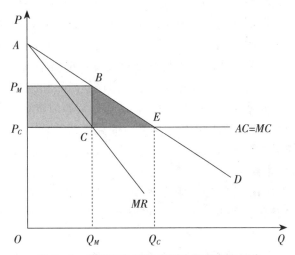

图 8-9　垄断下的消费者剩余及垄断净损失

如果图 8-9 中的市场为完全竞争市场，那么需求曲线就是边际收益曲线，因此根据利润最大化原则（$MR=MC$），厂商利润最大化产出就是 Q_C，消费者购买商品支付的价格为 P_C，此时，消费者剩余为 AEP_C 的区域。

但是，如果图 8-9 中的市场为垄断市场，垄断厂商的需求曲线与边际收益曲线是不同的，根据利润最大化原则（$MR=MC$），垄断厂商的利润最大化产量为 Q_M。在该产量水平上，垄断价格为 P_M，即消费者购买商品需支付的价格为 P_M，显然，这个价格高于完全竞争条件下的市场价格。因此，在垄断条件下，消费者剩余减少为 ABP_M 的区域。由此可见，与完全竞争市场相比，垄断市场将会损害消费者利益，使消费者的福利减少了 P_MBEP_C 的区域。那么，这减少的消费者剩余究竟到哪里去了呢？

8.4.1.2 垄断与寻租

在现实的经济环境中，经常会出现某些个人、企业或团体，为了把其他人的收入重新分配（或转移）到自己手里，而试图影响政府的公共政策。为了说明这一点，我们再假定图 8-9 中的市场是完全竞争市场，该市场中有众多的厂商（假定有 150 家），整个市场的总产出为 Q_C，所有厂商收取的价格为 P_C，经济利润为零，即所有厂商只能获取正常利润。

假定 A 企业是这 150 家企业之一，原来只生产 Q_C 产出的一小部分。现在 A 企业向政府要求给其授予一种垄断特权，即禁止其余149家企业从事该项生产和经营。现在，整个市场由 A 企业独家垄断。A 企业为了获取最大利润，将整个市场的产出减少为 Q_M，价格提高为 P_M，因此 A 企业将获得经济利润 $P_M BCP_C$ 部分。如果市场是完全竞争的，则该部分利润为消费者剩余中的一部分。由此可见，由于市场被垄断了，消费者剩余中的 $P_M BCP_C$ 部分转化为垄断厂商的经济利润。

如果垄断厂商试图说服政府把消费者剩余转移到自己手里，那么该厂商就是在进行需求转移支付的活动。在经济学中，这些寻求转移支付的活动通常被称为寻租。所谓寻租（Rent Seeking），是指个人、企业或团体为了把别人的收入重新分配（或转移）到自己手中而花费资源来影响公共政策的行为。

寻租行为是符合个人理性的，因为它将使寻租者得到更大的利益，但是，它却会造成社会资源的浪费。如上述的 A 企业为了得到垄断权利，进而获得垄断利润（图 8-9 中的 $P_M BCP_C$ 部分），需要花时间和金钱来说服政府官员授予其垄断特权，由此可见，寻租是需要花费资源的，而这些资源并没有生产出任何产品和服务，只是被用来实现将收入从一部分人手中转移到另一部分人手中。这部分资源浪费在图 8-9 中并没有表示出来，它也应该属于垄断造成的净损失。垄断厂商凭借其垄断地位而获取经济利润，会加剧社会收入分配的不平等。

8.4.1.3 垄断的净损失

在图 8-9 中，市场由完全竞争变为垄断，消费者剩余减少了 $P_M BEP_C$ 的区域，其中，$P_M BCP_C$ 部分转化为垄断厂商的经济利润，那么，减少的 BEC 部分被谁获取了呢？

由图 8-9 可见，如果生产在完全竞争条件下进行，则产出为 Q_C，价格为 P_C，在该均衡产出水平上，$P=MC$；如果生产在垄断条件下进行，则产出为 Q_M，价格为 P_M，在垄断均衡产出水平上，$P>MC$。因此，垄断使产出减少了 $Q_M Q_C$，由此带来消费者剩余减少了 BEC 部分，该部分消费者剩余的减少并没有转移给生产者或其他方，而是垄断的净损失（Deadweight Loss of Monopoly）。

显而易见，上述垄断厂商的利润最大化状况并没有达到帕累托最优状态。在垄断厂商利润最大化产量 Q_M 上，价格 P_M 高于边际成本 MC，这表明，消费者愿意为增加额外一单位产量所支付的数量超过了生产该单位产量所引起的成本。因此，存在帕累托改进的余地。例如，假设消费者按照既定的垄断价格 P_M 购买了垄断产量 Q_M。现在进一步考虑，是否可以用某种方式使消费者的状况变好？如果让垄断厂商再多生产一单位产量，让消费者以低于垄断价格但大于边际成本的某种价格购买该单位产量，则消费者的福利进一步提高，因为它实际上对最后一单位产量的支付低于它本来愿意的支付（本来愿意的支付用需求曲线的高度衡量，即它等于垄断价格）。

垄断产量和垄断价格不满足帕累托最优条件，无法实现社会的经济效率。那么，帕累托最优状态在什么地方达到呢？在 Q_C 的产量水平上达到。在 Q_C 的产出水平上，需求曲线与边际成本曲线相交，即消费者为额外一单位产量愿意支付的价格等于生产该额外产量的成本。此时，不再存在任何帕累托改进的余地。因此，Q_C 是帕累托意义上的最优产出量。如果能够设法使产量从垄断水平 Q_M 增加到最优水平 Q_C，就实现了帕累托最优。

垄断所造成的损害还表现为对技术进步的阻碍。虽然垄断厂商由于其垄断利润从而拥有研究和开发新技术的能力及优势，但是，垄断厂商往往缺乏技术创新的动力。因为，对垄断厂商而言，仅仅依靠维持其垄断地位就可获得巨额的经济利润，何况新技术的诞生可能会使现有的厂房、设备及产品在技术上趋于过时，从而危害厂商的既得利益。

上述关于垄断情况的分析也适用于垄断竞争或寡头垄断等其他非完全竞争的情况。实际上，只要市场不是完全竞争的，厂商面临的需求曲线不是一条水平线，而是向右下方倾斜，则厂商的利润最大化原则就是边际收益等于边际成本，而不是价格等于边际成本。当价格大于边际成本时，就出现了低效率的资源配置状态，潜在的帕累托改进难以实现，于是整个经济便偏离了帕累托最优状态，均衡于低效率之中。

8.4.2 政府对垄断的管制

垄断常常导致资源配置缺乏效率。此外，垄断利润通常也被看成是不公平的，这就使得政府有必要对垄断进行管制。然而垄断，特别是自然垄断，能够更好地获取规模经济，并更具有技术创新的能力，所以，目前许多国家对垄断势力是实行管制而不是禁止。政府对垄断的管制形式是多种多样的。在此，我们主要讨论政府对垄断的价格管制和法律约束。

8.4.2.1 价格管制

政府一般对某些垄断企业在价格上进行控制，即政府从对社会有利及资源的有效利用的角度出发，对这些垄断企业制定价格上限。具体方法有：按边际成本定价（$P=MC$）或按平均成本定价（$P=AC$），这样可使垄断厂商降低价格，扩大产量，使资源得到更有效的利用。

图 8-10 反映的是某垄断厂商的情况。需求曲线 dd 与平均收益曲线 AR 重合，MR 是它边际收益曲线，曲线 AC 和 MC 是其平均成本和边际成本曲线。在没有管制的条件下，垄断厂商根据利润最大化原则确定其均衡点为 E_1，生产其利润最大化产量 Q_1，并据此确定垄断价格 P_1。这种垄断均衡一方面缺乏效率，因为在垄断产量 Q_1 上，价格高

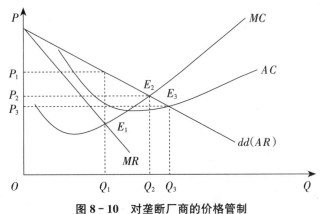

图 8-10 对垄断厂商的价格管制

于边际成本，消费者仅消费了较少的该产品；另一方面缺乏"公平"，因为在 Q_1 产量上，垄断厂商通过限制产量维持垄断高价，从而获得了超额垄断利润，即经济利润不等于 0，或者说，全部利润大于正常利润。下面讨论政府对该垄断厂商实行价格管制后的情况。

8.4.2.1.1 按边际成本定价

政府应当制定什么样的价格为好呢？如果政府的目标是提高效率，则政府应当将价格定在 P_2 的水平上，即需求曲线与边际成本曲线的交点。因为当价格为 P_2 时，价格恰好等于边际成本，其产出水平为 Q_2。相比于管制前的垄断情况下，消费者付出的价格更低，并且得到了更多的产品，社会资源得到了最优配置，实现了帕累托最优。

图 8－10 反映的是平均成本为 U 形曲线的垄断情况。现在考虑平均成本曲线不断下降的所谓自然垄断情况（见图 8－11）。一般来说，地铁、电话、供水和供电等行业都属于自然垄断行业。在这些行业中，建造其基础设施需要巨大的固定投资（如地铁隧道和传输电缆），然而多增加一名乘客或一部电话的边际成本是可以忽略不计的，这就导致这些行业最初的平均成本很高，但随着规模的扩张，其平均成本不断下降。图 8－11 中，由于平均成本曲线 AC 一直下降，故边际成本曲线 MC 总位于其下方。在不存在政府管制时，垄断厂商的产量和价格分别为 Q_1 和 P_1。当政府管制按边际成本定价为 P_2 时，产量为 Q_2，达到帕累托最优。值得注意的是，在自然垄断场合的帕累托最优价格 P_2 和最优产量 Q_2 上，垄断厂商的平均收益小于平均成本，即 $P_2 < C_2$，从而出现亏损。因此，对自然垄断行业按边际成本定价就意味着每一单位产出都会亏损，在此每单位亏损额为 $C_2 - P_2$。在这种情况下，政府想要得到高效率的定价，就必须补贴垄断厂商的亏损，其补贴额至少为 $Q_2 \cdot (C_2 - P_2)$。如地铁系统就得到了这种补贴，从而使地铁系统收费低于平均成本，并接近边际成本。这种票价补贴增加了地铁乘车量，从而确保了较大程度地利用成本昂贵的交通系统。

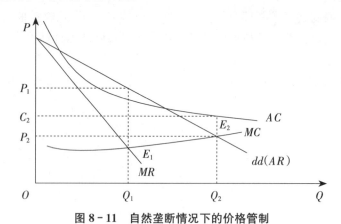

图 8－11　自然垄断情况下的价格管制

8.4.2.1.2 按平均成本定价

在图 8－10 中，当政府按边际成本定价，将价格定为 P_2，从而实现了帕累托最优时，垄断厂商仍然可以得到一部分经济利润，即为平均收益 P_2 超过平均成本 AC 的部分。如果政府试图制定一个更低的"公平价格"以消除经济利润，则可以按平均成本定价，即将价格定为 P_3，产量为 Q_3。此时，平均收益恰好等于平均成本。因此，P_3 可称为零经济利润价格。但是，在图 8-11 中，如果要制定零经济利润价格 P_3，P_3 不是小于 P_2，而是要稍高一些。

按平均成本定价，其优点在于：

第一，可以不必补贴垄断者。

第二，政府可以仅关注厂商利润状况，即政府只需要检查厂商每年的盈亏报表，以确认厂商仅获得正常（平均）利润。如果厂商利润太高，可以迫使其降低价格；如果利润太低，可以允许厂商提高价格。

但是，这种价格管制方法会出现另一个问题，即在零经济利润价格水平上，边际成本大于价格，违反了帕累托最优条件。就帕累托效率而言，在垄断情况下，产量太低、价格太高；而在零经济利润情况下，正好相反：价格太低、产量太高。在实践中，按平均成本定价，往往会导致垄断厂商夸大其平均成本或使厂商丧失降低成本的积极性，即存在使垄断厂商"虚报成本"的激励。

8.4.2.2　反托拉斯法

当垄断有害于消费者时，政府可以通过立法来打破垄断或禁止垄断。例如，国家可以缩短专利的期限或者使专利的延期更加困难。同样，国家也可以通过公司法，要求厂商公布利润报告表，以便使其他厂商能够很快确定它是否获得超过正常的利润。可供选择的其他政策是，国家可以宣布企图消灭竞争是非法的。美国一度执行过全面禁止垄断的政策。我国于 1993 年 9 月 2 日也已通过了《反不正当竞争法》。西方很多国家都不同程度地制定了管制垄断的反托拉斯法，其中，最为突出的是美国。这里以美国为例做概括介绍。

19 世纪末和 20 世纪初，美国企业界出现了第一次大兼并，形成了一大批经济实力雄厚的大企业。如，在 1870—1899 年，洛克菲勒和合伙人最终控制了美国石油销售的 90％；在 20 世纪早期，安德鲁·卡内基和 J.P. 摩根将许多较小的钢铁公司结合在一起形成了美国钢铁公司。这些大企业被称作"垄断"厂商或托拉斯。这里的"垄断"不只局限于指一个企业控制一个行业的全部供给的完全垄断的情况，而且也包括几个大企业控制一个行业的大部分供给的情况。按照这一定义，美国的汽车工业、钢铁工业、化学工业等都属于垄断市场。

从 1890 年到 1950 年，美国国会通过一系列法案反对垄断。其中包括《谢尔曼法》（1890）、《克莱顿法》（1914）、《联邦贸易委员会法》（1914）、《罗宾逊-帕特曼法》（1936）、《惠特-李法》（1938）和《塞勒-凯弗维尔法》（1950）。以上法案统称反托拉斯法。在其他西方国家中也先后出现了类似的法律规定。

资料链接 ---

世界各国反垄断立法概况

美国在 19 世纪 80 年代爆发了抵制托拉斯的大规模群众运动，这种反垄断思潮导致 1890 年《谢尔曼法》（Sherman Act）的诞生。《谢尔曼法》是世界上最早的反垄断法，从而也被称为世界各国反垄断法之母。美国最高法院在其一个判决中指出了《谢尔曼法》的意义，即"《谢尔曼法》依据的前提是，自由竞争将产生最经济的资源配置、最低的价格、最高的质量和最大的物质进步，同时创造一个有助于维护民主的政治和社会制度的环境"。

从《谢尔曼法》问世到第二次世界大战结束，这期间除美国在 1914 年颁布了《克莱顿法》和《联邦贸易委员会法》作为对《谢尔曼法》的补充外，其他国家的反垄断立法几乎是空白的。然而，第二次世界大战一结束，形势就发生了很大的变化。首先，在美国的督促和引导下，日本在 1947 年颁布了《禁止私人垄断和确保公正交易法》，德国于 1957 年颁布了《反对限制竞争法》。1958 年生效的《欧洲经济共同体条约》第 85 条至第 90 条是欧共体重要的竞争规则。此外，欧共体理事会 1989 年还颁布了《欧共体企业合并控制条例》，把控制企业合并作为欧共体竞争法的重要内容。意大利在 1990 年颁布了反垄断法，它是发达市场经济国家中颁布反垄断法最晚的国家。现在，经济合作与发展组织（OECD）的所有成员都有反垄断法。发展中国家反垄断立法的步伐比较缓慢。直到 20 世纪 80 年代后期，尽管有联合国大会的号召，联合国贸发会还就管制限制性商业实践提供了技术援助，但是颁布了反垄断法的发展中国家仍然不足 12 个，它们包括亚洲的韩国、印度、巴基斯坦和斯里兰卡。发展中国家当时对反垄断法普遍不感兴趣的主要原因是，这些国家的许多产业部门或者主要产业部门是由国有企业经营的。为了维护国有企业的利益，国家自然就会为这些部门排除竞争。此外，当时所有的社会主义国家实行计划经济体制，不允许企业间开展竞争，这些国家自然也没有制定反垄断法的必要性。我国也是这种情况。因为我们当时认为计划经济是最好的经济制度，把竞争视为资本主义制度下的生产无政府状态，认为竞争对社会生产力会造成严重的浪费和破坏，我国当时也完全不可能建立一种崇尚竞争和反对垄断的法律制度。

20 世纪 80 年代后期以来，随着世界各国经济政策总的导向是民营化、减少政府行政干预和反垄断，各国反垄断立法的步伐大大加快了。这一方面表现在亚洲、非洲和拉丁美洲的许多发展中国家纷纷制定或者强化了它们的反垄断法，另一方面表现在苏联和东欧集团的国家也都积极进行这方面的立法。到了 1991 年，中欧和东欧地区的绝大多数国家包括保加利亚、罗马尼亚、克罗地亚、爱沙尼亚、哈萨克斯坦、立陶宛、波兰、俄罗斯、匈牙利等都颁布了反垄断法。近年来，随着这些地区的许多国家积极地申请加入欧盟，它们又都根据欧共体竞争法进一步强化了自己的反垄断法。据统计，世界上目前颁布了反垄断法的国家大约有 84 个。发展中国家和东欧国家之所以积极制定和颁布反垄断法，主要的原因是国有垄断企业的经济效益普遍不能令人满意。因此，除了一些特殊的行业，这些国家都已经开始在原先国家垄断经营的部门注入了私人经济，甚至在电信、电力、煤气等传统上被视为自然垄断的行业引入了竞争机制。现在，世界各国都已经普遍认识到，垄断不仅会损害企业的效率，损害消费者的利益，而且还会遏制一个国家或者民族的竞争精神，而这种竞争精神才是一个国家经济和技术发展的真正动力。

我国于 1993 年 9 月 2 日通过了《反不正当竞争法》，自 12 月 1 日起施行；2007 年 8 月 30 日通过了《反垄断法》，并自 2008 年 8 月 1 日起施行。

美国的反托拉斯法是为了防止企业订立协议或从事其他行为限制竞争和损害消费者。例如，《谢尔曼法》第 1 款规定：禁止竞争性企业之间通过"合同、合并、合谋"的方式提高价格、损害消费者；《谢尔曼法》第 2 款规定：垄断或企图垄断某市场是非法的，即某厂商干预竞争对手运营或以某种方式阻碍竞争对手就是非法。违法者要受到罚款和（或）判刑。《谢尔曼法》曾成功地"肢解"了美国标准石油公司和美国烟草公司这两个最有名的托拉斯。《克莱顿法》修正和加强了《谢尔曼法》，禁止不公平竞争，宣布导致削弱竞争或造成垄断的不正当做法为非法。这些不正当的做法包括价格歧视、排他性或限制性契约、公司相互持有股票和董事会成员相互兼任。《联邦贸易委员会法》规定：建立联邦贸易委员会并将其作为独立的管理机构，授权防止不公平竞争以及商业欺骗行为，包括禁止虚假广告和商标等。《罗宾逊-帕特曼法》宣布卖主为消除竞争而实行的各种形式的不公平的价格歧视为非法，以保护独立的零售商和批发商。《惠特-李法》修正和补充了《联邦贸易委员会法》，宣布损害消费者利益的不公平交易为非法，以保护消费者。《塞勒-凯弗维尔法》宣布任何公司购买竞争者的股票或资产从而实质上减少竞争或企图造成垄断的做法为非法。《塞勒-凯弗维尔法》禁止一切形式的兼并，包括横向兼并、纵向兼并和混合兼并。这类兼并指大公司之间的兼并和大公司对小公司的兼并，而不包括小公司之间的兼并。

美国反托拉斯法的执行机构是联邦贸易委员会和司法部反托拉斯局。前者主要反对不正当的贸易行为，后者主要反对垄断活动。对犯法者可以由法院提出警告、罚款、改组公司直至判刑。任何厂商如果认为自己因另一厂商的反竞争行为而受到伤害，就可依据反托拉斯法提出起诉，如果起诉成功，它可以得到损害额 3 倍的赔偿以及诉讼费用。然而，在美国，反托拉斯法究竟在什么时候以及应该如何被贯彻执行一直是经济政策中最有争议的问题之一。

▌本章小结

本章首先说明了垄断市场的基本条件及产生的原因。垄断市场的基本条件是：市场上只有一家厂商；厂商所生产和出售的商品没有相近的代用品；其他任何厂商进入该行业或市场都极为困难或不可能。垄断市场形成的主要原因是进入障碍，进入障碍主要包括：某厂商独家控制了生产某种产品的关键资源、规模经济的存在及政府特许等。同时，阐述了垄断厂商的收益规律，即垄断厂商的需求曲线是向右下方倾斜的，其边际收益曲线在需求曲线的下方。其次，本章论述了垄断厂商的短期均衡，由此得出的结论是：垄断厂商的短期均衡条件为 $MR=SMC$，在短期均衡时，厂商可能获得最大利润，可能利润为零，也可能蒙受最小亏损。再次，本章论述了垄断厂商的长期均衡，其长期均衡的条件是 $MR=LMC=SMC_n$，并分析了垄断厂商实施价格歧视政策的原因及条件。最后，本章详细分析了垄断产生的低效率及政府对垄断的管制方法。

▌经济问题分析

垄断厂商的需求曲线是向右下方倾斜的，其边际收益曲线在需求曲线的下方。垄断厂商的利润最大化产量水平由边际收益曲线与边际成本曲线的交点决定。现在，假定白沙井井水和岳麓山游览的边际成本都为零，因此，根据 $MR = MC$，利润最大化时，$MR = MC = 0$。

岳麓山景色与白沙井井水的最大不同在于它们各自的可替代程度是不同的。岳麓山的美景天下独一无二，虽说自然美景各处都有，但各自然景观的特色是不一样的。观赏自然风光的游客们所要欣赏的正是这种不同之处，这就决定了岳麓山景色的需求曲线较陡，从而当 $MR = MC = 0$ 时，垄断者可以得到较高的价格 P_1 ［见图 8 - 12(a)］。

但是，虽说白沙井井水味道甘美，但饮水者很难区分不同地方矿泉水的不同之处，加之人们对矿泉水与一般自来水的区分不是太在行，所以，白沙井井水的替代物要远比岳麓山美景的替代物多，这就决定了人们对白沙井井水的需求曲线非常平缓，这样，白沙井井水的垄断者的边际收益曲线尽管位于需求曲线的下方，但与需求曲线的距离非常近，几乎与需求曲线重合在一起。当 $MR = MC = 0$ 时，白沙井的垄断者只能得到接近于零的价格 P_2 ［见图 8 - 12(b)］。况且这种经营虽然边际成本接近于零，但其固定成本（如管理人员的薪酬等）总是大于零的，这样任何垄断经营白沙井井水的生意都是亏本的。所以，没有厂商或政府愿意垄断白沙井的产权进行商业经营，故而在长沙出现了白沙井井水任由公众自由索取的"免费午餐"现象。

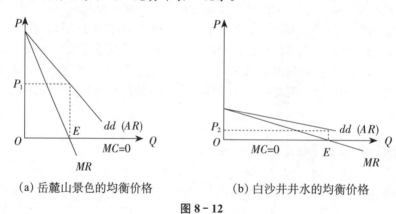

(a) 岳麓山景色的均衡价格　　(b) 白沙井井水的均衡价格

图 8 - 12

通过此案例我们进一步了解垄断厂商实施垄断的重要条件之一是其产品是没有相近替代品的独特产品。

▌复习与思考

一、名词解释

垄断市场　自然垄断　垄断厂商需求曲线　垄断厂商短期均衡条件　价格歧视　寻租

二、选择题

1. 根据垄断市场的条件，下列哪个行业最接近于垄断行业？（　　）

A. 自行车行业　　　　　　　　　　B. 玉米行业

C. 电力行业　　　　　　　　　　D. 汽车行业

2. 垄断厂商所面临的需求曲线是一条向右下方倾斜的曲线，它表示（　　）。

A. 垄断厂商可以通过改变销售量来影响商品价格

B. 垄断厂商只能接受市场价格

C. 垄断厂商没有权力确定商品价格

D. 垄断厂商的商品销售量与市场价格无关

3. 垄断厂商短期均衡时，垄断厂商可能（　　）。

A. 利润为零　　　　　　　　　　B. 亏损

C. 获得利润　　　　　　　　　　D. 上述情况都可能存在

4. 在垄断厂商的长期均衡产量上，可以有（　　）。

A. $P < LAC$　　　　　　　　　　B. $P > LAC$

C. $P = LAC$　　　　　　　　　　D. 以上情况都可能存在

5. 在垄断市场上，平均收益与边际收益的关系是（　　）。

A. 平均收益大于边际收益　　　　B. 平均收益小于边际收益

C. 平均收益等于边际收益　　　　D. 无法确定

6. 在垄断市场上，厂商（　　）。

A. 可以任意定价　　　　　　　　B. 价格一旦确定就不能变动

C. 根据市场来定价　　　　　　　D. 没有权力确定价格

7. 某垄断厂商所面临的需求函数为 $Q = 100 - 0.5P$，边际成本为 40，那么，该垄断厂商利润最大时的边际收益为（　　）。

A. 160　　　　　B. 80　　　　　C. 60　　　　　D. 40

8. 某厂商是某地区唯一生产油漆的厂商，该油漆与市场上另一厂商生产的产品 A 有负的交叉弹性，与产品 B 有正的交叉弹性，则该厂商（　　）。

A. 是垄断厂商

B. 是垄断厂商，因有互补产品 A

C. 不是垄断厂商，因有替代产品 B

D. 难以判断是否垄断

9. 以下有效实行价格歧视的条件中，哪一项不是必需的？（　　）

A. 市场上对同种产品的需求价格弹性是不同的

B. 能区分消费者的支付意愿

C. 无弹性的总需求

D. 能有效分割市场

10. 在垄断市场中，如果 A 市场的价格高于 B 市场的价格，则（　　）。

A. A 市场的需求价格弹性大于 B 市场的需求价格弹性

B. A 市场的需求价格弹性小于 B 市场的需求价格弹性

C. 两个市场的需求价格弹性相等

D. 以上都不正确

11. 垄断厂商的平均收益曲线为直线时，平均收益曲线在 Q 轴上的截距是边际收益

曲线在 Q 轴上的截距的（　　）。

    A. 一倍　　　　　　B. 两倍　　　　　　C. 一半　　　　　　D. 四倍

12. 下列各项中，错误的是（　　）。

    A. 垄断厂商的平均收益曲线与需求曲线重合

    B. 垄断厂商的边际收益曲线的斜率大于平均收益曲线的斜率

    C. 垄断厂商的边际收益大于平均收益

    D. 垄断厂商的边际收益小于平均收益

13. 对垄断厂商来说（　　）。

    A. 提高价格一定能够增加收益

    B. 降低价格一定会减少收益

    C. 提高价格未必能增加收益，降低价格未必减少收益

    D. 以上都不对

14. 垄断厂商如果处于（　　）。

    A. 长期均衡时，一定处于短期均衡

    B. 长期均衡时，不一定处于短期均衡

    C. 短期均衡时，一定处于长期均衡

    D. 以上都不对

15. 为了提高资源配置，一般来说政府会对那些自然垄断部门的垄断行为采取（　　）措施。

    A. 坚决反对　　　　　　　　　B. 加以支持

    C. 加以管制　　　　　　　　　D. 任其发展

三、问答题

1. 什么是垄断市场？垄断市场应该具备的条件是什么？产生垄断的原因有哪些？

2. 举出两个价格歧视的例子，并分别解释垄断者采取该价格政策的原因。

3. 说明电力、电信等公司采取分时段收费的经济学原理。

4. 对比分析垄断市场与完全竞争市场。

5. "成为垄断者的厂商可以任意定价。"这种说法对吗？

6. 某制药公司拥有某药品的专利权。请回答以下问题：

（1）画图说明该公司该药品利润最大化时的价格、产量和利润。

（2）假设政府对公司所生产的每瓶药征税，画图说明该公司新的价格和产量政策，并说明利润的变化。

（3）假设政府不是对每瓶药征税，而是无论该公司生产多少瓶药都向其征税 8 万元，这种税收政策如何影响该公司的价格、产量和利润？请说明原因。

四、计算题

1. 已知某垄断厂商的短期总成本函数为 $STC=0.1Q^3-6Q^2+140Q+3\,000$，需求函数为 $P=150-3.25Q$。求该厂商的短期均衡产量和均衡价格。

2. 假定某垄断厂商的产品在两个分割的市场出售，产品成本函数为 $TC=Q^2+10Q$，需求函数分别为 $Q_1=32-0.4P_1$，$Q_2=18-0.1P_2$。

问题：

（1）若两个市场实行价格歧视，利润最大化时两个市场的售价、销售量和利润各为多少？

（2）若两个市场只能卖一个价格，利润最大化时的售价、销售量和利润各为多少？

3. 已知某垄断厂商的成本函数为 $TC=8Q+0.05Q^2$，产品的需求函数为 $Q=400-20P$。求：

（1）垄断厂商利润最大化时的售价、产量和利润。

（2）垄断厂商盈亏平衡时的售价和产量。

4. 假定垄断厂商面临的需求曲线为 $P=100-4Q$，总成本函数为 $TC=50+20Q$。求：

（1）垄断厂商利润最大化时的价格、产量和利润。

（2）假定该垄断厂商遵循完全竞争法则，厂商的价格、产量和利润分别为多少？

5. 假定某垄断厂商可以在两个分割的市场上实行价格歧视。在两个分割的市场上，该厂商所面临的需求曲线分别为 $Q_1=a_1-b_1P_1$，$Q_2=a_2-b_2P_2$。假定厂商的边际成本与平均成本为常数 C。请证明：该垄断厂商无论是实行价格歧视（在两个市场上收取不同的价格），还是不实行价格歧视（在两个市场上收取相同的价格），其产出水平都是相同的。

6. 设某垄断厂商的产品的需求函数为 $P=16-Q$。

问题：

（1）垄断厂商出售 8 单位产品时的总收益为多少？

（2）如果垄断厂商实行一级价格歧视，其收益为多少？掠夺的消费者剩余为多少？

案例研究

铱星公司的终结

铱星移动是美国摩托罗拉公司 1991 年设计的一种全球性卫星移动通信系统。该系统每颗卫星的质量为 670 千克，功率为 1 200 瓦，采取三轴稳定结构，信道为 3 480 个，服务寿命 58 年。为保证通信信号的覆盖范围，获得清晰的通话信号，初期设计设置 7 条卫星运行轨道，每条轨道上均匀分布 11 颗卫星，组成一个完整的卫星移动通信星座系统。由于它们像化学元素铱（Ir）原子核外的 77 个电子围绕原子核运转一样，因此该全球卫星移动通信系统被称为"铱星系统"。后来经过计算证实，设置 6 条卫星运行轨道就能够满足技术性能要求，因此，该通信系统的卫星总数被减少到 66 颗，但人们仍习惯性地称它为铱星系统。

1997 年铱星系统投入商业运营，铱星移动电话成为唯一能在地球表面任何地方拨打的公众移动电话。耗资 1 亿美元的广告宣传将铱星系统的名声推向巅峰，铱星公司的股票价格从发行时的每股 22 美元飙升到 1998 年 5 月的 70 美元。铱星系统在 1998 年被美国《大众科学》杂志评为年度全球最佳产品之一。

铱星系统开创了全球个人通信的新时代，被认为是现代通信的一个里程碑。它使人类在地球上任何"能见到的地方"都可以相互联络。铱星系统最大的特点就是通信终端手持化、个人通信全球化，实现了 5 个"任何"（5W），即任何人（Whoever）在任何地方（Wherever）、任何时间（Whenever）与任何人（Whomever）采取任何方式（Whatever）进行通信。

1998 年 5 月，铱星系统的布星任务全部完成，11 月 1 日，正式开通了全球通信业务。

然而，当摩托罗拉公司费尽千辛万苦终于将铱星系统投入使用时，命运却与摩托罗拉公司开了一个很大的玩笑，传统的手机已经完全占领了市场。铱星项目投资巨大，整个铱星系统耗资达 50 多亿美元，每年仅系统的维护费用就要几亿美元。铱星公司亏损巨大，1999 年 8 月 13 日，摩托罗拉公司不得不将曾一度辉煌的铱星公司申请破产。在回天乏力的情况下，摩托罗拉公司正式通知铱星电话用户，到 1999 年 3 月 15 日，如果还没有买家收购铱星公司并追加投资，铱星服务将于美国东部时间 3 月 17 日 23 点 59 分终止。2000 年 3 月 17 日，铱星公司正式宣布破产。

资料来源：吴健安. 营销管理［M］. 北京：高等教育出版社，2004：2.

基于以上案例资料，请回答：

（1）依据垄断市场的条件，判定铱星公司是否为垄断厂商。

（2）说明铱星公司在本领域形成垄断的主要原因。

（3）查找有关数据资料，运用经济学相关知识，解释铱星公司退出市场的原因，并画图表示。

（4）作为一个垄断者，铱星公司能否用提高价格的办法来挽救其破产的命运？为什么？

（5）上网搜寻铱星系统的最终命运。

▌理论应用

对反垄断法的担忧

第 9 章
垄断竞争市场中的厂商均衡

哈根达斯失去了什么?

《深圳晚报》2005 年 6 月 18 日讯: 16 日上午, 深圳市质量技术监督局罗湖分局等单位接到群众举报, 称一家地下加工厂在生产著名的哈根达斯品牌冰激凌蛋糕。本报记者随执法人员一起前往, 本以为要端掉的是个冒牌窝点, 没想到在现场的发现让人大吃一惊, 这个无牌无证的地下作坊竟然就是哈根达斯深圳品牌经营店的正宗"加工厂", 且一个作坊供应着深圳哈根达斯全部 5 家品牌经营店的货品。卫生监督部门依法查封了这家非法加工厂, 并将现场的哈根达斯冰激凌蛋糕全部销毁。随后, 卫生监督部门的执法人员马不停蹄地赶到哈根达斯地王店, 查处了从这家非法加工厂流出的冰激凌蛋糕共 25 千克, 并立刻做了销毁处理。此次事件对哈根达斯意味着什么?

在完全竞争市场中, 许多厂商销售同样的产品, 以至于没有一家厂商可以影响市场价格。在垄断市场中, 只有一家厂商, 因此它可以按照自己的意愿定价。完全竞争和垄断是两种极端的市场类型, 在实际生活中这两种情况都很罕见。比较常见的是介于两个极端类型之间的, 既有竞争又有垄断因素的市场, 经济学将这样的市场称为不完全竞争市场。不完全竞争市场又分为两种类型, 即垄断竞争市场和寡头垄断市场。其中, 垄断竞争市场与完全竞争市场比较接近。本章主要分析垄断竞争市场中的厂商行为。

9.1　垄断竞争市场的条件及厂商收益规律

首次来北京旅游的人都希望能品尝北京烤鸭，其中最著名的当数全聚德烤鸭店的北京烤鸭。该烤鸭店创建于 1864 年，至今已有 160 多年的历史，在国内外开的特许连锁店就有 60 余家，而且公司还在不断扩张，全国各地不断有新的连锁店开张。尽管如此，全聚德烤鸭店依然无法垄断市场，因为，即使在北京，以北京烤鸭命名的餐馆就有 400 多家，兼营北京烤鸭这道菜的饭店、餐厅更是数以千计。在有如此多替代品的情况下，全聚德最大的希望是有足够的消费者在想吃北京烤鸭时能够想到全聚德，这样全聚德就可以比一般的烤鸭店收取更高的价格。这里全聚德烤鸭店所处的就是一个垄断竞争市场。所谓垄断竞争（Monopolistic Competition）市场，是指在一个市场中有许多厂商生产和销售有差别的同种产品的市场结构。在经济学中，把市场上大量生产非常接近的同种产品的厂商的总和称为生产集团。例如服装集团、电视机集团、快餐食品集团等。

9.1.1　垄断竞争市场的条件

垄断竞争市场的条件

具体来说，垄断竞争市场应具备以下条件：

第一，市场上有较多厂商，彼此之间存在激烈的竞争。垄断竞争市场中，厂商的数量大致介于完全竞争市场的大量厂商和下一章要介绍的寡头垄断市场的几个厂商之间。这些厂商一般都是中小企业，它们对市场可以施加有限的影响，但不可能达到互相勾结、控制市场价格的程度。由于厂商的规模不是很大，而且某一家厂商只是众多厂商中的一员，因而任何一家厂商都认为自己的决策对其他厂商的影响不大，不会引起竞争对手的注意和反应，也就是说，在垄断竞争市场，任何单个厂商的产量和价格的适度变动对其他任何厂商的销量没有明显影响。因此每个厂商可以独立行动，而不必顾忌其他厂商的对抗行动。

第二，产品之间既存在一定的差别，又有一定的替代性。在垄断竞争市场中，由于存在竞争，因而每家厂商都竭力使自己的产品有别于那些与它相竞争的产品。这种产品差别包括实质上的差别和想象上的差别两种形式。实质上的差别是指由于采用的原料、设计、工艺、技术等不同而带来产品功能、质量上的差别；想象上的差别，即由于品牌、广告等不同造成的购买者主观感觉上的差别。每一种有差别的产品都可以凭借自己的产品特色在一部分消费者中建立品牌忠诚度，由此形成垄断地位，差别越大，垄断程度就越高。但是，这里的产品差别仅是同一种产品之间的差别，这样，各种有差别的产品之间又存在替代性，即它们可以互相替代，满足某些基本需求。有差别产品之间的替代性就引起这些产品之间的竞争，替代性越大，竞争程度就越高。产品的差别性及替代性便构成了垄断因素和竞争因素并存的垄断竞争市场的基本特征。

第三，厂商进出行业比较自由。要开一家烤鸭店是比较容易的，你只需要租一间店面，有烤炉、鸭子，并有专业厨师及服务人员就行。由此可见，行业进出的自由度导致全聚德烤鸭店与其他烤鸭店处于竞争状况，并最终会使其超额利润消失。但这种进出行业的自由度与完全竞争市场中的情况相比要小许多。阻碍新厂商进入的主要因素是现有厂商已经建立起来的信誉以及产品的差别性。

除以上条件之外，在分析一个市场是否为垄断竞争市场时往往还要用到市场集中度（Concentration）这个指标。所谓市场集中度，是指一个行业中最大的几家厂商（通常是 4 家最大厂商）的产量（或销量）占全行业产量（或销量）的比重。在一个垄断竞争市场中，市场的集中度较低，往往前四位厂商的市场占有率之和为 20％～40％。如我国的冰激凌市场共有 3 000 多家厂商，其中规模最大的伊利、蒙牛、和路雪、雀巢 4 家厂商的市场占有率之和在 40％左右，可见我国的冰激凌市场是典型的垄断竞争市场。

垄断竞争是普遍存在于零售业、快餐业、服务业以及制造业中的经济现象，最明显的垄断竞争市场是轻工业品市场。

> **小思考**
>
> 依据垄断竞争市场的条件，寻找现实经济中的垄断竞争市场。

在垄断竞争的生产集团中，各个厂商的产品是有差别的，并且各厂商的成本曲线和需求曲线未必相同。但是在垄断竞争市场的分析模型中，经济学家总是假定生产集团内的所有厂商都具有相同的成本曲线和需求曲线，并以代表性厂商进行分析。因为这一假定既能使分析得以简化，而又不影响结论的实质。

9.1.2　垄断竞争市场中的厂商收益规律

9.1.2.1　厂商需求曲线

完全竞争厂商面对的是水平的需求曲线，这表示它有许多竞争对手，而且所有这些厂商都生产相同的产品。对某完全竞争厂商而言，它所生产的产品有无数的替代品，其产品的需求价格弹性非常高，以至于厂商所面对的需求曲线为水平的。

垄断厂商由于其所生产的产品没有替代品，不存在竞争对手，所以其产品的需求价格弹性非常小，因此垄断厂商的需求曲线是一条向右下方倾斜的曲线。

垄断竞争厂商的需求曲线呈现怎样的特征呢？在垄断竞争的市场中，有许多中小企业生产有差别的同类产品，因而每家厂商都有自己的产品需求曲线，对自己产品的价格有一定的控制权。即厂商可以通过降低价格来扩大销量，也可以通过限制生产使产品的市场价格略微上升。因此，在垄断竞争市场中，厂商的需求曲线是一条向右下方倾斜的曲线。但是，由于产品具有替代性，这意味着若将价格定得过高，顾客就会转向购买其他厂商的产品，因此，在垄断竞争市场中，厂商可以自由定价的权力很有限，即厂商的需求曲线只是略微倾斜，几乎是呈水平状的，也就是说，市场中的竞争因素使得垄断竞争厂商所面临的需求曲线具有较大的需求价格弹性，比较接近完全竞争厂商的水平的需求曲线。但是这也不能一概而论，当厂商通过产品差别所建立的品牌忠诚度较高时，厂商就可以将其价格定得比其他厂商的价格高许多，这时厂商所面临的需求曲线的弹性就比较小。比如，来北京旅游的游客往往更钟情于全聚德的烤鸭，尽管它的价格要比一般的烤鸭店的价格高出许多，但它依然每日顾客盈门，因此，全聚德烤鸭店的需求曲线就比较陡一些；再如，虽然消费者往往愿意对海尔电器支付较高的价格，但这种价格的差异也就是几十元而已，显然海尔电器所面临的需求曲线就比较平缓。

9.1.2.2　平均收益曲线

在第 7 章与第 8 章我们已经得出结论：无论何种市场结构，厂商的平均收益曲线与需求曲线都重合，即满足 $P=AR$。所以，在垄断竞争市场中，厂商的平均收益曲线也是向右下方倾斜的，并且与需求曲线重合。

9.1.2.3　边际收益曲线

在完全竞争市场中，厂商所接受的价格与边际收益相等，即 $P=MR$，这意味着完全竞争厂商的边际收益曲线与需求曲线重合。

在垄断市场中，厂商的边际收益曲线与需求曲线一样，也是向右下方倾斜的，并且厂商所获取的边际收益要小于价格，即 $P>MR$，这意味着垄断厂商的边际收益曲线在需求曲线的下方。通过第 8 章的分析我们已得出结论：当垄断厂商的需求曲线为向右下方倾斜的线性曲线时，其边际收益曲线也是一条向右下方倾斜的线性曲线；垄断厂商的需求曲线和边际收益曲线在纵轴上的截距相等；垄断厂商的边际收益曲线的斜率是其需求曲线斜率的 2 倍，即垄断厂商的边际收益曲线在横轴上的截距是需求曲线在横轴上的截距的一半，即边际收益曲线平分由纵轴到需求曲线之间的任何一条水平线。

在垄断竞争市场中，由于厂商的需求曲线是向右下方倾斜的，因此其边际收益曲线也是一条向右下方倾斜的曲线，并且其边际收益曲线位于需求曲线的下方，即 $P>MR$。其中的道理与垄断市场相同，在此就不再重复。在垄断市场中所得出的有关厂商边际收益曲线的形状及与需求曲线的关系的结论，同样适合垄断竞争市场。

9.2　垄断竞争市场中的厂商均衡

单个的垄断竞争厂商的行为非常像垄断厂商的行为，其约束是厂商的生产技术、各项投入要素的价格和向右下方倾斜的需求曲线。像所有其他厂商一样，单个的垄断竞争厂商的目标是获取最大利润。但是，垄断竞争市场与垄断市场最大的差别在于：垄断市场中只有唯一的卖主，而垄断竞争市场却有众多的厂商。所以，当垄断厂商提高产品价格时，消费者可能除了减少消费之外，往往别无选择。但是，当一个垄断竞争厂商提高其产品价格时，消费者有另外的选择权：他们可以从其他厂商那里购买相似的产品。因此，垄断竞争厂商的决策行为结果与垄断厂商的状况会有所差异。下面分别分析垄断竞争厂商的短期均衡与长期均衡。

9.2.1　厂商的短期均衡

从某种程度上来说，在垄断竞争市场条件下，厂商的短期均衡类似于完全垄断厂商的短期均衡，即垄断竞争厂商也是根据最大利润原则 $MR=MC$ 来确定和调整短期内的产量和价格。

处于垄断竞争市场中的厂商，由于成本和需求状况不同，从短期看，也可能处于三种不同的均衡状态中（见图 9-1）。

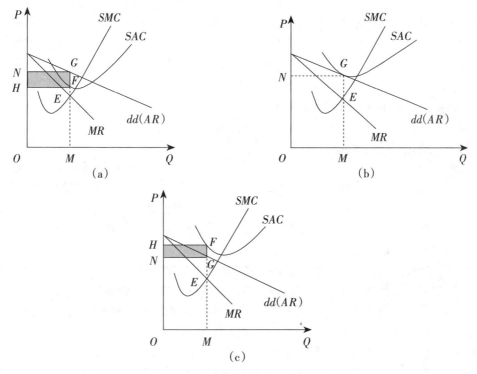

图 9-1　垄断竞争厂商的短期均衡

在图 9-1(a) 中，垄断竞争厂商的价格为 ON，高于平均成本 OH，因此垄断竞争厂商会获得经济利润，经济利润的大小为图 9-1(a) 中阴影部分的面积。图 9-1(b) 中，垄断竞争厂商的价格为 ON，正好等于其平均成本，所以该图表示垄断竞争厂商只能获得正常利润。图 9-1(c) 中，垄断竞争厂商的价格为 ON，低于其平均成本 OH，因此该垄断竞争厂商处于亏损状态，亏损的大小为图 9-1(c) 中阴影部分的面积。因此，在垄断竞争市场中，垄断竞争厂商可能盈利（获取最大利润），也可能盈亏平衡或处于最小亏损。

由此得出，垄断竞争市场中厂商的短期均衡条件为：

$$MR=SMC \tag{9-1}$$

　　从以上的分析可以看出，在短期，垄断竞争厂商的价格和产量决策与垄断厂商的决策一样。在短期中，这两种市场类型是非常相似的。但是，其中依然存在差异，差异主要源于这两个不同市场各自具有不同的特征。

　　在垄断市场中，一旦厂商独家垄断地位确定，厂商往往不需要支付其他的销售成本，因为此时消费者已别无选择，所以，垄断厂商的成本主要是生产成本。在垄断厂商均衡模型中，假定垄断厂商的成本仅为生产成本。

　　在垄断竞争市场中，在短期内厂商可以凭借产品的特色形成相对垄断地位，并由此获得经济利润。因此垄断厂商要想在竞争中获胜，关键在于创造产品的差别。但是，产品差别在许多情况下往往取决于消费者的认知，无论产品有多大差别，如果消费者不承认这种差别，这种差别就不存在。反之，尽管产品本身并无差别，但只要消费者认为它有差别，厂商就可以据此确定较高的价格。因此，垄断厂商在创造产品差别的同时，还必须使消费者承认这种差别。这就需要通过各种营销手段（如广告、人员促销等）来达到该目的，并最终改变厂商的需求曲线。为此，垄断竞争厂商就需要支付销售成本。所谓销售成本，是指用来改变产品需求的成本，它包括广告费、新产品展销费、推销人员工资等。通过销售成本可以改变厂商的需求曲线的形状及位置。下面我们以广告的作用为例，说明销售成本对厂商需求的影响。

　　对广告所起的作用，一般有以下两种观点：

　　第一，通过广告为消费者提供更为完备的商品信息。如通过广告宣传，消费者可以更好地了解商品的价格、质量、特点等信息，这些信息可以使消费者更好地选择想要购买的商品，从而使消费者对该产品的需求价格弹性增加，对价格反应更为敏感，如图 9-2(a) 中，厂商的需求曲线由 dd 变为更为平坦的 dd'。由此可见，广告加剧了竞争，使每个企业在垄断市场上的势力减少，使新企业进入更为容易，因为它给予了新进入者从现有企业那里吸引顾客的一个手段。

　　第二，通过广告宣传改变消费者的消费欲望。许多垄断竞争厂商都希望通过广告宣传，使消费者了解并认可本企业产品独一无二的特点，从而改变其消费欲望，即由购买其他厂商的产品转而购买本企业的产品，或者由过去的没有欲望购买转变为有购买意愿。广告的这个作用可以说是所有厂商都期望通过广告达到的目的。这样的结果使厂商的需求曲线变得更缺乏弹性，并可能向右移动，如图 9-2(b) 中所示，厂商的需求曲线由 dd 右移为 dd'。这意味着厂商通过广告宣传降低了市场的竞争性，提高了其垄断地位，为此厂商可以收取较高的价格，并且可能在原有价格下使需求增加。

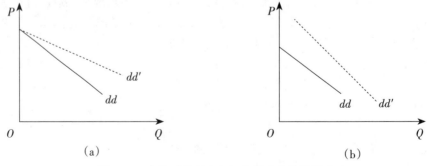

图 9-2　广告对垄断竞争厂商需求曲线的影响

案例评析

禁止做广告所带来的后果

20 世纪 60 年代，美国各州政府对配镜师做广告有极为不同的规定。一些州允许眼镜和验光服务做广告，也有许多州禁止做这种广告，并且专业配镜师积极地支持这些对广告的限制。经济学家李·宾哈姆（Lee Benham）以各州法律的差异为基础，检验了以上两种广告观点。结果令人惊讶：在那些禁止做广告的州里，一副眼镜的平均价格是 33 美元；而在那些不限制做广告的州里，一副眼镜的平均价格为 26 美元。因此，宾哈姆得出结论：广告使眼镜的平均价格下降了 20% 以上。

由该案例可见，广告可以提高市场的竞争性，从而降低产品价格。这是因为通过广告宣传，消费者掌握了更为全面的信息，从而有更大范围的选择权利。由此可以联想到目前我国对某些产品或服务禁止进行广告宣传的做法，如我国目前对律师宣传采取限制性政策，这样的政策在对律师服务需求日益增加的今天，究竟对消费者是有利还是有害呢？

资料来源：曼昆. 经济学原理：微观经济学分册［M］. 梁小民，等译. 北京：北京大学出版社，1999.

在垄断竞争市场中，厂商要想获取超额利润，销售成本的支出必不可少。所以垄断竞争厂商的成本包含了生产成本和销售成本两类。经济学家认为，厂商的平均销售成本曲线与平均生产成本曲线一样，为"U"形曲线，这意味着厂商所支付的销售成本并非越多越好，需要寻求最佳的销售成本。

9.2.2 厂商的长期均衡

在长期中，由于在同一市场上存在若干垄断竞争厂商的竞争，因此当某个厂商在短期内获得经济利润，就会诱使新厂商进入，并且原有厂商为了获取更多的经济利润也会调整生产规模，这样就使长期内整个行业的供给增加，商品价格下降，每个厂商面临的需求曲线的位置将向左下方移动，因为有越来越多的厂商要分享整个市场；与此同时，由于新厂商的加入，竞争激烈，彼此都采取一定措施（如加强广告宣传、改进技术、提高质量等），致使产品生产和销售成本提高，从而使平均成本曲线及边际成本曲线上升。只要垄断竞争厂商还存在经济利润，以上新厂商的进入就不会停止，这样厂商的需求曲线就会不断地向左移动，平均成本和边际成本曲线也会不断向上移动，最终的结果是使需求曲线与平均成本曲线相切，经济利润消失，每家厂商将只获得正常利润。当市场中每家厂商都只能获取正常利润时，一方面，由于经济利润消失，该市场对新厂商不再具有吸引力了，因此新厂商不会再进入该市场；另一方面，已进入该市场的原有厂商虽然不能获取经济利润，但是由于还有正常利润，足以维持企业的运营，况且，如果退出一定会发生退出成本，在这样的情况下，原有厂商也不会急于从该市场退出。这样，整个市场面临的状况是既没有新厂商进入，也没有厂商退出，一旦市场进入和退出停止，就形成了长期均衡。

当然，我们也可以反向推导该过程。如果垄断竞争厂商在短期正处于亏损状况，这时，有些厂商不能承受这些亏损，就会退出该市场。由于市场中竞争者减少，仍然留在市场中的那些厂商就会获得更多的消费者，因此，厂商的需求曲线会向右移动，一直到垄断竞争厂商亏损消失、获得正常利润为止，退出才会停止，这时厂商实现长期均衡。

由以上分析可见，在垄断竞争厂商的长期均衡点上，平均成本曲线 LAC 恰好与需求曲线 dd 相切。

图 9-3 显示了垄断竞争厂商的长期均衡状态。在图 9-3 中，根据 $MR=LMC$ 原则，决定长期均衡点为 E，均衡产量为 OM，均衡价格为 ON。在该均衡产量和价格上，由于平均成本曲线 LAC 与需求曲线 dd 相切，因此在长期均衡状态下，平均收益与平均成本均为 ON，总成本和总收益相等，厂商不亏不赚，只能获得正常利润。

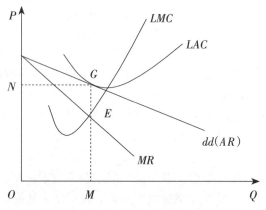

图 9-3 垄断竞争厂商的长期均衡

由此得出，垄断竞争市场中厂商的长期均衡条件为：

$$MR=LMC \tag{9-2}$$

$$P=AR=LAC \tag{9-3}$$

📊 **小思考**

$MR=LMC$ 是垄断竞争市场的厂商均衡条件，$P=AR=LAC$ 是垄断竞争市场的行业均衡条件，为什么？

还需注意的是，在垄断竞争市场中，找不到具有规律性的供给曲线，或者说，垄断竞争市场上没有供给曲线，其原因我们在第 8 章已经做了阐述。

9.3 对垄断竞争市场的评价

9.3.1 垄断竞争厂商与完全竞争厂商长期均衡的比较

从前面的分析可以看出，垄断竞争厂商的长期均衡同完全竞争厂商的长期均衡的共同点是：它们都只能获得正常利润，即无论是完全竞争市场还是垄断竞争市场，由于市场的可进入性，竞争最终使厂商的经济利润消失。

但垄断竞争厂商的长期均衡同完全竞争厂商的长期均衡又有区别，我们可以图9-4进行比较分析。在图9-4中，d_p、AR_p、MR_p 分别是完全竞争厂商的需求曲线、平均收益曲线和边际收益曲线，d_m、AR_m、MR_m 分别是垄断竞争厂商的需求曲线、平均收益曲线和边际收益曲线，并假定完全竞争厂商和垄断竞争厂商具有相同的平均成本曲线（LAC）和边际成本曲线（LMC）。无论是完全竞争厂商还是垄断竞争厂商，都根据 $MR = LMC$ 确定长期均衡点，显然，完全竞争厂商的长期均衡点为 E_p，垄断竞争厂商的长期均衡点为 E_m，由此所确定的完全竞争厂商的长期均衡的价格与产量分别为 P_2 和 Q_p，垄断竞争厂商的长期均衡的价格与产量分别为 P_1 和 Q_m。

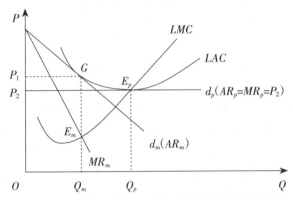

图9-4 完全竞争厂商与垄断竞争厂商长期均衡的比较

根据图9-4，将完全竞争厂商和垄断竞争厂商长期均衡状态的区别归纳如下：

第一，二者的需求曲线与边际收益曲线的位置不同。

完全竞争市场中，厂商的需求曲线与横轴平行，而且与边际收益曲线重叠，因此，在完全竞争厂商的长期均衡点上，$P = MR = LMC$，这不仅使消费者得到了最低的价格 P_2，而且使生产者乃至整个社会的生产资源得到最有效的利用，实现最优配置。

垄断竞争市场中，厂商的需求曲线是向右下方倾斜的，而且与边际收益曲线相分离，处于后者的上方，因此，在垄断竞争厂商的长期均衡点上，$P > MR = LMC$，为此消费者将不得不接受较高的价格 P_1，而且生产者乃至整个社会的生产资源没有得到最有效的利用，没有实现资源的最优配置。

第二，二者的平均收益曲线或需求曲线虽然都与平均成本曲线相切，但二者切点的位置不同。

完全竞争市场中，厂商的需求曲线在平均成本曲线的最低点处与之相切，这就说明，在完全竞争市场中，每家厂商都在平均成本最小及最适当产量的情况下进行生产，此时生产要素以正确的比例组合，可以实现成本最小化，从而最终实现最高的生产效率。经济学中把完全竞争厂商在平均成本最低点上生产的产量（Q_p）称为理想产量，把实际产量与理想产量之间的差额称作为多余的生产能力。

垄断竞争市场中，由于垄断竞争厂商的需求曲线是向右下方倾斜的，因此厂商的需求曲线一定在平均成本曲线最低点的左上方某处与之相切。这就说明，在垄断竞争市场中，厂商根据利润最大化原则所决定的产量（Q_m）不是最佳产量，厂商未能在平均成本的最低点以最适当的规模进行生产。如图9-4所示，垄断竞争厂商的均衡产量 Q_m 低于平均成本最低时的理想产量 Q_p，这说明，垄断竞争厂商没有充分地利用现有的生产要素，企业在过剩能力状态下运营，多余的生产能力为 $Q_m Q_p$，因此垄断竞争厂商在生产要素的使用方面存在某种浪费。

为什么垄断竞争厂商在长期内不能在最低平均成本处生产呢？从图9-4中可以看出，假如图中所表示的垄断竞争厂商将其产出扩大到最低平均成本处，即产量定为 Q_p，则在目前的需求曲线下，该产出水平下的价格 P 小于平均成本 LAC，所以垄断竞争厂商将会遭受亏损。当然，该垄断竞争厂商可以采取这样的办法，即收购其他的竞争者，接管它们的市场，这样该垄断竞争厂商的需求曲线和边际收益曲线将会向右移动为 d'_m 和 MR'_m（见图9-5）。此时，由于产量提高（由 Q_m 提高到 Q_p），实现了最低的平均成本。尽管在短期内，该垄断竞争厂商可以这么做，但在长期中这种做法却没有什么效果。因为在新的需求曲线和较低的平均成本上，该垄断厂商会获取经济利润，经济利润的大小为图9-5中长方形 $P'_2 P_2 E_p F$ 的面积。我们在前面的分析中已经指出，长期中，经济利润的存在一定会吸引新的厂商进入，使市场供给增加、价格下降，垄断竞争厂商的需求曲线最终又会移回到初始的位置 d_m，即垄断竞争厂商最终会回到初始状态。

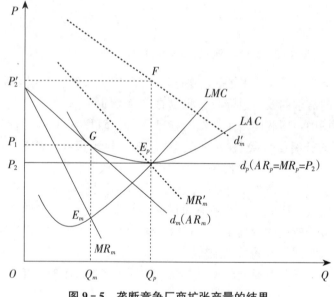

图9-5 垄断竞争厂商扩张产量的结果

由以上分析不难看出，在垄断竞争市场中，垄断竞争厂商存在多余的生产能力。这是因为在长期内，垄断竞争条件下存在太多的企业，每个企业生产的产出太少，以至于不能实现最低的平均成本。如果厂商的数量较少，那么每个厂商都能扩张规模，降低成本。但是，这种情况不会一直持续下去，厂商获得利润后，利润将导致新厂商进入，而新厂商的进入又将导致每个厂商的产出减少。因此在长期内，最终会出现太多的厂商生产太少的产量，以至于每家厂商都不能在最低平均成本处生产，出现多余的生产能力。

生产能力过剩的例子到处可见，如在某一地区开设过多的加油站、购物商场、服装店、餐馆等，可能会使其中的一些加油站、购物商场、服装店、餐馆的顾客稀少。

多余的生产能力意味着垄断竞争对消费者来说成本更高。从图 9 - 4 中不难看出，在完全竞争市场，长期内，市场价格等于最小平均成本。而在垄断竞争状态下，长期内，价格大于最小的平均成本。所以，如果完全竞争厂商和垄断竞争厂商的成本相同，垄断竞争条件下的价格要高于完全竞争条件下的价格。相应地，垄断竞争条件下的产量要小于完全竞争条件下的产量。垄断竞争厂商通过限制产量维持较高的价格。

> 📊 **小思考**
>
> 什么是理想产量？在垄断竞争市场是否能实现理想产量？

第三，二者的成本构成不同。

完全竞争市场假设消费者掌握完全信息，并假定所有厂商生产的产品是同质的，对完全竞争厂商而言，广告宣传是没有必要的，如果任何一个厂商在这方面花费成本，它的收益就会少于它的竞争对手。因此，完全竞争厂商具有更低的成本。

在垄断竞争市场，各厂商要使自己的产品成为有特色的产品，就必须进行广告宣传，做广告对生产和消费有促进作用，但同时也增加了销售成本，增加了总成本和平均成本，浪费了劳动力和其他稀缺的资源。

9.3.2 垄断竞争市场的优点

由以上比较并不能简单地得出完全竞争市场优于垄断竞争市场的结论。因为尽管垄断竞争市场中的平均成本与价格较高，资源有浪费，但这种市场也有以下有利之处：

第一，完全竞争条件下厂商所生产的产品过于单调，而垄断竞争条件下厂商所生产的产品是多样化、有差别的，因而能更好地满足不同消费者的不同偏好，并且由于品牌、服务态度等都能构成产品的差别，这有利于促使厂商保持其品牌信誉，提高产品质量，改进服务态度，等等。从这个角度来看，可以将垄断竞争条件下的高成本和高价格视为人们为产品多样化付出的代价。

第二，垄断竞争有利于创新。在垄断竞争市场，由于存在竞争压力，迫使垄断竞争厂商进行技术创新，并由此获取经济利润。同时又由于有一定的垄断来保护厂商创新的收益，因此垄断竞争能促进创新和技术进步。不仅如此，为了维持自己在竞争中的地位，垄断竞争厂商必须把这些经济利润投资于新产品的研制和新工艺的开发上。因此，在经济学家熊彼特看来，垄断的缺陷——产量不足——完全可以由用垄断利润进行研究开发所带来的好处来弥补。而完全竞争市场中，由于市场变化频繁，市场进入没有障碍，技术创新的收益没有垄断来保护，厂商有一种"朝不保夕"、前途莫测的感觉，因而无法也没有动力进行重大的技术创新。在垄断市场中由于缺乏竞争对手的威胁，厂商有一种"稳坐钓鱼台"的感觉，因而因循守旧，也没有进行重大技术创新的动力。

本章小结

本章首先说明了垄断竞争市场的基本条件：市场上有较多厂商，彼此之间存在激烈的竞争；厂商所生产和出售的产品之间既存在一定的差别，又有一定的替代性；厂商进出行业比较自由。同时阐述了垄断竞争厂商的收益规律，即垄断竞争厂商的需求曲线是向右下方略微倾斜的，其边际收益曲线在需求曲线的下方。其次，本章论述了垄断竞争厂商的短期均衡，由此得出的结论是：垄断竞争厂商的短期均衡条件为 $MR=SMC$，在短期均衡状态下，厂商可能获得最大利润，可能利润为零，也可能蒙受最小亏损。与此同时分析说明了在垄断竞争市场中，厂商为了创造产品差异，获取规模经济，其销售成本的支出必不可少。再次，本章论述了垄断竞争厂商的长期均衡，得出垄断竞争厂商长期均衡的条件是 $MR=LMC$、$P=AR=LAC$。从垄断竞争厂商长期均衡的形成过程可以看出，在垄断竞争市场中，由于竞争力量的作用，最终所有厂商的经济利润消失，每一个厂商只能获得正常利润，此时，厂商的需求曲线与平均成本曲线相切。最后，本章分析比较了垄断竞争市场与完全竞争市场：垄断竞争市场与完全竞争市场相比，其不利之处在于资源的配置效率较低、生产不在最佳规模处进行、价格较高，其有利之处在于能够生产更好地满足消费者偏好的产品，并且更具有技术创新的动力。

经济问题分析

冰激凌市场是典型的垄断竞争市场，在中国冰激凌市场中，国内、国外的品牌众多。然而就是在这样一个激烈竞争的市场中，哈根达斯的冰激凌价格却异常昂贵，超市的哈根达斯冰激凌80克装单价约30元，390克装单价约85元，小罐的单个哈根达斯冰激凌球定价25元，一盒哈根达斯冰激凌的价格是同类雀巢冰激凌的5～10倍。哈根达斯为何敢定如此的高价？原因就在于哈根达斯通过大量的、各种形式的广告宣传，令消费者了解："哈格达斯拒绝中国制造。"100％从法国进口，并经微电脑控温零下26℃运至各地销售。为保证尊贵品质，寻找世界各角落最优质配料——香草来自马达加斯加、咖啡来自巴西、草莓来自俄勒冈、巧克力来自比利时、坚果来自夏威夷。如此的宣传，使哈根达斯与其他冰激凌产生了极大的差异，"爱她，请她吃哈根达斯"的广告语更是将哈根达斯与追求浪漫、高贵爱情的年轻人联系在了一起。哈根达斯凭借所创造出来的这种差别，得到了需求价格弹性很小、很陡的需求曲线，这意味着即使价格很高，哈根达斯依然能够拥有一定的消费者。然而，《深圳晚报》的"黑作坊"报道，可能使哈根达斯所创造的差异消失。深圳热线网通过网上调查，有六成网民表示将不再买哈根达斯。这意味着如果哈根达斯仍维持其高价，将会失去更多的顾客。正在此时，新西兰著名冰激凌制造商绿宝石食品公司（Emerald Foods）正加速挺进中国，并计划在上海开设20家店以上，第1家开在上海的分店，就在哈根达斯的旁边。哈根达斯将面临弹性更大、更为平坦的需求曲线。"爱她，还请她吃哈根达斯冰激凌吗？"对此，恐怕许多人会给出否定的回答。

复习与思考

一、名词解释

不完全竞争　垄断竞争市场　垄断竞争厂商需求曲线　垄断竞争厂商短期均衡条件
垄断竞争厂商长期均衡条件　理想产量　多余生产能力

二、选择题

1. 根据垄断竞争市场的条件，下列哪个行业最接近于垄断竞争行业？（　　）

A. 汽车行业　　　　B. 玉米行业　　　　C. 电力行业　　　　D. 服装行业

2. 垄断竞争厂商所面临的需求曲线是一条略向右下方倾斜的曲线，它表示
（　　）。

A. 垄断竞争厂商可以绝对控制商品价格

B. 垄断竞争厂商只能接受市场价格

C. 垄断竞争厂商只有很小的影响价格的能力

D. 垄断竞争厂商对市场价格没有影响能力

3. 垄断竞争厂商处于长期均衡时，可以（　　）。

A. 只有正常利润　　　　　　　　B. 亏损

C. 获得经济利润　　　　　　　　D. 上述情况都可能存在

4. 在垄断竞争厂商的长期均衡产量上，可以有（　　）。

A. $P < LAC$　　　　　　　　　B. $P > LAC$

C. $P = LAC$　　　　　　　　　D. 以上情况都可能存在

5. 在垄断竞争市场上，平均收益与边际收益的关系是（　　）。

A. 平均收益大于边际收益　　　　B. 平均收益小于边际收益

C. 平均收益等于边际收益　　　　D. 无法确定

6. 形成垄断竞争市场的最基本条件是（　　）。

A. 厂商利用国家赋予的特权　　　B. 产品有差别

C. 厂商的数量相当多　　　　　　D. 厂商没有定价权

7. 垄断竞争厂商处于短期均衡时，垄断竞争厂商可能（　　）。

A. 只有正常利润　　　　　　　　B. 亏损

C. 获得经济利润　　　　　　　　D. 上述情况都可能存在

8. 垄断竞争厂商实现最大利润的途径有（　　）。

A. 调整价格从而确定相应产量　　B. 品质竞争

C. 广告竞争　　　　　　　　　　D. 以上途径都可能使用

9. 在垄断竞争厂商的长期均衡点上，长期平均成本曲线处于（　　）。

A. 上升阶段　　　　　　　　　　B. 下降阶段

C. 水平阶段　　　　　　　　　　D. 以上三种情况都可能

10. 在垄断竞争市场中（　　）。

A. 只有为数很少的几家厂商生产有差异的产品

  B. 有许多厂商生产同质产品

  C. 只有为数很少的几家厂商生产同质的产品

  D. 有许多厂商生产有差异的产品

三、问答题

1. 垄断竞争市场和完全竞争市场的特征有什么异同？垄断竞争市场和垄断市场的特征又有什么异同？

2. 画图说明垄断竞争厂商长期均衡的形成过程及条件。

3. "长期内，垄断竞争厂商将在平均成本最小的产出水平下生产。"该观点是对还是错？请说明原因。

4. 为什么说垄断竞争市场比完全竞争市场和垄断市场更有利于技术创新？

5. 在垄断竞争市场中，为什么即使存在厂商进入的条件，市场内的代表性厂商索要的价格仍高于最低的平均成本？

6. 泰诺止疼药的制造商做了大量的广告，并拥有非常忠诚的顾客。与其相比，另一家无品牌止疼药的生产者不做广告，顾客购买其产品只是因为价格低。假设泰诺止疼药和无品牌止疼药的边际成本是相同的。

（1）请分别画出泰诺和无品牌止疼药生产者的长期均衡图，并解释这两个均衡图的差异。

（2）哪一家公司更有严格控制质量的动力？为什么？

四、计算题

1. 垄断竞争市场中厂商的长期总成本函数为 $LTC=0.001Q^3-0.425Q^2+85Q$，其中，$LTC$ 是长期总成本，Q 是月产量。假设不存在进入障碍，产量由该市场的整个产品集团调整。如果产品集团中所有厂商按同样比例调整它们的价格，则厂商的需求曲线为 $Q=300-2.5P$，其中，Q 是厂商月产量，P 是产品单价。请计算厂商长期均衡时的产量和价格。

2. 在某城市，电影市场是垄断竞争市场。从长期看，某电影院的需求曲线为 $P=5-0.002Q$，其中 Q 为每月的观众数，P 为票价（单位：美元）。该电影院的平均成本函数为 $AC=6-0.004Q+0.000\,001Q^2$。

问题：

（1）为使利润最大，该电影院的经理应如何定价？此时每月的观众人数是多少？

（2）该电影院的经济利润将是多少？

3. 某公司是一家小企业，正考虑建设一座能年产 2 500 万支铅笔的工厂。规模经济性是该行业的最主要进入障碍。它的平均成本函数估计为 $AC=100\,000-1\,000Q+10Q^2$，其中，$Q$ 为产量（单位：百万支）。现在铅笔的批发价为每百万支 75 000 美元，该公司进入这一行业将不影响这一价格。

问题：使企业至少能获得正常利润的最低产量应为多少？该公司能成功地进入这一行业吗？

4. 某公司在垄断竞争市场中经营，它面临的需求曲线为 $P=350-Q$，长期总成本函数为 $TC=355Q-2Q^2+0.05Q^3$。

问题：

（1）该企业的均衡价格和产量是多少？

（2）计算该企业的经济利润。

（3）在（1）中，该企业是否处于长期均衡？

5. 在垄断竞争市场中，已知代表厂商的长期成本函数和需求曲线分别为 $LTC = 0.002\,5Q^3 - 0.5Q^2 + 384Q$ 和 $P = A - 0.1Q$，其中 A 是集团内厂商人数的函数。求解长期均衡条件下：

（1）代表厂商的均衡价格和产量。

（2）A 的数值。

案例研究

中国家电市场的竞争

中国改革开放 40 余年，竞争最充分的家电行业，诞生了一批世界级的知名企业：海尔、美的、格力、TCL、海信……它们沉淀了品牌、技术和管理经验，成为中国冲击全球领先品牌的主力军。同时，家电行业也崛起了一批后起之秀：清洁家电领域的石头、追觅；小家电领域的九阳、小熊……在一些高端品牌后面，也同样有着中国品牌的身影，比如 COLMO 背后有美的，Gorenje 背后有海信。一些互联网企业也加入了家电行业的竞争大军，并且取得了显著的战绩，如小米、华为等。中国家电业在过去的 40 多年中，经历了许多艰辛，也创造了许多辉煌。40 多年的风雨历程，折射的是中国制造业崛起的传奇。未来，中国家电业将步入世界舞台中心，书写更多奇迹。

在家电行业的发展历程中，品牌竞争的焦点不断变化。早期，国产品牌百家争鸣。海尔通过严格的质量管理和引入德国技术，在国内众多冰箱企业中脱颖而出，成为冰箱、洗衣机行业的龙头。美的和格力也分别通过技术创新和市场拓展，成为家电行业的领军企业。这些企业的成功，不仅在于其产品质量和技术的提升，还在于其品牌建设和市场策略的有效实施。但随着市场竞争日益激烈，家电企业的分化开始了，一些响彻大江南北的老品牌消失了，比如牡丹、金星、燕舞、水仙、春兰等品牌，大浪淘沙后，能留下来的企业其实屈指可数。

进入 21 世纪后，中国家电品牌开始追求高端市场。国产家电品牌的高端突围战成为行业发展的重要趋势。各品牌通过技术创新和品牌升级，努力在高端市场占据一席之地。各个品牌通过不断扩大企业规模，在站稳国内市场的同时，以收购的方式不断扩大海外市场。2011 年，海尔收购日本老牌家电企业三洋，随后在 2012 年又收购了世界顶级厨房家电企业斐雪派克；2015 年，创维收购了德国电视制造商美兹的 TV 业务；2016 年，海尔收购了通用电气的家电业务，随后美的则收购了东芝的白电业务，同年底，TCL 收购了美国 Novatel Wireless 公司的 MIFI 业务。可以说，凭借自身的努力，在入世之后，面对广阔的国际市场，以及国际品牌的竞争，中国的家电企业交出了一份令人满意的答卷。

如今，中国各家电品牌在奠定了其在家电领域的基础之后，都开始谋求不同于以往的发展。特别是在电商、国潮概念兴起之后，各家电企业凭借不俗的创新能力，迅速开拓着新的领域，新兴品牌不断被建立，先后掀起了拖地机、洗地机等潮流。无论是石头、追觅，还是添可、云鲸，无不成为行业内的优秀国货品牌。当然，我们还看到跨界进入家电领域的小米、华为等品牌。这些新兴品牌与传统大家电品牌一起，你追我赶，带领整个中国家电企业完成逆袭，从黑电、白电、厨电，到清洁小家电、智能家电等，每一个领域，中国家电品牌都是当之无愧的制造基地，更是创新研发基地。

中国家电品牌的成功还离不开与家电连锁卖场的合作。20世纪90年代中后期，国美、苏宁等大型家电连锁卖场的商业创新，为家电企业提供了更高效进入消费市场的工具，也创造了全新的消费体验。这种渠道的商业创新，使家电企业服务消费者的能力出现了革命性的提升，推动了家电行业的发展。

随着互联网的发展，电子商务兴起，家电销售模式也发生了变化。京东、淘宝、拼多多等在线零售平台开始挑战传统家电销售渠道，形成了新的竞争格局。这一阶段，家电品牌与互联网公司的合作成为常态，品牌之间的竞争不再局限于传统市场，而是扩展到了线上市场，进一步模糊了头部与新生的界限。

总的来说，家电品牌的竞争历程反映了行业发展的不同阶段和市场需求的变化。从早期的质量竞争到品牌与营销的竞争，再到追求高端市场，与线下和互联网公司的合作，家电品牌在国内的竞争历程体现了行业的成熟和发展。

纵观中国家电企业的发展历程，几乎都是从市场起步，做大规模才有资本投入研发，然后用研发再驱动市场的进一步扩大。商业创新带动研发创新，从中国这一超大市场崛起再走向全球市场，这几乎是绝大多数中国家电品牌崛起的必由之路。

资料来源：王珍. 中国家电业40年：竞争最激烈领域拼出最有竞争力企业［EB/OL］.（2018-12-17）［2024-12-02］. https：//www. yicai. com/news/100081373. html；热点科技. 从世界工厂到主导发展，中国家电品牌如何站到世界顶端［EB/OL］.（2023-06-21）［2024-12-02］. https：//baijiahao. baidu. com/s? id=1769304780280530977&wfr=spider&for=pc. 有改编.

基于以上案例资料，请回答：

（1）中国家电市场属于何种类型的市场结构？它有何特点？试用所学的相关知识进行分析。

（2）分析任意一家你所熟悉的家电厂商的竞争策略及其对家电市场的影响。

（3）如何理解垄断竞争市场中的产品之间既存在一定的差别又有一定的替代性？以家电行业举例说明，同时说明在这样的市场中企业应如何进行竞争。

▎理论应用

依靠科技赋能创新
做不同赛道的隐形冠军

第 10 章
寡头垄断市场中的厂商均衡

独特的价格体系

某商厦的管理者为其地下商场的所有商品制定了一个非常独特的价格体系，这个价格体系与该商厦其他楼层使用的价格体系完全不同。在地下商场，所有商品都是打折出售的，但是折扣是浮动的，并且其变化趋势和大小是可以预测的。地下商场的所有商品并非质量差的廉价商品，它们最初都摆放在商厦上面楼层一些最时髦的商品部的货架上。地下商场的所有商品最初都标有售价，第 1 周商品原价出售，以后这些商品的价格每周都会降低 25%。这样每件商品在商场仅仅停留四周。四周后，如果商品还没有售出，将被捐献给慈善机构。

光临该商厦地下商场的顾客常常会发出这样的疑问：如果所有顾客都等到最低价格购买商品，或者不买商品，该商厦的地下商场不就要破产了吗？然而事实是该商厦的地下商场却生意兴隆，原因何在？

资料来源：马歇尔·杰文斯. 致命的均衡［M］. 罗金喜，叶凯，译. 北京：机械工业出版社，2005：51.

寡头垄断市场是介于垄断和垄断竞争之间的一种市场结构，其主要特征是厂商的数量很少，因而其行为相互影响，厂商之间或明或暗的勾结与背叛构成了该类市场的一个重要的衍生特征。

垄断市场的条件
及形成原因

10.1 寡头垄断市场的条件及形成原因

10.1.1 寡头垄断市场的条件

寡头垄断（Oligopoly）市场是指少数几家厂商控制了某一行业，供给该行业生产的大部分产品的市场。因此，在寡头垄断市场，每个大厂商都有举足轻重的地位。在分析寡头垄断市场之前，我们首先必须对市场进行定义。如果市场定义得过于狭窄（如居住地附近的大型超市），将会发现市场中很少有提供相似产品或服务的厂商，市场几乎是独家垄断的。但是，如果市场定义得过于宽泛（如整个北京市的大型超市），那么，在这样的市场中可能竞争者就会太多，此时，市场就更接近于垄断竞争市场。实践中，在判定某个市场是否是寡头垄断时，市场的界定应该是将所有合理的近似替代品都包括在内。比如，我们可以定义出电视机市场，而不是家电市场（太宽），也不是 29 英寸的彩电市场（太窄）；再如，我们可以定义出果汁饮料市场，而不是饮料市场（太宽），也不是橙汁饮料市场（太窄）。

一般来说，寡头垄断市场应该具备以下几个条件：

第一，在一个行业或市场中，只有少数几家厂商。

由于厂商的数量较少，因此每一家厂商对整个行业或市场的价格和产量都有控制能力。然而，究竟厂商数量超过多少就不再是寡头垄断市场了呢？从理论上讲，它要求厂商的数量足够少，这样每个厂商做决策时就必须考虑竞争对手的反应。也就是说，厂商数量少得足以使厂商之间产生战略依存关系。但是，战略依存关系本身也涉及一个程度问题。如果市场中仅有 4 家厂商，则该市场肯定会显示出厂商之间明显的相互依存关系。如果市场中有 10 家或 15 家厂商，则厂商之间的相互依存关系就会减弱，这时考虑用垄断竞争模型对厂商行为进行分析可能更为合适。

除了用战略依存关系来判定寡头垄断市场之外，也可用市场集中度来判定。在一个寡头垄断市场，市场的集中度很高，往往前四位厂商的市场占有率为 70%~100%。例如，2024 年我国各类保险公司共计 239 家，以保费收入数据估算，其中最大的 4 家保险公司的市场占有率分别为：中国平安保险集团 30.2%、中国人保集团 24，4%、中国人寿集团 23.6%、中国太保集团 15.6%，这 4 家保险公司的市场占有率之和为 93.8%。由此可见，我国保险市场为典型的寡头垄断市场。一般来说，市场的集中度越高，寡头垄断越厉害。需要注意的是，在经济全球化背景下，用市场集中度来衡量寡头们垄断市场的程度时，还需要考虑国外竞争者的情况。如美国的汽车工业是高度集中的，主要由福特、通用、克莱斯勒三大厂商控制，但实际上美国的汽车厂商还要面对日本、韩国等汽车厂商的激烈竞争。因此，对这类特殊产业，随着经济发展的日益全球化，应该以世界市场为基础来衡量市场的集中度。

第二，厂商之间存在着互相制约、互相依存的关系。

在完全竞争与垄断竞争市场中，厂商数量很多，各厂商之间没有什么密切的关系；在垄断市场中，只有一家厂商，不存在与其他厂商的关系问题。这样，在完全竞争、垄断竞争和垄断市场中，各厂商都是独立地做出自己的决策，而不用考虑其他厂商的决策或对自己决策的反应。然而在寡头垄断市场中，厂商数量很少，每家厂商都占有举足轻重的地位，它们各自在价格或产量方面的决策都会影响整个市场和其他竞争者的行为。因此，寡头垄断市场中各厂商之间存在着极为密切的关系，每家厂商在进行价格、产量决策时，不仅要考虑到本身的成本与收益情况，而且还要考虑到这一决策对市场的影响，以及其他厂商可能做出的反应。

第三，新厂商进入行业比较困难。

在寡头垄断市场中，新厂商在生产规模、技术、资金、信誉、市场份额、原材料的获取等方面，都难以同老厂商相抗衡，因而其进入非常困难。

由以上对寡头垄断市场条件的分析可以看出，寡头垄断仅是一个程度问题，而不是一个绝对的分类。我们可以将它想象成这样一个市场：该市场的一端是少数几家厂商，占据了大量产出份额，这几家厂商之间存在很强的战略依存关系；随着厂商的市场份额逐渐减少，厂商之间的依存关系逐渐减弱，市场越来越接近垄断竞争市场。

寡头垄断市场被认为是一种较为普遍的市场类型。例如，我国的石油行业主要由中石油、中石化和中海油三家厂商所控制。一般来说，汽车、造船、飞机制造、钢铁等对投资及生产规模要求较高的行业很容易形成寡头垄断市场。

📊 **小思考**

依据寡头垄断市场的条件，寻找我国现实经济中的寡头垄断市场，并举例说明寡头垄断厂商之间的依存关系。

10.1.2　寡头垄断市场的形成原因

寡头垄断之所以存在，归根结底在于该市场存在明显的进入障碍。那么，寡头垄断市场最主要的进入障碍是什么呢？一般来说有以下几点：

第一，规模经济性的存在。

许多工业部门具有大规模生产的经济利益，其平均成本随着产量的增加而下降。但是，平均成本的降低不会是无止境的。当成本在一个很大的产量范围内降低时，它鼓励了大企业的发展。但如果在企业的产量还达不到市场总需求量以前，平均成本已开始上升，那就不可能再鼓励大企业继续扩大规模，发展成独家垄断的局面，而是由几家企业都在最低的平均成本情况下从事经营，以满足整个市场的需要，这就形成了寡头垄断。

下面我们用图 10-1 来说明由于规模经济存在而形成寡头垄断市场的原因。假设某市场可能存在三种情况，这三种情况下市场中代表厂商的长期平均成本曲线分别是图 10-1(a)、(b)、(c) 中的 LAC 曲线。在图 10-1(a)、(b) 两种情况下，代表厂商的长期最低平均成本都为 80 元，因此 80 元也是这两种情况下代表厂商长期内能够接受的最低价格；图 10-1(c) 则表示随着规模的扩张，代表厂商的长期平均成本不断下降。图 10-1 中，整个市场的需求曲线显示当市场价格为 80 元时，市场总需求为 1 000 000。

图 10-1(a) 表示，在该市场中代表厂商长期最佳规模为 1 000，也就是说，与产出规模大于 1 000 的大厂商相比，产出为 1 000 的小厂商具有成本优势。可以预料，如果该市场没有进入障碍的话，由于市场总需求为 1 000 000，因此市场中会出现许多小厂商（但不会超过 1 000 家），该市场应该为完全竞争市场或垄断竞争市场。

图 10-1(b) 表示，在该市场中代表厂商为了追求最低平均成本，以获取规模经济，会将其产出规模定为 250 000，因为只要产出规模大于 250 000，厂商的平均成本就将提高。由于市场总需求为 1 000 000，所以如果每家厂商都追求最低成本，市场中厂商的数量就不会超过 4 家，显然，由此就形成了寡头垄断市场。当然，在这种情况下可能会出现新进入者，但是，新进入者的平均成本通常会高于原有厂商，这就意味着新进入者要争取市场份额非常困难。

图 10-1(c) 中，由于代表厂商的 LAC 曲线随着规模的扩张而不断下降，因此该图所显示的市场为自然垄断市场。在该种市场中，由于厂商追求规模经济效益，最终只有一家厂商就可以满足市场的需求。该厂商由于可以通过降低价格来阻碍新厂商进入，因此最终该市场形成独家垄断市场。

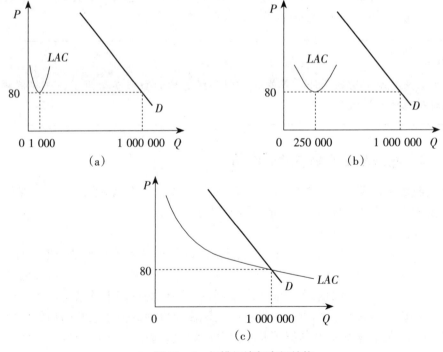

图 10-1 规模经济与市场结构

> 📊 **小思考**
>
> 厂商追求规模经济性为什么会导致独家垄断和寡头垄断两种不同的结果？

从以上的分析中，我们也可以进一步了解为什么在钢铁、汽车、造船等行业中寡头垄断非常普遍。因为这些行业的基本特征就是，只有在大规模生产时才能获得好的经济效益。在这些行业中，往往要使用先进的大型设备，要有精细的专业分工，最初都需要巨大的投资，所以在这些行业中，只有在产量达到一定规模后平均成本才会下降，这样生产才是有利的。也就是说，在这类行业中，大规模生产的经济性特别明显，导致行业中的每个厂商的产量都十分大，这就决定了只要有几家厂商存在，它们的产量就可以满足整个市场的需求。此外，在开始建厂时所需的巨大投资，也使其他厂商很难进入这类行业，与这类行业中已有的几家大厂商进行竞争。

第二，行业中现有的寡头垄断厂商拥有重要原材料或关键技术，这样就阻止了竞争者进入该行业，从而少数几家厂商就可实现寡头垄断。

第三，由几家厂商控制了分销渠道。控制产品供给的另一种方法就是控制分销渠道。如果厂商能够说服分销商不去销售任何其他厂商的竞争性产品，就可以增加厂商在市场中的控制能力。

第四，现有寡头垄断厂商可能受到政府的保护，或政府的规定有时提供了反对垄断的抵消力量，如美国实施的反托拉斯法在一定程度上阻止了厂商建立垄断的地位，从而形成了寡头垄断。

10.1.3　寡头垄断市场的分类

寡头垄断市场可以按不同的标准进行划分。

10.1.3.1　按产品差别程度划分

根据寡头厂商的产品差别程度，寡头垄断市场可以分为两种类型：一是纯粹寡头垄断；二是差别寡头垄断。

纯粹寡头垄断是指各厂商所生产的产品性质一致，产品之间彼此没有差别。如钢铁、尼龙、铜、铝、石油等产品，顾客购买这类产品时，可以不选具体品牌，只需要根据品种、规格等技术指标和价格订货。因此，顾客在购买这类产品或服务时，非常关心技术指标和价格。纯粹寡头垄断厂商彼此关系密切，相互依存的程度很高，一家厂商在产量和价格上的决策必然会影响其他厂商的生产经营。

差别寡头垄断是指各厂商所生产的产品性质一致，但存在一定程度的差别。如汽车、飞机、机电产品等。顾客来购买这类产品或服务时，往往非常关心价格、品牌及生产厂家。差别寡头垄断厂商一般都通过广告宣传、增加产品特点等方法，来促使顾客购买自己的产品，从而扩大自己的市场份额。差别寡头垄断厂商之间彼此依存的程度较低。

即使各差别寡头垄断厂商所生产的产品存在差别，实际上在很大程度上也是可以相互替代的，比如福特汽车和通用汽车、波音飞机和空客飞机。因此，用来分析纯粹寡头的厂商均衡理论对于差别寡头也在很大程度上适用。

小思考

请比较完全竞争市场、垄断市场、垄断竞争市场以及寡头垄断市场的产品特点。

10.1.3.2　按厂商的行动方式划分

根据寡头厂商的行动方式，寡头垄断市场可以分为两种类型：一是勾结（或共谋）行为的寡头垄断；二是独立行为的寡头垄断。

勾结（或共谋）行为的寡头垄断是指各寡头厂商相互勾结起来，形成一个像垄断厂商那样的整体，并像垄断厂商那样行动，由此各厂商就可以联合获取最大利润。这里所谓的"勾结"，是指在一个行业中厂商相互间有着明示或暗示的不再竞争的协议。最典型的勾结（或共谋）行为的寡头垄断组织就是后面我们要介绍的卡特尔组织。共谋行为可以分为公开的共谋和隐蔽（或私下）的共谋。虽然共谋有利于厂商，但是寡头厂商并不总是能够形成共谋。共谋的形成需要一定的条件，这些条件主要有以下几个：

（1）行业中只有很少几家厂商，且相互之间非常了解。

（2）关于生产成本和生产技术，相互之间没有什么秘密。

（3）有相似的生产方法和平均成本，使得它们愿意在相同的时间以相同的比例改变价格。

（4）生产的产品相似，容易在价格上达成一致。

（5）有一家主导厂商（在行业中占统治地位或支配地位的厂商）。

（6）存在有效的进入障碍，这样寡头厂商就不用担心受到联合厂商之外的新厂商的干扰。

（7）市场需求是稳定的。如果市场的需求不稳定，寡头厂商达成一致形成共谋的可能性就很小了。

（8）政府不会对厂商之间的共谋进行控制。

小思考

寻找我国现实经济中的共谋寡头垄断，并以上述 8 项条件说明这些厂商形成共谋的原因。

共谋行为的寡头垄断厂商之间的竞争会避免价格竞争，一般都采取非价格竞争策略。

独立行为的寡头垄断是指各寡头厂商相互竞争，独立决策。在这种情况下，各厂商考虑的是采取什么策略能够最大限度地维护自己的利益，避免被对手欺骗或击败，而不会顾及行业的利益。当然，各寡头厂商之间的竞争策略不仅涉及价格，还涉及广告、研究开发等方面。

10.2 寡头垄断市场中的厂商均衡

寡头垄断市场的特征，即相互依存性和决策结果的不确定性，使得寡头垄断市场结构中的产量和价格决定具有多变性，难以有一个确定的解。

用一个最简单的例子就可以说明这一问题。假定某个市场由 A、B、C 三家厂商所控制，各家厂商所占的市场份额大致相同，即各占整个市场的 1/3。现在若 A 厂商考虑到原材料涨价使企业生产成本提高，拟单独提高价格，此时，B、C 厂商会按价不动，以争夺 A 厂商的市场，这样将会出现大量买者转向购买 B、C 厂商的产品，结果 A 厂商的收益急剧减少。因此，A 厂商预计自己提价，B、C 厂商不会跟进，那么它就不敢轻易擅自提价。反之，如果 A 厂商想要通过降价抢占竞争对手的市场份额，又会出现什么情况呢？此时，B、C 两家厂商的销售将受到严重影响，B、C 厂商绝不会坐以待毙，必然会采取行动和 A 厂商的降价相抗衡。或许 B、C 厂商会将价格降到与 A 厂商同样的水平，或许会比 A 厂商的价格还要低。所以，在寡头垄断市场中，任何一家厂商在做出价格和产量决策时，都不能置同业竞争对手于不顾。寡头厂商们的行为之间这种相互影响的依存关系使得寡头理论复杂化。有人把寡头垄断市场比作下棋，棋手都企图运用各种策略击败对方，棋局的发展往往难以预料，答案显然不像完全竞争、完全垄断与垄断竞争条件下那样明确、肯定。一般来说，不知道竞争对手的反应方式，就无法建立寡头厂商的模型。或者说，有多少关于竞争对手的反应方式的假定，就有多少寡头厂商的模型，就可以得到多少不同的结果。因此，在西方经济学中，还没有一个寡头市场模型可以对寡头市场的价格和产量做出一般的理论总结。这也就决定了在寡头垄断市场中，厂商的价格与产量的决策很难像在前三种市场结构下一样给出确切答案。尽管如此，经济学家们依然在不懈地努力尝试用不同的模型去分析不同情况下的寡头垄断厂商的行为。

由于寡头垄断市场中的厂商有几种不同的行为方式，因此存在好几种相关的均衡模型，本节将主要考察在没有勾结情况下寡头厂商各自独立行动的古诺模型、斯威齐模型和非合作性博弈，以及在有勾结情况下的共谋寡头模型。

10.2.1 古诺模型

法国经济学家奥古斯汀·古诺（Augustin Cournot）在 1938 年出版的《财富理论的数学原理研究》一书中研究了寡头垄断市场的一种特例——两家寡头垄断一个市场，即双头垄断市场，最早提出了对双头垄断市场的一种均衡解释，一般称为古诺模型。

古诺模型分析的是两个出售矿泉水的、生产变动成本为零的寡头厂商的情况。古诺模型的假设条件是：

（1）一种产品市场上只有两家厂商（假定为甲厂商与乙厂商）。

（2）两家厂商生产和销售的产品完全相同。

（3）生产的变动成本为零。

（4）两家厂商共同面临的需求曲线是线性的，即需求曲线是一条向右下方倾斜的直线，两家厂商分享市场，且双方对需求状况了如指掌。

（5）各方都根据对方的行动做出自己的决策，即每个厂商决策时，假定其他厂商产出固定不变，并都通过调整产量来实现最大利润。

下面用图 10-2 来说明古诺模型中两家厂商的产量和价格调整过程。图 10-2 中，AB 为甲、乙两个厂商的产品需求曲线，市场最大需求量为 OB。

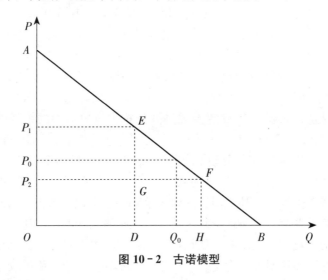

图 10-2 古诺模型

第一轮价格和产量调整：

假定甲厂商最先进入市场，是市场中唯一的生产者，这时甲厂商认为市场的需求曲线 AB 就是自己的需求曲线，根据 MR 曲线与需求曲线的关系，甲厂商的边际收益曲线要通过 OB 的中点 D 与产量轴相交。甲厂商为使利润最大，必须根据利润最大化原则 $MR=MC$ 来安排生产，因为假定生产的变动成本为零，即 $MC=0$，所以为满足利润最大化原则 $MR=MC=0$，则产量应在 OB 的中点上，即其产量为 $Q_{甲}^{1}=OD=\frac{1}{2}OB$，对应的价格为 P_1，获得最大利润为图中长方形 P_1EDO 的面积。当乙厂商进入该市场时，认为甲厂商将继续生产 OD 的产量，因而乙厂商便按甲厂商余下的 $\frac{1}{2}OB$ 市场需求量来确定自己的产量，为求利润最大，同样必须满足 $MR=MC=0$，这样乙厂商的产量应为余下的 $\frac{1}{2}OB$ 的一半，即其产量为 $Q_{乙}^{1}=DH=\frac{1}{2}\times\frac{1}{2}OB=\frac{1}{4}OB$。由于这时市场总供给量为 $Q=Q_{甲}^{1}+Q_{乙}^{1}=OD+DH=OH=\frac{3}{4}OB$，因此市场价格由 P_1 降到 P_2，这样乙厂商获得的最大利润为图中 $GFHD$ 的面积。

第二轮价格和产量调整：

当乙厂商进入该市场后，甲厂商认定乙厂商的产出不变，为 $\frac{1}{4}OB$，这样甲厂商为追求利润最大，就会生产市场剩余需求量 $\frac{3}{4}OB$（$OB-\frac{1}{4}OB$）的一半，即甲厂商将把产量调整为 $Q_{甲}^2=\frac{1}{2}\times\frac{3}{4}OB=\frac{3}{8}OB$。甲厂商调整产量后，乙厂商将再把产量调整到市场剩余需求量 $\frac{5}{8}OB$（$OB-\frac{3}{8}OB$）的一半，即 $Q_{乙}^2=\frac{1}{2}\times(OB-\frac{3}{8}OB)=\frac{5}{16}OB$。很显然，与第一轮相比，在第二轮甲厂商的产量减少了，乙厂商的产量增加了。

在这样一轮接一轮的调整过程中，两个寡头将不断地调整各自的产量，为使利润最大化，每次调整，都将产量定为对方产量确定后剩下的市场容量的 1/2。

这样，甲厂商产量调整序列为 $\frac{1}{2}OB$，$\frac{1}{2}$（$OB-\frac{1}{4}OB$），$\frac{1}{2}$（$OB-\frac{1}{4}OB-\frac{1}{8}OB$）…乙厂商产量调整序列为 $\frac{1}{4}OB$，$\frac{1}{4}OB+\frac{1}{16}OB$，$\frac{1}{4}OB+\frac{1}{16}OB+\frac{1}{64}OB$…由以上产量调整序列可看出，随着甲乙双方的产量调整，甲厂商的产量逐渐减少，乙厂商的产量逐渐增加，直到最后两家厂商的产量各占全部市场最大容量（OB）的 1/3，这时两家厂商的产量相等，市场处于均衡状态。这就是说，双方竞争的最终结局是：

$$甲的均衡产量（Q_{甲}）=\left[\frac{1}{2}-\frac{1}{8}-\frac{1}{32}-\cdots\frac{1}{2}\times\left(\frac{1}{4}\right)^{n-1}\right]OB=\frac{1}{3}OB$$

$$乙的均衡产量（Q_{乙}）\left[\frac{1}{4}+\frac{1}{16}+\frac{1}{64}+\cdots\left(\frac{1}{4}\right)^n\right]OB=\frac{1}{3}OB$$

所以，市场的总供给量 $Q_0=Q_{甲}+Q_{乙}=\frac{1}{3}OB+\frac{1}{3}OB=\frac{2}{3}OB$，由图 10-2 可见，当市场总供给量为 Q_0 时，相应的商品价格为 P_0。

由以上双头垄断的古诺模型的结论可以很容易推出三个或三个以上的寡头厂商的价格和产量决策。当市场中有三个寡头时，市场总供给量为 $\frac{3}{4}OB$，每个寡头厂商的产量为 $\frac{1}{4}OB$。当市场中有 m 个寡头时，可以得到一般的结论如下：

$$市场总产量=\frac{m}{m+1}OB \tag{10-1}$$

$$每个寡头厂商均衡产量=\frac{1}{m+1}OB \tag{10-2}$$

其中，OB 为该市场最大可能需求量，即市场总容量。

古诺模型也可以用以下建立寡头厂商的反应函数的方法来说明。

例如，某市场有甲、乙两家厂商，在古诺模型的假设条件下，设市场的需求函数为：

$$P=120-0.5Q=120-0.5（Q_{甲}+Q_{乙}） \tag{10-3}$$

式（10-3）中，P 为商品价格，Q 为市场的总需求量，$Q_甲$ 和 $Q_乙$ 分别为市场对甲、乙两个寡头厂商的产品需求量，即 $Q＝Q_甲＋Q_乙$。

甲、乙寡头厂商的利润分别为 $\pi_甲$、$\pi_乙$：

$$\begin{aligned}\pi_甲&＝TR_甲－TC_甲\\&＝P\times Q_甲－0\\&＝[120－0.5(Q_甲＋Q_乙)]\times Q_甲\\&＝120Q_甲－0.5Q_甲^2－0.5Q_甲Q_乙\end{aligned} \tag{10-4}$$

$$\begin{aligned}\pi_乙&＝TR_乙－TC_乙\\&＝P\times Q_乙－0\\&＝[120－0.5(Q_甲＋Q_乙)]\times Q_乙\\&＝120Q_乙－0.5Q_乙^2－0.5Q_甲Q_乙\end{aligned} \tag{10-5}$$

要使 $\pi_甲$ 和 $\pi_乙$ 取极大值，必要条件分别是 $\dfrac{\partial\pi_甲}{\partial Q_甲}＝0$ 和 $\dfrac{\partial\pi_乙}{\partial Q_乙}＝0$，即：

$$\frac{\partial\pi_甲}{\partial Q_甲}＝120－Q_甲－0.5Q_乙＝0$$

$$\frac{\partial\pi_乙}{\partial Q_乙}＝120－Q_乙－0.5Q_甲＝0$$

所以：

$$Q_甲＝120－0.5Q_乙 \tag{10-6}$$
$$Q_乙＝120－0.5Q_甲 \tag{10-7}$$

式（10-6）就是甲寡头厂商的反应函数，它表示甲厂商的最优产量是乙厂商产量的函数。也就是说，对于乙厂商的每一个产量 $Q_乙$，甲厂商都会做出反应，并由此确定能够给自己带来最大利润的产量 $Q_甲$。式（10-7）是乙寡头厂商的反应函数，它表示乙厂商的最优产量是甲厂商产量的函数。

解式（10-6）和式（10-7）构成的联立方程组，得甲、乙厂商的均衡产量：$Q_甲＝80$，$Q_乙＝80$。

可见，每个寡头厂商的均衡产量是市场最大需求量的 1/3，整个市场的总供给量为 $Q＝Q_甲＋Q_乙＝160$，将 $Q_甲＝Q_乙＝80$ 代入市场需求函数，可求得市场的均衡价格 $P＝20$。

以上方法可以在图 10-3 中得到说明。图中的横轴 $Q_甲$ 和纵轴 $Q_乙$ 分别表示甲、乙两个寡头厂商的产量。由于市场需求函数是线性的，因此甲、乙两个寡头厂商的反应函数也是线性的。图中两条反应曲线的交点 E 就是古诺模型的均衡解。在均衡点 E 上，甲、乙两个寡头厂商的均衡产量都为 80 单位。

古诺模型所描述的寡头厂商的竞争状况，可能会出现在像制铝或钢铁等行业，在这类行业中，生产成本的主要部分是设备成本，一旦设备安装完毕，变动成本相对来说不太重要。于是，这类行业的生产，至少在短期，产量由厂商的设备生产能力所决定，即产量保持既定。这种状况与古诺模型的假定比较吻合。

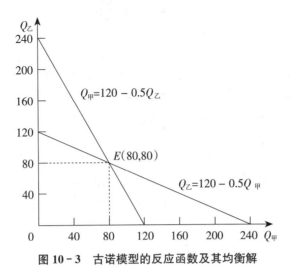

图 10-3　古诺模型的反应函数及其均衡解

10.2.2　斯威齐模型

美国经济学家保罗·M. 斯威齐（P. M. Sweezy）在 1939 年对价格刚性提出了一种解释，这就是弯折的需求曲线模型，亦称斯威齐模型。

资料链接 ···

保罗·M. 斯威齐的信仰及贡献

保罗·M. 斯威齐出生于 1910 年，是 20 世纪 30 年代经济大萧条时期哈佛大学经济学系本科生。与许多同时代的人一样，他相信资本主义市场经济注定要毁灭，并且接受卡尔·马克思（Karl Marx）的学说。他认为共产主义能够为美国以及世界经济提供解除病症的方案。与大多数同时代的人不同，斯威齐从不怀疑马克思学说，并相信共产主义是最终的解决方案。1949 年他创办了《每月评论》（*Monthly Review*），该杂志致力于从马克思主义者的角度分析经济和社会问题。

斯威齐在经济思想方面做出了许多贡献，但是他最具深远影响的贡献是关于寡头厂商的产品需求理论：弯折的需求曲线理论（Kinked Demand Curve Theory）。他在 1939 年的《政治经济学杂志》（*Journal of Political Economy*）上第一次提出了该理论。

资料来源：罗宾·巴德，迈克尔·帕金. 微观经济学原理［M］. 2 版. 王秋实，等译. 北京：中国人民大学出版社，2005：365.

所谓价格刚性，是指当成本有一定量的改变时，价格却保持不变。在一般的情况下，由于每个厂商都期望其生产位于 $MR = MC$ 处，当厂商的生产成本出现变动，就意味着边际成本的改变，将会改变厂商的生产决策，价格也会随之而变动，如钢材价格上涨，就导致汽车的生产成本上升，由此可能导致汽车的市场价格上升。但是，在寡头垄断市场中，往往会出现价格刚性，即价格并不随成本而变化。在寡头垄断市场中，经常可以看到这样的情景：在厂商没有相互勾结的情况下，当一家厂商降低产品价格时，其

销售量不会增加很多，这是因为其他厂商也会随之降价，因此该厂商不能把销售量扩张到预期的水平，而只能有少量的增加；当一家厂商提高产品价格时，其销售量会大幅度减少，这是因为竞争对手一般不会跟随提价，这样竞争对手就会有更强的价格优势，从而可以抢占提价厂商的市场份额，造成提价厂商的销售量大幅度减少。所以在寡头垄断市场中，一旦价格确定之后，就有一定的相对稳定性，即使成本改变，每个寡头厂商都不会轻易改变价格，宁愿通过提高质量、开展推销活动等非价格竞争手段来争取更大的市场份额。

弯折的需求曲线模型的基本假定条件是：当一家厂商降价时，所有其他厂商为了不减少销售量，会马上做出反应，也降低价格；但如果一家厂商提价，所有其他厂商为了增加自己的销售量则不会做出反应，即并不提高价格。即斯威齐模型的基本假定是竞争对手响应降价但不响应提价。可以用图 10-4 来说明弯折的需求曲线模型。

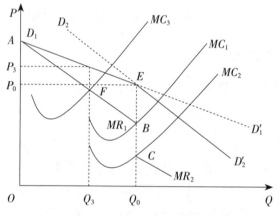

图 10-4　弯折的需求曲线模型

图 10-4 中的需求曲线 D_1ED_2' 称为弯折的需求曲线。为什么该需求曲线会在 E 点出现弯折呢？假设某寡头厂商的产品现行价格为 P_0、销售量为 Q_0，当该寡头厂商降低产品价格时，由于其他寡头厂商也会随之降价，这样就会造成该寡头厂商的销售量不是沿着 D_1D_1' 的需求曲线变化，而是从 E 点折向下沿 D_2D_2' 的需求曲线变动，显然 D_2D_2' 的需求价格弹性小于 D_1D_1'，因而该寡头厂商降价所能增加的销售量较少。而当该寡头厂商提高产品价格时，由于其他寡头厂商并不随之提价，则该寡头厂商的销售量的减少不是沿着 D_2D_2' 的需求曲线变动，而是从 E 点折向需求曲线 D_1D_1'。由于与需求曲线 D_2D_2' 相比，需求曲线 D_1D_1' 的需求价格弹性较大，因而意味着该寡头厂商提价会失去较大的市场份额。所以在寡头垄断市场中，ED_2' 是寡头厂商降价时的需求曲线，ED_1 是寡头厂商提价时的需求曲线，由此形成弯折的需求曲线 D_1ED_2'。

由图 10-4 可见，在需求曲线 D_1ED_2' 的拐折处 E，边际收益曲线出现间断，如图中的 BC。MR_1 是需求曲线 D_1E 的边际收益曲线，MR_2 是需求曲线 ED_2' 的边际收益曲线。这两段边际收益曲线所形成的间断长度（即 BC 的长度）取决于 D_1E 与 ED_2' 弹性的差异程度，D_1E 弹性越大，ED_2' 弹性越小，间断 BC 越大。这样，即使边际成本在相当大的范围内（BC 之间）变动，原有的价格 P_0 和产量 Q_0 也不会变动。这是因为，如果厂

商的边际成本为 MC_1，这时如果产量低于 Q_0，则 $MR_1 > MC_1$，表示增加产量可以增加利润；如果产量大于 Q_0，则 $MR_2 < MC_1$，表示增加产量会减少利润。只有当产量为 Q_0、价格为 P_0 时，$MR_1 = MC_1$，该寡头厂商获取最大利润，因此 Q_0 与 P_0 是利润最大化时的均衡产量和均衡价格，厂商均衡点为 E 点。如果厂商的边际成本为 MC_2，同样厂商要实现最大利润，满足 $MR_2 = MC$，其均衡点依然为 E 点，即均衡产量为 Q_0、均衡价格为 P_0。由此可见，无论厂商的边际成本为 MC_1 还是 MC_2，该寡头厂商的均衡价格均保持不变，为 P_0，即出现价格刚性。这也就是说，当成本在一定范围内变动时，寡头厂商既不会在成本上升时减少产量，也不会在成本下降时增加产量。其结果是寡头厂商的价格和产量波动不会像竞争性厂商或完全垄断厂商那样大。但是，如果厂商的边际成本变动超出了边际收益的间断范围，即成本改变过大，厂商的均衡价格和均衡产量就会改变。如图 10-4 中，如果厂商的边际成本由 MC_1 提高到 MC_3，此时厂商的均衡点将由 E 点变动到 F 点，即厂商的均衡价格由 P_0 提高到 P_3。

📊 小思考

用实例说明斯威齐模型基本假定的合理性。

从以上的分析可见，在寡头垄断市场中，之所以出现价格刚性，是因为寡头厂商仅仅响应降价而不响应提价，这样使厂商的需求曲线出现弯折，而由此导致厂商的边际收益曲线出现间断。当厂商的成本出现变动，但只要由此导致的边际成本变动在边际收益曲线的间断范围内，厂商的均衡价格都不会改变。由此我们可以得出两个结论：第一，寡头厂商所面对的需求曲线的形状取决于竞争对手对其产品价格变化的反应；第二，如果寡头厂商的竞争对手追随降价但不追随提价，则其需求曲线是弯折的。寡头垄断市场所存在的价格刚性，也进一步说明了寡头垄断厂商对价格竞争的反感。

新闻分析

宝洁与联合利华的非价格竞争

《环球时报》2004 年 3 月 10 日报道：在全球 500 强企业中，哪两家企业最不可能倒闭，也最不可能合并？许多专家给出了同样的答案：全球日化行业的两大巨头——宝洁和联合利华。只要这个世界上的人们还在洗发、刷牙、洗衣服，就不得不与这两家公司打交道；而这对明争暗斗了 40 多年的企业，不会轻易向对方俯首称臣。

且看这两家对手的竞争策略：一是广告战。宝洁公司 2023 年仅广告费就花了 80 亿美元，联合利华的广告开支更为惊人，从 2014 年起，其广告投入就达到了每年 80 多亿美元，之后尽管有波动，但基本不改增加趋势。宝洁的广告宣传着重品牌个性，而联合利华的广告宣传则突出品牌的本土化。宝洁品牌战略主要是："细分-定位"多品牌战略。针对不同市场需求推出多种品牌，如飘柔、海飞丝、潘婷等，每个品牌都针对特定的消费者需求。联合利华的品牌战略主要是："品牌-延伸"侧翼进攻战略。联合利华采取侧翼进攻，实施品牌延伸战略，引领市场消费新潮。以多芬香皂为例，因其保湿效果广受欢迎，联合利华随后推出了多芬沐浴露，并逐步延伸至其他产品领域。二是研发战。宝洁拥有全球日化行业中最大的研发团队，人数超过9 000，分布在全球28个研发中心。2022年，宝洁的研发费用高达20亿美元，占其销售额的2.5%。该公司在全球拥有2.9万项专利。相比之下，联合利华的研发团队约有5 000人，研发投入主要集中在家庭护理产品上。近年来，联合利华的研发费用一直保持在每年8亿欧元以上，2022年达到9.08亿欧元，占其营业额的1.5%左右。三是在环保、低碳、可持续发展方面的竞争。随着环保意识的增强，宝洁和联合利华在这方面的竞争也日益激烈。联合利华在2020年推出了"洁净未来"战略，旨在通过改变家庭清洁产品的研发、生产和包装方式，降低对环境的影响。宝洁则在2021年宣布了2040年"净零目标"，计划在2040年实现全球运营和供应链的温室气体净零排放，并设定了2030年阶段性目标，以减少碳排放量。

这些竞争策略反映了宝洁和联合利华在日化行业中的强大实力和不懈努力，它们在市场中的地位短期内难以撼动。

资料来源：黄彪虎. 宝洁与联合利华品牌战略比较分析［J］. 合作经济与科技，2019（24）：104-105；余青. 蓝月亮与六便士［EB/OL］.（2024-07-23）［2024-12-02］. https：//finance. ifeng. com/c/8Kz0DeyEJFj；印爱华. 联合利华"洁净未来2.0"战略发布，在卓越品质和环境友好方面树立全新标杆，引领洗涤用品行业转型升级［EB/OL］.（2023-11-15）［2024-12-02］. https：//baijiahao. baidu. com/s？id=1782644281016984263&wfr=spider&for=pc；宝洁中国. 解读宝洁"净零2040"目标［EB/OL］.（2022-12-08）［2024-12-02］. https：//zhuanlan. zhihu. com/p/589955189. 有改编。

分析： 在全球日化产品市场上，宝洁与联合利华具有举足轻重的地位，而由它们之间的竞争我们不难看出：在一个寡头垄断的市场中，价格竞争是典型的自我折台的行为，寡头们主要依靠广告和产品差异化等非价格竞争手段来获取市场份额。

弯折的需求曲线模型不是从已知的成本数据和需求数据中形成最佳的价格与产量水平，而是从现行价格与产量水平出发，提供了关于在成本与需求变化的情况下价格刚性的一种说明。需要注意的是，该模型并没有说明寡头垄断市场中厂商产量和价格是如何被决定的，即没有说明图10-4中的P_0是如何形成的。这是该模型的一个缺陷。

10.2.3　非合作性博弈

弯折的需求曲线意味着寡头厂商们并不能进行真正独立的价格和产量决策，每一个寡头厂商在进行价格和产量决策时都必须考虑竞争对手的反应。那么竞争对手究竟会如何反应呢？经济学家通常利用博弈论来分析竞争对手可能的反应，并由此探讨寡头厂商的决策行为。

10.2.3.1　博弈论概述

博弈论（Game Theory）是20世纪50年代由数学家约翰·冯·诺依曼（John Von

Neumann）和经济学家奥斯卡·摩根斯坦（Oskar Morgenstern）首先提出来的。它被用来分析个人或组织在目标相互冲突时的决策行为。决策者在博弈过程中：第一，试图通过博弈行动使自己达到最优地位；第二，充分认识到在博弈过程中参与者相互影响的特性；第三，预测其他决策者的行为。

在博弈论中，最重要的概念就是策略（Strategies）和收益（Payoffs）。策略是指博弈的参与者所采取的行动方案；收益是策略实行的结果。所有博弈参与者的策略与收益的组合就构成了收益矩阵（Payoffs Matrix）。

博弈论已经成为经济学中的重要分析工具，1994 年诺贝尔经济学奖授予约翰·纳什（John Nash）、约翰·海萨尼（John Harsanyi）以及莱因哈德·泽尔腾（Reinhard Selten），以表彰他们对博弈论的贡献，就是一个很好的证明。

资料链接

纳什的"美丽心灵"

1994 年纳什获得诺贝尔经济学奖。

1950 年和 1951 年纳什的两篇关于非合作博弈的重要论文，彻底改变了人们对竞争和市场的看法。它证明了非合作博弈及其均衡解，并证明了均衡解的存在性，即著名的纳什均衡，从而揭示了博弈均衡与经济均衡的内在联系。纳什的研究奠定了现代非合作博弈论的基石，后来的博弈论研究基本上都是沿着这条主线展开的。

1950 年，纳什才把自己的研究成果写成题为"非合作博弈"的长篇博士论文，刊登在美国科学院每月公报上。该论文一经发表，立即引起轰动。纳什将约翰·冯·诺依曼的"最小最大原理"（Minimax Solution）推广到非合作博弈领域，找到了普遍化的方法和均衡点。

纳什均衡著名的例子是"囚徒的困境"。"囚徒的困境"有着广泛而深刻的意义。个人理性与集体理性的冲突，个人追求利己行为而导致的最终结局是一个"纳什均衡"，是对所有人都不利的结局。"纳什均衡"引出了亚当·斯密"看不见的手"的原理的一个悖论：从利己目的出发，结果损人不利己。两个囚徒的命运就是如此。从某种意义上说，"纳什均衡"提出的悖论实际上动摇了西方经济学的基石。从"纳什均衡"中我们还可以悟出一条道理：合作是有利的"利己策略"。但它必须符合以下黄金律：按照你愿意别人对你的方式来对别人，但只有他们也按同样的方式行事才行。也就是中国人所说的"己所不欲，勿施于人"，但前提是"人所不欲，勿施于我"。

2002 年荣获奥斯卡金像奖的《美丽心灵》，是一部以纳什为原型而创作的人物传记片。该片几乎包揽了 2002 年电影类的全球最高奖项。

资料来源：陈恳，王蕾. 西方经济学解析：微观部分 [M]. 北京：高等教育出版社，2004：289.

10.2.3.2　非合作性博弈——囚徒的困境

非合作性博弈（Noncooperative Game）是指在这种博弈中，参与者之间无法通过协商达成某种形式的用来约束彼此行为的协议。在寡头垄断市场中，当寡头厂商之间开展价格竞争时，通常会处于这种非合作博弈中。非合作博弈的经典案例就是"囚徒的困境"，该案例是由普林斯顿大学的著名学者塔克（A. W. Tucker）提出的，它阐述了一个个体理性行为导致集体无效率结果的博弈过程。

因徒的困境描述的是这样一个故事：有两个犯罪嫌疑人张三与李四被警察抓住了，警察有足够的证据证明两人犯有偷窃的轻罪，因此按照法律，每人都必须在监狱中度过1年。同时警察还怀疑这两名犯罪嫌疑人曾经合伙抢劫银行，但警察没有掌握相关的证据。于是，警察把两人关在不同的房间里进行审讯，并分别告诉两人："现在我们完全可以把你关1年（因为偷窃罪），但是，如果你承认了抢劫银行的罪行，并供出你的同伙，就免除对你的监禁，你可以被无罪释放，而你的同伙将在监狱中度过10年；如果你们两个人都承认抢劫银行的罪行，你们都将被监禁8年；如果你们两个人都保持沉默，我们缺乏证据只能监禁你们1年。"

由以上案例可见，这两名犯罪嫌疑人有四种可能的选择策略组合：两人都沉默、两人都坦白、张三坦白而李四沉默、李四坦白而张三沉默。以上四种选择策略组合及其相应结果的收益矩阵见图 10 - 5。图中每个格子里的第一个数据是张三的结果数据，第二个数据是李四的结果数据。

图 10 - 5　收益矩阵

那么，张三和李四究竟会如何决策呢？由于两人分别被关在不同的房间里，他们无法进行沟通、协商，因此在做决策时每个人考虑的是自身的利益最大化。

张三会做出这样的推理："我无法知道李四会怎样做，只能对他的选择进行推测。如果他选择沉默，我最好的策略选择就是坦白，这样我就可以自由了，而他则会被监禁10年；如果他选择坦白，我的策略选择还是坦白为好，这样我要被监禁8年，而如果选择沉默我就要被监禁10年。因此，无论李四的策略选择是什么，我的最佳选择都是坦白。"

同样李四也会做出这样的推理，从而李四的最佳选择也是坦白。

显然，在这个博弈中，策略"坦白"是一个占优策略。所谓占优策略（Dominant Strategy），是指无论其他参与者的策略是什么，对某个参与者来说都是最佳的策略。如果某个参与者在博弈中有一个占优策略，可以假设该参与者会按照该策略行事。由以上的分析可见，在因徒困境的博弈中，张三、李四的占优策略都是坦白，因此可以预料，这两个博弈的参与者张三和李四都会按照坦白策略行事，博弈的最终结果是两个人都坦白，即每个人被监禁8年。

从图 10 - 5 所示的收益矩阵中可以看出，对张三和李四而言，还有一种更好的结果，这就是两个人都选择沉默，每个人仅被监禁1年。但是这种结果要求两人有足够的信任，或者两人在被捕之前已经达成保持沉默的协议。如果张三保持沉默，并相信李四也会保持沉默，而李四却选择了坦白，那么，张三会面临最糟糕的结果——监禁10年。

同样，如果李四保持沉默而张三选择坦白，李四也会面临 10 年的监禁。因此，只要参与者以完全利己主义的方式行事，他们不可能实现对双方来说都是最好的结果。

10.2.3.3　寡头厂商的非合作性博弈

实际上，囚徒的困境所描述的博弈过程及其最终的结果，非常类似于寡头垄断市场寡头厂商的竞争过程及其最终结果。我们以民航市场为例，假定目前民航市场由 A 和 B 两大航空公司所垄断，并假定这两家航空公司无法进行合作，各自在不知道竞争对手如何行动的基础上单独决策。由于目前整个民航运输市场供过于求，因此每家航空公司都在采取措施努力提高本公司的市场占有率，其中最常用的竞争手段就是实行机票打折。图 10-6 为 A、B 两大航空公司分别选择机票打折和不打折情况下的收益矩阵，图中数据均为年利润。

<table>
<tr><td></td><td></td><td colspan="4" style="text-align:center">B 航空公司</td><td></td></tr>
<tr><td></td><td></td><td colspan="2" style="text-align:center">打折</td><td colspan="2" style="text-align:center">不打折</td><td>（单位：元）</td></tr>
<tr><td rowspan="2">A 航空公司</td><td>打折</td><td>8 亿</td><td>8 亿</td><td>11 亿</td><td>6 亿</td><td></td></tr>
<tr><td>不打折</td><td>6 亿</td><td>11 亿</td><td>10 亿</td><td>10 亿</td><td></td></tr>
</table>

图 10-6　航空公司的收益矩阵

A 航空公司在决定是否打折时会做出这样的推断：如果 B 航空公司不打折，本公司最优的策略就是打折，因为打折会使本公司的市场占有率提高很多，利润也会随之增长为 11 亿元，而选择不打折只能得到 10 亿元的利润；如果 B 航空公司打折，本公司最优的策略依然是打折，这时利润为 8 亿元，如果选择不打折，本公司就会丧失大量顾客，利润减少为 6 亿元。总之，无论 B 公司是否实行机票打折，A 公司的策略选择都是实行机票打折，即 A 公司的占优策略为机票打折。

同理，B 航空公司也会做出这样的推断，因此最终 B 航空公司的策略选择也是实行机票打折，即 B 公司的占优策略也是机票打折。

由此可见，这两家航空公司博弈的结果是最终都会选择机票打折，这样两家航空公司的利润都为 8 亿元，显然，这不是最好的选择。因为如果这两家航空公司都选择不打折，则双方的利润都会增加为 10 亿元。

博弈的结果就是寡头垄断的市场均衡，只要这两家航空公司都从自身利益出发，就都会选择机票打折。在这种情况下，市场均衡的价格政策就是实行机票打折。

📊 **小思考**

依据以上囚徒的困境和 A、B 航空公司模型的均衡结果来评价亚当·斯密的观点："每个人都在追求自己的个人利益，但在这样做的同时，由于一只看不见的手的指引，结果是增进了社会利益。"

尽管上述例子有助于理解博弈论的基本概念，但是现实中的寡头垄断市场并非如此简单。其原因如下：

首先，寡头厂商可选择的策略不会仅有两个（如仅非价格竞争手段中的广告就涉及投入费用、数量、时间、媒体等多种选择）。市场的参与者通常也不会只有两个。这样，图 10-6 那样的两维收益矩阵就无法表示出所有的战略组合。但是，只要每个寡头厂商有占优策略，就可以预测出博弈的结果，即能够寻找出市场均衡。

其次，在某些博弈中，某个或更多的寡头厂商可能没有占优策略。比如，图 10-6 中，如果 A 公司不打折而 B 公司打折，B 公司的利润由 11 亿元改为 9 亿元（即图 10-6 中左下方格中的第二个数据由 11 亿元改为 9 亿元），这时，会出现怎样的情况呢？经过验证会有这样的结论：当 A 公司打折时，B 公司也应该选择打折；当 A 公司不打折时，B 公司也应该不打折。这样，B 公司的决策取决于 A 公司的决策，即 B 公司没有占优策略。然而，由于 A 公司仍有占优策略——实施打折，这样 B 公司可以预料 A 公司会选择打折策略，所以最终 B 公司也会选择打折。在这种情况下，依然可以寻找到市场的均衡点，即两家公司都会选择打折。这个例子说明这样的结论：当一个参与者有占优策略时，无论另一个参与者是否有占优策略，都能够预测出博弈的结果。但是，如果图 10-6 中右上格的第一个数据由 11 亿元改为 9 亿元，会出现什么情况呢？通过验证，会发现 A、B 两家公司都没有占优策略，它们彼此之间不能准确预测对方的行为，也就不能推测出博弈的结果。所以，当博弈的参与者都没有占优策略时，要想预测博弈的结果，需要更复杂的分析。

最后，上述例子中，无论是囚徒张三、李四，还是 A、B 航空公司，我们都假设双方没有合作的可能性，因此，以上所讨论的都是非合作性博弈。而在现实中也可能出现厂商间合作的情况，这种合作的可能性来源于以下方面：

第一，重复博弈。

在囚徒的困境中，博弈只有一次。但现实中，寡头厂商之间有机会重复博弈（Repeated Play），两个参与者各自选择一种策略，观察试验结果，然后反复博弈，这种多次的博弈，可能会改变参与者对博弈的观点，并会产生基于长期考虑的新策略，由此可能产生合作行为。如前面提到的 A、B 航空公司，经过一定时期的打折竞争，可能会达成共识——双方维持机票原价，对双方都有利，为此可能形成价格联盟。或者，在反复的博弈过程中，参与者也许能够采取一定的措施惩罚不遵守合作协议者。

第二，外界强制性力量的加入。

假如在"囚徒的困境"中，张三和李四还受到黑社会的约束，而黑社会的规则是：一旦有人坦白，出卖同伙，必将受到比监禁 10 年更严厉的惩罚（如在某小岛上关押 12 年）。在这种规则的约束下，博弈的收益矩阵改变为如图 10-7 所示。

李四

		坦白		沉默	
张三	坦白	−(8+12)	−(8+12)	−(0+12)	−10
	沉默	−10	−(0+12)	−1	−1

图 10-7 修正后的收益矩阵

显然，这时唯一的均衡战略是两人都保持沉默。由于外界力量（黑社会）的加入改变了博弈规则，由此造成博弈结果的改变。

同理，在前述的航空公司的例子中，如果加入政府的力量，博弈的结果也会有很大的改变。如1999年1月中国民航管理机构颁布了"禁折令"，实行严格的统一定价制度，禁止各家航空公司对散客打折，并规定了团体票优惠幅度，与此同时，中国民航管理机构对多家违反此规定的航空公司给予了严厉惩罚。很显然，"禁折令"的出现，使航空公司共同选择了不打折的合作战略，从图10-6所示的收益矩阵可知，这对航空公司而言是一种更好的博弈结果。实践的结果也的确印证了这个结论：1999年中国民航业整体扭亏为盈，全行业主营业务收入同比增长10.2%。

由以上的分析可见，合作会改变博弈的结果。下面，我们将进一步讨论合作性博弈，即共谋寡头类型的均衡模型。

10.2.4 共谋寡头模型

在寡头垄断市场中，如果寡头们用削价的方法来争夺顾客，会不可避免地引起一场你死我活的价格战，其结果往往是两败俱伤。所以，寡头们的最佳选择是互相勾结、共同决策，按照"自己活也让别人活"的原则，放弃价格竞争，以各种公开的或隐蔽的方式，串通一气，协调行动，制定价格，确定产量。这种互相勾结也称为共谋。寡头之间勾结或共谋的形式有许多种，下面仅介绍最为常见的共谋寡头模型——卡特尔。

卡特尔是一个行业的各独立厂商之间通过对有关价格、产量和市场划分等事项达成明确的协议而建立的组织。它是寡头市场中各厂商用公开的方式互相勾结以达到协调行动的一种形式。寡头垄断厂商组建卡特尔的目的是维持高价，使联合利润最大化。最有名、最成功的卡特尔是石油输出国组织（OPEC）。该组织成立于1960年，但是直到1973年以后，它才活跃起来。该组织定期开会，制定石油价格以及各成员国的石油产出份额。20世纪70年代中期，OPEC在两年内将其每桶石油的价格提高了4倍，从而导致卡特尔成员的利润剧增。在1981年以前，石油输出国组织的成员都严格遵守所达成的价格协议，而自1982年以后开始出现成员国擅自降低油价的情况。20世纪90年代末期，OPEC再次发挥其力量，在18个月内将石油价格提升了2倍。

卡特尔的主要任务有两个：一是为各成员厂商的同质产品规定统一价格；二是在各成员厂商之间分配产量。卡特尔组织的价格与产量的决策过程大致如下：

（1）由卡特尔的中央管理机构预测市场需求函数，由此求出整个卡特尔组织的边际收益曲线，并用水平相加法通过各厂商的边际成本曲线求出整个卡特尔的边际成本曲线。

（2）为了谋求整个卡特尔组织的联合利润最大，根据 $MR=MC$ 原则确定整个卡特尔的均衡产量和均衡价格。

（3）制订出各成员厂商的产量份额分配计划。价格上升总会伴随某种程度的需求量减少，在一个寡头垄断市场中，没有单个的厂商愿意承担减产的全部责任，这就需要所有寡头制定某种协议，对各厂商的产量份额进行限制。关于产量分配，卡特尔原则上是根据各厂商的边际成本与卡特尔的均衡产量水平上的边际成本相等的办法在各成员厂商之间分配产量，亦即使各厂商产量满足（假定有 A、B 两家厂商构成卡特尔组织）

$MR=MC=MC_A=MC_B$。也就是说，卡特尔分配产量应遵循使各厂商边际成本都相等的原则。但是在实际中，卡特尔通常是按照各厂商的地位和实力（生产能力和原有市场占有率）或消费者需求来分配产量的。

由此可见，通过卡特尔，使产业中寡头垄断厂商的行动就像该产业中只有一家厂商那样，以获取只有垄断厂商才能得到的高额利润。

卡特尔的价格政策接近于垄断市场中厂商的价格政策，即以限制产量的方法维持较高的价格，从而获得垄断般的高额利润。一般来说，垄断价格是互相勾结的卡特尔寡头垄断的最高价格，这是因为寡头们在规定价格时，必须考虑到过高的价格通常会吸引新的竞争对手进入本行业，因而在规定价格时会有某种限制。

资料链接

石油输出国组织

石油输出国组织（OPEC，音译为"欧佩克"）成立于1960年9月14日，1962年11月6日欧佩克在联合国秘书处备案，成为正式的国际组织，总部设在维也纳。其宗旨是协调和统一成员国的石油政策，维护各自的和共同的利益。现有11个成员国：沙特阿拉伯、伊拉克、伊朗、科威特、阿拉伯联合酋长国、卡塔尔、利比亚、尼日利亚、阿尔及利亚、印度尼西亚和委内瑞拉。

欧佩克大会是该组织的最高权力机构，各成员国向大会派出以石油、矿产和能源部长（大臣）为首的代表团。大会每年召开两次，如有需要还可召开特别会议。大会奉行全体成员国一致原则，每个成员国均为一票，负责制定该组织的大政方针，并决定以何种适当方式加以执行。

欧佩克成员国出口的石油占世界石油贸易量的60%，对国际石油市场具有很强的影响力，特别是当其决定减少或增加石油产量时。欧佩克组织条例要求该组织致力于石油市场的稳定与繁荣，因此，为使石油生产者与消费者的利益都得到保证，欧佩克实行石油生产配额制。如果石油需求上升，或者某些产油国减少了石油产量，欧佩克将增加其石油产量，以阻止石油价格的飙升。例如，1990年海湾危机期间，欧佩克大幅度增加了石油产量，以弥补伊拉克遭经济制裁后石油市场上出现的每天300万桶的缺口。为阻止石油价格下滑，欧佩克也有可能依据市场形势减少石油的产量。

欧佩克组织在近年曾多次用石油价格暴涨来抗衡美国等西方发达国家。20世纪70年代以前，这些国家的石油开采、提炼、运输和销售权长期操纵在外国石油公司手里。欧佩克组织成立以来，同外国石油公司不断进行斗争，夺回了石油的标价权，提高了征收的石油税率，从20世纪70年代起产油国逐渐夺回了石油资源的控制权，部分或全部地收回了石油租让地，有的国家进行了国有化，积极地发展了自己的石油工业，石油收入大幅提高，经济实力大为增强，石油输出国组织已成为世界经济中一股重要力量，在确定世界石油价格方面起着举足轻重的作用。

通过卡特尔可以维持高价，形成寡头厂商间的合谋，很显然这对各寡头厂商是有利的，但是为什么并不是所有的寡头垄断厂商都采取这种合作形式呢？其原因主要有以下几点：

第一，产量份额分配中的问题。卡特尔在分配产量的过程中，一方面，那些成本较高的厂商会得到较少的产量份额，它们得到的份额可能会低于其最小成本时的产量；另一方面，那些最有影响和精明强干的厂商可能会得到较高的产量份额。另外，在市场划分上也会存在同类问题。这样，在份额和利润瓜分的过程中往往难以达成有效的协议。

第二，在许多国家，公开的卡特尔组织是违法的。如美国在 1890 年通过了《谢尔曼法》，宣称"任何旨在限制贸易或商业的契约、联合……或者合谋集团都是非法的"。只有在特别立法的批准下，美国公司才可以在决定价格和产量方面达成协议。当然，各国对于卡特尔的态度不太一样，有的国家对此的态度还是比较宽容的，如卡特尔的行为在日本是很普遍的。

第三，作弊问题。卡特尔往往是一个不稳定的组织，在生产经营活动中，统一的价格有时也会被破坏。比如，当卡特尔的产品需求价格弹性较高时，稍微降低一点价格就可以大幅扩大销路，个别厂商就有可能暗中降低价格、扩大产量，以获得高额利润。厂商的这种行为，我们在"囚徒的困境"博弈分析中已经进行了说明。所以，如果卡特尔组织处于类似"囚徒的困境"的环境下，卡特尔协定将是短暂的。如果卡特尔不对这种违反协议的行为进行惩罚，其他厂商就会效仿，结果将导致卡特尔的瓦解。因此，这也要求卡特尔采取一些强制手段，对那些不遵守价格和产量协议的厂商进行惩罚。

第四，市场进入问题。寡头垄断市场终究不是完全垄断市场，新厂商的进入虽然困难，但还是存在可能性。如果卡特尔组织不能阻止新厂商的加入，卡特尔就会濒临崩溃。

除以上所介绍的模式以外，还有许多不同的模式来说明各种寡头行为。但令人遗憾的是，目前还没有得出关于寡头垄断行业的简明模式。

寡头垄断在经济中是十分重要的。一般认为，它具有两个明显的优点：第一，可以实现规模经济，从而降低成本，提高经济效益。第二，有利于促进科技进步。各个寡头为了在竞争中取胜，就要提高生产效率，创造新产品，这是寡头厂商进行技术创新的动力。此外，寡头厂商实力雄厚，可以投入巨额资金与人力来进行科学研究。对寡头垄断的批评则是，各寡头之间的勾结往往会抬高价格，从而对消费者的利益及社会经济福利有所损害。

█ 本章小结

本章首先说明了寡头垄断市场应该具备以下条件：在一个行业或市场中，只有少数几家厂商；厂商之间存在着互相制约、互相依存的关系；新厂商进入行业比较困难。其次，本章简要分析了寡头垄断市场的形成原因：规模经济性的存在；行业中现有寡头垄断厂商拥有重要原材料或关键技术；由几家厂商控制了分销渠道；现有寡头垄断厂商可能受到政府的保护。再次，本章对寡头垄断市场进行了分类：根据寡头厂商的产品差别程度，分为纯粹寡头垄断和差别寡头垄断；根据寡头厂商的行动方式，分为勾结（或共谋）行为的寡头垄断和独立行为的寡头垄断。最后，本章分别论述了古诺模型、斯威齐模型、非合作性博弈、共谋寡头模型等常见的寡头垄断模型。

经济问题分析

　　其实，该商厦地下商场的价格体系充分考虑到类似"囚徒的困境"的博弈均衡。地下商场的顾客实际上进入了"囚徒的困境"博弈。想要购买地下商场商品的消费者，均想以低价买到商品。在该商厦地下商场的价格体系中，商品在第 3 周价格最低，为原价的 25％（降价 75％），每个顾客均希望在第 3 周来购买商品，但是，是否所有商品均以这个最低价卖出呢？答案是"否"。因为每个消费者都会想到，其他消费者也会和自己有同样的想法。这样，消费者想，如果在第 3 周去购买想要的商品，将很有可能买不到，尽管此时商品的价格最低。因此，顾客不可能等到价格最低的时候去购买，而是会提前去商店进行购买。至于顾客何时去地下商场购买商品，则取决于他对商品的评价。如果某个顾客认为商品的价值高于他所付出的货币，或者比其他商店便宜，那么他将购买。这样，也就不会发生所有顾客均等到商品价格最低时才去购买的现象，自然该商厦的地下商场也不会为此而破产，反而会因为其独特的价格体系，吸引众多的消费者光顾商场，使其生意兴隆。另外，如果某商品四周后依然未卖出，则说明该商品不是消费者需要的商品，这也就为商厦未来的进货决策提供了可靠的依据。

复习与思考

一、名词解释

寡头垄断市场　纯粹寡头垄断　价格刚性　卡特尔

二、选择题

1. 弯折的需求曲线模型的基本假定是（　　　）。

A. 行业内寡头厂商之间是有勾结的

B. 行业内某个寡头厂商提价时，其他寡头厂商都会效仿

C. 行业内某个寡头厂商降价时，其他寡头厂商都会效仿

D. 寡头厂商的行为无法预测

2. 根据寡头垄断市场的条件，下列哪个行业最接近于寡头垄断行业？（　　　）

A. 自行车行业　　　　　　　　　　B. 玉米行业

C. 电力行业　　　　　　　　　　　D. 石油行业

3. 寡头垄断市场上的厂商数量为（　　　）。

A. 一家　　　　　B. 几家　　　　　C. 许多　　　　　D. 无数

4. 寡头垄断市场形成的最基本条件是（　　　）。

A. 对资源或技术的控制　　　　　　B. 产品差别的存在

C. 厂商之间共谋的实施　　　　　　C. 产品同质

5. 厂商之间关系最密切的市场是（　　　）。

A. 完全竞争市场　　　　　　　　　B. 垄断市场

C. 垄断竞争市场　　　　　　　　　　D. 寡头垄断市场

6. 寡头垄断市场上，各厂商之间存在勾结情况下的决策模型是（　　）。

A. 古诺模型　　　　　　　　　　　　B. 斯威齐模型

C. 卡特尔共谋寡头模型　　　　　　　D. 无法确定

7. 卡特尔制定统一价格的原则是（　　）。

A. 使整个卡特尔的产量最大

B. 使整个卡特尔的利润最大

C. 使整个卡特尔的成本最小

D. 使整个卡特尔中各厂商的利润最大

8. 寡头垄断厂商的产品是（　　）。

A. 同质的

B. 有差异的

C. 既可以是同质的，也可以是有差异的

D. 以上都不对

9. 按照古诺模型，下列哪一种说法不正确？（　　）

A. 双头垄断厂商没有认识到它们的相互依赖性

B. 每个双头垄断厂商都假定对方保持产量不变

C. 每个双头垄断厂商都假定对方价格保持不变

D. 均衡的结果是稳定的

10. 古诺模型达到均衡时，两厂商所占的市场份额分别为（　　）。

A. 1/2，1/2　　　B. 1/3，1/3　　　C. 1/3，2/3　　　D. 3/5，2/5

三、问答题

1. 什么是寡头垄断市场？寡头垄断市场应该具备的条件是什么？

2. 斯威齐模型是如何解释寡头垄断市场上的价格刚性现象的？

3. 形成寡头垄断市场的原因主要有什么？

4. 为什么说卡特尔组织的价格政策类似于垄断厂商的价格政策？

四、计算题

1. 某寡头垄断市场中只有两家生产同质产品的厂商 A 和 B，该市场的需求函数为 $P=100-0.5Q$，其中，$Q=Q_A+Q_B$，A、B 厂商的成本函数分别为：$C_A=5Q_A$，$C_B=0.5Q_B^2$。

问题：

（1）若这两家厂商追求各自利润最大化，利用古诺模型，求出各自的产量、利润及整个市场的总供给量和价格。

（2）若这两家厂商共谋组成卡特尔追求共同的利润最大化，总的产量水平及价格是多少？各自生产多少？各自利润多大？

（3）比较（1）、（2）中的利润状况，说明哪一种情况下利润更大。

2. 假定一个卡特尔组织由 A、B、C 三家厂商组成，它们的总成本情况如表 10 - 1 所示。

问题：如果该卡特尔组织决定生产 11 单位产量，产量应如何在 3 个厂商之间分配才能使成本最低？

表 10-1　三家厂商的总成本情况

产量	总成本		
	A 厂商	B 厂商	C 厂商
0	20	25	15
1	25	35	22
2	35	50	32
3	50	80	47
4	80	120	77
5	120	160	117

3. A 公司面对以下两段需求曲线：

$P = 25 - 0.25Q$（当产量为 0~20 时）

$P = 35 - 0.75Q$（当产量超过 20 时）

问题：

（1）请画出 A 公司的需求曲线、边际收益曲线，说明 A 公司所属行业的市场结构。

（2）当 A 公司的总成本函数为 $TC_1 = 200 + 5Q + 0.125Q^2$ 时，A 公司的均衡价格和产量是多少？此时 A 公司的利润或亏损多大？

（3）如果公司总成本函数改为 $TC_2 = 200 + 8Q + 0.125Q^2$，A 公司的均衡价格和产量是多少？

（4）如果公司总成本函数改为 $TC_3 = 200 + 8Q + 0.25Q^2$，A 公司的均衡价格和产量是多少？

▌案例研究

中国在线音乐行业的发展现状

一、商战回顾：BAT 下场玩音乐，在线音乐市场的二十年争夺战

（一）音乐平台第一战：百度领跑，三足鼎立

1999 年，美国的肖恩·范宁（Shawn Fanning）开发出 Napster，推动了 P2P 下载和 MP3 格式的普及，改变了音乐搜索和下载的方式。这一变革很快传至国内。2002 年 11 月，百度 MP3 上线，提供音乐搜索和下载服务。2003 年 5 月，千千静听上线，深受用户喜爱。2004 年 2 月，国内首家音乐网站酷狗诞生，三者奠定了早期国内音乐市场的三分天下格局。

2005 年，百度在纳斯达克上市，股价暴涨，百度音乐通过收购千千静听迅速整合资源，成为市场占有率最大的在线音乐平台。

（二）音乐平台第二战：腾讯入局，绿钻上线

2005 年 2 月，QQ 音乐上线，进入由百度、酷狗和千千静听主导的市场。尽管面临版权纠纷，但腾讯凭借充足资金，从一开始便注重正版音乐。2007 年，QQ 音乐推出绿钻会员服务，通过社交属性功能建立商业闭环。与此同时，百度音乐因版权问题逐渐失去先发优势，至 2012 年市场份额已降至 5%。

（三）音乐平台终极战：腾讯胜出，网易崛起

2013 年，阿里通过收购虾米音乐和天天动听入局在线音乐市场。然而，随着史上"最严版权令"的出台，市场发生巨变。腾讯凭借海洋音乐（酷狗、酷我）和三大唱片公司独家版权，占据了超过 70% 的市场份额，并于 2018 年成功登陆纽交所。与之对比，阿里音乐逐渐式微，而网易云音乐则以"音乐＋社区"的模式异军突起，成为仅次于 QQ 音乐和酷狗的第三大平台。

2019 年，阿里转而入股网易云音乐，在线音乐市场的二十年争夺以百度沉沦、腾讯胜出、阿里出局、网易崛起告终。

二、中国在线音乐市场规模

（一）在线音乐行业市场规模

2023 年，中国在线音乐市场规模达到 322 亿元，同比增长 33.1%，预计 2025 年将增至 495 亿元。付费率的提高和平台盈利能力的增强，反映出在线音乐市场发展迅速。腾讯音乐和网易云音乐两大平台在推出降本增效措施后，利润得到明显提升。腾讯音乐的净利率稳定在 17% 以上，网易云音乐的毛利率也持续改善。两大平台合计市场份额保持在 90% 以上，竞争格局短期内难以改变。

（二）在线音乐行业发展趋势及前景

在线音乐市场规模持续扩大，用户规模稳步增长，需求多样化。技术创新是行业发展的重要推动力，如智能算法和音乐制作软件的应用将进一步提升用户体验。此外，多元化商业模式的涌现和版权保护的加强，也将为在线音乐行业注入新动力。

（三）中国在线音乐市场当前竞争态势

目前，在线音乐市场形成了腾讯音乐和网易云音乐双雄争霸的格局，这也导致中小平台和新玩家的发展空间缩小。字节跳动虽然未完全放弃音乐梦，但重心已转向海外，国内市场的汽水音乐等应用热度减弱。

尽管头部平台的市场地位稳固，但用户增长乏力、创收模式单一的问题依然存在。随着用户对新体验的需求增加，平台若没有创新，将面临用户黏性下降的风险。尽管腾讯音乐回归在线音乐服务，收入有所提升，但社交娱乐业务的表现疲软，营收多元化改革尚未成功。

各大在线音乐平台在回归老本行之后，各自发展的重点任务也完全不一样了。以前重点发展直播、社交服务时，各方都在抢主播、抢流量，搞各种线上、线下活动以拉近与用户的距离。如今，一切都回到了起点，囤积优质版权又成为各平台最重要的事情。网易云音乐于 2023 年 3 月宣布和滚石续签合作协议，腾讯音乐则继续与索尼、YG 娱乐

等深度合作。

资料来源：吴哥说财经.商战回顾：BAT下场玩音乐，在线音乐市场的二十年争夺［EB/OL］.（2023-07-25）［2024-12-02］. https：//36kr.com/p/2359467962530048；智能Pro.音乐市场的2023：双雄争霸格局稳定，拥抱AI期待新变化［EB/OL］.（2024-01-04）［2024-12-02］. https：//www.thepaper.cn/newsDetail_forward_25886040；冯少杰.2024年数字音乐行业发展现状、竞争格局及未来发展趋势与前景分析［EB/OL］.（2024-06-19）［2024-12-02］. https：//www.chinairn.com/hyzx/20240619/094249820.shtml.有改编.

基于以上案例资料，请回答：

（1）中国在线音乐市场目前属于何种类型的市场？它有何特点？

（2）百度、阿里在线音乐的失败是什么原因导致？对我们有什么启示？

（3）阐述腾讯在线音乐成功的原因，总结其走向行业龙头企业的竞争战略和策略。

（4）从在线音乐厂商所属市场结构、厂商均衡的角度进行分析：为什么目前在线音乐还在快速发展，但两大巨头反而回到起点了？

理论应用

为什么信息产业
更容易出现寡头？

第 11 章
生产要素市场的均衡

◎ 经济问题

收入的差异

小张与小王在某大学分别学习计算机专业和农业机械专业，两人学习都很努力，成绩也很优秀。毕业后，小张成为一名计算机维护员，小王在一家农机厂工作，同样是优秀的员工，他们的收入却有不小的差别。小李与小孙都是名牌大学毕业的博士研究生，小李是电子工程博士，小孙是文学博士，毕业后，两人分别在不同的岗位就职，可小李的工资比小孙的工资高出 4 倍多。

为什么不同专业的人的收入会有如此大的差异呢？

在生产过程中，需要投入不同要素才能产出社会需要的产品。如第 4 章所述，经济学把生产要素分为资本、劳动、土地、企业家才能 4 种，每一种生产要素具有不同功用，各生产要素依据其在生产中所做出的贡献而获得相应的报酬。即在生产中，工人提供了劳动，获得工资；资本家提供了资本，获得利息；地主提供了土地，获得地租；企业家提供了企业家才能，获得利润。各种生产要素所获得的报酬就是生产要素的价格。本章将从生产要素的需求与供给入手讨论要素的价格决定，在此基础上介绍工资、利息和地租理论。由于要素的价格和数量是决定消费者收入水平的重要因素，决定了要素价格和数量，在很大程度上就决定了要素所有者的收入分配，因此要素市场理论在经济学中也被称作"分配理论"。本章是价格理论在分配问题上的应用。党的二十大报告中提出，中国特色社会主义市场经济的分配制度是"坚持按劳分配为主体、多种分配方式并存，构建初次分配、再分配、第三次分配协调配套的制度体系。努力提高居民收入在国民收入分配中的比重，提高劳动报酬在初次分配中的比重。坚持多劳多得，鼓励勤劳致富，促进机会公平，增加低收入者收入，扩大中等收入群体。完善按要素分配政策制度"。通过本章的学习可以更好地理解"按要素分配"的政策制度。

11.1 生产要素的需求与供给

生产要素的价格与产品的价格一样，是由其需求和供给的均衡状态决定的。但是，生产要素价格的形成与一般产品价格的形成有所不同，主要表现在：第一，在产品市场上，需求来自居民户（消费者），供给来自厂商；在生产要素市场上却相反，需求来自厂商，供给来自居民户。第二，对已形成的价格，就一般产品而言，是指人们对它一次性购买的购买价格；对生产要素而言，则是指厂商按约定期间使用生产要素的使用价格，而不是指一次性的购买价格。例如，劳动的价格，是指购买一定时间内劳动力的使用价格，即工资，而不是指一次性购买工人全部劳动力的价格；资本的价格，是指一定使用期间的资本利息，而不是指资本本身的全部价值；土地的价格，是指一定使用期间的地租，而不是土地本身的全部价值。

11.1.1 生产要素的需求

11.1.1.1 要素需求的性质
11.1.1.1.1 要素需求是一种派生需求
对生产要素的需求是一种派生需求。派生需求也称引致需求，是指由于人们需要某种产品而间接地产生对某些生产要素的需求。例如，由于人们对衣服的需要而派生出对生产衣服的机器、设备、劳动和土地等生产要素的需求。机器、设备等生产要素又需要使用其他生产要素来生产，因而又派生出对其他生产要素的需求。归根结底，最后只会派生出对劳动、资本和土地等资源的需求。

11.1.1.1.2 要素需求是一种联合需求
对生产要素的需求还表现为一种联合需求。所谓联合需求，是指同时对多种生产要素的需求。比如，如果想锯倒一棵树，只有一把锯子是没有用的，而只有两手空空的工人也同样没用，只有二者结合使用，才能很容易地将树锯倒。换句话说，某种生产要素的生产率，如劳动，取决于能够与之相匹配的要素的数量。威廉·配第曾用过这样一个形象而深刻的比喻：劳动是产品之父，而土地是产品之母。我们不好说，生孩子是父亲重要还是母亲重要。同样，我们一般也不好说多种要素中究竟哪一种要素单独创造了多少产出。

正是由于土地、劳动等要素在生产中的联合性，彼此之间相互依赖，才使得收入的分配成为一个非常复杂的问题。在供给需求分析框架中，如果每种要素可以独自生产一定数量的产品，那么它当然能够独享自己的劳动果实。但是，如何将每种投入单独的贡献从整体中分离出来呢？我们需要在分配理论中引入一个核心的概念——边际收益产品来解答这个问题。

11.1.1.2　边际收益产品

所谓边际收益产品（Marginal Revenue Product，MRP），是指增加一单位某生产要素的投入所能增加的产出的货币价值。厂商之所以关心每一单位新增投入品所能增加的货币收入，是因为该厂商是用货币而非产品去支付工资和红利的。

边际收益产品的计算公式为：

$$MRP_i = \frac{\Delta TR}{\Delta i} = \frac{\Delta TR}{\Delta Q} \cdot \frac{\Delta Q}{\Delta i} = MR \cdot MP_i \tag{11-1}$$

式中：　MRP_i——i 要素的边际收益产品；

MR——产品的边际收益；

MP_i——i 要素的边际产量。

11.1.1.2.1　完全竞争市场的情况

当产品市场是完全竞争市场时，很容易计算出边际收益产品。以劳动这种生产要素为例，每一单位的劳动生产的边际产量（MP_L）可以按产品的市场竞争价格（P）出售。在完全竞争市场中，产品价格不受产出的影响，所以产品价格等于边际收益（MR）。于是，在完全竞争条件下，每一单位劳动对于厂商的价值等于最后一单位劳动的边际产量的价值，即：

$$MRP_L = MR \cdot MP_L = P \cdot MP_L^{①} \tag{11-2}$$

式中：　MRP_L——L 要素的边际收益产品；

P——产品价格；

MP_L——L 要素的边际产量。

如果投入的生产要素为 i，则有：

$$MRP_i = P \times MP_i$$

由此可见，在完全竞争市场中，边际收益产品（MRP）等于边际产品价值（VMP）。

11.1.1.2.2　不完全竞争市场的情况

在不完全竞争市场中，每家厂商所面对的需求曲线是向右下方倾斜的，这时会发生什么情况呢？此时，从出售的每一单位新增产出上获得的边际收益低于价格，因为厂商为销售出一单位新增产出必须降低此前所有产品的价格。对于厂商来说，每单位边际产量的价值低于产品价格，即 $MR < P$。所以：

$$MRP_i = MR \times MP_i \tag{11-3}$$

---

① 第 6 章所提出的边际产品价值（VMP）与本章所提出的边际收益产品（MRP）之间的关系是，对于完全竞争厂商，由于 $P = MR$，所以 $VMP = MRP$；对于不完全竞争厂商，由于 $P > MR$，所以 $VMP > MRP$。

📊 **小思考**

什么是边际收益产品？请区分边际收益产品与边际产品价值。

11.1.1.3 厂商的要素需求

对某一生产要素的需求，是由厂商选择最优投入要素的组合决定的。为了理解这个问题，可以通过试算的方法来解释。

以追求利润最大化的厂商如何选择雇用劳动力的数量为例。假如雇用一个工人投入生产，创造的收入（MRP_L）为 6 万元，而工人的工资即工人的边际成本（P_L）为 2 万元，则雇用该工人所创造的利润为 4 万元；雇用第二个工人时，带来的收入（MRP_L）为 3 万元，工人工资（P_L）不变，仍为 2 万元，这样，第二个工人创造的利润为 1 万元；雇用第三个工人时，带来的收入（MRP_L）为 2 万元，由于工人工资（P_L）依然不变为 2 万元，则第三个工人创造的利润为零；雇用第四个工人时，所增加的生产只能带来 1.5 万元的边际收益产品，而成本为 2 万元，所以雇用第四个工人已经无利可图。

照此推理，我们可以得到选择要素的最优组合的规则：只要一种投入要素（假如为 L 要素）的边际收益产品大于追加该投入要素的成本，即 $MRP_L > P_L$，企业就能通过不断增加这种生产要素使其利润最大化，直到边际收益产品等于所投入的成本，即 $MRP_L = P_L$。

11.1.1.4 要素的需求曲线

由以上分析可见，一个追求利润最大化的厂商在选择各种投入的数量组合时，会使每种投入要素的价格等于其边际收益产品，即：

$$MRP_i = P_i \tag{11-4}$$

式中：　　MRP_i——i 要素的边际收益产品；

　　　　　P_i——i 要素的价格。

式（11-4）意味着在每一个要素价格水平上，都有一个相应的最佳要素使用量，即从一种投入要素的边际收益产品上，可以得到投入品价格和对该种投入的需求量之间的关系，由此可以得到要素的需求曲线。因此，边际收益产品曲线就为生产要素的需求曲线。

以前述雇用劳动力的数字为例，将这些点用平滑的曲线连接起来，就可以得到对劳动的需求曲线，如图 11-1 所示。

11.1.2 生产要素的供给

生产要素的供给者是它的所有者，它的供给价格则取决于它的生产费用或成本。生产要素的需求者是厂商，厂商购买生产要素是为了生产供出售的产品。因此，它的供给价格构成厂商的生产成本。这就是说，生产要素的价格就是市场上使用该生产要素的成本。

一般来说，要素供给曲线是一条向右上方倾斜的曲线，即要素的价格越高，要素所有者愿意提供的数量就越多，但在某些情况下，要素的供给会受到某些限制。比如劳动

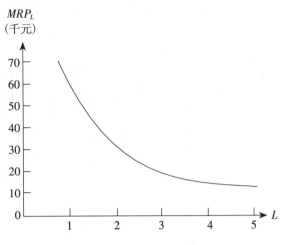

图 11-1 劳动要素的需求曲线

供给，当工资水平上升时，劳动的供给量会增加多少呢？从整个社会来说，劳动供给的增加只能来自两个方面，一是某些在原工资水平下不愿工作的人开始进入劳动市场，二是已在工作的人因工资水平的上升而愿意延长劳动时间，所以供给曲线向右上方倾斜。但是，对一个本来就接近充分就业的社会来说，其新增劳动力的数量是有限的，如果延长劳动时间，又存在生理上和社会制度上的限制，因此劳动供给对工资的弹性就很小。也就是说，整个社会的劳动供给曲线应该是一条几乎垂直的曲线，并且最大供给量不会超过社会劳动的总存量 L^*，如图 11-2(a) 所示。

　　然而，某一个行业所面临的劳动供给曲线就不是一条垂直线了。如果该行业的工资水平上升，即使社会的总就业量不变，其他行业的劳动者也会受高工资的吸引而流向该行业。若该行业雇用的劳动者在整个社会的就业量中仅占很小的比重，则在市场通行的工资水平 W^* 不需太大变动的情况下，就能雇用到所需的任何数量的工人。由于大多数行业中某种要素的使用量只占社会总使用量的一个很小比重，因此在一般情况下，某一行业面临的要素供给曲线是相当平坦或至少是斜率很小的向右上方倾斜的曲线 [见图 11-2(b)]。那么进一步对某一家厂商来说，它面临的就更应该是一条近乎水平的要素供给曲线了，因为即使该厂商是产品市场上的大企业或垄断厂商，也很难在要素市场上享受同样的垄断地位。

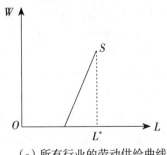

（a）所有行业的劳动供给曲线

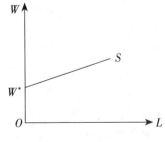

（b）某一行业的劳动供给曲线

图 11-2 劳动供给曲线

在完全竞争要素市场上，由于生产要素的供给者和购买者很多，因此，每一个厂商对于某一生产要素的购买量在该要素总供给量中所占比例很小，其购买量不足以影响生产要素的市场价格。这就是说，无论厂商对生产要素的购买是多是少，其供给价格都不会改变，从而厂商使用该生产要素的边际成本就等于它的平均成本和价格。从生产要素的供给方面来看，每一种生产要素的供给者无论供给数量是多是少，也不会改变供给价格，即它的供给曲线是一条与横轴平行的直线，其价格高度就是它的生产费用或成本，这就是它的供给价格。所以，在完全竞争要素市场上，生产要素的供给曲线与边际成本曲线、平均成本曲线重叠，共为一条以供给价格为高度的与横轴平行的水平直线，如图 11-3 所示。

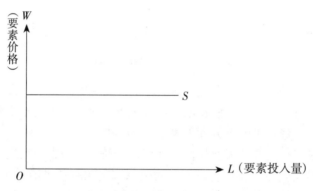

图 11-3　完全竞争要素市场的生产要素供给曲线

11.1.3　生产要素市场的均衡

11.1.3.1　完全竞争要素市场

在分析完全竞争要素市场的均衡时，我们要考虑两种情况：一是要素的需求者——厂商在产品市场上是完全竞争的；二是厂商在产品市场上有垄断能力，是不完全竞争的厂商。在完全竞争的要素市场上，厂商是没有任何垄断权力的，因为它并不是唯一购买某些要素的厂商。然而，产品市场的不同结构，还是会影响对要素的需求。

　11.1.3.1.1　完全竞争产品市场

与产品市场一样，要素的需求与供给状况共同决定了要素市场的均衡，如图 11-4(a)所示，要素需求曲线与要素供给曲线相交于 E，这就决定了要素的均衡价格为 W_E，即只有在要素价格为 W_E 时，要素所有者愿意供给的数量与买方愿意购买的数量才相等。由于是完全竞争要素市场，对每一家生产厂商而言，都必须按照 W_E 这个要素的均衡价格购买该要素，所以对厂商而言，要素的供给曲线为一条水平线〔如图 11-4(b) 所示〕。在完全竞争产品市场，每一种要素得到的报酬就是该要素的边际产量与产品价格的乘积，即为边际产品价值，要素的边际收益产品与边际产品价值相等，所以，要素的需求曲线为边际产品价值曲线。由图 11-4(b) 可见，单个厂商要素投入直至 MRP 与要素价格 W_E 相等时为止，此时的要素均衡点为 E，要素投入量为 L_0。由以上分析可以看出，在一个要素可以充分流动的完全竞争经济中，相同的要素，不管受雇哪个厂商或行业，都应该得到相同的报酬；单个厂商要素的投入量由要素的边际收益产品所决定。

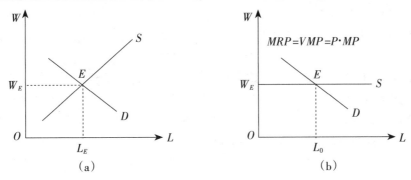

图 11-4　完全竞争产品市场的要素均衡

11.1.3.1.2　不完全竞争产品市场

当产品市场是不完全竞争市场时，厂商的边际收益不再等于价格，投入要素增加时，产品的边际收益 MR 也随之下降，即 $P>MR$，所以不完全竞争产品市场中厂商的边际收益产品曲线应处在完全竞争市场时得到的边际产品价值曲线的下方，如图 11-5 所示。在不完全竞争产品市场，随着要素投入的增加，不仅要素的边际产量（MP）会递减，而且厂商的边际收益（MR）也要递减，因此，边际收益产品的递减速度要加快，表现在图 11-5 中就是一条更加陡峭的 MRP 曲线。

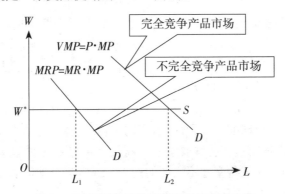

图 11-5　不完全竞争产品市场的要素均衡

总之，如果不完全竞争厂商在要素市场上不再享受任何垄断地位，那么它对要素的需求曲线依然向下倾斜，但斜率要大于完全竞争厂商的需求曲线，从而在既定的要素价格下，不完全竞争厂商对要素的需求要小于完全竞争厂商。然而，厂商面临的价格并不因产品市场结构不同而发生变化，因为无论是不完全竞争厂商还是完全竞争厂商，只要要素市场是完全竞争的，厂商面临的就都是一条水平的要素供给曲线。

11.1.3.2　不完全竞争要素市场

11.1.3.2.1　买方垄断的要素市场

买方垄断意味着独家买主。作为要素市场的独家买主，买方垄断厂商面临的要素供给曲线是整个要素市场的供给曲线，即一条向右上方倾斜的曲线。买方垄断厂商不像一般厂商那样接受既定的要素价格，而是可以制定价格，即可以通过减少要素雇用量来压低要素价格。

在第 6 章曾经介绍了要素的边际成本或边际要素成本（MFC），它代表每增加一单位要素的购买所增加的支出。而要素的供给曲线是要素的平均成本（Average Factor Cost，AFC）曲线。要素的平均成本也称平均要素成本，也就是每单位要素的价格。在完全竞争的要素市场，厂商接受既定的要素价格，因此边际要素成本等于平均要素成本，要素的供给曲线与要素的边际成本曲线重合为一条水平线。但在买方垄断的要素市场上，边际要素成本曲线比要素供给曲线上升得更快，如图 11-6 所示，这与垄断厂商的需求曲线与边际收益曲线之间的关系颇为相似。

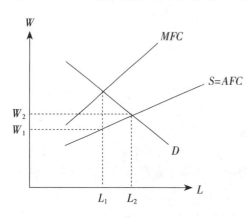

图 11-6 买方垄断要素市场的均衡

在图 11-6 中，假定买方垄断厂商由增加要素投入的边际收益产品所决定的对要素的需求曲线为 D，按照边际收益等于边际成本的最大利润原则，则要素的均衡投入量为 L_1，显然这一投入量小于完全竞争市场情况下（在完全竞争要素市场，要素供给曲线与要素边际成本曲线重合为 S）应有的投入量 L_2。要素投入量 L_1 为垄断厂商想要投入的生产要素量，此时，由于要素供给曲线为 S，所以买方垄断厂商将要素价格压低到 W_1 就可购买到想要的要素投入量，这一要素价格又低于完全竞争要素市场情况下应有的价格 W_2。

所以，买方垄断厂商通过减少对要素的购买量而压低要素价格，这与垄断厂商在产品市场上限制产量以提高价格正好相对应。

在实际生活中，买方垄断产生的原因有多种。第一个可能的原因是生产要素的专业化。有些生产要素具备特殊的技能和性质，只能适应某种特殊的工作，离开了这个工作就有可能"失业"，而需要这种特殊要素的厂商就有可能成为独家买方。第二个可能的原因是地理上的隔绝。在某些交通不方便的地方，或者某个地区居民的乡土意识浓厚而不愿出远门，这个地区的一家厂商就可能成为唯一的要素买主。第三个可能的原因则是买方垄断卡特尔。同一行业中的几家大企业联合起来购买某一种生产要素，就有可能形成对这一要素的买方垄断。

新闻分析

网络主播违约

随着共享经济的兴起，网络主播作为一种新兴职业因其互动性强、表演性高且收入丰厚，吸引了大量年轻人。然而，由于直播平台之间的激烈竞争，网络主播跳槽纠纷频繁发生。

主播对于直播平台而言是重要的经营资产。尽管主播与平台间存在双向选择的关系，但在激烈竞争的背景下，主播若违约跳槽，可能面临高额违约金的处罚。以斗鱼平台的知名主播傅某某为例，他与斗鱼平台签署了为期两年的《解说合作协议》，约定其在斗鱼平台进行独家直播。然而，傅某某在协议未满的情况下跳槽至虎牙直播平台，并停止在斗鱼平台的直播。对此，斗鱼公司提起诉讼，要求傅某某支付 8 000 万元的违约金。

法院对斗鱼公司提起的诉讼作出以下认定：

第一，傅某某是否构成违约事实？在本案的违约事实的认定这一问题上，二审法院和一审法院均认定了傅某某构成根本违约。《解说合作协议》明确规定，傅某某在斗鱼平台上拥有独家直播权，未经书面同意不得为其他平台进行直播。傅某某跳槽至虎牙平台并停止斗鱼平台直播的行为，实质上是单方面解除协议，违反了合同的根本条款。尽管傅某某辩称斗鱼公司未按时支付薪酬且未分发虚拟礼物分成，但其提供的证据不足以支持其抗辩。

第二，傅某某是否要承担 8 000 万元的违约金？关于 8 000 万元违约金的合理性，法院认为该金额过高，最终将其调整至 1 260 万元。法院依据傅某某此前在斗鱼平台的收入、礼物分成以及协议履行期间的影响，综合考虑了傅某某的影响力和违约对斗鱼平台的损失，酌情确定了违约金数额。该违约金既涵盖了斗鱼公司因违约产生的直接损失与预期可得利益损失，也具有对傅某某违约行为的惩罚性。事实上，直播平台公司的损失远远大于判决所支持的违约金数额，若是举证方面再提供更强有力的损失证明，判决所支持的违约金将会更高。当然，因直播行为系近几年来的新型盈利经营模式，对损失证据的搜集和证明仍需要新型技术的支持以及法律理论和实务的不断探讨。

资料来源：汐溟，杨杨．网络直播平台竞争激烈，知名主播违约跳槽，需承担千万违约金［EB/OL］．（2023 - 06 - 15）［2024 - 12 - 02］．https：//www.thepaper.cn/newsDetail_forward_23490272．

分析：由于傅某某与斗鱼直播平台签署合约，使斗鱼直播平台对傅某某直播的独家解说及其关联要素形成垄断，即使虎牙直播平台提供再高的直播收入与发展机遇，傅某某也不能接受，否则必须承担高额的赔偿。目前各类网络直播平台或经纪公司经常会发生类似的事情，如网红与各类平台或者经纪公司签约后，直播平台或者经纪公司对主播拥有垄断权，即使因为各种原因发生纠纷，主播也不能接受其他直播平台的邀约。

11.1.3.2.2　卖方垄断的要素市场

当某种要素市场只有一家卖主时，就形成了卖方垄断。与买方垄断正好相反，作为要素市场的独家卖主，卖方垄断者面临的要素需求曲线是整个行业要素市场的需求曲线，即一条向右下方倾斜的曲线。垄断卖方不像一般卖者那样接受既定的要素价格，而是可以通过控制要素供给量来决定要素价格。

图 11 - 7 中，D 表示一个没有卖方垄断的要素市场上的要素需求曲线，由边际产品价值所决定，要素供给曲线 S 则表明没有垄断力量的情况下是怎样供给要素的。在完全竞争条件下，厂商将在 W_2 的价格下购买 L_2 数量的生产要素。如果出现卖方垄断势力，垄断卖方的要素边际收益曲线 MR 将位于需求曲线 D 的下方。要素需求曲线 D 描述了

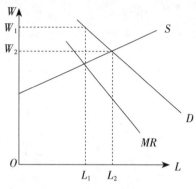

图 11-7 卖方垄断要素市场的均衡

厂商随要素价格变化而做出的购买计划，要素边际收益曲线 MR 反映了垄断卖方随着要素卖出数量的增加而得到的额外收益。如果垄断卖方的目标是实现利润最大化，按照边际收益等于边际成本的原则，那么，垄断卖方会将要素供给量限制在 L_1 的水平，相应的均衡要素价格为 W_1。L_1 这一供给量低于完全竞争要素市场下应有的供给量 L_2。当要素供给量为 L_1 时，卖方垄断者可将要素价格抬高到 W_1，这一价格又大于完全竞争要素市场情况下应有的价格 W_2。

在要素市场上，纯粹的卖方垄断较为少见，但在一些产业，厂商在销售其他厂商用作生产要素的产品时，具有某种卖方垄断势力。在劳动力市场上，人们往往认为工会充当了要素卖方垄断的角色。

11.2 工资、地租、利息和企业家才能

11.2.1 工资

11.2.1.1 工资的概念

西方经济学中所讲的工资是指使用劳动所支付的价格。劳动者不仅指从事各种体力劳动的工人，还包括各种高级专业人员（如律师、教师和科学家等）以及提供服务的小企业所有者（如理发师、零售商等）。

货币工资与实际工资是两种不同的工资概念。货币工资是指劳动者在单位时间里由于付出劳动而获得的货币收入；实际工资则是指劳动者在单位时间里获得的货币工资所能换取的商品和劳务的实际数量，也就是说，实际工资是指货币工资的购买力。因此，实际工资同商品和劳务的价格紧密相关。西方经济学中所研究的工资（率）都是指实际工资（率），即在假定社会商品和劳务价格不变情况下考察货币工资（率）的变动。

11.2.1.2 社会工资水平的决定

不同国家之间，或者同一国家的不同地区之间，工资水平是不同的，有的差别还很大。西方经济学中所讲的社会工资水平，通常是指某一个经济社会内的平均工资率，并不区分该经济社会内工资率的差别。

西方经济学是以均衡价格理论来解释工资水平的决定的。按照这一观点，一个社会的工资率水平，取决于该社会对劳动的需求和劳动的供给两种因素。

本章第一节的分析中已经说明，劳动的需求曲线就是劳动的边际收益产品曲线。因此，一个社会对劳动的需求，取决于劳动的边际收益产品，即取决于劳动要素的边际生产力和产品的价格。也就是说，社会的边际生产力水平越高，对劳动的需求就越多；反之，社会的边际生产力水平越低，对劳动的需求就越少。而一个社会的劳动的边际生产力水平，主要取决于该社会的资本、自然资源、生产技术水平、劳动力的素质以及社会政治和经济环境、组织结构、管理水平、市场规模等因素。假如一个社会资本数量很多，自然资源丰富，生产技术和管理水平很高，劳动力素质很好，同时社会的经济组织和市场结构都比较发达，那么，该社会劳动的边际生产力水平必然高，对劳动的需求则必然大。反之亦然。在不同生产力水平的国家，劳动的需求曲线的位置不同，通常发达国家劳动的需求曲线位置较高，而落后国家劳动的需求曲线位置偏低。劳动的需求还与产品的价格有关，如果产品价格提高，即使劳动的边际生产力不变，劳动的边际收益产品也会增加，即对劳动的需求会增加。然而，产品价格又取决于产品市场的需求与供给。

一个社会劳动的供给量通常与工资水平呈正向关系，工资水平高，劳动者愿意提供的劳动则多；工资水平低，劳动者愿意提供的劳动则少。也就是说，劳动的供给曲线通常是一条正斜率曲线。从另一方面看，工资反映了提供劳动的成本。在一定时间里，比如一天中，人们提供的劳动越多，他们为此付出的代价便越大。例如，加班劳动会使人感到格外劳累和辛苦，会使人遇到工作与家务的额外矛盾。人们为提供一定量劳动所付出的代价越高，他们要求得到的工资也就越高。这也说明了为什么劳动的供给曲线是正斜率的。但是，当一个社会的工资率达到一定水平时，劳动的供给曲线会出现内弯现象。这是因为劳动者的精力和能够提供的劳动时间有限。当工资水平达到一定程度后，劳动者便会觉得休息以及从事文化、教育和娱乐等方面的活动的价值越来越高。因此，当工资继续提高时，劳动的供给反而会减少。此外，劳动的供给还取决于人口增长率、劳动力的流动性、移民的规模等因素。

📊 **小思考**

请用边际效用递减规律进一步解释当工资达到一定水平后，劳动的供给曲线出现内弯的现象。

不同国家劳动的供给曲线也不一样。发达国家劳动者的生活和教育费用较高，劳动的成本较高，因而供给曲线也较高，偏于左上侧。反之，落后国家的劳动供给曲线较低，偏于右下侧。

将劳动的需求曲线与劳动的供给曲线放在一起，便可分析社会均衡工资水平的决定。如图 11-8 所示，W 代表工资率，L 代表劳动的数量，D_L 和 S_L 分别代表劳动的需求曲线和供给曲线。E 点则是劳动的供求均衡点。从图 11-8 中可见，社会的均衡工资率水平为 W_E，均衡的劳动数量为 L_E。

需要注意的是，由于发达国家和落后国家的劳动的需求曲线与供给曲线都不相同，均衡的工资率水平和劳动数量也不同。通常发达国家劳动的需求曲线和供给曲线都较高，因而整个社会均衡的工资率水平较高，而均衡的劳动数量较少。落后国家的情况则恰好相反，劳动的需求曲线和供给曲线都偏低，因而整个社会均衡的工资率水平较低，均衡的劳动数量较多。这种情况可以用图 11-9 加以说明。图 11-9 中，D_1 和 S_1 为发达国家劳动的需求曲线和供给曲线；D_2 和 S_2 为落后国家劳动的需求曲线和供给曲线。显然，发达国家均衡的工资率 W_1 较高，均衡的劳动数量 L_1 较少；而落后国家均衡的工资率 W_2 较低，均衡的劳动数量 L_2 较多。图中尚未包含资本对劳动的替代关系，如果考虑到发达国家通常资本多，生产技术水平高，可以用大量的资本代替劳动，则对劳动的需求更少。

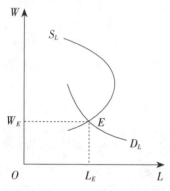

图 11-8　工资水平的决定

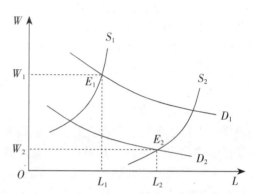

图 11-9　发达国家与落后国家工资水平的决定

📊 **小思考**

目前，上大学的人越来越多，请查找相关数据，分析在这种趋势的作用下，大学毕业生市场和低技能工人市场的劳动供求状况会如何变化。

🎬 **案例评析**

俊男靓女为何收入高？

美国劳动经济学家丹尼尔·哈莫米斯与杰文·比德尔在 1994 年第 4 期《美国经济评论》上发表了一份调查报告。这份调查报告显示，漂亮的人收入比长相一般的人高 5% 左右，长相一般的人又比丑陋一点的人收入高 5%～10%。这个结论对男性、女性都适用。[1]

劳动收入的高低取决于劳动市场劳动要素的需求与供给状况。从劳动供给来看，长相漂亮是一种天赋，而且供给有限，这决定漂亮的人的劳动供给弹性更小，其劳动供给曲线（S_1）比一般的人的劳动供给曲线（S_2）更陡峭（见图 11-10）；另外，人们对漂亮的评价不仅限于脸蛋和身材，还包括人的气质和教养，而人的气质和教养很大程度上取决于个人所受的教育。两个长相相似的人，所受的教育不同，表现出的气质也就不同，给人的印象就有漂亮与否的区别。然而受教育是需要付出成本的，如果将通过教育

---

[1]　金雪军. 西方经济学案例 [M]. 杭州：浙江大学出版社，2004：76.

培养而使人更为漂亮作为一种技能的提高，则拥有这种技能的人需要得到更高的工资以补偿其教育投资，所以这决定了漂亮的人的劳动供给曲线处于更高的位置（见图 11 - 10）。从劳动需求来看，漂亮的人机遇也比一般的人多。且不说从事模特、演员这类高收入职业的人需要漂亮，就是在一般的工作中，长相漂亮也是一种资本。漂亮的人从事推销更容易为人们所接受，当老师更易于受到学生欢迎，当医生更容易让病人觉得可亲。所以，相同的条件下，长得漂亮的人找工作更容易，机会更多。漂亮程度如果与教育培养有关，则漂亮是个人能力的间接衡量指标，能力强的人提供的劳动质量高、生产率高。以上因素决定漂亮的人的劳动边际收益产品更高，因此其劳动需求曲线（D_1）比一般人的劳动需求曲线（D_2）处于更高的位置。在图 11 - 10 中，劳动的需求与

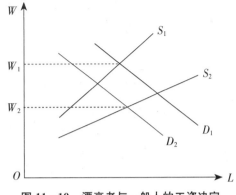

图 11 - 10 漂亮者与一般人的工资决定

供给决定了漂亮的人的工资为 W_1，高于一般人的工资 W_2。由此可见，俊男靓女收入高并不足为奇。

11.2.2 地租

11.2.2.1 地租的性质

在经济学中，"土地"是一个广泛的概念，不仅包括土地，还包括江河、山川、海洋、矿藏等。与其他生产要素不同，土地是一种特殊的生产要素，是大自然所赋予的。西方经济学家把可以人为地进行再生产的物质称为资本，而把那些非人为因素的自然赋予称为土地。土地在数量上不会增减，是固定不变的，所以作为一种生产要素，它的供给不会随着价格的变化而变动。

当然，人们有可能通过填海造地来增加土地的供给，也可能由于对环境的破坏，使土地变为没有使用价值的荒地，从而减少土地的供应量。即便没有人类的作用，每年大自然也在通过风化、侵蚀、泥沙堆积、板块运动等改变着土地的数量。不过，这些都不在考察之列，这里假定土地的供给是不变的，因此土地的供给曲线为一条垂直线。

地租是土地这种生产要素的价格，是使用土地而支付的报酬。土地所有者提供了土地，得到了地租。地租的产生首先在于土地本身具有生产力，也就是说，地租是利用"土壤的原始的、不可摧毁的力量"的报酬。其次，土地作为一种自然资源具有数量有限、位置不变、不能再生的特点。这些特点与资本和劳动的特点不同，因此，地租的决定具有自己的特点。

11.2.2.2 地租的决定

地租由土地的需求与供给决定。土地的需求取决于土地的边际生产力，即土地的边际收益产品。由于边际收益递减规律的作用，土地的需求曲线是一条向右下方倾斜的曲线。但土地的供给是有限的，因为在每个地区，可以利用的土地总有一定的限度。这样，土地的供给曲线就是一条与横轴垂直的线。图 11 - 11 表示了土地市场的均衡。在

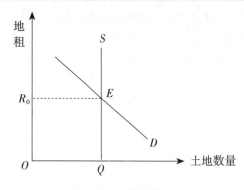

图 11-11　地租的决定

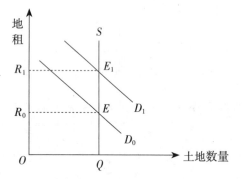

图 11-12　土地需求变动对地租的影响

图 11-11 中，土地供给曲线 S 是一条垂直的曲线，表示无论价格如何变动，土地供给的数量固定不变；而土地需求曲线 D 向右下方倾斜，表示随着土地使用量的增加，其边际收益产品递减。两条曲线的交点 E 决定了社会均衡地租 R_0，所以，地租的大小取决于土地的边际生产力和现有的土地数量。如果土地的边际生产力提高，即土地的需求曲线上移，或者现有土地的数量有限，即土地的供给曲线左移，就会造成地租的上升。

随着经济的发展，对土地的需求会不断增加，而土地的供给不能增加，这样，地租就有不断上升的趋势。这一点可用图 11-12 来说明。

在图 11-12 中，土地的需求曲线由 D_0 移动到 D_1，表明土地的需求增加了，但土地的供给仍为 S，S 与 D_1 相交于 E_1，决定了地租为 R_1。R_1 高于原来的地租 R_0，说明由于土地的需求增加，地租上升了。

上面所分析的地租的决定，是以土地的好坏相同为前提的，而实际上土地的肥沃程度和地理位置是不相同的，这就产生了级差地租。在很多大城市的中心地段，地租极其昂贵，形成了所谓的级差地租现象。一般来说，条件优越的土地，其边际生产力大于条件较差的土地的边际生产力，二者之差就是级差地租。从土地市场均衡地租的决定中我们可以看出，级差地租产生的原因，一方面是由于中心地段土地的边际生产力较高（如建造高级写字楼），另一方面则是和其他地段相比（如市郊），中心地段的土地数量极其有限。对于那些条件较差的土地，用于生产时所花的工资和其他生产支出（即成本）较高，而所得收入只能用来弥补生产成本，故无级差地租可言，这种土地称为边际土地。

11.2.2.3　准地租与经济租

人们借用地租形态的特殊性，提出了准地租和经济租的概念。

11.2.2.3.1　准地租

由于地租的产生同土地的固定性有关，因此在经济学中，对使用土地以外的其他要素，由于它们在短期内也近似处于不变状态，例如厂房、特殊的机器设备以及大部分无形资产，在短期内就无法移作他用，也不能得到补充，马歇尔把这些固定资产的短期内收益称为准地租（Quasi-rent），也称准租金。所谓准地租，泛指对土地以外的，但是类似土地的，即短期内供给相对不变的各种生产要素的支付，即这些生产要素所得的收益或报酬。

准租金可以用厂商的短期成本曲线来加以分析。在图 11-13 中，MC、AC 和 AVC

分别是某厂商的边际成本、平均成本和平均变动成本曲线。假定产品价格为 P_0，那么厂商的产量将是 Q_0。此时，总可变成本为长方形 HGQ_0O 的面积，它代表厂商为获得产量 Q_0 所需要的可变生产要素而必须做出的支付。而厂商总收入是长方形 P_0EQ_0O 的面积，总收入支付完变动要素的报酬后的剩余部分就是固定要素得到的准租金，即长方形 P_0EGH 的面积。可以把准租金分解为两个部分，一部分是固定总成本 $DFGH$，另一部分是超额利润 P_0EFD。可见，准租金为固定成本与超额利润之和。当超额利润为零时，准租金等于固定成本。当价格为平均变动成本时，准租金为零。

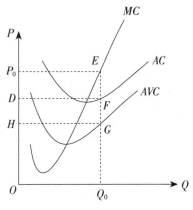

图 11 - 13　准地租

准地租是个短期的概念，长期内不存在准地租。因为在长期内所有要素都是可变的，通过竞争，准地租也就不存在了。

11.2.2.3.2　经济租

租金最初是指为获得非自有的土地、房屋、设备等的使用权而定期支付的款项，如地租、房租，但随着经济学的发展，租金的含义有了扩展，凡是支付给生产要素的超额报酬，以及报酬中超过为得到要素的某种服务而必须支付的最低报酬部分，都称为经济意义上的租金，即经济租（Economic Rent），所以经济租也就是一种要素的实际收入超过其"机会成本"的余额。

在图 11 - 11 中，当土地需求为 D 时，地租 R_0 对于将 Q 数量的土地全部投入供给是完全足够的。同时会发现，由于土地的供给量是固定的（土地供给弹性为 0），即使是 0 元的支付时，仍然会有 Q 数量的土地供给，所以，土地的机会成本为 0。因此，土地的经济租金的大小就等于全部的地租，即长方形 R_0EQO 的面积。在一切使用土地要素生产出来的产品的价格中都包含了地租这项成本，但是，从整个社会来看，土地产品价格中是否包含地租，并不是土地产品（如农产品）能够被供应出来的必要条件，或者说，地租的有无以及地租的高低，并不是决定土地产品价格的原因，土地产品的价格由社会对该产品的需求所决定。

资料链接

大卫·李嘉图与谷物价格、住房价格

19 世纪时，英国人十分关心谷物的价格，因为它是英国人的主要食物。一些人认为谷物价格的上涨是因为地租在快速上涨，所以他们开始将目标转向土地所有者，并坚持认为，土地所有者对于他们的土地所收取的高额地租使农民种植谷物的成本越来越高。而这些很高的成本，进而以更高谷物价格的形式传递给消费者。根据这个观点，解决的办法就是降低地租，进而降低农民的成本，最终降低消费品的价格。

英国经济学家大卫·李嘉图认为这种推论是错误的，他认为谷物的高价不是因为地租很高；相反，地租的价格高是因为谷物的价格很高。

大卫·李嘉图的主要观点如下：土地是一种生产要素，对它的需求是一种派生需求。同时，土地的供给是固定的，因此，改变对土地支付的唯一因素是对土地需求的变化（供给曲线不会变动，因此能改变价格的唯一因素就是需求曲线的移动）。而土地所有者无法控制土地的需求，需求来自其他想要使用土地的人。在19世纪的英国，这一需求来自种植谷物和其他粮食的农民。因此，土地所有者不可能抬高地租，因为他们无法控制对土地的需求。由此可以得出，假如地租很高，这一定是因为对于土地的需求很高，而土地需求很高是因为谷物的价格很高。地租是由价格决定的，而不决定价格。①

北京目前的住房市场也印证了大卫·李嘉图的以上观点。如面对北京目前住房价格急剧上涨的现状，房地产开发商表示，房价上涨的主要原因并不是开发商为了获取暴利，而是由于土地成本太高，由此抛出了"地荒论"。针对"北京市土地供应不足"的传闻，国土资源部门有关负责人明确表示，北京现在批出的可供建设住宅，并且已经在开发商手里的协议出让或通过规划的开发用地已有9000万平方米，可以建设3亿到4亿平方米的商品房。如果按照现在每年的竣工量计算，北京现在已经批出的土地足够建设10年住宅。国土资源部方面认为，开发商是根据房子的市场价格来倒推取得土地的成本，然后到市场上举牌竞价。即开发商竞拍土地时并不是无章法的，而是根据当时当地的房价来"出牌"，对于多高的土地价格能维持多高的利润他们心里清清楚楚。国土资源部门还认为，从目前的房价构成来看，房地产开发利润占的比例较大。据调研，目前大多数城市房地产开发中的利润率普遍在10%以上，中高档商品房的平均利润率更高，一般达到30%～40%，远高于其他行业的平均利润率水平。②

不仅土地的供给存在经济租，除此之外的几乎所有的生产要素的供给都或多或少存在经济租。以歌手为例，先来看一位歌手A，如果他不当歌手，那么"次佳"职业为工人，而作为工人的工资率为W_1，于是W_1就构成他当歌手的机会成本，也就是说，如果当歌手得到的报酬低于W_1，他宁愿去做工人，所以他做歌手时的供给曲线为图11-14(a)中所示的S。假定市场上类似的歌手共有5名，即A、B、C、D、E，他们的机会成本分别为W_1、W_2……W_5，那么市场总供给曲线将是个人供给曲线的水平加总，形成图11-14(b)中阶梯状的S曲线。假定这5个人作为歌手的质量都是相同的。如果市场对歌手的需求曲线为D，那么市场给予歌手的报酬将达W_5，对歌手A来讲，吸引他作为歌手的最低报酬为W_1，但市场却给了他W_5，因此在图11-14(a)中，阴影部分的面积W_5EAW_1就是歌手A的经济租。同样，歌手B、C、D获得的报酬与他们当歌手的机会成本的差异都构成经济租，对歌手E来说，其机会成本高达W_5，因而经济租为零。那么在这个市场中，总的经济租金将是图11-14(b)中由纵轴、市场价格水平线和供给曲线围成的阴影部分的面积。

如果一个市场上有很多供给者，那么，图11-14(b)中的阶梯状供给曲线将变为一条光滑的曲线，但经济租仍是纵轴、价格线和供给曲线围成的面积，并且供给弹性越

① 罗杰·A.阿诺德. 经济学 [M]. 沈可挺，刘惠林，译. 5版. 北京：中信出版社，2004：780.
② 周红玉. 宏观调控 惊魂160天 [J]. 新经济导刊，2005 (17)：46-51.

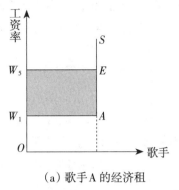

（a）歌手A 的经济租

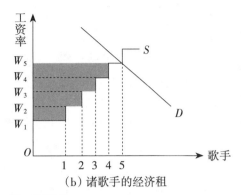

（b）诸歌手的经济租

图 11-14　经济租

小，或供给曲线越陡峭，要素报酬中的经济租比例就越高。如果联系前面所介绍的生产者剩余，会发现经济租的定义与生产者剩余的定义相似，所以经济租有时又称为生产者剩余。经济学家认为，某些高收入者，收入中的经济租成分很高，这是因为这些高收入者的"次佳"职业所能带来的报酬相对来说要低得多的缘故。图 11-14 中表现的是劳动要素的经济租，其他生产要素的供给者也有相应的经济租。

最后要说明的是，经济租还是一个模糊的概念，它随讨论背景的变化而变化。以土地为例，从社会的角度来说，其供给曲线是垂直的，因而全部地租表现为经济租；但若是从某一个行业来看，土地的供给曲线则十分平坦，或者说供给弹性非常大，此时，经济租的比例就非常小。

> **📊 小思考**
>
> 　请举例说明地租、准地租与经济租之间的差异。

11.2.3　利息

利息是资本要素的价格，是资本要素的报酬。资本所有者提供了资本，得到了利息。利息与工资计算的方式不同，它不是用货币的绝对量来表示，而是用利息率来表示。利息率是指利息在每一单位时间内（如一年）在货币资本中所占的比率。例如，货币资本为 10 000 元，利息为一年 500 元，则利息率为 5％。这 5％就是货币资本在一年内提供生产性服务的报酬，即这一定量货币资本的价格。

11.2.3.1　早期的利息理论

11.2.3.1.1　时间偏好论

持这种观点的经济学家认为，人的生命有限，而未来的情况不可预测，因此人们对于目前所拥有的财、物的估价，要比对将来拥有这些财、物的估价高。例如人们对现在购买和 5 年后购买同样的一辆车的效用评价是不同的，也许他认为现在更加需要汽车，5 年之后则不如现在这样需要，因此，这辆汽车现在带来的效用比 5 年后带来的效用大。人们之所以借贷，是要在将来收回时的价值至少等于现在的价值。由于人们对未来财、物的估价比现在要低，所以就产生了利息。利息的高低取决于时间偏好率的大小，如果时间偏好率大，利息率则高，如果时间偏好率小，利息率则低。

11.2.3.1.2 节欲论

以西尼尔为代表，认为贷款者把自己的资金借出，就是牺牲了当前的消费。而人们在牺牲了当前的消费时，就等于牺牲了当前欲望的满足。有欲望而不能得到满足，则必有痛苦。利息是对节制欲望所产生的痛苦的补偿。节欲过程中所产生的痛苦越大，利息越高，反之则越低。但是，也有些西方经济学家认为，能有钱借贷给别人者，其收入必然较高，当这些人把钱借出时，不会忍受欲望不能满足的痛苦，而是等待将来能够得到其应有的报酬。因而持这种观点的人，把"等待"看成经济活动中的重要因素，认为利息是等待的报酬。

11.2.3.1.3 迂回生产论

奥地利学派认为，现在的生产方法是迂回的生产方法，即先生产工具，再用生产的工具去生产出最终产品。现代社会之所以采用这种迂回生产的方法，是因为这种方法的生产力较高。而且生产的方法越迂回，生产力水平越高。但是，迂回的方法之所以能采用，必须有一个条件，即在从事生产工具（中间产品）的生产时，必须储备足够的生活资料供生产者消费，从而使生产者能有充足的时间进行迂回生产。而借贷货币资金，能让那些未储存生活资料者有能力储存生活资料，这样就可以使迂回生产方法的迂回过程延长，从而提高生产力。因此，这些经济学家得出结论：货币资金的借贷有提高生产力的功能，因而必须获得其应有的报酬，这个报酬就是利息。利息的多少，取决于采用迂回生产方法提高生产力的程度。

11.2.3.2 以均衡价格理论为基础的利息率的决定

新古典经济学派认为，正如工资是由劳动要素的均衡价格决定的一样，利息率是由资本这个生产要素的均衡价格决定的，即利息率取决于资本的需求与供给的均衡状态。资本的需求主要是企业投资的需求，因此，可以用投资来代表资本的需求。资本的供给主要来源于储蓄，因此，可以用储蓄来代表资本的供给。影响储蓄的主要因素有人口、平均收入和未来的预期收入等，人口数量增加、人们的平均收入提高、人们未来的预期收入很低，都将会增加当前储蓄；反之，会减少当前储蓄。随着储蓄水平的变化，资本的供给也将发生变化。这样，就可以用投资与储蓄来说明利息率的决定。

企业借入资本进行投资，是为了实现利润最大化，这样投资就取决于利润率与利息率之间的差额。利润率与利息率的差额越大，即利润率越是高于利息率，纯利润就越大，企业也就越愿意投资；反之，利润率与利息率的差额越小，即利润率越接近于利息率，纯利润就越小，企业就越不愿意投资。这样，在利润率既定时，利息率就与投资呈反方向变动，从而资本的需求曲线是一条向右下方倾斜的曲线。

人们进行储蓄，放弃现期消费，是为了获得利息。利息率越高，人们越愿意增加储蓄；利息率越低，人们就越会减少储蓄。这样，利息率与储蓄呈同方向变动，从而资本的供给曲线是一条向右上方倾斜的曲线。

利息率是由资本的需求与供给双方共同决定的。可用图 11 - 15 来说明利息率的决定。

在图 11 - 15 中，横轴 K 代表资本量，纵轴 i 代表利息率，D 为资本的需求曲线，S 为资本的供给曲线，这两条曲线相交于 E，决定了利息率水平为 i_0，资本量为 K_0。

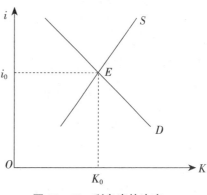

图 11 - 15　利息率的决定

📊 **小思考**

根据均衡价格理论，分析当现实市场中的利息率高于或低于图 11 - 15 中的 i_0 时，资本供求的状况及资本市场的变化。

另外，还可以用可贷资金的需求与供给来说明利息率的决定。可贷资金的需求包括企业的投资需求、个人的消费需求与政府支出的需求，可贷资金的供给包括个人与企业的储蓄，以及中央银行发行的货币。可贷资金的需求与利息率呈反方向变动，可贷资金的供给与利息率呈同方向变动。可贷资金的需求与供给决定利息率的原理和投资与储蓄决定利息率的原理相同。

应该注意的是，这里所说的由资本供求关系所决定的利息一般称为"纯利息"，它反映了资本的净生产力。但在资本市场上，债权人对债务人所收取的利息中还包括了贷款时的风险收入。例如，不能偿还的风险，或者通货膨胀时货币贬值的风险等，对这些风险，债权人要收取一定的费用。这种包括风险收入在内的实际收取的利息称为借贷利息。纯利息和借贷利息在量上是有差别的。

11.2.3.3　利息在经济中的作用

在经济中，通过利息率的调节作用，资本市场实现了均衡。这也是价格调节经济的作用之一。因为利息率是资本的价格，它所调节的是资本市场。这种调节作用表现在，当资本的需求大于供给时，利息率会上升，从而减少资本的需求，增加资本的供给；当资本的需求小于供给时，利息率会下降，从而增加资本的需求，减少资本的供给。所以，利息率的调节会使资本市场处于均衡状态。

从利息率的这种调节中可以看出，利息在经济中具有十分重要的作用。

首先，利息的存在可以鼓励人们少消费、多储蓄。增加储蓄是发展经济的关键，而刺激人们增加储蓄的最有力的手段就是提高利息率。也正因为如此，一般国家在经济开始发展时总要采取高利息率的政策。其次，利息的存在可以使资本得到最有效的利用。如果社会的利息率水平是既定的，那么，人们就会把资本用于能获得最高利润率的部门，利润率高的部门也就是资本能最好地发挥其作用的部门。此外，企业在支付利息的情况下就要更节约、更有效地利用资本。因此，利息的存在是刺激企业有效地利用资本的最好手段。最后，当一个社会出现了通货膨胀时，提高利息率可以压抑对可贷资金的需求，刺激可贷资金的供给，从而抑制通货膨胀。正因为利息有这样的作用，所以，利用利息率来调节经济是很重要的。

11.2.4　企业家才能

经济学家把企业家才能作为与劳动、资本、土地并列的四大生产要素之一，并强调了企业家才能的重要性。企业家是生产要素经营的组织者，把劳动、资本与土地结合在一起，运用于整个生产经营活动，更重要的是，企业家是企业风险的承担者和创新者。古典经济学家穆勒更多地强调了企业家作为管理者的职能，而现代经济学家熊彼特更多地强调了企业家作为风险承担者和创新者的职能。

无论把企业家作为管理者、风险承担者还是创新者，企业家对一个企业的成功是至关重要的。企业家对企业的贡献越大，得到的收入越高，这是由市场决定的。在企业家市场上，企业家的供给是极少的。一个企业家不仅要有天赋、受过良好的教育，而且要有丰富的经验、卓越的眼光和超人的胆略。具有这种综合素质的人是极少的，因此，企业家就是这样一种稀缺要素。我们都知道，企业家才能这种生产要素能够有效地组合其他生产要素，使得各生产要素发挥最大的功效。一个优秀的企业家可以带领企业走出困境，走向辉煌，尤其是现在各企业均面临激烈的市场竞争，对企业家才能这种要素的需求就更加迫切。

11.3　洛伦兹曲线与基尼系数

以上分析了收入分配的各个范畴，但整个社会收入分配的结果怎样？是倾向于平均还是不平均？对此经济学家通常使用洛伦兹曲线和基尼系数来给予说明。

11.3.1　洛伦兹曲线

洛伦兹曲线（Lorenz Curve）是反映收入分配平均程度的曲线。它是由统计学家洛伦兹在研究国民收入在国民之间的分配问题时提出来的。

洛伦兹首先将一国总人口按照收入由低到高排队，然后选取收入从低到高的任意百分比人口，计算其所得到的收入占社会总收入的百分比。如表 11-1 所示，收入最低的 20% 的人口所得到的收入累计比例为 3%、收入最低的 40% 的人口所得到的收入累计比例为 9%……这样，将得到的人口累计百分比和收入累计百分比的对应值描绘在一个坐标系上，就得到洛伦兹曲线，如图 11-16 中的曲线 L 所示。

表 11-1 收入分配资料

人口累计百分比（%）	收入累计百分比（%）	人口累计百分比（%）	收入累计百分比（%）
0	0	60	30
20	3	80	50
40	9	100	100

在图 11-16 中，横轴 OC 表示人口（按收入由低到高分组）的累计百分比，纵轴 OP 表示收入的累计百分比；曲线 L 为洛伦兹曲线，表示在一个经济社会里，占总人口一定百分比的人口拥有的收入在总收入中所占百分比；对角线 OD 上的每一点，表示任一人口百分比均等于其收入百分比，从而人口累计百分比等于收入累计百分比，比如 OD 上的点 E，表示 50％的人口得到 50％的收入，

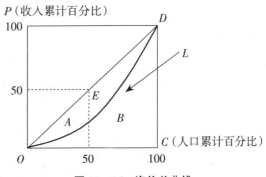

图 11-16 洛伦兹曲线

所以直线 OD 称为绝对平均曲线；直角边 OCD 表示除一人外任意百分数的人口都没有得到任何收入，而这一人却拥有 100％的收入，所以直角边线 OCD 称为绝对不平均曲线。

由图 11-16 可见，L 曲线越接近 OD 线，表明分配越趋于平均；L 曲线越接近 OCD 线，表明分配越不平均，而这种收入分配平均程度的大小，可以用基尼系数来表示。

11.3.2 基尼系数

基尼系数是由意大利统计学家基尼根据洛伦兹曲线提出的判别收入分配的平均程度的指标。为了叙述的方便，设 OD 线与洛伦兹曲线 L 之间的面积为 A，洛伦兹曲线 L 与 OCD 线之间的面积为 B。一般来说，将绝对平均曲线 OD 与洛伦兹曲线 L 之间的面积 A 称作"不平等面积"，绝对平均曲线 OD 与绝对不平均曲线 OCD 之间的面积"$A+B$"称作"完全不平等面积"，不平等面积与完全不平等面积之比，称作基尼系数，它表示收入分配的平均程度。

用 G 表示基尼系数，则有：

$$G = \frac{A}{A+B} \tag{11-5}$$

当 $A=0$ 时，基尼系数 $G=0$，此时洛伦兹曲线 L 与绝对平均曲线 OD 重合，表明收入分配是绝对平均的。

当 $B=0$ 时，基尼系数 $G=1$，此时洛伦兹曲线 L 与绝对不平均曲线 OCD 重合，表明收入分配是绝对不平均的。

通常 $A\neq0$，且 $B\neq0$，基尼系数 G 的数值在 0 与 1 之间。这时，基尼系数 G 的数值

越小，说明收入分配越平均；基尼系数 G 的数值越大，则说明收入分配越不平均。

基尼系数常作为衡量一个国家、地区或职业贫富差距的工具。

📊 **小思考**

什么是基尼系数？请查找美国、日本及我国当前的基尼系数资料，并对这三个国家的收入分配平均程度进行比较分析。

资料链接 ··

基尼系数

按照国际惯例，通常把 0.4 的基尼系数作为收入分配贫富差距的"警戒线"。基尼系数在 0.2 以下，表示居民之间收入分配"高度平均"，0.3～0.4 为"比较合理"，0.4～0.6 为"差距偏大"，0.6 以上为"高度不平均"。

我国基尼系数历年的变化如表 11-2 所示。

表 11-2 我国基尼系数历年的变化

1978年	1979年	1988年	1994年	2000年	2005年	2008年	2010年	2015年	2020年	2022年
0.170	0.300	0.382	0.434	0.412	0.485	0.491	0.481	0.462	0.468	0.467

由上表可见，我国基尼系数在 2008 年曾一度上升至 0.491 达到顶点，此后开始逐年回落，表明此前推进收入分配改革的一系列措施正在发挥作用。虽然基尼系数连年下降，然而直到目前，我国基尼系数仍然高于 0.4 这一国际社会公认的贫富差距"警戒线"。

资料来源：陈恳，王蕾．西方经济学解析：微观部分 [M]．北京：高等教育出版社，2004：251.

11.3.3 收入分配不平均的原因

西方经济学家认为，收入分配不平均是由以下几个因素造成的：

第一，财产的差别。在西方国家里，少数人掌握了绝大部分财产，多数人只占有少量财产，甚至没有财产。这种财产分配上的不平均是造成收入分配不平均的主要原因。由于财产是可继承的，因此由财产差别导致的收入不平均的现象将继续存在。

第二，能力的差别。人与人之间客观上存在体力、智力的差别。身强力壮的人可以成为高收入的运动员，相反，体质较弱的人只能从事低收入的简单劳动；高智力的人可以从事需要专门知识的高收入职业，而智力较低的人只能从事不需要专门知识的工作。人的这种能力差别造成了收入的不平均。

第三，教育的差别。不同的人受到的教育程度不同，有机会接受高等教育的人，能够选择高收入的职业，而由于生活困难等原因没有接受高等教育的人，就难以选择高收入的工作。这种受教育程度的差别导致的职业、技术方面的差别，也造成了收入的不平均。

第四，冒险的差别。有些人愿意从事危险工作，他们的收入就高，而保守、畏缩的人，一般收入就低。这种冒险精神的差别也导致收入的不平均。

大多数西方经济学家并不主张收入平均化，他们认为收入的平均化将导致效率的丧失、社会产量和收入的下降。应在效率不受损害的条件下，尽可能地减少收入分配的不平均。

本章小结

对生产要素的需求是派生的需求，因此，厂商追求利润最大化的过程也就决定了对生产要素的需求。厂商要素投入数量决策的基本原则是，最后一单位要素投入所增加的收益等于它所带来的成本，也就是要素的边际收益等于要素的边际成本。要素市场的均衡是要素购买者与要素提供者共同作用的结果，这一结果由于不同的要素购买者和不同的要素提供者会有不同的表现形式。

劳动市场的均衡取决于需求和供给两个方面的因素，而劳动的边际生产力是决定工资水平的关键。一般来讲，造成劳动市场工资水平差异的重要原因是人们提供的劳动质量、数量的不同，劳动市场的垄断因素也会对工资水平产生影响。

土地是一种生产要素，和其他生产要素一样，对土地的需求取决于土地的边际生产力，而土地的供给是有限的，二者的共同作用形成了地租。

资本市场的均衡取决于资本市场的供求关系。从需求方面来看，资本的需求取决于厂商的投资决策和个人的消费决策；从供给方面来看，资本的供给取决于个人的储蓄决策。

洛伦兹曲线是反映收入分配平均程度的曲线，基尼系数是判别收入分配的平均程度的指标。基尼系数越小，说明收入分配越平均。

经济问题分析

一个人收入的高低在相当大程度上取决于他从事哪一类行业。在市场经济环境下，这一事实也许并不让人吃惊，但是它的原因并不总是显而易见的。例如，并没有法律规定，计算机维护员的收入一定要比农机修理员的高，工学博士一定要比文学博士挣得多。相反，从某些可能获得广泛赞同的观念来看，小王的工作与农业这一基础产业相联系，小孙的事业有助于提高人们的精神修养，这类工作也许更加重要，因此应当得到更高收入。

在一个成熟的市场经济中，劳动、土地、资本的供给和需求决定了支付给工人、土地所有者和资本所有者的价格；在劳动力市场内部，人们的收入水平主要取决于不同工种或行业劳动力供给和需求力量的平衡。当然，这并不是说，由市场力量决定的收入分配状态是理想状态。相反，正是由于市场供求关系决定收入分配与现代社会某些目标或价值判断不一致，才需要通过政府职能介入收入二次分配来弥补市场分配的局限性。然而，在国民收入初次分配范围内，不同种类要素的价格必然由它们各自的供求关系和相对稀缺程度所决定。因而，小张和小李工资高于他们的同学小王与小孙，正是由他们所在劳动力市场的供求关系和他们所提供的劳动的相对稀缺程度所决定的。

复习与思考

一、名词解释

派生需求　边际收益产品　准地租　经济租　利息　洛伦兹曲线　基尼系数

二、选择题

1. 在过去的 100 年里，美国的平均工资增加了，这是因为（　　）。

A. 人们工作的时间越来越长

B. 资本基础的扩大，使劳动者利用更多的设备和技术来工作，这使他们的生产率更高

C. 资本基础的扩大，企业用资本替代劳动，这使劳动的边际生产率下降

D. 增加的教育和培训机会使劳动者的生产率提高

E. B、D 都正确

2. 一个完全竞争的劳动力市场是（　　）。

A. 其中包含大量的劳动者和雇主，他们都没有力量来影响工资水平

B. 其中包含都是工会成员的劳动者，他们与一个大的雇主签署集体协议

C. 其中有很多潜在的雇主，但由于训练是困难和费时的，只有很少的劳动者进入这个职业

D. 垄断力决定工资和雇用水平

3. 在不同的国家间存在工资差别，主要是因为（　　）。

A. 国家间国际贸易协定的存在

B. 在不同的国家，劳动者能得到的资本数量不同

C. 在不同的国家，劳动者接受的教育和训练程度不同

D. 在不发达的国家中，企业试图去歧视劳动者

E. B、C 都正确

4. 对一给定的经济社会，决定劳动力供给的因素包括（　　）。

A. 劳动力的数量

B. 在劳动力市场中，劳动力人口的参与率

C. 标准的或法律上规定的一周工作小时数

D. 劳动力的质量和技能水平

E. 以上各项都是

5. 生产要素的需求曲线向右下方倾斜的原因是（　　）。

A. 要素的边际收益产品递减

B. 要素生产的产品的边际效用递减

C. 要素参加生产的规模报酬递减

D. 都不对

6. 完全竞争产品市场与不完全竞争产品市场的生产要素的需求曲线相比较，结果是（　　）。

A. 前者与后者重合　　　　　　　B. 前者比后者陡峭

C. 前者比后者平坦　　　　　　　D. 无法确定

7. 既要提高工资又要避免失业增加的希望，在下列哪一种情况下比较容易实现？（　　）

A. 劳动的需求富有弹性　　　　　B. 劳动的供给富有弹性

C. 劳动产品的需求富有弹性　　　D. 劳动产品的需求缺乏弹性

8. 生产要素的组合为 10A、30B、20C 时，产量是 200；生产要素的组合变成 10A、31B、20C 时，产量增加到 203。由此可见（　　）。

A. 要素 A 的边际产品等于 3　　　B. 要素 B 的边际产品等于 3

C. 要素 C 的边际产品等于 3　　　D. 都不对

9. 假设生产某种商品需要使用 A、B、C 三种生产要素，A 的投入量连续增加时，它的边际收益产品（　　）。

A. 在 B 和 C 的数量及技术条件不变时将下降

B. 在技术条件不变但 B 和 C 的数量同比例增加时将下降

C. 在任何条件下都将下降

D. A 和 B

10. 如果政府大力提倡用先进的机器来替代劳动，这将导致（　　）。

A. 劳动的供给曲线向右移动　　　B. 劳动的需求曲线向右移动

C. 劳动的供给曲线向左移动　　　D. 劳动的需求曲线向左移动

三、问答题

近年来，有大量的劳动力从广东、湖南、福建等省市流入深圳特区，由于深圳特区的开放政策，使得深圳的劳动力有较大的流动性。设劳动的边际收益产品曲线如图 11-17 所示。

问题：

（1）假如流入深圳的劳动力使劳动力供给曲线从 L_1L_1' 移动到 L_2L_2'，均衡工资受何影响？

（2）原有深圳劳动力的总工资受何影响？

（3）如果深圳所有资金（资本）归原有劳动力所有，不属于流入深圳的劳动力所有，那么，流入深圳的劳动力对资本所有者得到的收入有何影响？

（4）流入深圳的劳动力对深圳原有工资和资本的影响是否有好处？如果有，达到什么程度？

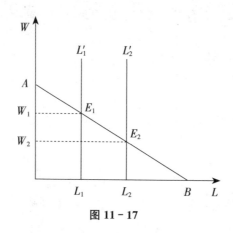

图 11 - 17

四、计算题

1. 在产品和要素市场中，完全竞争厂商雇用一个劳动力的价格是 20 元，厂商的生产情况如表 11 - 3 所示。若每个产品的价格是 10 元，问题：该厂商应雇用多少个劳动力？

表 11 - 3　厂商的生产情况

劳动力数	3	4	5	6	7	8
产出数	6	11	15	18	20	21

2. 假设某特定劳动市场的供需曲线分别为 $D_L = 6\,000 - 100W$ 和 $S_L = 100W$。

问题：

（1）均衡工资为多少？

（2）假如政府对工人提供的每单位劳动课以 10 元的税，则新的均衡工资变为多少？

（3）实际上对单位劳动征收的 10 元税收由谁支付？

（4）政府征收到的总税收额为多少？

▌ 案例研究

为什么明星会有那么高的收入

明星是高薪职业这是众所周知的事情，当今社会，无论在国外还是国内，明星的收入都是非常高的。在西方国家，大牌明星年收入达几千万美元并不奇怪。在国内，明星拍电视剧、电影近些年不断爆出天价片酬，明星的商演、短视频等收入也不菲，直播带货更是坑位费高，商业价值明显，收入夸张。怎样理解明星的这种高收入，这种高收入究竟合不合理，这种高收入是怎么形成的呢？

明星的收入来源主要有如下几个方面：

（1）演出劳务费。这很好理解，明星的本职收入来源于此，比如出演电视剧男一号，那就有相应的报酬，再如开演唱会，赚取商演的报酬等。通过一些公开信息，现在一些一线演员的片酬从早先的几十万元暴涨至几百万元，甚至达到了上千万元。

（2）广告代言费。现在很多明星的广告代言费很夸张，一些二、三线明星录个新年祝福语都要几万元到几十万元不等，更别说一线明星们的天价代言费了。

（3）金融手段。这主要是指明星创办公司、入股等，多见于一二线明星。比如男主角不拿演出费（避税），创办一个空壳公司，参与电视剧的制作，电视剧热播，价值提升，男主角到手的收入可能比演出费更高。

明星的高收入可从供求的角度进行分析，尤其是从明星这一特殊生产要素的供给方面进行分析：

（1）从需求方面看，社会对明星的需求是巨大的，这种需求来自多方面，比如，公众通过看高水平的体育或影视表演，获得一种极大的享受，从而提高了自己的效用水平。公众作为需求方，对明星的需求表现为他们愿意为得到这种享受（或效用）而出高价。企业对明星的需求也是很大的，因为企业通过这些影响力大的明星为它们的产品做广告，能够扩大产品的销路，带来更多的利润。也就是说，企业对明星的支付，对企业来讲能够产生收益大于所支付成本的效果。因此，从需求方面看，社会对明星的需求是巨大的，从某种程度上讲，这种需求可以是无限大的，从而导致明星的市场需求曲线是不断向右上方移动的。

（2）从供给方面看，明星有高收入更重要原因在于明星是一种稀缺资源，其供给稀少。能成为明星的一个重要条件在于一个人的天赋。虽然社会上有很多人都希望成为明星，为了实现自己的梦想，他们会不断地拼搏和奋斗，但是，由于各方面的原因，绝大多数人的明星梦难以实现。因此，能够成为明星的人一定是那种极富天才、极努力又极幸运的极少数人。明星是一种垄断性极高的稀缺资源，其供给也是缺乏弹性的，换句话讲，明星的供给曲线是接近垂直的。

从以上分析可以看出，一方面，社会对明星的需求是很大的（甚至可以理解为无限大），从而导致明星的市场需求曲线不断向右上方移动；另一方面，由于只有具备某种天赋且有良好机遇的人才能成为明星，因而明星的市场供给非常稀缺，而且其供给缺乏弹性，从而导致明星的市场供给曲线趋于垂直且接近于纵轴。这样，需求和供给两方面的共同作用，形成了明星的高收入。

资料来源：老陈的闲聊. 中国的明星们为什么这么富？[EB/OL].（2019 - 02 - 21）[2024 - 12 - 02]. https：//baijiahao. baidu. com/s? id=16260390806461209728&wfr=spider&for=pc；网易号. 这些女星除了有天价片酬外，还有企业和公司，怪不得身价过亿 [EB/OL].（2024 - 04 - 30）[2024 - 12 -02]. https：//www. 163. com/dy/article/J10THIKE05565GCF. html. 有改编.

基于以上案例资料，请回答：

（1）明星的收入是否会一直增长？如何衡量明星需求的价格弹性？在收入持续提高的情况下，消费者或企业是否会因为价格上涨而减少对明星的需求？

（2）明星的供给曲线接近垂直且缺乏弹性，这是否意味着在市场上新增明星的可能性极低？对于那些潜在明星，是否有可行的方式提高他们的供给弹性？哪些外部因素（如技术、社交媒体等）可以影响明星的供给曲线？

（3）明星的边际产出如何与企业的利润最大化策略挂钩？企业支付给明星的广告费用是否总是能够带来大于成本的收益，还是存在收益递减的问题？

理论应用

美国人如何看待
"按劳分配"？

参考文献

1. 保罗·A. 萨缪尔森，威廉·D. 诺德豪斯. 微观经济学. 萧琛，译. 16 版. 北京：华夏出版社，1999.

2. 卢锋. 经济学原理（中国版）. 北京：北京大学出版社，2002.

3. 刘厚俊. 现代西方经济学原理. 南京：南京大学出版社，2005.

4. 黄亚钧. 微观经济学. 北京：高等教育出版社，2005.

5. 陈荣耀，方胜春，徐莉萍. 微观经济学. 南京：东华大学出版社，2002.

6. 冯国光，曾宪初，等. 西方经济学简明教程. 太原：山西经济出版社，1999.

7. 梁小民. 西方经济学教程. 北京：中国统计出版社，2001.

8. 尹伯成. 现代西方经济学习题指南. 上海：复旦大学出版社，2003.

9. 谭化俊. 简明西方经济学教程. 北京：中国铁道出版社，1999.

10. 王健. 简明西方经济学. 北京：中国农业出版社，1998.

11. 沈伟. 现代西方经济学原理. 沈阳：东北大学出版社，1999.

12. 黎诣远. 西方经济学. 北京：高等教育出版社，1999.

13. 周军，张伟. 微观经济学. 武汉：武汉工业大学出版社，1990.

14. 朱善利. 微观经济学. 北京：北京大学出版社，2001.

15. 孙良援，商春荣. 现代微观经济学. 太原：山西经济出版社，2001.

16. 斯蒂格利茨. 《经济学》小品和案例. 王尔山，肖倩，等译. 北京：中国人民大学出版社，1998.

17. 陶铁胜. 经济学概论. 上海：上海三联书店，2000.

18. 梁小民. 西方经济学导论. 3 版. 北京：北京大学出版社，2003.

19. 高鸿业. 西方经济学. 8 版. 北京：中国人民大学出版社，2021.

20. 曼昆．经济学原理：微观经济学分册．梁小民，等译．7 版．北京：北京大学出版社，2016.

21. 梁小民．经济学是什么．北京：北京大学出版社，2001.

22. 章昌裕，韩琪．西方经济学原理习题集．北京：中国对外经济贸易出版社，2003.

23. 卢周来．游戏着经济学．郑州：郑州大学出版社，2004.

24. 金雪军．西方经济学案例．杭州：浙江大学出版社，2004.

25. 布拉德利·希勒．当代经济学．豆建民，等译．北京：人民邮电出版社，2003.

26. 马歇尔·杰文斯．致命的均衡．罗金喜，叶凯，译．北京：机械工业出版社，2005.

27. 达尔·尼夫．知识经济．珠海：珠海出版社，1998.

28. 马克·斯考森，肯那·泰勒．经济学的困惑与悖论．北京：华夏出版社，2001.

29. 熊秉元．寻找心中那把尺．北京：社会科学文献出版社，2002.

30. 茅于轼．生活中的经济学．广州：暨南大学出版社，2004.

31. 罗杰·A. 阿诺德．经济学．5 版．沈可挺，刘惠林，译．北京：中信出版社，2004.

32. 姜起华，王志勉．现代市场经济学．北京：冶金工业出版社，1997.

33. 陈恳，王蕾．西方经济学解析：微观部分．北京：高等教育出版社，2004.

34. 罗宾·巴德，迈克尔·帕金．微观经济学原理：英文版．8 版．北京：中国人民大学出版社，2021.

35. 平新乔．微观经济学十八讲．北京：北京大学出版社，2001.

36. 斯蒂格利茨．经济学．梁小民，等译．4 版（上册）．北京：中国人民大学出版社，2010.

37. 马力科姆·S. 格林伍德，马丁·J. 卡特．企业经济学：原理与案例．阙澄宇，译．大连：东北财经大学出版社，1999.

38. H. 克雷·彼得森，W. 克里斯·刘易斯．管理经济学．吴德庆，译．北京：中国人民大学出版社，1998.

39. 吴汉洪．经济学基础．7 版．北京：中国人民大学出版社，2024.

40. 朱宝宪，陈章武．西方经济学习题集．北京：清华大学出版社，1997.

41. 姚开建．西方经济学复习指南．北京：中国人民大学出版社，1998.

42. 周惠中．微观经济学学习指南．上海：上海人民出版社，2003.

43. 潘天群．博弈思维——逻辑使你决策致胜．北京：北京大学出版社，2005.

44. 罗伯特·E. 霍尔，马可·利伯曼．经济学：原理与应用．毛文博，译．北京：中信出版社，2003.

45. 刘东，梁东黎．微观经济学教程．北京：科学出版社，2005.

46. 李翰洋．懂经济必读的 108 个现代哲理．北京：北京工业大学出版社，2005.

47. 斯凯恩，韩晓龙．最受欢迎的哈佛经济课．上海：立信会计出版社，2014.

48. 保罗·海恩，彼得·勃特克，大卫·普雷契特科．经济学的思维方式．鲁冬旭，译．杭州：浙江文艺出版社，2023.

49. 刘旭，刘建廷．简明西方经济学．北京：中国轻工业出版社，2019.

50. 罗伯特·海尔布罗纳．改变世界的经济学家．陈小白，译．北京：华夏出版社，2016.

51. 辛自强．经济心理学经典与前沿实验．北京：北京师范大学出版社，2014.

图书在版编目（CIP）数据

微观经济学：原理、案例与应用/陈建萍，张文瑞主编 . -- 4 版 . -- 北京：中国人民大学出版社，2025. 2. --（新编 21 世纪高等职业教育精品教材）. -- ISBN 978-7-300-33726-5

Ⅰ. F016

中国国家版本馆 CIP 数据核字第 20252A230C 号

"十四五"职业教育国家规划教材

北京高等教育精品教材

新编 21 世纪高等职业教育精品教材·工商管理类

微观经济学：原理、案例与应用（第四版）

主编　陈建萍　张文瑞

Weiguan Jingjixue：Yuanli、Anli yu Yingyong

出版发行	中国人民大学出版社			
社　　址	北京中关村大街 31 号		**邮政编码**	100080
电　　话	010 - 62511242（总编室）			010 - 62511770（质管部）
	010 - 82501766（邮购部）			010 - 62514148（门市部）
	010 - 62515195（发行公司）			010 - 62515275（盗版举报）
网　　址	http://www.crup.com.cn			
经　　销	新华书店			
印　　刷	北京密兴印刷有限公司		**版　　次**	2006 年 9 月第 1 版
开　　本	787 mm×1092 mm　1/16			2025 年 2 月第 4 版
印　　张	18.5		**印　　次**	2025 年 2 月第 1 次印刷
字　　数	396 000		**定　　价**	49.00 元